慶應義塾高等学校

〈収録内容〉

便利な DL コンテンツは右の QR コードから

解答用紙　過去年度　解説+α ⇒

※データのダウンロードは 2025 年 3 月末日まで。
※データへのアクセスには、右記のパスワードの入力が必要となります。 ⇒ 925920

〈合格最低点〉

※学校からの合格最低点の発表はありません。

本書の特長

実戦力がつく入試過去問題集

▶ 問題 …………… 実際の入試問題を見やすく再編集。
▶ 解答用紙 …… 実戦対応仕様で収録。
▶ 解答解説 …… 詳しくわかりやすい解説には、難易度の目安がわかる「基本・重要・やや難」の分類マーク つき（下記参照）。各科末尾には合格へと導く「ワンポイントアドバイス」を配置。採点に便利な配点つき。

入試に役立つ分類マーク

基本 確実な得点源！
受験生の90%以上が正解できるような基礎的、かつ平易な問題。
何度もくり返して学習し、ケアレスミスも防げるようにしておこう。

重要 受験生なら何としても正解したい！
入試では典型的な問題で、長年にわたり、多くの学校でよく出題される問題。
各単元の内容理解を深めるのにも役立てよう。

やや難 これが解ければ合格に近づく！
受験生にとっては、かなり手ごたえのある問題。
合格者の正解率が低い場合もあるので、あきらめずにじっくりと取り組んでみよう。

合格への対策、実力錬成のための内容が充実

▶ 各科目の出題傾向の分析、合否を分けた問題（過去３年分）の確認で、入試対策を強化！
▶ その他、学校紹介、過去問の効果的な使い方など、学習意欲を高める要素が満載！

解答用紙ダウンロード 解答用紙はプリントアウトしてご利用いただけます。弊社ＨＰの商品詳細ページよりダウンロードしてください。トビラのＱＲコードからアクセス可。

＋α ダウンロード 2019年度以降の数学の解説に ＋α が付いています。弊社ＨＰの商品詳細ページよりダウンロードしてください。トビラのＱＲコードからアクセス可。

UD FONT 見やすく読みまちがえにくいユニバーサルデザインフォントを採用しています。

慶應義塾高等学校

小学校から大学までの一貫教育
ゆとりある学校生活の中
「独立自尊」の精神を養う

URL	https://www.hs.keio.ac.jp

■普通科
生徒数　2180名
〒223-8524
神奈川県横浜市港北区日吉4-1-2
☎045-566-1381
東急東横線・東急目黒線・横浜市営地下鉄グリーンライン日吉駅　徒歩5分

プロフィール　輝かしい伝統の中 独自の一貫教育を目指す

慶應義塾高校は、慶應義塾の教育の一環として、1948（昭和23）年に設立された。当初は第一高校、第二高校とあったが、翌年に両校を統合して、現校名に改称し、校舎を横浜市日吉に移転し、現在の姿となった。

創立以来、慶應義塾の輝かしい伝統の中に、常に新しい息吹と若さを吹き込み、独立自尊の気風に富み、自主性と品格を重んじる塾風を一層高揚しようと努力している学校である。

環境　様々な施設を持つ 理想的な環境

渋谷・横浜から電車で約25分、緑多い約50万平方メートルに及ぶ広大な丘陵地に、白亜の校舎がある。国宝級の出土品が発掘された古墳と弥生式竪穴住居跡があるのも本校ならではである。

校舎と二つの特別教室棟のほか、日吉会堂（講堂兼体育館）、柔道場、食堂、まむし谷体育館、体育系クラブ部室、日吉協育棟等10の建物によって構成されている。また、専用野球場、グラウンドなど様々な運動施設が整備されている。

カリキュラム　受験にわずらわされない ゆとりある学習内容

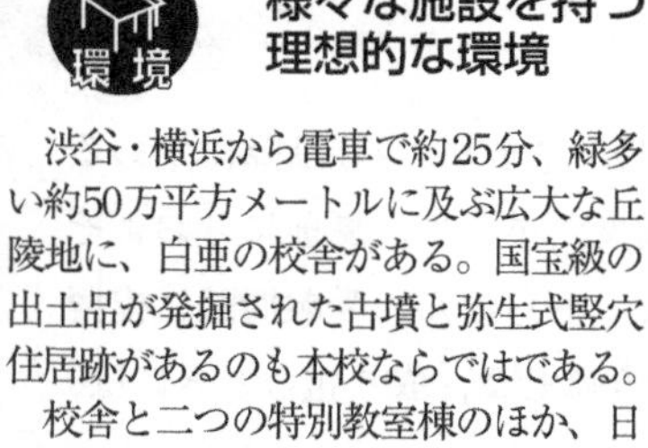
中庭から見た校舎

幼稚舎・横浜初等部から大学までの一貫教育を実践しているため、大学へは全員が無試験で進学できることが前提。

福澤精神を基盤とし、慶應義塾の目的に沿って、一貫教育の一環としての、男子の高等普通教育を施し、独立自尊の気風を養うという教育方針に則り、カリキュラムを編成している。

３期制を採っており、授業時間は50分、週31時間となっている。土曜日は授業を行わない。

全員が第二外国語を学び、理科も４分野すべてが必修であるなど、幅広い教養を身につけることに重きをおきつつ、３年次には進路や興味に基づいてより深い専門的な学習ができるよう選択科目を用意している。「総合的な探究の時間」では３年次に、高校での学習の集大成となる「卒業研究」に取り組む。

学校生活　充実したクラブ ライフをエンジョイ

大学受験のための勉強にわずらわされることがないため、落ち着いた学習生活を送ることができ、楽しいクラブ活動にも励むことができる。

クラブは文化団体連盟と体育団体連盟に分かれ、文連では11月上旬に行われる学園祭（日吉祭）が大きな目標の一つ。併設校の慶應義塾女子高校と提携活動を行っているクラブもある。

年間行事も多く、６月の球技大会、10月の陸上運動会、日吉祭などがある。毎年にぎわう「慶早戦」も楽しみなイベントの一つ。野球やラグビーなどの伝統ある一戦を応援にかこつけて楽しめるのも、一貫教育校ならではの特色の一つだ。

中でもひときわ目をひく行事に、「選択旅行」がある。「選択旅行」は各々の興味・関心に対応したものを自分で選択し、有意義な体験をすることが目的で、北海道から沖縄まで全国各地、さらには海外も含め約20コース用意されている。

充実したクラブ活動

進路　ほぼ全員が 慶應義塾大へ進学

本校は、慶應義塾の一貫教育制度に基づいて、卒業すると原則として推薦により慶應義塾大学各学部に進学することができる。しかし、各学部の受け入れ人数が決まっているので、各自の希望学部への無条件進学ができるわけでなく、本人の希望を尊重しながら、適性及び在学中の成績などを勘案して、第一志望、第二志望等の学部へ推薦される。2023年３月卒業生は、文学部に15名、経済学部に210名、法学部に224名、商学部に93名、医学部に22名、理工学部に102名、総合政策学部に16名、環境情報学部に20名、薬学部に8名が進んでいる。

2024年度入試要項

試験日　1/23（推薦２次、１次合格者のみ）
2/10（１次）
2/13（２次、１次合格者のみ）

試験科目　国・数・英（１次）　面接（２次）
※推薦1次は書類審査（1/22合格発表）、推薦2次は作文・面接

2024年度	募集定員	受験者数	合格者数	競争率
一般	約330	1111	424	2.6
帰国生		75	45	1.7
推薦	約40	94	40	2.4

過去問の効果的な使い方

① **はじめに** 入学試験対策に的を絞った学習をする場合に効果的に活用したいのが「過去問」です。なぜならば，志望校別の出題傾向や出題構成，出題数などを知ることによって学習計画が立てやすくなるからです。入学試験に合格するという目的を達成するためには，各教科ともに「何を」「いつまでに」やるかを決めて計画的に学習することが必要です。目標を定めて効率よく学習を進めるために過去問を大いに活用してください。また，塾に通われていたり，家庭教師のもとで学習されていたりする場合は，それぞれのカリキュラムによって，どの段階で，どのように過去問を活用するのかが異なるので，その先生方の指示にしたがって「過去問」を活用してください。

② **目的** 過去問学習の目的は，言うまでもなく，志望校に合格することです。どのような分野の問題が出題されているか，どのレベルか，出題の数は多めか，といった概要をまず把握し，それを基に学習計画を立ててください。また，近年の出題傾向を把握することによって，入学試験に対する自分なりの感触をつかむこともできます。

過去問に取り組むことで，実際の試験をイメージすることもできます。制限時間内にどの程度までできるか，今の段階でどのくらいの得点を得られるかということも確かめられます。それによって必要な学習量も見えてきますし，過去問に取り組む体験は試験当日の緊張を和らげることにも役立つでしょう。

③ **開始時期** 過去問への取り組みは，全分野の学習に目安のつく時期，つまり，9月以降に始めるのが一般的です。しかし，全体的な傾向をつかみたい場合や，学習進度が早くて，夏前におおよその学習を終えている場合には，7月，8月頃から始めてもかまいません。もちろん，受験間際に模擬テストのつもりでやってみるのもよいでしょう。ただ，どの時期に行うにせよ，取り組むときには，集中的に徹底して取り組むようにしましょう。

④ **活用法** 各年度の入試問題を全問マスターしようと思う必要はありません。できる限り多くの問題にあたって自信をつけることは必要ですが，重要なのは，志望校に合格するためには，どの問題が解けなければいけないのかを知ることです。問題を制限時間内にやってみる。解答で答え合わせをしてみる。間違えたりできなかったりしたところについては，解説をじっくり読んでみる。そうすることによって，本校の入試問題に取り組むことが今の自分にとって適当かどうかが，はっきりします。出題傾向を研究し，合否のポイントとなる重要な部分を見極めて，入学試験に必要な力を効率よく身につけてください。

数学

各都道府県の公立高校の入学試験問題は，中学数学のすべての分野から幅広く出題されます。内容的にも，基本的・典型的なものから思考力・応用力を必要とするものまでバランスよく構成されています。私立・国立高校では，中学数学のすべての分野から出題されることには変わりはありませんが，出題形式，難易度などに差があり，また，年度によっての出題分野の偏りもあります。公立高校を含め，ほとんどの学校で，前半は広い範囲からの基本的な小問群，後半はあるテーマに沿っての数問の小問を集めた大問という形での出題となっています。

まずは，単年度の問題を制限時間内にやってみてください。その後で，解答の答え合わせ，解説での研究に時間をかけて取り組んでください。前半の小問群，後半の大問の一部を合わせて50%以上の正解が得られそうなら多年度のものにも順次挑戦してみるとよいでしょう。

英語

英語の志望校対策としては，まず志望校の出題形式をしっかり把握しておくことが重要です。英語の問題は，大きく分けて，リスニング，発音・アクセント，文法，読解，英作文の5種類に分けられます。リスニング問題の有無(出題されるならば，どのような形式で出題されるか)，発音・アクセント問題の形式，文法問題の形式(語句補充，語句整序，正誤問題など)，英作文の有無(出題されるならば，和文英訳か，条件作文か，自由作文か) など，細かく具体的につかみましょう。読解問題では，物語文，エッセイ，論理的な文章，会話文などのジャンルのほかに，文章の長さも知っておきましょう。また，読解問題でも，文法を問う問題が多いか，内容を問う問題が多く出題されるか，といった傾向をおさえておくことも重要です。志望校で出題される問題の形式に慣れておけば，本番ですんなり問題に対応することができますし，読解問題で出題される文章の内容や量をつかんでおけば，読解問題対策の勉強として，どのような読解問題を多くこなせばよいかの指針になります。

最後に，英語の入試問題では，なんと言っても読解問題でどれだけ得点できるかが最大のポイントとなります。初めて見る長い文章をすらすらと読み解くのはたいへんなことですが，そのような力を身につけるには，リスニングも含めて，総合的に英語に慣れていくことが必要です。「急がば回れ」ということわざの通り，志望校対策を進める一方で，英語という言語の基本的な学習を地道に続けることも忘れないでください。

国語

国語は，出題文の種類，解答形式をまず確認しましょう。論理的な文章と文学的な文章のどちらが中心となっているか，あるいは，どちらも同じ比重で出題されているか，韻文(和歌・短歌・俳句・詩・漢詩)は出題されているか，独立問題として古文の出題はあるか，といった，文章の種類を確認し，学習の方向性を決めましょう。また，解答形式は，記号選択のみか，記述解答はどの程度あるか，記述は書き抜き程度か，要約や説明はあるか，といった点を確認し，記述力重視の傾向にある場合は，文章力に磨きをかけることを意識するとよいでしょう。さらに，知識問題はどの程度出題されているか，語句(ことわざ・慣用句など)，文法，文学史など，特に出題頻度の高い分野はないか，といったことを確認しましょう。出題頻度の高い分野については，集中的に学習することが必要です。読解問題の出題傾向については，脱語補充問題が多い，書き抜きで解答する言い換えの問題が多い，自分の言葉で説明する問題が多い，選択肢がよく練られている，といった傾向を把握したうえで，これらを意識して取り組むと解答力を高めることができます。「漢字」「語句・文法」「文学史」「現代文の読解問題」「古文」「韻文」と，出題ジャンルを分類して取り組むとよいでしょう。毎年出題されているジャンルがあるとわかった場合は，必ず正解できる力をつけられるよう意識して取り組み，得点力を高めましょう。

慶應義塾の数学

——出題傾向と対策
合否を分けた問題の徹底分析——

出題傾向と内容

〈出題形式〉

問題数は，大問が6題，小問数が18題であり，昨年同様に問題数が多い。しかも，基礎的・典型的な問題はほとんどなく，重量感のある出題となっている。

[1]に5題(昨年度は7題)の小問群が置かれ[2]以降が大問という形式であった。年度によっては，[2]にも小問群が置かれることもある。

いずれの問題も思考力や応用力を必要とする工夫された問題であり，十分な考察が必要である。大問はたいてい2～4題の小問で構成されていて，前の問題が後の問題のヒントになる誘導形式がとられていることが多い。

出題範囲は広く，中学数学の全範囲からの出題となっている。また，単独の問題としての計算問題は少ないのだが，大問を解く途中では，複雑な数や式の計算，やや難しい方程式の計算がごく普通に使われていて，計算力も重視されている。

〈本年度の出題内容〉

[1]　初めに数についての計算問題が3題置かれていて，いずれも工夫したり，複雑な計算を処理したりする力が問われている。(5)では資料の整理からの応用問題が出題されていて，箱ひげ図の四分位数についても出題された。

[2]　今年度唯一の単独の図形問題。(1)，(2)は多少工夫されているとはいえ，典型的な問題である。

[3]　関数・グラフと図形の融合問題で，(1)，(2)はよく見かける問題であるが，(3)は台形の面積の等分で，思考力が試されていて，手際よく仕上げる解法を見つけるのが難しい。

[4]　3種類の色の玉が2個ずつ用意されていて，(1)，(2)はそれらを並べる並べ方の場合の数の問題。(3)は2個ずつ3回取り出すときの取り出し方を問う確率問題。いずれも書き並べたりしながらていねいに取り組む必要がある。

[5]　正の整数についての問題で，工夫を要する因数分解の問題があって，その結果を最後の問題で活用するようになっている。

[6]　一見簡単に見える速さに関しての方程式の文章題。未知数が3つあって式が2つしかできない。それをどう解いていくかが難しい。2つの文字の比が問題解決の鍵になっている。

〈全体的な傾向〉

どの問題もたいへん良く工夫されていて，中学数学の基本的な定理や考え方を使ってやや難解な問題に挑めるようになっている。難解であるとはいっても，落とし穴やひっかけがあるような問題ではなく，いずれも数学の基本に立って論理的に考えられる問題である。問題数が多いので，全問完答をめざすのではなく，一つ一つを着実に仕上げる姿勢で取り組むようにしよう。

来年度の予想と対策

来年度もほぼ同様の傾向が続くと思われる。式の展開，因数分解，平方根の計算などについては，工夫して計算する習慣を身につけておこう。関数・グラフ，平面図形については，標準レベル以上の問題にあたって，補助線の引き方や，座標や直線，線分の位置関係からどのような公式，定理が使えるかを見抜く力を養っておこう。場合の数や確率は難解なものが出されることがあるので要注意。

年度別出題内容の分析表 数学

	出題内容	27年	28年	29年	30年	2019年	2020年	2021年	2022年	2023年	2024年
数・用語	整数・自然数の性質	○	○	○	○		○			○	○
	倍数・約数		○	○						○	○
	用語の意味	○									
	規則性・新しい記号	○	○	○				○		○	
計算問題	数・式の計算・式の値	○	○	○	○	○	○	○	○	○	○
	分数・小数を含む数・式の計算	○		○	○	○				○	○
	平方根				○	○	○		○	○	○
	多項式の展開・因数分解	○				○		○			○
方程式・不等式	連立方程式を含む一次方程式	○		○	○	○		○	○	○	○
	二次方程式		○	○	○			○		○	○
	不等式										
	等式の変形										
	方程式・不等式の応用	○			○		○			○	○
関数・グラフ	比例・反比例										
	一次関数	○	○	○	○	○	○	○	○	○	○
	$y=ax^2$の二次関数	○	○	○	○	○	○	○	○		○
	その他の関数								○		
	座標・式を求める問題	○	○	○	○	○	○		○	○	○
	グラフの作成						○	○			
大問で使われる計算等	複雑な数・式の計算	○	○	○	○	○	○	○	○	○	○
	平方根の計算	○	○	○	○	○	○	○	○	○	○
	因数分解		○	○	○	○	○	○	○	○	○
	やや複雑な方程式・不等式	○	○	○	○	○	○	○	○	○	○
	その他の計算										
図形の性質	平行線の性質		○	○	○	○	○	○	○	○	○
	多角形の性質	○	○			○				○	
	円の性質	○	○		○		○	○	○		○
	合　同	○	○								
	相似・平行線と線分の比	○	○	○	○	○	○	○	○	○	
	三平方の定理	○	○	○	○	○	○	○	○	○	○
	動　点	○				○	○	○			
	立体の切断・位置関係	○	○	○	○	○			○		
	図形の移動・回転		○							○	
	説明・証明・作図							○	○		
図形の計量	角　度	○	○					○			
	長さ・面積・体積	○	○	○	○	○	○	○	○	○	○
	面積・体積の比					○		○	○	○	○
確率・統計	場合の数・確率	○	○	○	○	○	○	○	○	○	○
	資料の整理・代表値・平均		○			○		○	○		○
	標本調査						○				
融合問題	関数・グラフと図形		○		○	○	○	○		○	○
	関数・グラフと確率・場合の数										
	図形と確率・場合の数									○	
	その他の融合問題			○				○		○	
記述問題											
その他の問題		○	○	○			○		○	○	○

2024年度 慶應義塾高等学校 合否を分けた問題 数学

1　(1)

$2x^2+10\sqrt{2}\,x+9=0$は2次方程式の解の公式を使ってもたいして面倒ではないが，本文解説では$2=(\sqrt{2})^2$であることを用いた。これを用いると，例えば$A^2=8+2\sqrt{15}$のときのAを求めることもできる。
$8+2\sqrt{15}=5+2\times\sqrt{5}\times\sqrt{3}+3=(\sqrt{5})^2+2\times\sqrt{5}\times\sqrt{3}+(\sqrt{3})^2=(\sqrt{5}+\sqrt{3})^2$　　$A=\sqrt{5}+\sqrt{3}$

1　(3)

次のような公式がすぐ思い出せるようにしておこう。

$(A+B)(A-B)=A^2-B^2$　　$(A+B)^2+(A-B)^2=2(A^2+B^2)$　　$(A+B)^2-(A-B)^2=4AB$

1　(5)

資料の個数によって，四分位数がすぐ定まる場合と2数の平均値を求めなければならない場合とがある。まずは第2四分位数(中央値)を求めるが，個数が奇数のときと偶数のときの求め方の違いに注意する。本問題では第1四分位数と第3四分位数が平均を使って求めるようになっている。

3　(3)

同一直線上，または平行線上の長さの比は線分の両端のx座標(またはy座標)の差の比で求められる。また，三角形や台形などは底辺の長さと高さの関係から問題解決の道筋が見えてくることが多い。高さが等しい→底辺の比，底辺が等しい→高さの比とすぐ考えるようにしよう。

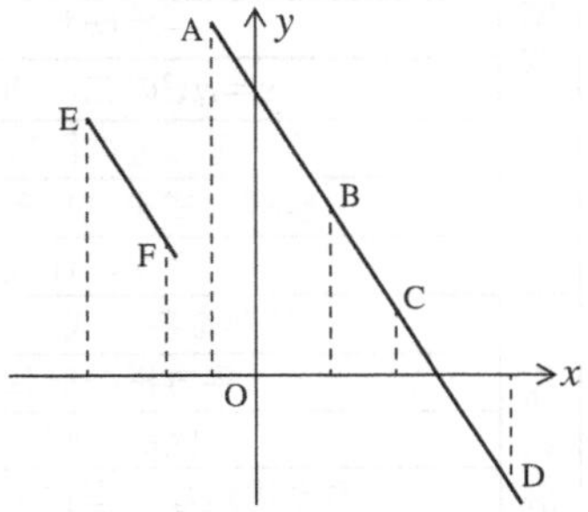

4

異なるm個のものから異なるn個を取り出して並べる並べ方の数は，$m\times(m-1)\times(m-2)\times\cdots\{m-(n-1)\}$で求められる。例えば，異なる11個のものから異なる5個を取り出して並べるときの並べ方の数は，$11-(5-1)=7$だから，$11\times10\times9\times8\times7$(通り)　　異なる$m$個のものから異なる$n$個を取り出すとき，取り出し方の数は$\dfrac{m\times(m-1)\times(m-2)\times\cdots\{m-(n-1)\}}{n\times(n-1)\times(n-2)\times\cdots\times1}$　　例えば，異なる7個のものから異なる3個を取り出す取り出し方の数は，$\dfrac{7\times6\times5}{3\times2\times1}$　　研究しておこう。

6

P地点からB君がA君に追い抜かれた地点までの道のりと，P地点からQ地点までの道のりをA君，B君それぞれに表して等式をつくることにまず気づくと思う。B君はA君より何分早く出発したんだろう？…文字で表しておこう。A君の速さもB君の速さもわかっていない。…それぞれ文字で表しておこう。未知数が3つなので，式が3本できれば解決する。ところが，関係式は2つしか作れない。もう1つの式をどうやって作ろうかと悩んで時間がとられた人がいたかもしれないが，「未知数が3つで関係式が2本」と決めて，2本の関係式から消去できる文字を考えて行くしかない。

B君がA君よりx分早く出発し，A君，B君の速さをそれぞれ毎分ym，毎分zmとして作った式が$(7-x)y=7z$と$20y=(x+32)z$である。これらの式を展開して整理してみても混乱するだけである。一解決につながるのは，P：Q＝R：SのときにPS＝QR，PS＝QRのときにP：Q＝R：Sであるという考え方である。例えば，$7x=4y$のとき，$x:y=4:7$である。これを使えるようにしておこう。

◎本校では毎年工夫が必要な問題が出題されている。過去問題集でそれらの問題について，時間を気にせずにしっかり研究しておこう。

2023年度 慶應義塾高等学校 合否を分けた問題 数学

1 (1)

ある自然数を10で割ったときの余りはその自然数の一の位の数であり，100で割ったときの余りはその自然数の下二けたの数である。

1 (5)

$8a$が$-24a$より小さいことからaの数が負であることがわかる。一次関数は変化の割合が負のときにはxの値が増加するとyの値は減少する。

1 (6)

複雑そうな式が与えられているが，「$x+y=a$，$xy=b$の条件から2次方程式をつくればx，yの値が求められる」ことを知っていれば，自ずと方向性が決まる。$y=a-x$として代入すると，$x(a-x)=b$　$x^2-ax+b=0$　これから2次方程式の解の公式を用いてもよいが，足して$-a$，かけてbとなる2数をさがして，$(x+○)(x+△)=0$の形を作ってもよい。

3 (2)，(3)

素因数分解を用いて約数の個数を求める方法を知らないときは，例えば，12の約数は1と12，2と6，3と4で6個，16の約数は1と16，2と8，4と4で5個のようにさがしたのではないかな。そのときに，2個ずつ組にしてさがしていって，同じ数が出てくるときがあった。つまり，ある自然数の2乗になっている数は約数の個数が奇数となる。

5

問題文で示されている図は実際の図とは大きく異なっている。問題文を読みながら自分で図を書いてみればすぐに気づく。また，x軸と30度の角をなす直線の傾きは$\frac{1}{\sqrt{3}}=\frac{\sqrt{3}}{3}$，$x$軸と60度の角をなす直線の傾きは$\sqrt{3}$であることなどが身についていれば素早くできる。

6 (1)

本文解説ではていねいに進めたが，右図のように底面を共有する円すいの体積を求めるときに，高さの和，高さの差を使ってまとめて求めることができる。$\frac{1}{3}\times\pi r^2\times a\pm\frac{1}{3}\times\pi r^2\times b=\frac{1}{3}\times\pi r^2\times(a\pm b)$

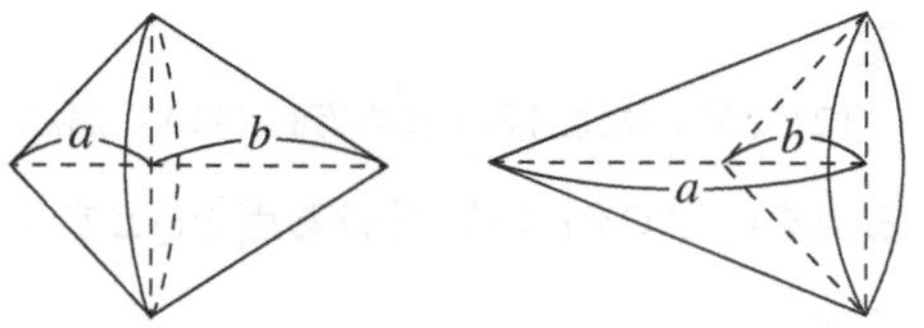

6 (2)

円を回転させた状態をイメージするのが難しい。円については，「平面上で，ある点から等しい距離にある点が集まったものである」と考えることができる。球についても同様で，「空間内で，ある点から等しい距離にある点が集まったものである」ということに思い至ると気づくかもしれない。

なお，底面の円の半径がr，母線の長さがℓの円すいの表面積は$\ell r\pi$で求められるが，そのことの次のような説明方法も理解しておこう。

底面の円の円周は$2\pi r$　よって，円すいの側面の展開図で，弧の長さは，半径1の円の円周の$\frac{2\pi r}{2\pi\ell}=\frac{r}{\ell}$　側面積は半径ℓの円の面積の$\frac{r}{\ell}$だから，$\pi\ell^2\times\frac{r}{\ell}=\ell r\pi$

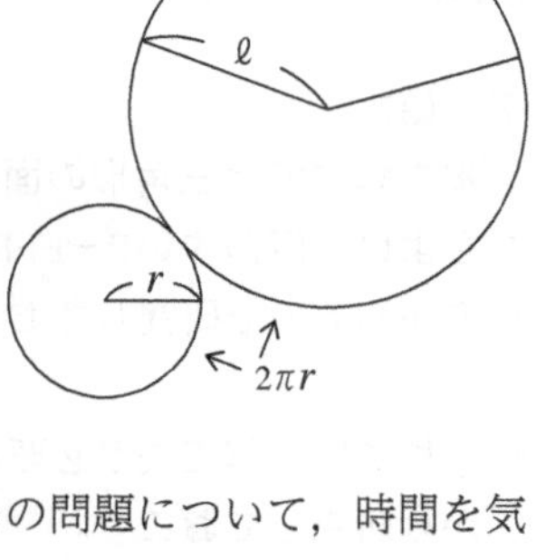

◎本校では毎年工夫が必要な問題が出題されている。過去問題集でそれらの問題について，時間を気にせずにしっかり研究しておこう。

2022年度 慶應義塾高等学校 合否を分けた問題 数学

1 (4)

難しそうに見えるが，さいころの目は1から6までの自然数だけである。$\dfrac{b+c}{2^a}$が$\dfrac{1}{4}$となることは，2^aが$b+c$の4倍ということなので，aに1，2，3，…と順に代入してみればよい。$b+c$は2以上12以下なので2^aは8以上48以下となるので，当てはまるaは3，4，5である。

2 (1)，(2)

直線ADが円Sの中心を通ることは見た目でわかるが，本文解説で述べたように，二等辺三角形の頂点から底辺に引いた垂線が底辺を2等分することや弦の垂直二等分線が円の中心を通ることをしっかりと身に付けておこう。

(2)では，3辺の長さがa，b，cである三角形の面積がSであるとき，その三角形に内接する円の半径が$\dfrac{2S}{a+b+c}$であることを，本文解説を参考にして確認しておこう。

4 (2)

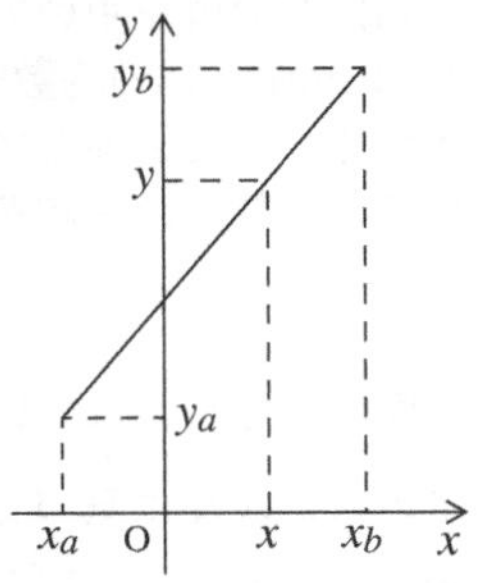

点A$(x_a,\ y_a)$，B$(x_b,\ y_b)$を両端とする線分ABをAP：BP＝a：bに分ける点をP$(x,\ y)$とすると，$(x-x_a):(x_b-x)=a:b$　　$bx-bx_a=ax_b-ax$　　$ax+bx=ax_b+bx_a$　　$(a+b)x=ax_b+bx_a$　　$x=\dfrac{ax_b+bx_a}{a+b}$　　$(y-y_a):(y_b-y)=a:b$　　$by-by_a=ay_b-ay$　　$ay+by=ay_b+by_a$　　$(a+b)y=ay_b+by_a$　　$y=\dfrac{ay_b+by_a}{a+b}$

2点A$(-5,\ -2)$，B$(6,\ 7)$を例にしてやってみよう。線分ABをAP：BP＝4：3となるように分ける点Pの座標は，$\left(\dfrac{-5\times3+6\times4}{4+3},\ \dfrac{-2\times3+7\times4}{4+3}\right)=\left(\dfrac{9}{7},\ \dfrac{22}{7}\right)$

5

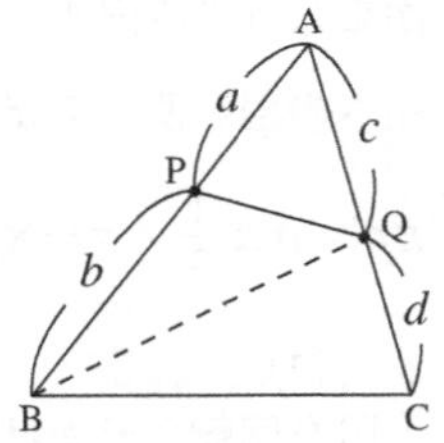

(2)で用いた面積の求め方について慣れておこう。右図でABをa：bに分ける点をP，ACをc：dに分ける点をQとすると，△APQ＝$\dfrac{ac}{(a+b)(c+d)}$△ABCになる。

△APQと△ABQはAP，ABをそれぞれの三角形の底辺とみたときの高さが共通だから，△APQ：△ABQ＝AP：AB＝$a:(a+b)$　　△APQ＝$\dfrac{a}{a+b}$△ABQ…①　　△ABQと△ABCについても同様に，△ABQ：△ABC＝AQ：AC＝$c:(c+d)$　　△ABQ＝$\dfrac{c}{c+d}$△ABC…②　　②を①に代入すると，△APQ＝$\dfrac{a}{a+b}\times\dfrac{c}{c+d}$△ABC＝＝$\dfrac{ac}{(a+b)(c+d)}$△ABC

7 (3)

本文解説では三角形の面積の比を利用したが，三角すいAPQEについて，△APEを底面とみて求めてもよい。四角すいP－EFRQの体積を求めいく方法もある。Eを含む立体の体積については様々な求め方があるので研究しておこう。

◎本校では毎年工夫が必要な問題が出題されている。それらの問題については，時間を気にせずにしっかり研究しておこう。

慶應義塾の英語

——出題傾向と対策　合否を分けた問題の徹底分析——

出題傾向と内容

本年度は，語句補充問題2題，正誤問題，長文読解問題の計4題という問題構成であった。ボリュームが非常に多く，全体として難易度は高い。

Ⅰ　短めの文章を読み，文中の空欄に入る適切な語句を選ぶ問題。文法のレベルとしては，中学英語の標準的なものが中心であったが，単語や文法に関して，幅広い知識が要求されている。

Ⅱ　難易度の高い正誤問題。各英文の下線部の中から文法的・語法的に間違っているものを選び，正しい形に直すというもの。文法や語法に関して，中学ではなかなか触れられない細かい部分までが問われている。文法や語法に関する幅広く正確な知識と，やや複雑な構成の文から誤りを見抜く鋭さが求められている。

Ⅲ　短めの会話文を読み，文中の空欄に適切な語を入れるという問題。英文を読解する力に加え，単語・熟語・慣用句に関する正しい知識が要求されている。文法的に考えるものと，内容的に考えるものがあり，さまざまな品詞を入れることになっている。基礎的な単語を入れる箇所もあるが，それを思いつくためには，内容をしっかりと理解し，なおかつ英語的な発想力が求められるため，簡単とは言えない。スペルを確実に覚えておく必要もある。

Ⅳ　おもに読解力を問う長文読解問題。本文と選択肢を含めると，読むべき英文量が非常に多い。また，ところどころに一文が長く解釈しづらいものもある。英問英答の設問では，物語の展開や主人公の心境などについて正確に理解しているかが問われている。選択形式ではなく英語の質問に英語で答える形式なので，高い英作文能力が要求されている。自分自身の考えを英語で書く問題も出題された。

学習のポイント

> 500～1000語の長文を読む練習をしよう！
> 時間配分に注意しながら解答する練習をしておこう！

来年度の予想と対策

形式的に若干の変更はあるものの，長文読解中心のハイレベルな出題が続くと考えられる。

文法問題に関しては，まず教科書レベルの文法や重要構文を早めに完全に身につけることである。さらに，高校の基本レベルの文法問題集で演習を重ねよう。単語・熟語・慣用句の知識も非常に大切である。特に，毎年出題されている正誤問題は慣れていないと難しく感じられるので，過去問題集を解いて傾向をつかんでおこう。

長文問題が大半を占めるので，日頃から多くの英文に接しておくことが大切である。論説文・物語文・随筆文・会話文・手紙文などさまざまなジャンルの英文で，比較的平易なものからだんだんにレベルを上げ，高度な内容のものを正確に迅速に読めるように努力しよう。細かい表現にとらわれるよりも，常に文脈を意識した読み方が大切である。例年，英問英答，英文和訳，和文英訳は出題されているので，同様の形式の問題を数多くこなして慣れておくとよい。

年度別出題内容の分析表 英語

出題内容			27年	28年	29年	30年	2019年	2020年	2021年	2022年	2023年	2024年
設問形式	話し方・聞き方	単語の発音										
		アクセント										
		くぎり・強勢・抑揚										
		聞き取り・書き取り										
	語彙	単語・熟語・慣用句	○	○	○	○	○	○	○	○	○	○
		同意語・反意語										
		同音異義語										
	読解	内容吟味	○	○	○	○	○	○	○	○	○	○
		要旨把握									○	
		語句解釈						○	○	○	○	
		段落・文整序										
		指示語							○			
		会話文	○	○	○							○
		文補充・選択	○	○	○	○	○	○				
	文法・作文	和文英訳			○	○	○	○	○			
		語句補充・選択	○	○	○	○	○	○	○		○	○
		語句整序	○	○	○	○	○	○				
		正誤問題	○	○	○	○	○	○	○	○	○	○
		言い換え・書き換え	○	○	○	○	○	○	○	○		
		語形変化										
		英問英答	○	○	○	○	○	○	○	○	○	○
		自由・条件作文										
		英文和訳(記述・選択)	○	○	○	○	○	○			○	○
文法事項		文型	○	○	○	○				○		
		時制	○	○		○			○	○	○	○
		間接疑問文	○		○			○	○		○	
		進行形	○						○		○	
		助動詞	○			○		○	○		○	
		付加疑問文					○			○		
		感嘆文		○								○
		命令文			○				○			
		不定詞	○	○	○	○	○	○	○	○	○	○
		分詞	○		○		○		○	○	○	○
		動名詞		○	○	○	○	○	○		○	○
		比較	○	○	○	○	○	○	○	○	○	
		受動態	○	○	○	○	○	○	○	○	○	○
		完了形	○		○	○	○	○	○	○		
		前置詞	○	○	○	○	○	○	○		○	○
		接続詞	○	○	○	○	○	○	○	○	○	○
		代名詞	○	○	○			○				○
		関係代名詞	○	○	○			○	○	○	○	○

慶應義塾高等学校

2024年度 慶應義塾高等学校 合否を分けた問題 英語

Ⅲ

五重塔の高さを，塔に登らずに地上から計測する方法を考えて，空所に適語を入れる問題。直角二等辺三角形では，直角を挟む二辺の長さが等しいことから，五重塔の影＋土台の半分の長さ＝塔の高さと考える。

7に half を入れて half the base of thepagoda「仏塔の土台の半分」とするところが最も難しいだろう。図で確認するとわかりやすい。

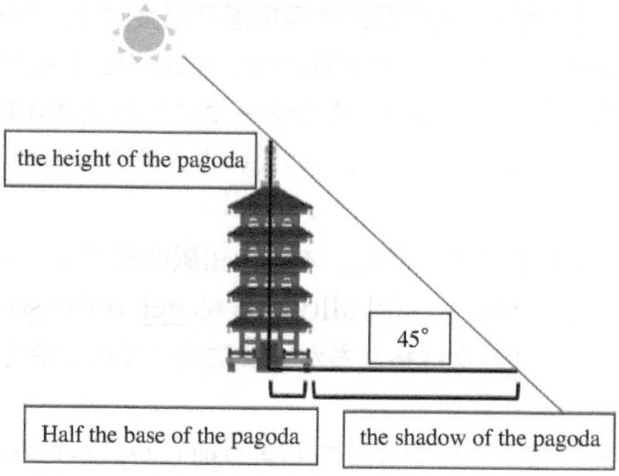

Ⅳ

本校の長文読解問題では例年，少年の心情を描いた物語文が選ばれており，本年度はイギリスの作家デーヴィッド・ハーバート・ローレンス(D.H. Lawrence 1885-1930)による，“The Rocking-Horse Winner” から出題された。

本文中では詳しい説明が省かれているが，ポールは母のためにお金を得ようと，競馬でお金を賭けることにする。庭師の男から競馬の情報を聞き，木馬を激しく漕ぐと，優勝馬の名前が頭に浮かぶ。その馬に賭けると見事に予想が的中する。おじのオスカーからも協力を得て，ポールは競馬で大金を得るが，母は大金をもらっても使うばかりでますますお金が必要になる。ポールはとりつかれたように木馬に乗り，優勝馬を予想しようとするが，精神と肉体の疲労が極限となって最後には死んでしまう。

C 2は物語の結末を予想して記述する問題で難度が高い。使うべき単語が指定されているが，その単語が解答のヒントになるようなものではないため，使いにくく，さらに難度が高くなっている。原作では不幸な結末となるため，解答例も不幸な結末としたが，幸せな結末としてもよい。その場合の解答例は以下のようなものが考えられる。

1) I would choose a happy ending because I want Paul and his family to have a healthy mind instead of an expensive lifestyle.「私は幸せな結末を選ぶ，なぜなら私はポールと彼の家族に，贅沢な生活様式ではなく健康な精神を持ってほしいと思うからだ」

2) She realized nothing could be earned in an easy way and gave up her expensive lifestyle. She started to pay attention to Paul and his sisters.「彼女は何事も簡単な方法では得られないと気づき，贅沢な生活様式をあきらめた。彼女はポールと彼の妹たちに注意を向けるようになった」

2023年度 慶應義塾高等学校 合否を分けた問題 英語

Ⅳの長文読解問題は例年通り超長文で，本年度は筆者が自身の高校時代を振り返り，女性英語教師との忘れがたい出来事について述べた文章が出題された。本校の長文読解では一貫して，思春期(中高時代)の少年の心情をテーマにした文章が採用されている。物語のストーリーを理解するだけでなく，文章には書かれていない主人公の少年の心情を文脈から正しく理解する力が問われている。

Bは英文和訳問題。本校の和訳問題では，英文構造上難しく，かつ内容面でも重要な文が選ばれる。

③ She would allow us to get only so close to her before she would put up a barrier.
「彼女は私たちが彼女に近づくのを許したものだった」「彼女が壁を作ってしまう前に」
「～しか…ない」

→「彼女が壁を作ってしまう前しか，私たちは彼女に近づくのを許されなかった」
「彼女が壁を作ってしまうところまでしか，私たちは彼女に近づけなかった」

get close to ～ は「～に近づく」という表現だが，挿入された only を「～しか…ない」と訳すことがポイントである。文章から，彼女はオープンな性格ではなく，他者との間に壁を作るタイプだとわかる。もし生徒たちが彼女に個人的な質問をしたり，生徒としての立場をわきまえない言動をしたら，彼女は壁を作ってそれに答えないだろうから，「そこまでしか近づけない」ということである。

Cは英問英答問題。

1は「下線部④で，何が彼をそのような『気持ち』にさせたか。理由を2つ，それぞれ20語程度の英語で書きなさい」という問題。下線部④ I had the feeling I came as close to being her favorite as any student ever had. は「私はこれまでのどの生徒にも負けず劣らず，彼女のお気に入りに近づいたという気がした」という意味である。come close to ～は「～に近づく」という表現で，そこに as … as any ～ ever …「今までのどの～にも負けず劣らず，これまでの～で最も」という表現が加わっている。ジェイムズが自分は先生のお気に入りだと感じた理由として，1つ目は第6段落の Aviation をくれたことについて書く。下線部①の直前の，Somehow she knew of my interest in flying「なぜか彼女は私の飛行に対する興味を知っていた」を，She knew of his interest in flying even though he had never told her about it「彼女は彼の飛行に対する興味を知っていた，彼は彼女にそれについて言ったことがないにも関わらず」とする。そして下線部①の every Monday morning that section appeared on my homeroom desk「毎週月曜日の朝，その別冊(Aviation を指す)が私の教室の机に現れた」を and gave him Aviation every Monday morning.「毎週月曜日の朝，彼に Aviation をくれた」と書き換える。2つ目の理由として，第7段落の旅行に行けるようにしてくれたことについて書く。答えの文には文章中の表現をできるだけ用いるのが鉄則なので，第7段落中の to do some chores around her home「彼女の家の雑用をする」，make the trip「旅行に行く」，made work arrangements「仕事の手配をした」などの表現を用いて，She made work arrangement to do some chores around her home and paid him so that he could make the class trip. とする。

3は「下線部⑧で，あなたはなぜ彼らが二度と会わないとわかっていたのだと思いますか。自分の考えを少なくとも20語で書きなさい」という問題。高い読解力と英作文能力が要求される難問である。最終段落第2文 When she kicked my foot she taught me a lesson I'll never forget.「彼女が私の足を蹴った時，彼女は私に今後ずっと忘れることのない教訓(戒め)を教えた」が，筆者が文章中で最も言いたかったことである。筆者は，最終試験でカンニングをして自分によくしてくれた先生を裏切ったことを生涯忘れず，人生の戒めとするために，二度と会うべきでないと思ったと考えられる。

2022年度 慶應義塾高等学校 合否を分けた問題 英語

Ⅳの長文読解問題は，例年通りたいへん長い文章で，対立することが多かった筆者とその父親との電話での会話を通じて親子の心情を描いたものである。特別複雑な構文や難解な表現はあまり出てこないので，細かいところがある程度理解できなくても，それぞれの設問に対応することは全体的にはそう難しくない。その中で，Bは英問英答の問題であるため，ちょっとしたミスによって得点できない可能性があり，ここでどれだけ得点できたかが1つの大きな合否の分かれ目になったと思われる。ここではCの1の問題を取り上げ，正解への道筋と「ちょっとしたミス」をしないための留意点を中心にさらに深く検討しよう。

質問の In underline (ⅰ), what is the writer's father trying to say? は，「下線部(ⅰ)で，筆者の父親は何を言おうとしているのですか」という意味で，英問英答の問題では質問と同じ形で答えるのが原則。まずは He (= the writer's father) is trying to say ～. という形の英文で答えることを確認し，それからどのような解答をすべきかを考えよう。下線部の直前で，父親は筆者がしてきた仕事を「ヨットで働いたり，バーテンダーとして働いたり，建設作業をしたり」と具体的に挙げている。これらの仕事は大学教育とは特に関連のないもので，続いて下線部で「お前は大学教育を受けたんだ。それを利用したらどうなんだ？」と言っていることから，父親が言おうとしていることは「大学教育を利用するべきだ」ということであることはつかみやすいだろう。

次に，この内容を He is trying to say ～. の形に合わせて入れることを考える。say を使うことから，接続詞 that を使って，その後に「大学教育を利用した仕事をするべきだ」という文を入れるのが簡単だ。that の後には〈主語＋動詞〉を含む節の形がくるが，ここでまず注意しなくてはならないのが，「何を主語にするか」ということである。主語は「大学教育を利用する」人物なので筆者である。そのまま the writer としてもよいし，父親の息子なので his son としてもよい。注意すべきは，he としないことである。ここで he としてしまうと he が指す人物は主語の He，つまり筆者の父親になってしまう。あるいは，父親の発言にある主語 you を使ってしまうとこの you がだれを指すのかまったく不明になってしまう。動詞については，父親が Why don't you use it?「それ(＝大学教育)を利用したらどうなんだ？」と提言していることから，助動詞 should を加えて should use とするのが適切である。

あとは should use の目的語を入れればよい。「使う」ものは「大学教育」で，下線部の前半に a college education と出ているが，ここでそのまま should use a college education としないことに注意が必要だ。不定冠詞の a は会話や文章の中で初めて出てくる単数の可算名詞につけるが，さらに言えば，それがだれが受けた教育なのか，どこで受けた教育のことを指すのかなど，その名詞を限定する情報がない場合に不定冠詞を用いる。ここでは「筆者が受けた大学教育」であることが明白なので，the college education と the を使うか，「筆者が受けた」ことをさらにはっきりさせて his son's college education などとしないと，父親が筆者に，これから大学で教育を受けて仕事を探すべきだ，と提案しているような文意になってしまう。こうしたところにも細心の注意が必要である。

これで，He is trying to say that his son should use his college education. という1つの解答例が完成する。質問と同じ形でなくても，例えば〈tell ＋人＋ to ＋動詞の原形〉を使って He is trying to tell his son to use his college education.「彼は息子に大学教育を利用するように言おうとしている」のような解答も可能だろうが，基本的には質問と同じ構文で解答を考えた方がミスをする可能性は少ない。

解答となる英文は決して難しい構文ではなく，また，本文の内容がある程度理解できていれば答えるべき内容もつかみやすいだろう。だからこそ，些細なミスにはなおさら注意して，確実に得点すべき問題であると言える。英作文問題でも同じことは言えるが，単数か複数か，時制は適切か，代名詞は適切か，など，ごく基本的な事項の確認をおろそかにすると大きな失点につながることを忘れずに取り組もう。

慶應義塾の国語

――出題傾向と対策
合否を分けた問題の徹底分析――

出題傾向と内容

(問題文の種類：一随筆・二論説文)

☆一　言語学者の伊藤雄馬の『ムラブリ　文字も暦も持たない狩猟採集民から言語学者が教わったこと』という随筆からの出題。タイやラオスの山岳地帯に住む少数民族のムラブリの言語や暮らしや考え方についての研究報告をまとめたもので，その中の「『上』は悪く，『下』は良い？」という章段が採用された。

　出題は，脱文・脱語補充を通した文脈把握や理由を説明させるものなどを中心に，漢字の読み書きや語句の意味などの知識が問われており，ムラブリの生活を知ることによる意義をとらえさせることが中心になっている。未知の内容であっても好奇心を持って取り組めるかどうかが，大きな鍵となる。語句の意味を言い換える問題は，紛らわしいものが問われているので注意が必要だ。漢字の読み書きは例年通り難解なものではないが，慎重に取り組みたい。

☆二　『森鷗外，自分を探す』の巻末の「おわりに」からの出題。筆者の出口智之は明治文学と美術を専門にしており，明治という新しい時代に懸命に人生を模索した森鷗外の生涯を述べた後に，鷗外という人物を振り返る内容となっている。

　大問一と同様，脱語補充を通した文脈把握に加えて，鷗外の人物像に迫る設問が中心となっている。漢字の読み書きや語句の意味とともに，四字熟語や著作権，元号についても問われており，知識に関しては幅広い内容を正確に理解することが求められている。

●出題の特徴

☆現代文だけの年度と現代文・古文の年度がある。昨年度に引き続き今年度も現代文のみの出題であったが，今年度のように古文の表現が含まれることもあるので，学習は現代文，古文にわたって万全にしておく。

☆現代文では，言語・文学的分野，科学的分野などを中心に，幅広いジャンルからの出題がされる。また本文中に古文または漢文の引用があり，そこから設問が設定されるケースも考えられる。

☆抜き出しと空欄補充が多く出題される。抜き出し対象が文章全体に及ぶことが多いので，あらかじめ設問を意識して読み進めるなどの工夫をするとよい。

☆本年度は30～70字程度の記述問題も複数出された。読解力に加えて，表現力も要求されるので，その対策も必要である。

来年度の予想と対策

　現代文のみまたは現代文・古文(または漢文)の組み合わせの出題で，長文読解問題の大問2題構成が続くと考えられる。文種については，論説・説明系の文章2題または論説・説明系の文章1題と小説・随筆などの文学的文章(または古文1題)のいずれかが考えられる。いずれにしても，知識力・表現力・読解力がバランスよく問われる。本校の過去問や類似問題などを活用して，できるだけ長い文章を読み通す練習を繰り返しておきたい。また解答形式も，選択式と抜き出し式，記述式がバランスよく作られている。記述式では，指示語の指示内容を問うもの，傍線部の理由や内容を問うものなどを中心に，5～50字程度のものが含まれるだろう。いずれも，文脈をていねいに読み取り，文章全体の趣旨・主張をふまえたうえでの解答が必要である。漢字や熟語，慣用句，品詞，敬語，伝統的な季節の行事や季節を表す事物，文学史などの国語知識に関する分野もよく練習しておくこと。

学習のポイント

本文中の言葉を用いてまとめさせる記述式の問題が増加している。指定字数も多くなっているので，筆者の考えを五十字から七十字程度にまとめる練習を重ねておこう。

年度別出題内容の分析表 国語

		出題内容	27年	28年	29年	30年	2019年	2020年	2021年	2022年	2023年	2024年
内容の分類	読解	主題・表題		○	○			○		○		
		大意・要旨						○			○	○
		情景・心情					○			○		
		内容吟味	○	○	○	○	○	○				○
		文脈把握	○	○	○	○	○	○	○	○	○	○
		段落・文章構成	○				○	○				
		指示語	○	○			○	○	○			
		接続語		○			○	○		○		○
		言い換え		○				○		○	○	○
		脱文・脱語補充	○	○	○	○	○	○	○	○	○	○
	漢字・語句	漢字の読み書き	○	○	○	○	○	○	○	○	○	○
		筆順・画数・部首										
		語句の意味		○	○	○	○	○			○	○
		同義語・対義語										
		三字・四字熟語	○									○
		熟語の構成										
		ことわざ・慣用句・故事成語					○		○	○		
	記述	作文										
		要約・説明	○	○	○	○	○	○	○	○	○	○
		書き抜き	○	○		○	○	○	○	○	○	○
		その他										
	文法	文と文節・品詞分類					○					
		品詞・用法		○		○			○			
		敬語			○						○	
		仮名遣い									○	
		返り点・書き下し文										
		古文・漢文の口語訳										
		古文の省略に関する問題										
		表現技法						○				
		文学史	○	○		○	○		○	○	○	
問題文の種類	散文	論説文・説明文	○	○	○	○	○	○	○		○	○
		小説・物語					○					
		随筆・紀行・日記			○	○			○	○	○	○
	韻文	詩						○				
		和歌・短歌			○							
		俳句・川柳										
		古文										
		漢文・漢詩	○									

慶應義塾高等学校

2024年度 慶應義塾高等学校 合否を分けた問題 国語

一　問八

★合否を分けるポイント(この設問がなぜ合否を分けるのか？)

本文は『ムラブリ　文字も暦も持たない狩猟採集民から言語学者が教わったこと』から採用されており，本問題はまさしくムラブリの世界を知ることによって筆者が感じた意義をまとめさせるものである。この記述式の問題を指定通りに書き上げられるかどうかが合否を分けることになる。まず「感性」や「紐解く」などの意味，さらに「～という意義を持つ。」で結ぶことなどを確認してから，筆者の考えが述べられている部分を探そう。

★こう答えると「合格できない！」

設問にあるように，「現代人にとって」の意義を答えなくてはならない。「現代人にとって」の部分を見落としてしまうと，後に書かれているムラブリの人々のエピソードに注目してしまうことになり，問われている内容を答えることができなくなってしまう。大問一の中でも最も長文の記述式の設問でもあるので，この問題に的外れに答えたり，空欄のままにしたりしたのでは，「合格」できない。

★これで「合格」！

――6の「紐解く」は，本来は書物などを開いて読むという意味だが，ここでは調査してよく理解するという意味を例えている。ムラブリの言葉や感情の表し方を理解することは，現代人にとってどのような意義があると筆者は考えているのだろうか。そこで，「現代人」について述べている最終段落に注目しよう。筆者は，「感情のあり方や表現の仕方に，絶対の正解はない。ぼくらが『幸福』だとありがたがるものは，ごく最近にはじまった一時的な流行りに過ぎないのかもしれない」と考えている。この「感情のあり方や表現の仕方に，絶対の正解はない」を「～という意義を持つ。」につなげてまとめれば，「合格」だ！

二　問十二

★合否を分けるポイント(この設問がなぜ合否を分けるのか？)

――Xは，鷗外が世間を騒がせた心中事件に対して言及しなかった理由を問うものではあるが，鷗外が目前の題材に対してどのように向き合い物語に結実させたのか，文学者としての鷗外の姿勢を読みとることがポイントになる。筆者の考えがまとめられている最終段落とその前の段落に着目し，鷗外がどのような文学者であったのかをまとめよう。

★こう答えると「合格できない！」

――Xの前後に着目しただけでは，鷗外が題材に対してどのように向き合っていたのかということや，鷗外がどのような文学者であったのかを読み取ることができない。文章前半では，ある心中事件について述べる長谷川時雨を取り上げ，鷗外は長谷川時雨に通じる姿勢を持つと述べた後，後半で鷗外の姿勢について改めて説明するという構成となっている。文章全体の構成を捉えたあと，鷗外について述べる後半部分に着目することから始めよう。

★これで「合格」！

心中をする心の動きに関心があったはずの鷗外が，実際の事件に即してとやかく述べるのを避けたのはなぜだろうか。鷗外が，人の心の動きに対してどのように考えていたのかがわかる部分を探そう。「文学が」で始まる段落の「鷗外は徹底して自己を見つめ，その反証として他者も慎重に見つめようとすることで，人間という存在に向き合った文学者だった」や，最終段落の「先のわからない新しい時代のなかで，自己を深く見つめることによって他者を知り，他者への理解があるからこそ自身のありかたも見えていた」が注目すべき箇所だ。ここから，鷗外がどのように考えたから「具体的な事件に即してとやかく述べるのは避けた」のかをまとめよう。「文学が」で始まる段落か最終段落のうち，より具体的な「文学が」で始まる段落の表現を選んでまとめれば，「合格」だ！

2023年度 慶應義塾高等学校 合否を分けた問題 国語

一　問七

★ 合否を分けるポイント(この設問がなぜ合否を分けるのか？)

「筆者」は，長編小説「峠」において河井継之助という幕末の武士を描き，その小説のあとがきで「人間の芸術品」として賞賛している。その河井継之助に対する「筆者」の思いがこもった最終段落の内容を問う設問である。「筆者」は，何を「怖れ」ているのか，その正体をとらえられるかどうかが合否を分けることになる。

★ こう答えると「合格できない！」

直後の文の「いくらかの骨を灰の中にわすれてきてしまっているかもしれない」が，「筆者」の「怖れ」に通じると気づかずに，前の「あの世に行ってから叱られては松蔵は立つ瀬がございませぬ」から，継之助に叱られることを「怖れ」としてしまったのでは，「合格」できない。河井継之助という人物を主人公として描いたからには，「筆者」が「怖れ」るべきことは何かを考えよう。

★ これで「合格」！

直前の段落の「あのような旦那さまでございますもの。もし骨のひろい方が足りないで，これ松蔵や，貴様のそこつのためにおれの骨が一本足りぬ，などとあの世に行ってから叱られては松蔵は立つ瀬がございませぬ」という松蔵の言葉に，継之助を主人公にした作品を「書き終え」た「筆者」の心情を重ねよう。直前の段落の「継之助は，つねに完全なものをのぞむ性格であったらしい」をふまえると，継之助という人物の描き方が十分でなければ完全主義であった継之助に申し訳が立たないという「筆者」の心情が浮かび上がるだろう。この心情こそが「怖れ」の正体だ。「人物」を「精神」や「生き方」などの具体的な語に置き換え，簡潔にまとめれば「合格」だ！

二　問九

★ 合否を分けるポイント(この設問がなぜ合否を分けるのか？)

本文は，「常体」と「敬体」という文体について論じており，その違いを具体的に読み取らせる設問である。「次元を異にする」の意味に加えて，何と何の「次元」が「異」なるのか，また，どのように異なるのかを正確に読み取ることが，合否を分けるポイントとなる。

★ こう答えると「合格できない！」

「次元を異(こと)にする」という見慣れない表現に戸惑ってしまうと，「合格」できない。「次元が低い」や「次元が違う」などの表現から，「次元」は物事を考えたり行動したりするときの立場という意味で，さらに「次元を異にする」は，次元が違うという意味だと推察することから読み解いていこう。

★ これで「合格」！

「異(こと)にする」は別だという意味なので，「常体」と「敬体」の立場の違いを具体的に表している一文を探そう。直前に「右のように」とあり，「右」の文章について説明した「福田氏の」で始まる段落の内容に着目する。「決して同じ次元では読者に対していない」と，――3と同様の表現があり，その後に「敬体文のところは，直接読者にはたらきかけているが，常体文の部分は間接的である」と，「常体」と「敬体」について具体的に述べている。この一文が「次元を異にする」の説明であると気づけば，「合格」だ！読み返して，正確に書き抜くことができているかを確認しよう。

2022年度 慶應義塾高等学校 合否を分けた問題 国語

一　問五

★ 合否を分けるポイント（この設問がなぜ合否を分けるのか？）

本文は「甘ったるい」という表現について述べるもので，本問は他の味には「～ったるい」という表現がない理由を答えさせるものである。大問一の記述問題のうち，二十字以上四十字以内という最も長文の記述が要求されており，問われている内容をきちんと盛り込み，表現できるかどうかが合否を分けることになる。

★ こう答えると「合格できない！」

直後の文の「だから」という接続詞に気づき，「甘いにだけ『甘ったるい』という表現がある」理由を書けばよいと判断しても，本文中の表現を用いた的確な一文とならなければ，「合格」答案とはならない。【7】の前後がどのようにつながっているのかに注目し，どの文のどの表現を使ってまとめればよいのかを見極めることから始めよう。

★ これで「合格」！

「甘ったるい」という表現はあっても，「しょっぱい，すっぱい，苦い」に「～たるい」という表現がないのはなぜだろうか。同じ段落の「しょっぱい」について説明している部分に注目しよう。「一方の塩は，汁物で〇・六～一・〇%，煮物で一・〇～二・〇%，漬物でも二・〇～七・〇%と範囲が狭い。度を過ぎた塩辛さは料理として成り立たない」とある。この「度を過ぎた塩辛さは料理として成り立たない。」という一文の「塩辛さ」を「甘さ」に置き換えた文を考えよう。甘さは度を過ぎても料理として成り立つ，という内容が浮かび上がるはずだ。この内容が「甘いにだけ『甘ったるい』という表現がある」理由としてふさわしいことを確認しよう。指定字数は，二十字以上四十字以内と幅がある。「甘さは度を過ぎても料理として成り立つ」という内容に，自分の表現を付け加えて，より自然な一文となるようにまとめれば，「合格」だ！

二　問十三

★ 合否を分けるポイント（この設問がなぜ合否を分けるのか？）

「作者の歌に対する考え方」をとらえる設問であり，作者が「南京新唱」という歌集に「『南京新唱』」という注釈を付した理由に通じる設問である。文章の大意に通じる設問なので，合否を分けることになる。それぞれの選択肢の末尾が「～詠んだ方がよい」となっているので，どのように歌を詠むべきかという作者の考えを，本文全体から読み取ろう。

★ こう答えると「合格できない！」

選択肢が多く五択となっており，本文の「当世作家の新奇と匠習とを排す」などの表現から，伝統的なきまりや作法に則るべきだと言っていると判断して，慌ててウやエを選んでしまうのは避けたい。また，「私自身と向き合って詠んだ方がよい」という叙述が本文にはないからといって，オを正答ではないと判断してしまうと，「合格」できない。

★ これで「合格」！

歌に対する作者の考えを述べている部分を探し，それぞれの選択肢と照合しよう。まず，冒頭の段落の「もし歌は約束をもて詠むべしとならば，われ歌を詠むべからず」に注目しよう。「約束」は歌のきまりや作法を意味していると推察すれば，ウを外せるだろう。同じ冒頭の段落の「もし流行に順ひて詠むべしとならば，われまた歌を詠むべからず」からは，アが合わないとわかる。さらに，「たまたま」で始まる段落の「奇なるがために吾これを好まず」「新しといはるるもの……吾またこれを好まず」に，「新奇の材料を詠んだ方がよい」というイの考え方は合わないだろう。エの技術的な精巧さを求めるという考え方は，本文からは読み取れない。「採訪散策の時」で始まる段落の「いつとなく思ひ泛びしを，いく度もくりかへし口ずさみて，おのづから詠み据ゑたる」に注目しよう。思い浮かんだことを何度も繰り返し口ずさんでいるうちに自然に詠むことができるという様子が，歌は自分自身と向き合って詠んだ方がよいというオの考え方に通じると見抜ければ，正答のオを選べ，「合格」だ。

2024年度

★★★★★★★★★★★★★★★★★★★★★★★

入　試　問　題

2024年度

慶應義塾高等学校入試問題

【数　学】（60分）　＜満点：100点＞

【注意】 1. 【答えのみでよい】と書かれた問題以外は，考え方や途中経過をていねいに記入すること。

2. 答えには近似値を使用しないこと。答えの分母は有理化すること。円周率はπを用いること。

3. 図は必ずしも正確ではない。

1 次の空欄をうめよ。**【答えのみでよい】**

(1) xの2次方程式 $2x^2+10\sqrt{2}\,x+9=0$ の解は，$x=$ $\boxed{\qquad}$ である。

(2) $\dfrac{14+3\sqrt{7}}{\sqrt{7}}$ の小数部分をaとするとき，$a+\dfrac{1}{a}$の値は $\boxed{\qquad}$ である。

(3) $\dfrac{1}{(1+\sqrt{2}+\sqrt{3})^2}+\dfrac{1}{(1+\sqrt{2}-\sqrt{3})^2}$ を計算すると $\boxed{\qquad}$ である。

(4) a，bを定数とする。x，yの連立方程式

$$\begin{cases}(a+2)x-(b-1)y=33\\(a-1)x+(2b+1)y=9\end{cases}$$

の解が$x=3$，$y=1$であるとき，$a=$ $\boxed{\qquad}$ ，$b=$ $\boxed{\qquad}$ である。

(5) A君とB君の2人が同じ9個の数を見て記入した．A君は9個の数を正しく記入したが，B君は1個の数だけ誤って十の位と一の位の数字を逆にして記入してしまった。そのため，B君が記入した9個の数の平均値は，A君が記入した9個の数の平均値より3小さかったという。B君が記入した9個の数は，12，27，36，49，56，74，83，91，98であり，この中でB君が誤って記入した数は $\boxed{\qquad}$ である。A君が記入した9個の数の四分位範囲は $\boxed{\qquad}$ である。

なお，「十の位と一の位の数字を逆にして記入した」というのは，例えば29を92と記入したということである。

2 三角形ABCとその外接円について，AB＝2，$\overset{\frown}{AB}:\overset{\frown}{BC}:\overset{\frown}{CA}=3:4:5$のとき，次の問いに答えよ。なお，$\overset{\frown}{AB}$，$\overset{\frown}{BC}$，$\overset{\frown}{CA}$は，それぞれ外接円における弧AB，弧BC，弧CAの長さを表す。

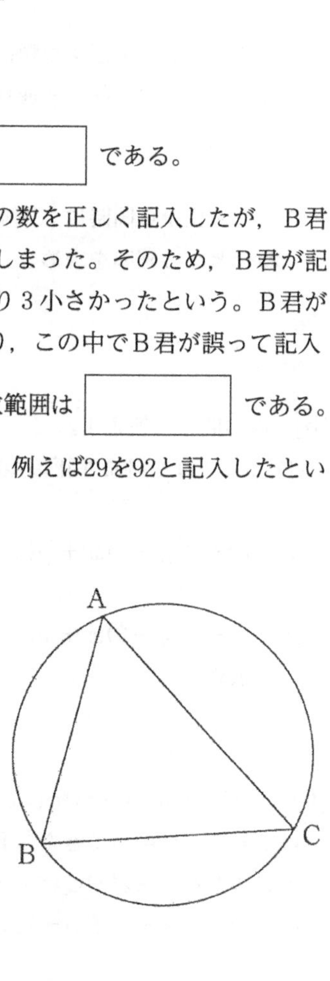

(1) BC，CAの長さを求めよ。

(答) BC＝＿＿＿＿＿＿＿＿，CA＝＿＿＿＿＿＿＿＿

(2) 外接円の半径の長さを求めよ。

(答)＿＿＿＿＿＿＿＿

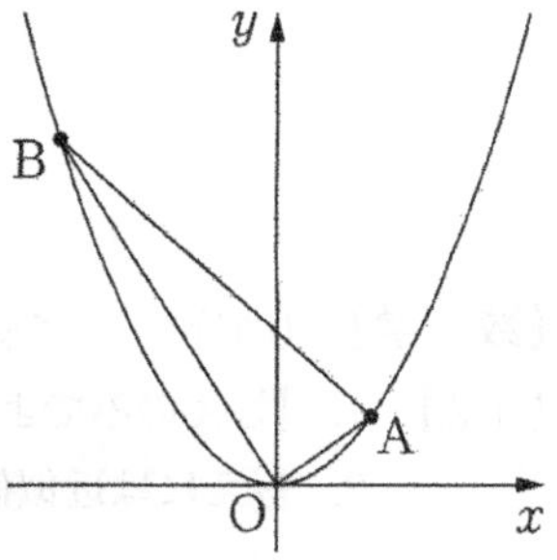

3 放物線 $y=\frac{1}{4}x^2$ 上に点A（2，1）と∠AOB＝90°となる点Bの2点がある。このとき，次の問いに答えよ。

(1) 点Bの座標を求めよ。

(2) 放物線 $y=\frac{1}{4}x^2$ 上で，かつ直線OBの下側にあり，△ABCの面積と△OABの面積を等しくするような点Cの座標を求めよ。

(答)

(3) (2)の点Cについて，点Bを通り四角形OABCの面積を二等分する直線と，直線OAとの交点をDとするとき，線分ODの長さを求めよ。

(答)

4 袋の中に赤玉，青玉，白玉が各2個ずつ，合計6個入っている．このとき次の問いに答えよ。

(1) この袋から1個ずつ順に3個の玉を取り出して1列に並べるとき，その並び方は全部で何通りあるか．ただし，同じ色の玉は区別しないものとする。

(答)　　　通り

(2) この袋から1個ずつ順に6個全ての玉を取り出して1列に並べるとき，同じ色の玉が隣り合わない並び方は全部で何通りあるか。ただし，同じ色の玉は区別しないものとする。

(答)　　　通り

(3) この袋から同時に2個ずつ取り出す試行を3回繰り返すとき，玉の色が3回とも異なる組み合わせとなる確率を求めよ。ただし，取り出した玉は袋に戻さないものとする。

(答)

5 次の問いに答えよ。

(1) $xy=9$ を満たす正の整数 x，y の組を全て求めよ。

(答) $(x,\ y)$ ＝

(2) $x^2+(3y-9)x+y(2y-9)$ を因数分解せよ。

(答)

(3) $x^2+(3y-9)x+y(2y-9)$ が素数の平方数となるような，9以下の正の整数 x，y の組を全て求めよ。

(答) $(x,\ y)$ ＝

6 A君はP地点を出発してから20分後にQ地点に到着し，そこで4分間休憩した後に再び20分かけてP地点に戻ってきた．B君はA君より数分早くP地点を出発し，出発してから7分後にA君に追い抜かれ，A君がQ地点を出発してから8分後にQ地点に到着した．A君，B君の2人ともPQ間の同じ道をそれぞれ一定の速さで進むとして，次の問いに答えよ。

⑴　Ａ君がＰ地点を出発したのは，Ｂ君が出発してから何分後か。

(答)　　　　分後

⑵　Ａ君がＱ地点を出発した後にＢ君とすれ違うのは，Ｂ君がＰ地点を出発してから何分後か。

(答)　　　　分後

【英　語】（60分）　＜満点：100点＞

I　Choose the best answer from (A), (B), (C), or (D) to complete the passage.

Let's Go Out to the Wide Ocean

～ A Message to You Who are being Bullied ～

When I was in junior high school, I [1] to the brass band club. One day in my freshman year, for some reason or other, most of the members stopped talking to my best friend in the club. It was so sudden that [2] .

It was like the world of fish. When I was little, I had fish called *mejina* at home. They swam close together in the sea, but after I put them in a small tank, one of them was left out and attacked. I [3] the fish and took it back to the sea. Then the remaining fish started bullying a different fish. Even after I rescued it, the next one was bullied. So I removed the bully from the tank, but a new bully [4]

This did not happen in the big ocean. But once they were kept in a small world, somehow bullying began, [5] they lived in the same place, ate the same food, and were the same *mejina*.

The bullying at my middle school [6] happened in a small community. I could not ask the bullies, "[7]?" But I often went fishing with the friend who was picked on. As we were away from school and enjoyed fishing together, I saw a [8] of relief on his face. I couldn't listen to him carefully or cheer him up, but I believe that just having someone next to him [9] him feel safe.

Sometimes people say I am eccentric. But in the great outdoors, when I am hooked on fish, I forget all the sad things that happened to me. [10] someone or worrying about something in a small cage won't leave you with happy memories. It is a waste of time when there are so many wonderful things to do outside. Don't stay in a small tank. Let's go out to the wide ocean under the open sky!

Sakana-kun

出典：The Asahi Shimbun. August 30, 2015.

Original text in Japanese

1. (A) was part　(B) used to be a member　(C) participated　(D) belonged
2. (A) there was no time for practice　(B) I could not understand why　(C) he had no chance to say goodbye　(D) they did not know what to do
3. (A) was sick of　(B) got bored with　(C) felt sorry for　(D) enjoyed watching
4. (A) appeared　(B) presented　(C) missed　(D) lost
5. (A) in case　(B) only when　(C) as if　(D) even though
6. (A) again　(B) also　(C) moreover　(D) similar

7. (A) What is holding you back (B) When did you feel bad
(C) Why did you do that (D) How are you doing

8. (A) view (B) see (C) watch (D) look

9. (A) makes (B) made (C) has made (D) to make

10. (A) Making fun of (B) Giving pleasure to
(C) Spending time with (D) Smiling at

Ⅱ Choose the alternative that is grammatically and/or idiomatically incorrect and **correct the whole part**. Look at the example below:

[**Example**] I _want to thank_ (A) you _to show me_ (B) _the way_ (C) _to the station_ (D).

[**Example Answer**] Letter: B, Correct Form: for showing me

Pacific War Remains on Hiyoshi Campus

You are now at Keio Hiyoshi Campus to take the entrance examination for Keio Senior High School. In the past, the several old buildings you see on this campus were used for military purposes. Did you know this fact? 1 [_Although_ (A) you cannot see _from the outside_ (B), there are many secret tunnels _runs under_ (C) the building _you are in_ (D).] What were they made for?

The headquarters, or the main base, of the Imperial Japanese Navy moved to Hiyoshi Campus at the end of the Pacific War. 2 [_Around that time_ (A), Hiyoshi Campus _was transformed_ (B) from a place _on students_ (C) to study into a place _for sending_ (D) students to battlefields.] 3 [Students _were not_ (A) longer _found_ (B) on the campus: they _either_ (C) went off to the fields _or did_ (D) hard work.]

As the war escalated, the Navy not only rented above-ground school facilities from Keio, but also built an underground base shaped like a spider's web. 4 [_Various_ (A) orders _were_ (B) _sending_ (C) from the headquarters _to_ (D) the war front.] 5 [_Among_ (A) them _was_ (B) Kamikaze suicide attack _missions_ (C) and the battleship Yamato _operations_ (D).]

At present, the Hiyoshidai Underground Base Preservation Society is working on various activities to protect this valuable war site and to pass on its history to the next generations. 6 [Keio people are lucky _for having_ (A) a chance _to learn_ (B) _a lot_ (C)

about the war history close at hand (D).]

7 [It (A) has been almost 80 years when (B) Japan lost the Pacific War, and to this day Japan has never fought (C) a single (D) war.] 8 [What can each of us (A) do to stop Japan repeat (B) war and to promote (C) peace in the world (D)?] 9 [This is a question for (A) all Keio students who spend (B) their days (C) on this campus should think about (D).] 10 [Those (A) who close (B) their eyes to (C) the past unable (D) to see the future.]

Ⅲ The following text is a conversation between a math teacher (T) and one of his students (S). Fill in each blank with **one word** that best completes the conversation. The first or the last letter is given.

A Little Math Knowledge Can Be a Great Help

T : I have heard that you love the ancient history of Japan, especially the Nara period.

S : Yes. I have visited Nara many times to see old historical buildings there.

T : 1 __________**-h** one are you most interested in?

S : The five-storied pagoda of Horyu-ji Temple. It is one of the oldest existing wooden 2 **t-**__________ in the world and stands 32.5 meters tall.

T : You know very well. How did you know its height?

S : I read that in some history book.

T : Do you know how to measure the height 3 __________**-e** standing on the ground? Do not use a long tape measure after 4 **c-**__________ up a ladder to the top.

S : I have no idea.

T : The answer is to use right-angled triangles. For a short time on some days of the year, when the Sun shines at an angle of 45 5 **d-**__________, the length of your shadow equals your height. Your shadow and your body form two sides of an imaginary right-angled triangle. The same is , 6 **t-**__________ for the pagoda just at that time. The pagoda casts a shadow that is part of its imaginary triangle. The length of the shadow plus 7 **h-**__________ the base of the pagoda is one side of the imaginary triangle, and the pagoda's height is 8 **a-**__________ . These two sides are equal, so 9 __________**-y** measuring the length of the former side, you can find its height.

S : 10 __________**-w** amazing it is! In addition to history, I would like to study math more to use the knowledge in my everyday life.

Ⅳ Read the following story and answer the questions below.

About the Story

This story was written in early 1900s, a time in Britain when it was thought children were not free to express their feelings. Paul does not go hungry; he has toys to play with, and he lives in a house with servants[1]*. But he also has to live with his mother's unhappiness, which weighs heavily on him. His mother feels she is unlucky, and Paul becomes anxious*[2]*, really anxious, to get to the place where luck is....*

There was a woman who was beautiful, yet had no luck. She married for love, but at some point she stopped loving him. She had beautiful children, yet she could not love them. They looked at her coldly, as if they were finding fault with her. And hurriedly she felt she must cover up some fault in herself. Yet what it was that she must cover up she never knew. ‘She knew that at the centre of her heart was a hard little place that could not feel love, no, not for anybody. Everybody else said of her. ‘She is such a good mother. She loves her children. Only she herself, and her children themselves, knew it was not so. They read it in each other's eyes.

There were a boy and two little girls. They lived in a pleasant house, with a garden, and they had servants, and felt themselves superior to anyone in the neighbourhood.

Although ① they lived in style, they always felt an anxiety[3] in the house. There was never enough money. The mother had a small income[4], and the father had a small income, but not nearly enough for the social position which they had to keep up. There must be more money. The father, who was always very handsome and ② expensive in his tastes, seemed as if (i) he never would be able to do anything worth doing. And the mother did not succeed any better, and her tastes were just as expensive.

And so the house came to be filled with the unspoken phrase: *There must be more money! There must be more money!* The children could hear it all the time, though nobody said it aloud. They heard it at Christmas, when the expensive and nice toys filled the room. Behind the shining modern rocking-horse, behind the smart doll's house, a voice would start whispering[5]: ‘There *must* be more money! There *must* be more money!’ And the children would stop playing, to listen for a moment. They would look into each other's eyes, to see if they had all heard. And each one saw in the eyes of the other two that they too had heard. ‘There *must* be more money! There *must* be more money!’

Yet nobody ever said it aloud. The whisper was everywhere. Just as no one ever says: ‘We are breathing!’ in spite of the fact that breath is coming and going all the time.

'Mother,' said the boy Paul one day, 'why don't we keep a car of our own? Why do we always use uncle's?'

'Because we're the poor members of the family,' said the mother.

'But why are we, mother?'

'Well — it's because your father had no luck.'

The boy was silent for some time.

'Is luck money, mother?' he asked, rather fearfully.

'No, Paul. Not quite. ③ It's what causes you to have money. If you're lucky you have money. That's why it's better to be born lucky than rich. If you're rich, you may lose your money. But if you're lucky, you will always get more money.'

'Why is father not lucky?'

'I don't know. Nobody ever knows why one person is lucky and another unlucky.'

'And aren't you lucky either, Mother?'

'I used to think I was, before I married. Now I think I am very [X] indeed.'

'Well, anyhow,' he said stoutly[6], 'I'm [Y] person.'

'Why?' said his mother, with a sudden laugh.

He looked at her. He didn't even know why he had said it.

'God told me,' he asserted[7].

The boy saw she did not believe him; or rather, that she paid no attention to his words. This angered him somewhere, and made him want to draw her attention.

He went off by himself, in a childish way, looking for the clue[8] to 'luck'. He wanted luck. He wanted it.

'Now!' he ordered his rocking-horse. 'Now, take me to where there is luck! Now take me!' He started on his mad ride, hoping at last to get there. He knew he could get there.

One day his mother and his Uncle Oscar came in when he was riding madly on the rocking-horse. He did not speak to them.

'Hallo, you young jockey! Riding a winner?' said his uncle.

'Aren't you growing too big for a rocking-horse? You're not a very little boy any longer, you know,' said his mother.

But Paul didn't answer, only giving them an angry look. He would speak to nobody when he was at full speed. His mother watched him with an anxious expression on her face.

At last he suddenly stopped forcing his horse and slowed down.

‘Well, I got there!’ he shouted, his blue eyes still with fire.

‘Where did you get to?’ asked his mother.

‘Where I wanted to go,’ he said angrily to her.

‘That’s right, son!’ said Uncle Oscar. ‘Don’t you stop till you get there.’

[*Paul saves a lot of money, riding the rocking-horse to learn the names of horse-race winners.*]

‘Look here, son,’ Uncle Oscar said, this sort of thing makes me nervous[9]. What are you going to do with your money?’ asked the uncle.

‘Of course,’ said the boy, ‘I started it for mother. She said she had no luck, because father is unlucky, so I thought if I was lucky, it might stop whispering.’

‘What might stop whispering?’

‘Our house. I *hate* our house for whispering.’

‘What does it whisper?’

‘Why, I don’t know. But it’s always short of money, you know, uncle.’

‘I know it, son, I know it.’

‘And then the house whispers, like people laughing at you behind your back. I don’t like it! I thought if I was lucky —’

‘You might stop it,’ added the uncle.

The boy watched him with big blue eyes, which had an unnatural cold fire in them, and he said never a word.

‘Well, then!’ said the uncle. ‘What are we doing?’

‘(ii) I shouldn’t like mother to know I was lucky,’ said the boy.

‘Why not, son?’

‘She’d stop me. I don’t want her to know, uncle.’

‘All right, son! We’ll manage[10] it without her knowing.’

[*After further winning, he arranges to give his mother a gift of five thousand pounds, but the gift only lets her spend more. Disappointed, Paul tries harder than ever to be ‘lucky.’ He wins ever greater sums of money for his mother.*]

Then something very strange happened. The voices in the house suddenly went mad, like a chorus of frogs on a spring evening. There were certain new furnishings, and Paul had a tutor[11]. There were flowers in the winter, too. And yet the voices in the house simply got even louder: ‘There *must* be more money! Oh-h-h; there *must* be more money. Oh, now, now-w! Now-w-w-there *must* be more money! — more than ever! More than ever!’

Adapted from D.H. Lawrence, “The Rocking-Horse Winner” (*first published in 1926*)

[1]使用人　[2]（…したいと）切望して，不安な　[3]心配事　[4]収入　[5]ささやく，ささやき
[6]力強く　[7]断言する　[8]手がかり　[9]心配な　[10]なんとかうまくやる　[11]家庭教師

A : Choose the alternative that best reflects the content of the story.

1. Paul's mother feels unhappy because
   (A) her husband doesn't love her.
   (B) her children don't talk much about themselves.
   (C) she can't have her needs met.
   (D) Uncle Oscar doesn't leave her house.
2. What is true about Paul and two sisters?
   (A) They don't love their mother.
   (B) They want their mother to stay beautiful.
   (C) They don't speak to each other much.
   (D) They feel they are loved by his parents.
3. What is NOT true about Paul's father?
   (A) He is a good-looking man.
   (B) He has been out of work for a long time.
   (C) He doesn't seem to have "luck."
   (D) He likes to appear rich.
4. All of the following show that Paul's family is living above average EXCEPT
   (A) having a car of their own.
   (B) keeping people doing jobs for the family.
   (C) having beautiful toys at Christmas.
   (D) living in a nice house with a garden.
5. Underlined (i) is closest in meaning to
   (A) he didn't seem to work hard enough to satisfy his wife.
   (B) he works hard but is less likely to succeed in his business.
   (C) he is not likely to have social skills needed to support his family.
   (D) he seems to be interested in finding opportunities to make money.
6. Choose the best option to fill in [X] and [Y].
   (A) X : lucky Y : a lucky
   (B) X : lucky Y : an unlucky
   (C) X : unlucky Y : an unlucky
   (D) X : unlucky Y : a lucky
7. How does Paul's mother feel about Paul's riding a rocking-horse madly?
   (A) Angry.
   (B) Pleased.
   (C) Not interested in.
   (D) Worried.
8. In the story, all of the following have caused Paul to go mad EXCEPT
   (A) Paul wants to prove that he is a lucky boy.
   (B) Paul's mother believes that money is more important than luck.

(C) Paul desires to draw his mother's attention.

(D) Paul is frightened by the voices he hears in his house.

9. Which reaction does Paul most fear from his mother?

(A) She will keep spending money on expensive things.

(B) She will stop loving her children and her husband.

(C) She will show little interest in Paul's words.

(D) She will laugh at Paul's child-like behavior.

10. In the story, Uncle Oscar is best described as

(A) friendly and easy.

(B) socially successful but cold.

(C) naturally unkind.

(D) fair but careless.

B : Explain underlined ①, ②, and ③ in Japanese.

① they lived in style

② expensive in his tastes

③ It's what causes you to have money.

C : Answer each question in English. Use the word(s) in [　　　] and underline them.

1. What do you think the underlined (ii) suggests about Paul's character?

(ii) <u>I shouldn't like mother to know I was lucky</u>　　[simply]

2. Imagine that you write an ending to finish this story. Would you choose a happy ending or an unhappy ending?

1) Why would you choose the ending?　　[healthy, instead]

2) What would happen between Paul and his mother?　　[nothing, easy]

b　ア　見えないところで一貫性があること
イ　見えないところで類似性があること
ウ　見えないところで有用性があること
エ　見えないところで依存性があること

問七　……(1)を別の表現に置き換えた場合、最も適切なものを次の選択肢から一つ選び、記号で答えなさい。
ア　他者に同調する力に乏しいこと
イ　集団の中で行動する力に乏しいこと
ウ　物事の深層を看破する力に乏しいこと
エ　自己の感情を抑制する力に乏しいこと
オ　明日に向かって前進する力に乏しいこと

問八　……(2)の表現に最も近い四字熟語を次の選択肢から一つ選び、記号で答えなさい。
ア　泰然自若　　イ　初志貫徹　　ウ　一視同仁
エ　沈思黙考　　オ　虎視眈々　　カ　不言実行

問九　――1とは具体的にどのようなことか。「～と…が重なるということ」という形式で、解答欄の指示に従い、それぞれ二十五字以上三十字以内で答えなさい。

問十　――2とは具体的にどのようなことか。それを最も適切に表している部分の、はじめと終わり五字（句読点は除く）を抜き出しなさい。

問十一　――3に関連して、短篇小説「鶏」が「題材が大きく形を変え、まったく別の物語に結実」した作品であるとした場合、「別の物語に結実」しなかった場合の作品の内容はどのようなものであったと考えられるか。二十五字以上三十字以内で説明しなさい。

問十二　――Xの理由を六十字以上七十字以内で述べなさい。

説だけでなくすべての作品において、「⑵観照的ならしめようとする努力」をしてきたという言葉は、いかにも【 3 】です。

とはいえ、鷗外だって人間ですから、その努力がつねに⑤ソウコウするとはかぎりません。嫁姑関係に追いつめられて書いた、「半日」のような例もありました。いつものように、C を置いたうえで D 的に解剖してみたら、作中の「奥さん」や「母君」の描きかたはまた違っていたのかもしれません。しかし、とてもそうはできずに書いてしまった裂け目に、鷗外の抑制と感情の葛藤が見え隠れしているのであり、この時の煩悶はそれほど深かったとも言えるのかもしれません。

そしてそうした葛藤は、本書でお話ししてきたとおり、自分探しにもb通底するものでした。自分とは何か。他者との関係や立場のなかで、自分はどうあるべきか。どうしても譲れない自分らしさはどこにあるのか。みずからの激しい思いと、それを許さない周囲の環境との葛藤のなかで、自省と理知によってあるべき自分を探そうとしたその視線が、他者に向けられた視線の裏側には貼りついているのです。

文学が人間の描く芸術である以上、鋭敏な人間理解は不可欠です。それを直観や感性で行う人もいますし、抑制しない感情の【 4 】な吐露が文学性を生む場合だってありますが、鷗外は徹底して自己を見つめ、その反照として他者も慎重に見つめようとすることで、人間という存在に向きあった文学者だったのでした。

自分を探す森鷗外。でも鷗外は、けっして自己だけを見つめていたのではありません。先のわからない新しい時代のなかで、自己を深く見つめることによって他者を知り、他者への理解があるからこそ自身のありかたも見えていたのです。そう考えると、森鷗外は過ぎ去った時代の古くさい作家などではなく、すぐれて【 5 】な存在であり、だからこそいまでも読まれ続けているのでしょう。

＊出口智之「森鷗外、自分を探す」（岩波ジュニア新書）より。問題作成にあたり、一部表記を改変した。

問一 ①～⑤のカタカナを漢字に改めなさい。

問二 Aを和暦で表記しなさい。元号も含めすべて漢字を使用すること。

問三 【1】～【5】に入る最も適切なものを次の選択肢からそれぞれ選び、記号で答えなさい。ただし、同じ記号を二回以上用いてはならない。

ア 逆説的　イ 爆発的　ウ 牧歌的　エ 実用的
オ 示唆的　カ 社会的　キ 現代的　ク 感動的
ケ 嘲弄的　コ 多元的

問四 Bとは、「【ア】権の保護期間を過ぎた作品や、公開を許諾された作品を集めて電子化し、インターネットで無料公開するサービス」のことである。【ア】に入る最も適切な語を二字で答えなさい。

問五 C・D に入る最も適切な語をそれぞれ本文から抜き出しなさい。

問六 a・bの語の説明として最も適切なものを次の選択肢からそれぞれ一つ選び、記号で答えなさい。

a ア おかしく、不思議なとらえ方をすること
イ おかしく、誤ったとらえ方をすること
ウ おかしく、斬新なとらえ方をすること
エ おかしく、皮肉なとらえ方をすること

【　２　】だった」という世間に対し、時雨はこんなふうに書くのでした。

　その事実！その事実は私もなんにも知らない。やっぱり新聞紙によって知っただけにしか過ぎない。けれどもそれだけで彼女の一生を片付けてしまおうとするのはあんまり残酷ではあるまいか？（中略）私は何時でも思うことであるが、人間はその人自身でなければ、なんにも分らない。ある点までの理解と、あるところまでの心の交渉はあるが、すべてが自分の考え通りにゆくものでない、自分自身すら、心が思うにまかせずかえって反対に逸れてゆくときのある事を知っている。推察はどこまでも推察に過ぎないゆえ、独断は慎まなければならないと思っている。

　時雨はこう述べて、鎌子の心情をていねいに思いやりつつ、当時の社会通念や沸き立つ世間によって苦しめられた彼女の足跡を綴ってゆきます。事件の④ハイケイと当事者たちの心の動きを、「至極ありふれた解釈」で簡単に断定する人々について、「その人自身の(1)心の生活ほど貧しいものはない」とする彼女の批判が、百年後の現代社会においてもまったく鋭さを失っていないのは、むしろ残念なことと言うべきかもしれません。

　ぼくは鷗外のありかたに、こういう時雨の姿勢とどこかで1重なるものを感じます。

　もちろん、同時代人の生涯や事件を積極的に書いていった時雨と、文芸時評や欧米文化の紹介以外、同時代について発言することさえ少ない鷗外とでは、題材の選択からして大きく異なります。特に、時代のなかで苦しみながら闘った女たちに共感し、その生涯をドラマチックに記してゆく時雨の情熱は、2抑制のきいた鷗外の文章とは対極にあるようです。でも、彼がけっして目前の事件を見すごしていたわけではないことは、「鼠坂」や「沈黙の塔」に即してお話ししてきたとおりです。鷗外の抑制は、その裏側に激しい感情の動きを秘めているからこそ必要だった抑制なのです。

　一九〇九年の作品に「鶏」という短篇小説があります。小倉に赴任した石田少佐が、馬丁や使用人に食料などを横領されながら、咎めずに黙許する物語です。鷗外の小倉時代の日記や手紙に同様の事件が記されていますので、自身の体験が題材だったとわかります。ところが、彼が小倉を離れたのは一九〇二年ですから、身辺の腹立たしい出来事を作品とするのに、七年以上の時間を置いたのです。

　しかも、彼は作中に登場させた使用人たちに怒りをぶつけるのではなく、庶民のしたたかさに「少からぬ敬意」さえ記しています。ごまかされても気づかない石田を「馬鹿」とa戯画化し、使用人たちの視点で彼らのたくましさを描き出すその態度は、他者を単純に断罪することの対極にあります。「舞姫」や「鼠坂」もそうでしたが、目前の題材をすぐに書いてしまうのではなく、時間をかけて他者に向きあい、心情への理解を重ね、共感であれ批判であれ、その人間性と丹念に向きあってゆく。時雨の姿勢が共感と思いやりに支えられていたところ、鷗外は抑制と理知によって心の機微に分け入ろうとしていたのであり、それゆえ時には3題材が大きく形を変え、まったく別の物語に結実したりもします。

　鷗外が自作解説である「歴史そのままと歴史離れ」に記した、歴史小

同様、もっぱら動的な感情について用いられる言葉である。

ウ　多少なりとも現代人の感性にとらわれていた筆者は、ムラブリとの生活を通して彼らの感性を体得していった。

エ　ファイホム村のムラブリたちは久しぶりに親族に会ったのにもかかわらず、全く喜ばなかった。

オ　現代人の感情表出の在り方より、心の中での仲間や家族との結びつきを大切にするムラブリの感性のほうが優れている。

問十二　――①～⑤のカタカナを漢字に改めなさい。

二　次の文章を読んで、後の問題に答えなさい。

森鷗外の自分探し、いかがだったでしょうか。歴史上の偉人だと思っていたけれど、意外に現代を生きる私たちと共通の悩みを抱えていたんだな、なんて感じていただけると、少しは鷗外のことが身近に思えてこないでしょうか。「舞姫」の裏側の事情を知ると、作品の見えかたも変わってくるかもしれません。ここで本書の最後に、鷗外の存命中に世間の注目を集め、彼自身も耳にしたであろう、一つの事件をご紹介しておきましょう。

A一九一七年三月七日夕、一組の男女が千葉駅近くを走る総武線の列車に飛び込みました。結果的に、男のほうは亡くなり、女は重傷を負いながらも命を取り留めています。悲しい出来事ではありますが、それだけなら数ある心中事件の一つとして、さして注目を浴びることもなかったでしょう。しかし、二人にとって不幸だったのは、その身分でした。

女は芳川伯爵家の夫人鎌子で、男は当家運転手の倉持陸助。【　1　】な規範が現在よりはるかに強く信奉されていた時代、そんな二人が起こした恋愛スキャンダルに世間がどう反応したか、だいたい想像がつきますよね。二人の関係から事件の状況、鎌子の退院とその後の動静まで、根掘り葉掘り調べあげた報道合戦。その報道内容に、勝手な憶測をつぎ足した無遠慮な論評。そして、生き残った鎌子への激烈なバッシングです。特に上流①カイキュウの人で、しかも女であった彼女への攻撃は、書くのもためらわれるすさまじさでした。

鎌子の実父である芳川顕正伯爵は、あの山県有朋の側近であり、当時は天皇の諮問機関である枢密院において、議長だった山県の下で副議長をつとめていました。鷗外は一九一三年一月二十六日、小田原にあった山県の別荘、古稀庵で会ったこともありますから、この事件も耳には入っていたはずです。とはいえ、もともと世上の事件に反応することの少ない鷗外は、この時も手紙や日記まで含め、何も書き残していません。かつて一九一一年には、恐怖小説の形を取って結ばれぬ男女の心中を描いた、その名も「心中」という小説を発表していて、Xそうした心の動き自体に関心はあったはずですが、具体的な事件に即してとやかく述べるのは避けたようです。

この事件に関し、当時出された様々な言説のなかで、特に印象深いのは長谷川時雨の「芳川鎌子」です。『新編　近代美人伝』上（岩波文庫）に②シュウロクされており、またインターネット上の電子図書館、B青空文庫でも読むことができます。劇作家として活躍し、また様々な女性たちの評伝「美人伝」でも知られる彼女は、そうした世間の③フウチョウに激しく憤りました。「他人の欠点を罵れば我身が高くでもなるような眺めかたで、彼女を不倫呼ばわり」し、「名門であり富有であったから、一種妙な、日頃の鬱憤をはらしたような、不思議な反感と侮蔑をもって、

らが「幸福」だとありがたがるものは、ごく最近にはじまった一時的な流行りに過ぎないのかもしれない。

＊本文には伊藤雄馬『ムラブリ　文字も暦も持たない狩猟採集民から言語学者が教わったこと』（集英社インターナショナル二〇二三）の「第3章　ムラブリ語の世界」の「『上』は悪く、『下』は良い？」「ムラブリの幸福観」を用いた。

問一　空欄（x）（y）に入る適切な語をそれぞれ選択肢から一つ選び、記号で答えなさい。

（x）**ア**　しかし　**イ**　だから　**ウ**　それでも　**エ**　あえて　**オ**　あたかも

（y）**ア**　そろそろ　**イ**　いらいら　**ウ**　ずんずん　**エ**　よろよろ　**オ**　ぐいぐい

問二　――1の言い換えとして最も適切な言葉を選択肢から一つ選び、記号で答えなさい。

ア　抽象的　**イ**　具体的　**ウ**　比喩的　**エ**　象徴的　**オ**　直接的

問三　――2「心」について、古く日本語では「こころ」という語で「（　）」という具体的意味を表したが、問題文を読むとムラブリ語の「クロル」も同様の意味を持つと推測できる。（　）に入る語を問題文中から二字で抜き出しなさい。

問四　筆者の考えによるならば、――3は図の領域A～Dのいずれに該当する感情表現と考えられるか。当てはまるものを全て選び、記号で答えなさい。

問五　図中の（E）～（H）に入る適切な語を選択肢から選び、記号で答えなさい。ただし、同じ記号を二回以上用いてはならない。

ア　陰鬱　**イ**　弛緩　**ウ**　不安　**エ**　興奮

問六　――4に適合する例を選択肢から一つ選び、記号で答えなさい。

ア　困難な仕事をようやく成し遂げて、ひとり喜びに浸った。

イ　何気ない日々の生活の楽しさを家族で分かち合った。

ウ　こみあげる不安を抑えられず友人に愚痴をこぼした。

エ　アップテンポの曲を聴いてうれしくなり、思わず踊りだした。

オ　報われなかった努力に虚しさを感じ、無気力となった。

問七　――5について、ムラブリにとって「心が上がる」という感覚は、どのような「身体的な行為」と密接に結びつくと考えられるか。「～という行為」という言い方に続くように十五字以内で答えなさい。

問八　――6について、「ムラブリの感性を紐解く」ことは、現代人にとってどのような意義を持つと筆者は考えているか。四十字以上五十字以内で答えなさい。

問九　――7について、「よっぽどの一大事」でありながら、タイのムラブリが「なにかを主張したり感情を相手に向けること」を避けられないのはなぜか。十五字以内で答えなさい。

問十　――8に対する筆者の軽い皮肉の込められている語を本文中の【　】内から漢字二字で抜き出しなさい。

問十一　次の選択肢の中から、本文の内容説明として最も適切なものを一つ選び、記号で答えなさい。

ア　ムラブリにも感情を表す語彙はあるものの、それらの語彙を用いることは極めてまれである。

イ　ムラブリの「クロル　クン（心が上がる）」は英語の〝happy〟と

【そんな感情を表に出さず、「心が下がる」ことをよいとするムラブリと長年一緒にいて、ぼく自身も感情の表し方が変化している。たとえば、友人と出かけていると、突然「怒ってる?」と確認されることが増えてきた。そんなときはたいてい真逆で、ぼくはむしろ機嫌よくすごしている。友人が言うには、「顔に表情がないから、怒ってるのかと思った」ということらしい。楽しいときに、ニコニコしていないと、怒っていると思われるようだ。ぼくはその期待とは反対に、気分がいいと口数が少なくなり、表情もぼーっとしてくるようになった。それが日本人の感性では「不機嫌」とみなされることがあるのだろう。ムラブリの「心が下がる」は、少し8日本人の感性から離れているかもしれない。ただ最近では「チルい」という言葉が日本で流行していた。「脱力した心地よさ」は、ムラブリの「心が下がる」に通じるところがあるように思える。森の中でタバコを吸うムラブリの姿は、最高に「チルい」。】

ファイホム村でムラブリと住むウドムさんから聞いたおもしろい話があるので紹介しよう。

タイのムラブリは現在いくつかの村に分かれて生活しているため、親族と離れて暮らすムラブリは多い。別の村に行くときは、歩いて行くのは遠いため、車の運転できるウドムさんに「会いに行きたいから連れてって欲しい」とお願いしてくることがよくあるそうだ。何度も何度もお願いされるので、ある日ウドムさんは仕事を休んで、車を出すことにした。ピックアップトラックの荷台に、老若男女、たくさんのムラブリを乗せて、3時間ほどかけて北にあるターワッ村へ遊びに行った。散々「会いたい会いたい」と言っていたから、さぞ喜ぶだろう、ウドムさんはそう思ったらしい。

ターワッ村は小さく、3つの家族だけが住んでいたから、その村④ソウデで歓迎された。けれど、あれだけ会いたいと騒いでいたムラブリたちが、いざ再会してみると、ちっとも喜んでいるように見えない。少なくとも外側から見える⑤シグサや言動からは、うれしそうに見えない。ハグなどの身体接触がないのは予想できたけれど、一緒にご飯を食べたりもしないし、会話が盛り上がる様子もない。ただ一緒に横にいて、顔も見ずに座っているだけ。1時間もしないうちに、会いに行きたいと言い出したムラブリ男性が「いつ帰るんだ」と言い出す始末。結局、その日は着いて1時間程度で帰ったそうな。

ウドムさんとしては、久しぶりの再会に喜ぶムラブリの姿を期待していたのだろう。けれど、ムラブリの感性は「DOWN is HAPPY」だ。自分の視界の端に会いたかった人がいる。その距離感で十分なのだろう。そのときの「心が下がる」気持ちを、わざわざ他人にもわかるように表に出す必要を感じない。それどころか、それを表に出すのは「心が上がる」こととして、慎んでいるのかもしれない。そう考えると、このエピソードも微笑ましく思えてくる(往復で6時間も運転したら違うかもしれないけれど)。

現代人の感性として、一緒に笑い、騒ぎ、抱き合って、ポジティブな感情を表現して認め合うことが幸せであり、感情は外に出してこそ、誰かに知られてこそ、より幸福を感じられると信じられているようだ。人々のSNSに対する情熱を見れば、それは明らかだ。仲間とはしゃいだときに感じる楽しさはぼくも知っている。けれど、それはひとつの信仰でしかない。感情のあり方や表現の仕方に、絶対の正解はない。ぼく感情の評価軸は「好／悪」と「動／静」だったが、「心が上がる」は「好／悪」というより、「動／静」に左右されるのではないか、と考える人もいるかもしれない。ぼくも初めはそう考えた。しかし、ぼくたちのおこなった実験によれば、「心が上がる／下がる」は「動／静」に関係なく、「好／悪」を表すのだ。

結果として、動的か静的かにかかわらず、心理学的に良い感情に結びつくものは「心が下がる」、悪い感情に結びつくものは「心が上がる」と表すことから、ムラブリの感性には、〝UP is UNHAPPY〟と〝DOWN is HAPPY〟の概念メタファーがあると言えるかもしれない。

また、ムラブリ語には「興奮」などに相当する語がない。狩りや性交、祭りなどで感じる感情は、ぼくたちからすれば「興奮」と呼べるものだろう。しかし、ムラブリはそれらの感情を言葉で表すことをしない。「狩りに行くときの感情はなんという？」と質問しても、ぼくの意図がよくわからないようだった。（　x　）「ジャック　クェール（狩りに行く）」という言葉に、行為も感情もひっくるめて表現されていると言わんばかりだ。

ムラブリ語には「感情」も「興奮」もない。ムラブリが行為から感情を分離する感性がないとも捉えられる。「[5]心が上がる／下がる」も、ある種の身体的な行為に近い感覚として見るべきなのかもしれない。

これは[6]ムラブリの感性を紐解く大きなヒントになる。感情は直接観察することができない。しかし、ムラブリ語という②タイケイを通して、彼らの感じている世界を想像することはできるかもしれないのだ。

そもそも、ムラブリは自分の感情を表すことがほとんどない。森に生きていた時代、彼らは他の民族との接触をできるだけ避けてきた。森に身を潜めて暮らすなかで、必然的に感情を表に出すことを慎むようになったのかもしれない。実際、まだ森の中で遊動生活しているラオスのムラブリは、タイのムラブリに比べて表情がずっと乏しく見えた。大きな瞳は黒く深く、一見なにを考えているかわからない感じがして、少し怖いと感じることもあった。

こんなエピソードがある。教員時代に大学の学生をムラブリの村に連れて行ったときのことだ。旅行気分があったのだろう、学生たちが盛り上がって少しうるさい夜があった。そんなとき、1人のムラブリの男性が（　y　）とぼくに近寄ってきて、こう言った。

「わたしは怒っているわけではない、本当だよ。けれどあなたたちが大声を出すと、村の子どもたちが怖がるかもしれない、怖がらないかもしれない。わたしは怒っているわけではないよ、本当だよ」

彼はぼくらに「静かにしてほしい」と伝えようとしているのは明らかだ。しかし、その言い方はとても繊細で、臆病にさえうつる。遠回し過ぎてなにが言いたいのかわからないほど、ささやかな訴えになっていた。繰り返し、「わたしは怒ってはいないよ、本当だよ」と挟みながら、言いたいことを伝えようとする光景は、ムラブリと暮らしていると珍しいものではない。ムラブリ同士でも、相手になにかを主張するときには、この言い回しをたびたび聞くことができる。[7]ムラブリにとっては、なにかを主張したり感情を相手に向けることは、よっぽどの一大事であることが窺い知れる。

感情を表すのをよしとしないなら、「心が上がる」、いねば感情が迫り上がってくる③ジタイは、避けるべきこと、悪いことと捉える感性があっても不思議ではないだろう。

【国　語】（六〇分）〈満点：一〇〇点〉

【注意】字数制限のある設問については、特に指示のないかぎり、句読点・記号等すべて1字に数えます。

一　以下は、言語学者である筆者がタイやラオスの山岳民族であるムラブリの言語について述べたものです。文章を読んで後の問題に答えなさい。

感情を表す表現は、大きく分けて2つある。ひとつは語彙だ。日本語で言うと「うれしい」とか「悲しい」などになる。もうひとつは1迂言《うげん》的な表現だ。「2心が躍る」とか「気分が沈む」などがそうだ。ほとんどの言語で両方の表現方法を用いることが知られている。ムラブリ語もそうだ。

感情表現は、とくに翻訳が難しい。日本語の「幸せ」と英語の「happy」のニュアンスが異なることからも、その難しさを想像できると思う。だから、研究者は感情表現の意味を「好／悪」と「動／静」の2軸を用いて、平面上にマッピングすることで表現する。

下の図の右上が「動的に好ましい」、右下が「静的に好ましい」、左上が「動的に悪い」、そして左下が「静的に悪い」の領域だ。

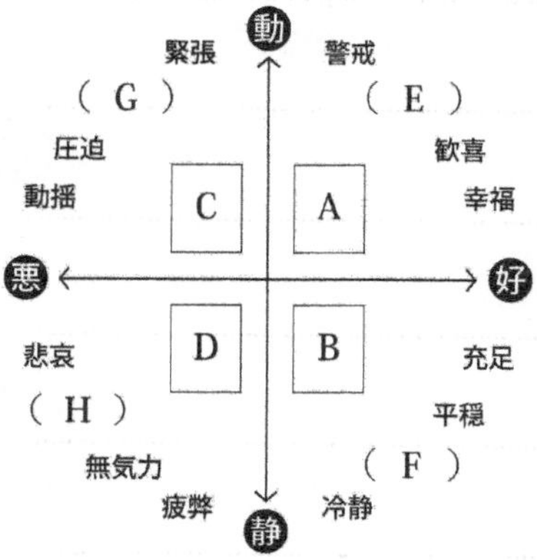

たとえば、日本語の「幸せ」はポジティブで、英語の〝happy〟と共通するが、英語よりも少し静的なので下に位置づけられる。このような違いは、逐語訳では見落とされがちだが、図示することで、細かいニュアンスの違いを①ザヒョウの位置によって表現することができる。

ここで注目したいのが、ムラブリ語の迂言的な感情表現だ。ムラブリ語は「クロル（心）」を用いて感情を表すのだが、そのなかでも「3クロル　クン（心が上がる）」と「4クロル　ジュール（心が下がる）」という感情表現がおもしろい。

直感的には「心が上がる」はポジティブな意味で、「心が下がる」はネガティブな意味に聞こえるだろう。しかし、実際は逆で、「心が上がる」といえば「悲しい」とか「怒り」を表し、「心が下がる」は「うれしい」とか「楽しい」という意味を表す。

認知言語学という分野では、世界の言語にみられる普遍的な特徴として、「上がる」ことは「よい」こと、つまり〝Up is GOOD〟が主張されている。これは概念メタファーと呼ばれ、とくに〝Up is GOOD〟は世界中で見つかるため、もっとも普遍的な概念メタファーのひとつと考えられている。しかし、ムラブリ語の「心が上がる」はネガティブな感情を表すため、普遍的だと主張される〝Up is GOOD〟の例外となり、とても珍しい。

あまりによく見られる〝Up is GOOD〟だから、ムラブリ語の分析が誤りである可能性もある。ぼくも「心が上がる／下がる」は上下運動ではなく、別の意味ではないかとも考えた。しかし、「心が上がる／下がる」というときのジェスチャーを見ると、胸のあたりの前で手を上下に動かしている。やはり、「心臓の辺りが上がる／下がる」という感覚経験にこの表現の源があるようだ。

MEMO

大切なことはメモしておこうネ！

2024年度

解　答　と　解　説

《2024年度の配点は解答欄に掲載してあります。》

＜数学解答＞ 《学校からの正答の発表はありません。》

1　(1)　$x=-\frac{9\sqrt{2}}{2}$，$-\frac{\sqrt{2}}{2}$　(2)　$\frac{8\sqrt{7}-10}{3}$　(3)　$\frac{3+\sqrt{2}}{2}$　(4)　$a=7$　$b=-5$

(5)　記入した数　36　四分位範囲　49

2　(1)　$BC=\sqrt{6}$　$CA=\sqrt{3}+1$　(2)　$\sqrt{2}$

3　(1)　$(-8,\ 16)$　(2)　$(-6,\ 9)$　(3)　$\frac{\sqrt{5}}{6}$

4　(1)　24通り　(2)　30通り　(3)　$\frac{8}{15}$

5　(1)　$(x,\ y)=(1,\ 9)$，$(3,\ 3)$，$(9,\ 1)$　(2)　$(x+y)(x+2y-9)$

(3)　$(x,\ y)=(2,\ 9)$，$(4,\ 9)$，$(8,\ 1)$，$(8,\ 9)$

6　(1)　3分後　(2)　$\frac{329}{11}$分後

○推定配点○

1　(4)　各2点×2　(5)　各3点×2　他　各5点×3　2　各4点×3　3　(3)　6点　他　各4点×2　4　(1)　4点　他　各6点×2　5　(1)　3点　(2)　6点　(3)　8点　6　各8点×2　計100点

＜数学解説＞

＋α〉 **1**　（小問群―2次方程式，式の値，数の計算，平方根，連立方程式，資料の整理，四分位範囲）

(1)　$2=(\sqrt{2})^2$なので，$\sqrt{2}x=t$とおくと，$2x^2+10\sqrt{2}x+9=0$は，$t^2+10t+9=0$と表せる。$(t+9)(t+1)=0$　$t=-9,\ -1$　よって，$\sqrt{2}x=-9,\ -1$　$x=-\frac{9}{\sqrt{2}}=-\frac{9\sqrt{2}}{2}$，$-\frac{1}{\sqrt{2}}=-\frac{\sqrt{2}}{2}$

(2)　$\frac{14+3\sqrt{7}}{\sqrt{7}}=\frac{14\sqrt{7}+21}{7}=2\sqrt{7}+3=\sqrt{28}+3$　$5<\sqrt{28}<6$だから，$8<\sqrt{28}+3<9$　よって，$2\sqrt{7}+3$の整数部分は8だから，$a=2\sqrt{7}+3-8=2\sqrt{7}-5$　$a+\frac{1}{a}=2\sqrt{7}-5+\frac{1}{2\sqrt{7}-5}=2\sqrt{7}-5+\frac{2\sqrt{7}+5}{(2\sqrt{7}-5)(2\sqrt{7}+5)}=\frac{6\sqrt{7}-15+2\sqrt{7}+5}{3}=\frac{8\sqrt{7}-10}{3}$

(3)　$\frac{1}{(1+\sqrt{2}+\sqrt{3})^2}+\frac{1}{(1+\sqrt{2}-\sqrt{3})^2}=\frac{(1+\sqrt{2}-\sqrt{3})^2+(1+\sqrt{2}+\sqrt{3})^2}{(1+\sqrt{2}+\sqrt{3})^2(1+\sqrt{2}-\sqrt{3})^2}$　$1+\sqrt{2}=A$，$\sqrt{3}=B$とおくと，$A^2=3+2\sqrt{2}$，$B^2=3$　$(1+\sqrt{2}-\sqrt{3})^2+(1+\sqrt{2}+\sqrt{3})^2=(A-B)^2+(A+B)^2=2(A^2+B^2)=2(6+2\sqrt{2})=12+4\sqrt{2}$　$(1+\sqrt{2}+\sqrt{3})^2(1+\sqrt{2}-\sqrt{3})^2=(A+B)^2(A-B)^2=(A^2-B^2)^2=(3+2\sqrt{2}-3)^2=8$　よって，$\frac{12+4\sqrt{2}}{8}=\frac{3+\sqrt{2}}{2}$

基本〉 (4)　$(a+2)x-(b-1)y=33$，$(a-1)x+(2b+1)y=9$に$x=3$，$y=1$をそれぞれ代入すると，$3a+6-b+1=33$　$3a-b=26$…①　$3a-3+2b+1=9$　$3a+2b=11$…②　①－②から，$-3b=15$　$b=-5$　②に代入して，$3a-10=11$　$3a=21$　$a=7$

(5)　9個の数の平均値が3違うということは，9個の数の合計が27違うということである。B君が記入した数の中で十の位の数と一の位の数を逆にすることで27大きくなる数は36である。よって，A君が記入した9個の数は12，27，49，56，63，74，83，91，98である。9個の資料の場合，第1四分位数は小さい方から2番目と3番目の平均なので，$(27+49)\div2=38$　第3四分位数は小さい方から7番目と8番目の平均なので，$(83+91)\div2=87$　よって，四分位範囲は$87-38=49$

基本 **2**　**(平面図形一円の性質，円周角，三平方の定理，辺の長さ，外接円の半径)**

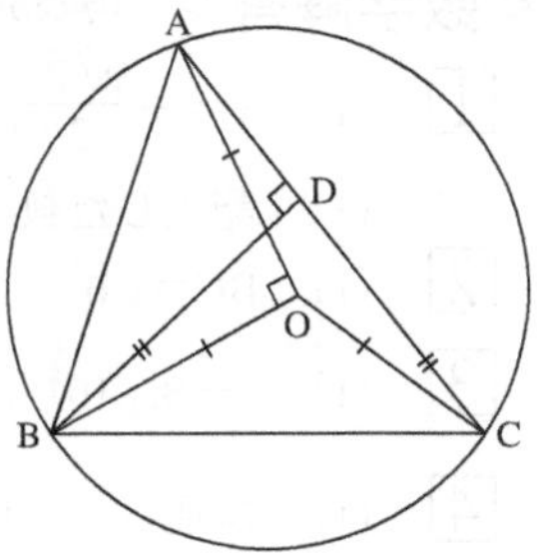

(1)　$\overset{\frown}{AB}$，$\overset{\frown}{BC}$，$\overset{\frown}{CA}$は円周の$\frac{3}{12}$，$\frac{4}{12}$，$\frac{5}{12}$なので，それぞれの弧に対する中心角は90°，120°，150°である。よって，$\angle ACB=45°$，$\angle BAC=60°$，$\angle ABC=75°$である。点BからACに垂線CDを引くと，$\triangle BAD$は内角の大きさが30°，60°，90°の直角三角形となるので，$AB:AD:BD=2:1:\sqrt{3}$　よって，$AD=1$，$BD=\sqrt{3}$　$\triangle BDC$は直角二等辺三角形となるから，$CD=BD=\sqrt{3}$，$BC=\sqrt{2}BD=\sqrt{6}$　$CA=\sqrt{3}+1$

(2)　外接円の中心をOとすると，$\triangle OAB$は直角二等辺三角形となるから，$AO:AB=1:\sqrt{2}$　$AO=\frac{2}{\sqrt{2}}=\sqrt{2}$　よって，外接円の半径は$\sqrt{2}$

3　**(関数グラフと図形一放物線，直交する直線，等積変形，台形の面積の分割)**

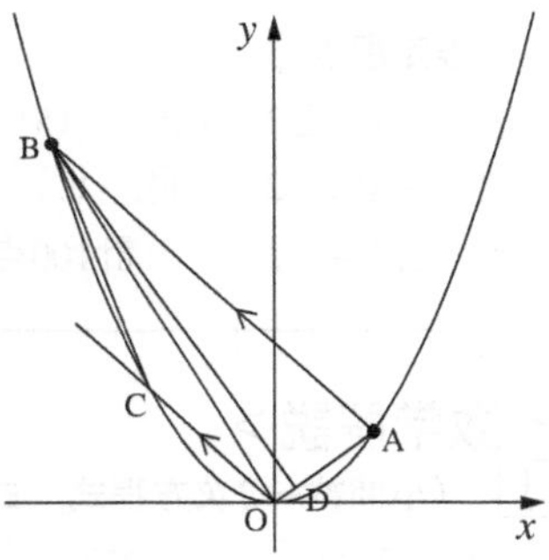

(1)　点A，Bからx軸に垂線AP，BQを引くと，$\angle BOQ=90°-\angle AOP=\angle OAP$　よって，2組の角がそれぞれ等しいので，$\triangle BOQ\backsim\triangle OAP$　$OP:AP=2:1$だから，$BQ:OQ=2:1$　よって，直線OBの式は$y=-2x$　点Bのx座標は方程式$\frac{1}{4}x^2=-2x$の解として求められる。$x^2+8x=0$　$x(x+8)=0$　$x=-8$　よって，$B(-8,\ 16)$

(2)　直線ABの傾きは，$(1-16)\div\{2-(-8)\}=-\frac{3}{2}$　傾きが等しい直線は平行であり，平行線間の距離は一定だから，点Oを通る傾きが$-\frac{3}{2}$の直線と放物線$y=\frac{1}{4}x^2$との交点をCとすれば，$\triangle ABC=\triangle OAB$となる。$\frac{1}{4}x^2=-\frac{3}{2}x$　$x^2+6x=0$　$x(x+6)=0$　$x=-6$　$y=9$　よって，$C(-6,\ 9)$

やや難 (3)　平行線間の距離が一定なので，$\triangle OCB$と$\triangle ABO$はOC，ABをそれぞれの底辺とみると高さが等しい。よって，$\triangle OCB$と$\triangle ABO$の面積の比はOC，ABの比と等しい。OC，ABは平行線上にある線分なので，その比は，線分の両端のx座標の差の比で求められるから，$\triangle OCB:\triangle ABO=OC:AB=6:\{1-(-8)\}=2:3$　$\triangle OCB=2S$とすると，$\triangle ABO=3S$　四角形$OABC=5S$となるので，$\triangle DAB=2.5S$となるときにBDは四角形OABCの面積を2等分する。そのとき，$\triangle ODB=0.5s$　$OD:OA=0.5:3=1:6$　ところで，$OA=\sqrt{2^2+1^2}=\sqrt{5}$　したがって，$OD=\frac{1}{6}OA=\frac{\sqrt{5}}{6}$

4　**(場合の数一異なる色の玉の並べ方)**

(1)　同じ色が2個ずつあるから，3個の玉の色が異なる場合…①と2個の玉が同じ色で1個が異なる色の場合…②がある。①の場合は異なる3種類の色の並べ方だから，$3\times2\times1=6$(通り)　②の場合は，どの2色が並ぶかで(2個，1個)＝(赤，青)，(赤，白)，(青，赤)，(青，白)，(白，赤)，(白，青)の6通りがあり，そのそれぞれについて何番目に1個の玉がくるかで3通りずつある。よって，18(通り)　　したがって，6＋18＝24(通り)

(2)　並べる順番を1，2，3，4，5，6とする。2個ずつある玉が隣り合わないで何番目にくるかを整理すると，〈(1，3)，(2，5)，(4，6)〉，〈(1，4)，(2，5)，(3，6)〉，〈(1，4)，(2，6)，(3，5)〉，〈(1，5)，(2，4)，(3，6)〉，〈(1，6)，(2，4)，(3，5)〉の5通りある。そのそれぞれについて色の順番としては3×2×1＝6(通り)ずつあるので，5×6＝30(通り)

(3)　6個の玉から2個を取り出す取り出し方の総数は，6個の玉を赤1，赤2，青1，青2，白1，白2としたとき，(赤1，赤2)，(赤1，青1)，(赤1，青2)，(赤1，白1)，(赤1，白2)，(赤2，青1)，(赤2，青2)，(赤2，白1)，(赤2，白2)，(青1，青2)，(青1，白1)，(青1，白2)，(青2，白1)，(青2，白2)，(白1，白2)の15通りある。そのそれぞれに対して2回目には残りの4個の中から2個を取り出すのだから，1回目が(赤1，赤2)のときには，(青1，青2)，(青1，白1)，(青1，白2)，(青2，白1)，(青2，白2)，(白1，白2)の6通りあり，他の場合も6通りずつある。それらに対して3回目はそれぞれ残りの2個の1通りに決まる。よって，取り出した玉を戻さないで2個ずつ取り出す取り出し方の総数は15×6×1＝90　　1回目に玉の色が異なる取り出し方は，同じ色を取り出す3通り以外の12通りがあり，そのそれぞれに対して，2回目，3回目に玉の色が異なる2回目の玉の取り出し方は，2回目に残された球を同じ色かどうかによってa，b，$c1$，$c2$とすると，aと$c1$，aと$c2$，bと$c1$，bと$c2$の4通りずつである。よって，12×4＝48(通り)ある。したがって，玉の色が3回とも異なる取り出し方の確率は，$\frac{48}{90}=\frac{8}{15}$

5 (数の性質―正の整数の組，因数分解，素数)

基本 (1)　$xy=9$を満たす正の整数の組は，$1\times9=3\times3=9\times1$だから，$(x,\ y)=(1,\ 9),\ (3,\ 3),\ (9,\ 1)$

(2)　$3y-9=y+(2y-9)$だから，$x^2+(3y-9)x+y(2y-9)=x^2+\{y+(2y-9)\}x+y(2y-9)$　　よって，$(x+y)(x+2y-9)$

やや難 (3)　aを素数として，$a^2=\mathrm{A}$とすると，$\mathrm{A}=1\times a^2=a\times a=a^2\times1$である。$x^2+(3y-9)x+y(2y-9)=(x+y)(x+2y-9)$　　$x+y=1$となることはない。$x+2y-9=1$のとき，$x+2y=10$　　この式を満たす$(x,\ y)$の組$(2,\ 4)$，$(4,\ 3)$，$(6,\ 2)$，$(8,\ 1)$の中で，$x+y$が素数の平方数になるのは$x=8$，$y=1$のときである。…①　　$x+y=x+2y-9$となるときは，$y=9$　　$x+y$，$x+2y-9$が等しい素数となるのは，$x+9=2+9=11$，$4+9=13$，$8+9=17$である。…②　　①，②から，9以下の正の整数の組は，$(2,\ 9)$，$(4,\ 9)$，$(8,\ 1)$，$(8,\ 9)$

やや難 6 (方程式の応用―速さ，比の活用)

(1)　B君がA君よりx分早く出発したとする。A君，B君の速さをそれぞれ毎分ym，毎分zmとすると，B君がA君に追い抜かれるまでにA君は$(7-x)$分進んでいる。B君は7分進んでいる。よって，$(7-x)y=7z$　　$y:z=7:(7-x)$ …①　　PからQまでにかかった時間は，A君は20分，B君は$(x+20+4+8)$分かかったから，$20y=(x+32)z$　　$y:z=(x+32):20$…②　　①，②から，$7:(7-x)=(x+32):20$　　$(7-x)(x+32)=140$　　$x^2+25x-84=0$　　$(x+28)(x-3)=0$　　$x>0$だから，$x=3$　　3分後

(2)　A君がQ地点を出発した後にB君とすれ違うのが，B君がP地点を出発してp分後だったとする。A君は3分遅れて出て，Q地点まで20分かかり，Q地点で4分休んだから，Q地点を出発してからB君とすれ違うまでに$(p-27)$分かかったことになる。また，PQ間の道のりは$20y$mであり，B君がP地点を出発してA君とすれ違うまでに進んだ道のりとA君がQ地点を出発してB君とすれ違うまでに進んだ道のりの和はPQ間の道のりになる。よって，$pz+(p-27)y=20y$…③　　ところで，

$y:z=7:(7-3)=7:4$だから，$z=\frac{4}{7}y$…④　④を③に代入して，$\frac{4}{7}yp+(p-27)y=20y$

$\frac{4}{7}p+(p-27)=20$　$\frac{11}{7}p=47$　$p=\frac{329}{11}$(分後)

★ワンポイントアドバイス★

問題数が多く，しかも，いずれの問題もやや難しい形で出題されているので，完答を目指すのではなく，手がけられそうなものを選んで仕上げていくようにしよう。計算が煩雑なものが多いが，後で見直す余裕はないかもしれないので，確実・正確に進めることを心がけよう。

＋α は弊社HP商品詳細ページ(トビラのQRコードからアクセス可)参照。

＜英語解答＞《学校からの正答の発表はありません。》

Ⅰ　1 (D)　2 (B)　3 (C)　4 (A)　5 (D)　6 (B)　7 (C)　8 (D)　9 (B)　10 (A)

Ⅱ　1 C, running under　2 C, for students　3 A, were no　4 C, sent　5 B, were　6 A, to have　7 B, since　8 B, from repeating　9 A, that[which]　10 D, are unable

Ⅲ　1 which　2 tower　3 while　4 climbing　5 degrees　6 true　7 half　8 another　9 by　10 how

Ⅳ　A　1 (C)　2 (C)　3 (B)　4 (A)　5 (A)　6 (D)　7 (D)　8 (B)　9 (A)　10 (A)　B ① 彼らは豪華な暮らしをしていた。　② 高級志向　③ 運はお金をもたらしてくれるものだ。　C 1 He was devoted to his mother and simply wanted to make her happy by earning money secretly.
2 1) I would choose an unhappy ending because it seemed Paul had already lost a healthy mind by making money instead of his parents.　2) It was not easy for his mother to change her way of living, and she did nothing to stop Paul's strange behavior. He got sick both mentally and physically and died.

○推定配点○

Ⅰ　各1点×10　Ⅱ・Ⅲ　各2点×20　Ⅳ　C2　各4点×2　他　各3点×14　計100点

＜英語解説＞

基本　Ⅰ　(長文読解問題・エッセイ：語句補充・選択，動詞，熟語，接続詞，時制)

「(A)～(D)から最適な答えを選び，文章を完成させなさい」

(全訳)　広い海に出かけよう

～いじめられている君へのメッセージ～

僕は中学生の時にブラスバンド部に[1]所属していた。1年生のある日，どういうわけかほとんどの部員が部内の僕の親友に話しかけるのをやめた。それはとても突然のことで[2]僕はなぜだかわからなかった。

それは魚の世界のようだ。僕は幼い頃にメジナと呼ばれる魚を家で飼っていた。彼らは海で一緒に泳いでいたが，僕が彼らを小さな水槽に入れた後，1匹がのけ者にされて攻撃された。僕はその魚を3かわいそうに思い，海に返した。すると残りの魚が別の魚をいじめだした。僕がそれを救い出した後も，次の魚がいじめられた。そこで僕はいじめっ子を水槽から取り出したが，新しいいじめっ子が4現れた。

これは広い海では起きなかった。しかし狭い世界に飼われると，どういうわけかいじめが始まった。彼らは同じ場所に住み，同じエサを食べ，同じメジナである5にもかかわらず。

僕の中学校でのいじめ6も小さな社会で起きた。僕はいじめっ子たちに「7どうしてそういうことをしたの？」と聞くことができなかった。しかし僕はいじめられていた友人と一緒によく釣りに出かけた。僕たちが学校から離れて一緒に釣りを楽しんでいると，彼の顔に安心した8表情が見られた。僕は彼の話をよく聞いたり元気づけたりすることはできなかったが，誰かが隣にいることが彼を安心な気持ちにさせたと信じている。

僕は時々変わっていると言われる。でも広い外に出て魚に夢中になっていると，自分に起きた悲しい出来事をすべて忘れる。誰か10をからかったり小さな世界の出来事を心配したりすることは，あなたに楽しい思い出を残さないだろう。外にはやるべき素晴らしいことがすごくたくさんあるのだから，それは時間の無駄だ。小さな水槽にいてはいけない。大きな空の下，広い海に出かけよう！

さかなクン

(1)　belong to ～「～に所属している」

(2)　why は直前の文の内容を受けて「なぜ彼らが彼に話しかけなくなったのか」を表す。

(3)　feel sorry for ～「～を申し訳なく思う，～をかわいそうに思う」

(4)　appear「現れる，出現する」

(5)　even though「～だけれども」

(6)　空所が一般動詞 happened の前であることに着目する。also は一般動詞の前に置く。

(7)　いじめっ子に対する問いかけなので，理由を問うCが適切。

(8)　look「表情，外見」

(9)　that節中の文の動詞。過去形 made が適切。〈make ＋人＋動詞の原形〉「(人)に～させる」

(10)　won't leave you with happy memories「楽しい思い出を残さないだろう」とあることから，否定的な内容の語句が適切。make fun of ～「～をからかう」

や難 **Ⅱ　(正誤問題：分詞，不定詞，前置詞，熟語，受動態，接続詞，動名詞，関係代名詞)**

「文法的または慣用的に正しくない選択肢を選び，その部分全体を修正しなさい」

日吉キャンパスに残る太平洋戦争

あなたは今，慶應高校の入試を受けるために慶應日吉キャンパスにいる。かつて，このキャンパスにあるいくつかの古い建物は軍事利用されていた。この事実を知っていましたか。1外からは見えないけれども，あなたのいる建物の下を走っている，たくさんの見えないトンネルがある。それらは何の目的で作られたのだろうか。

大日本帝国海軍の司令部，つまり本拠地は太平洋戦争末期に日吉キャンパスに移された。2当時，日吉キャンパスは学生たちが学ぶ場所から学生を戦場に送る場所に変えられた。3学生たちはキャンパスにもはや見当たらなかった。彼らは戦場に赴くか勤労した。

戦争が激しくなるにつれ，海軍は地上の学校設備を慶應から借りるだけでなく，クモの巣のような形の地下基地を建設した。4さまざまな指令が司令部から前線に送られた。5それらの中にはカミカゼ特攻や戦艦大和の作戦があった。

現在，日吉台地下壕保存の会がこの貴重な戦争史跡を保護し，その歴史を次の世代に引き継ぐためにさまざまな活動に取り組んでいる。$_{6}$慶應生は戦争の歴史を身近で多く学ぶ機会があるので幸運だ。

$_{7}$日本が太平洋戦争に負けてからおよそ80年で，今日まで日本はただ1つも戦争をしていない。$_{8}$日本が戦争を繰り返すのを防ぎ，世界に平和を促進するために，我々1人1人は何ができるだろうか。$_{9}$これはこのキャンパスで過ごす全ての慶應生が考えるべき問いである。$_{10}$過去に目を瞑る者は未来を見ることができない。

1　Cを running under とする。running から文末は tunnels を後ろから修飾する形容詞的用法の現在分詞句。

2　Cを for students とし，to study の意味上の主語とする。

3　no longer「もはや～ない」 not を用いる場合は not any longer となる。

4　Cを過去分詞 sent にし，受動態「～される」の文にする。

5　倒置の文。主語は Kamikaze 以下文末までで，複数なので，be動詞 は were となる。

6　〈be lucky to ＋動詞の原形〉「～して幸運だ，運良く～する」

7　It has been ～ years since －「－から～年だ」

8　〈stop ＋目的語＋ from ～ing〉「－が～するのを防ぐ」

9　Aを目的格の関係代名詞 that または which にする。先行詞は a question である。

10　〈be unable to ＋動詞の原形〉「～することができない」 主語 Those who ～「～する人々」は複数扱いなので are を補う。

やや難 **Ⅲ　（長文読解問題・会話文：語句補充，疑問詞，単語，接続詞，動名詞，代名詞，前置詞，感嘆文）**

「次の文章は数学教師と学生の間の会話である。各空所に会話を完成させるのに最適な1語を入れなさい。最初または最後の文字が与えられている」

ちょっとした数学の知識が非常に役立つこともある

（全訳） T：君は日本の古代史，特に奈良時代が好きらしいね。

S：はい。僕は古い歴史的建造物を見るために何回も奈良に行ったことがあります。

T：$_{1}$どれに最も興味があるの？

S：法隆寺の五重塔です。それは世界に現存する最古の木造の$_{2}$塔の1つで，高さ32.5メートルです。

T：良く知っているね。どうやってその高さを知ったの？

S：歴史の本で読みました。

T：地面に立った$_{3}$ままで高さを測る方法を知っているかい？ 上まではしご$_{4}$を登って長い巻き尺を使ってはいけないよ。

S：わかりません。

T：答えは直角三角形を使うんだ。1年の数日の短い時間，太陽が45$_{5}$度で差し込むと，君の影の長さは君の身長と等しくなる。君の影と体は想像上の直角三角形の二辺を形成する。同じことがそのとき，仏塔に対して$_{6}$当てはまる。仏塔が影を作り，それが想像上の三角形の一部となる。影プラス仏塔の土台部分の$_{7}$半分の長さが想像上の三角形の一辺で，仏塔の高さが$_{8}$もう一辺だ。これらの二辺は等しいので，前者の長さを測ること$_{9}$によって，高さがわかる。

S：$_{10}$なんて素晴らしいんだろう！ 歴史に加えて，僕は数学をもっと勉強してその知識を日常生活で生かしたいです。

(1)　which one「どれ」 (2)　tower「塔」 pagoda「仏塔」の言い換えである。 (3)　while ～ing「～したまま」 (4)　climb up ～「～を登る」 前置詞 after の後なので動名詞 climbing にする。 (5)　degree「角度」 前に45があるので複数形で答える。 (6)　be true for ～「～に当てはまる」 (7)　直角二等辺三角形をイメージする。五重塔の中心線の長さ（＝高さ）と地面上の

「土台の半分＋影」の長さが等しい。　(8)　同文の前半に one があるのに着目する。another「もう1つの」　(9)　by ~ing「～することによって」　(10)　感嘆文〈How ＋形容詞＋主語＋動詞！〉

Ⅳ　(長文読解問題・物語文：内容吟味，英文和訳，熟語，英問英答)

「次の文章を読んで下の問いに答えなさい」

(全訳)　物語について：この物語は1900年代初頭に書かれ，英国では子供は自由に感情を表すべきではないとされていた時代である。ポールはお腹を空かせることもなく，遊ぶおもちゃがあり，使用人がいる家に住んでいる。しかし彼はまた，母親の不幸と共に暮らさなくてはならず，それが彼に重くのしかかっている。彼の母親は不運だと感じており，ポールはどうしても幸運のある場所に行きたいと願うようになる。

美しいが運のない女性がいた。彼女は恋愛結婚したが，ある時点で彼を愛するのをやめた。彼女には美しい子供たちがいたが，彼女は彼らを愛することができなかった。彼らはまるで彼女のあら探しをするかのように，彼女を冷たく見つめた。そして大慌てで彼女は自分の欠点を隠さないといけないと感じた。しかし隠さないといけないものが何なのか，彼女はわからなかった。自分の心の中心には誰にも愛を感じない硬くて小さな場所があることを，彼女は知っていた。他のみんなは彼女について「彼女はとても良い母親よ。彼女は子供たちを愛している」と言った。彼女自身，そして彼女の子供たち自身も，そうではないと知っていた。お互いの目にそう書いてあった。

男の子が1人，幼い女の子が2人いた。彼らは快適な家に住み，庭付きで，使用人がいて，近所の誰よりも自分たちのほうが勝っていると感じていた。

①彼らは豪勢な暮らしをしていたが，家の中で常に不安を感じていた。彼らはお金が十分にあることが決してなかった。母親にはわずかな収入があり，父親もわずかな収入があったが，彼らが維持しなくてはならない社会的立場には十分でなかった。もっとお金が必要なのだ。父親はいつもハンサムで，②高級志向であり，まるで(ⅰ)する価値のあることは何もできないかのようだった。そして母親も成功せず，好みも同様に贅沢だった。

そして家は無言の言葉があふれるようになった。もっとお金が必要！　もっとお金が必要！　誰も声に出して言わないのに，子供たちには常にそれが聞こえた。クリスマスに，高価で素敵なおもちゃが部屋いっぱいにある時に，彼らはそれが聞こえた。ピカピカの現代的な木馬の後ろから，素敵なドールハウスの後ろから，声がささやき始める。もっとお金が必要！　もっとお金が必要！そして子供たちは遊びを中断して，少しの間それに耳を傾けた。彼らは，みんながそれを聞いたか確かめるために，お互いの目をのぞき込んだ。そして各自が他の2人の目を見ると，彼らにも聞こえたことがわかった。「もっとお金が必要！　もっとお金が必要！」

しかし誰もそれを声に出して言わなかった。そのささやきはどこでも聞こえた。ちょうど，常に息を吸ったり吐いたりしている事実にも関わらず，誰も「私たちは呼吸している！」と言わないように。

ある日，ポール少年は言った。「母さん，どうしてうちには自分たちの車がないの？　どうしていつもおじさんの車を使うの？」

「うちは親類の中でも貧しいからよ」と母親が言った。

「でもどうして貧しいの？　母さん」

「それは，あなたのお父さんに運がなかったから」

少年は少しの間沈黙した。

「運ってお金のこと？　母さん」と彼はおずおずと尋ねた。

「いいえ，ポール。そういうわけじゃない。③それはあなたにお金をもたらすものよ。運が良ければお金が得られる。そういうわけでお金持ちに生まれるよりも幸運に生まれるほうが良いわ。お金持ちでも，お金を失ってしまうかもしれない。でも運が良ければ，常にどんどんお金を手にすることができる」

「どうして父さんは運がないの？」

「わからない。どうして運が良い人と悪い人がいるのか，誰にもわからないわ」

「そして母さんも運がないの？」

「昔は運が良いと思っていたのよ，結婚する前はね。今は本当に[X]運がないと思っているわ」

「とにかく，僕は[Y]運が良い人間だよ」と彼はきっぱりと言った。

「どうして？」と母は言い，突然笑い出した。

彼は母を見た。彼はなぜ自分がそう言ったのかわからなかった。

「神様が僕に言った」と彼は断言した。

母が自分のことを信じていない，というよりむしろ彼の言葉に無関心だということを少年はわかっていた。これが彼を怒らせ，母の注意を引きたいと思わせた。

彼は1人で，子供っぽいやり方で「幸運」の手がかりを探し始めた。彼は幸運がほしかった。本当にほしかった。

「さあ！」と彼は木馬に命令した。「さあ，僕を幸運のある場所へ連れて行け！　さあ，連れて行くんだ！」 彼は狂ったように乗り始め，ついにそこに到着することを願った。彼は自分はそこに行けると信じていた。

ある日，彼が木馬に狂ったように乗っている時に母親とオスカーおじさんが入ってきた。彼は彼らに話しかけなかった。

「やあ，少年騎手！　優勝馬に乗っているのかい？」とおじが言った。

「もうあなたは木馬には大きすぎるんじゃない？　あなたはもう幼い子供じゃないわ」と母親が言った。

しかしポールは答えず，彼らに怒りの表情を向けただけだった。彼はフルスピード状態の時には誰にも話しかけなかった。母親は心配そうな表情を浮かべて彼を見つめた。

ついに彼は突然馬を駆るのをやめてスピードを落とした。

「着いたぞ！」と彼は叫んだ。青い目はいまだに燃えていた。

「どこに着いたの？」と母が尋ねた。

「行きたかった場所だよ」と彼は母に向かって怒って言った。

「そうだ！」とオスカーおじさんが言った。「そこに着くまで止まるなよ」

[ポールは競馬の勝者の名前を知るために木馬に乗り，大金を稼ぐ]

「なあ，ポール」とオスカーおじさんが言った。「こういうことがあると私は不安になるよ。お前はお金をどうするつもりなんだい？」とおじさんが言った。

「もちろん」と少年が言った。「僕は母さんのために始めたんです。父さんに運がないから自分は不運だって母さんが言いました。だから僕の運が良ければ，ささやくのをやめるかもしれないと思って」

「何がささやくのをやめるんだ」

「僕たちの家です。僕は家がささやくのが大嫌いだ」

「それは何とささやくのかい？」

「えーと，わかりません。でもおじさんも知っているとおり，うちはいつもお金が足りません」

「知っているよ，知っているとも」

「そうすると家がささやくんです。まるで人が背後で笑っているみたいに。僕はそれが嫌だ！

僕は思ったんだ，もし僕の運が良ければ…」

「それを止められるかもしれないってね」とおじさんが言葉を継いだ。

少年は彼を大きな青い目で見つめた，そしてそれは不自然な冷たい炎を秘めていた。そして彼は一言も言わなかった。

「それなら！」とおじさんが言った。「どうする？」

「(ⅱ)僕は母さんに僕が幸運なことを知られたくない」と少年は言った。

「どうして？」

「母さんはきっと僕をとめる。おじさん，僕は母さんに知られたくないんです」

「わかった！　我々は彼女に知られずに何とかうまくやろう」

［さらに競馬で勝って，彼は母親に5000ポンドを贈るよう手配するが，その贈り物によって彼女はさらにお金を使う。がっかりしてポールはますます「運が良く」なろうとする。彼は母親のためにさらに多額のお金を獲得する］

すると非常に奇妙なことが起きた。家の中の声は突然，春の晩のカエルの合唱のように，激しくなった。家には新しい装飾品があり，ポールには家庭教師がついた。冬でも花があった。それでも家の中の声はただ，さらに大きくなっていった。「もっとお金が必要！　ああ，もっとお金が必要！　今，今！　今すぐもっとお金が必要！　もっとたくさん！　もっとたくさん！」

A：文章の内容を最もよく反映している選択肢を選びなさい。

1　(C)「ポールの母親は自分の要求を満たすことができないため不幸に感じている」 have one's needs met「～の要求を満たす」

2 「ポールと2人の妹について正しいものはどれか」 (C)「彼らはお互いにあまり話さない」

3 「ポールの父親について正しくないものはどれか」 (B)「彼は長期間無職である」 下線部①②を含む段落参照。ポールの父には少しの収入があるので無職ではないと推測できる。

4　(A)「自家用車を所有すること以外，次のどれもがポールの家族が平均以上の暮らしをしていることを示している」 ポールの家には自家用車はなく，おじの車を借りている。

5　(A)「下線部(ⅰ)は，彼は妻を満足させるのに十分なほど一生懸命働いているようには見えない，という意味に最も近い」 he never would be able to do anything は「彼は何もできないだろう」，worth doing は「する価値のある」という意味で anything を後ろから修飾し，全体で「彼はする価値のあるものは何もできないだろう」という意味になる。つまり「仕事で無能だ」ということである。また，ポールの母親はポールの父親に対して不満を持っているとわかるので，(A)を選ぶ。

6 「[X]と[Y]に入る最適な選択肢を選びなさい」 (D)「X：不運な　Y：運が良い」

7 「ポールの母はポールが狂ったように木馬に乗ることについてどう感じているか (D)「心配している」

8　(B)「物語の中で，ポールの母がお金のほうが運よりも大切だと考えていること以外は，次のどれもがポールを狂わせる原因となっている」 (B)は誤り。ポールの母は運のほうがお金より大切だと考えている。

9 「ポールは母からのどんな反応を最も恐れているか」 (A)「彼女が高価なものにお金を使い続けること」

10　(A)「物語の中で，オスカーおじさんは親しみやすく，おおらかだと描写されている」

重要 B：下線部①②③を日本語で説明しなさい。

①　in style は「豪華に，立派に」という意味。下線部①の直前の文の内容「庭付きの快適な家に住み，使用人がいて，近所で一番の暮らし」を一言でまとめたものが They lived in style と

いうことである。

② expensive は「高価な」, tastes は「好み，趣味」という意味なので，高価なものを好む「贅沢趣味，高級志向」を表す。

③ 主語 It は前文の luck を指す。what「～するもの」〈cause ＋人＋ to ＋動詞の原形〉「(人に) ～させる」 have money「お金を持つ，得る」 下線部③の直訳は「運はあなたにお金を持たせるものだ」となる。「運があれば，お金が得られる」と解釈できる。

やや難 C：各問に英語で答えなさい。[ ]内の単語を使い，下線を引きなさい。

1 「下線部(ⅱ)『僕は母に，僕が運がいいことを知られたくない』はポールのどんな性格を示唆していると思いますか」 simply「ただ，単に」（解答例の訳）「彼は母に献身的で，内緒でお金を稼ぐことによってただ母を幸せにしたかった」

2「あなたがこの物語の結末を書くと想像しなさい。幸せな結末を選びますか，それとも不幸な結末を選びますか」

1) 「どうしてその結末を選ぶのですか」 healthy「健康的な」 instead「代わりに」

2) 「ポールと母の間には何が起きますか」 nothing「何も」 easy「簡単な」

解答例の訳 1「私は不幸な結末を選ぶ，なぜならポールは両親に代わってお金を稼ぐことにより，健全な精神をすでに失っているように見えるからだ」 2「彼の母親にとって生活様式を変えることは容易ではなく，彼女はポールの奇妙な行動をやめさせることを何もしなかった。彼は精神的にも肉体的にも病んで死んだ」

★ワンポイントアドバイス★

Ⅲの語句補充問題は解きやすそうに見えてかなり難度が高いので注意が必要である。

＜国語解答＞ 《学校からの正答の発表はありません。》

一 問一 (X) オ (Y) ア 問二 ウ 問三 心臓 問四 C・D 問五 E エ F イ G ウ H ア 問六 ア 問七 (例) 胸のあたりの前で手を上に動かす(という行為。) 問八 (例) ムラブリの世界を通して，感情のあり方や表現の仕方に，絶対の正解はないと認識できるという意義を持つ。 問九 (例) 他の民族と暮らしているから。 問十 期待 問十一 ウ 問十二 ① 座標 ② 体系 ③ 事態 ④ 総出 ⑤ 仕草

二 問一 ① 階級 ② 収録 ③ 風潮 ④ 背景 ⑤ 奏功 問二 大正六年
問三 【1】 カ 【2】 ケ 【3】 オ 【4】 イ 【5】 キ 問四 著作
問五 C 時間 D 理知 問六 a エ b イ 問七 ウ 問八 エ
問九 (例) 事件の当事者の心情を思いやりながら，積極的に同時代の事件を(描いた時雨の姿勢と,) (例) 時間をかけて他者の心情への理解を重ね，物語に結実させた(鷗外の姿勢が重なるということ。) 問十 (はじめ) 目前の題材 (終わり) あってゆく
問十一 (例) 使用人に食料を横領された主人公が，庶民の愚かさに怒る内容。
問十二 (例) 鷗外は，具体的な事件の当事者の心の動きに対して時間をかけて理解を重ね，抑制と理知によって描くことで人間という存在に向きあおうとしたから。

○推定配点○
一　問五～問九・問十一　各4点×6(問五完答)　　他　各2点×11(問四完答)
二　問九～問十一　各4点×3(問九・問十各完答)　　問十二　6点　　他　各2点×18
計100点

＜国語解説＞

一　(随筆─大意・要旨，内容吟味，文脈把握，接続後，言い換え，脱文・脱語補充，漢字の読み書き，要約・説明，書き抜き)

問一　(X)　文末の「言わんばかりだ」は，まさにそう思っているかのようだという意味なので，まるで，という意味を表す語が入る。(Y)　後の「言い方はとても繊細で，臆病……ささやかな訴えになっていた」という様子から，遠慮がちに「近寄って」くる様子を表す語が入る。

問二　「迂言的」は遠回しに言う様子を表す。関係する他の類似したことを借りて表現する様子を表す語が言い換えとなる。直後の文の「心が躍る」や「気分が沈む」という例もヒントになる。

問三　設問文の文脈から，ムラブリ語の「クロル」が持つ具体的意味は何かを読み取る。「あまりに」で始まる段落に「『心が上がる／下がる』というとき……やはり，『心臓の辺りが上がる／下がる』という感覚経験にこの表現の源がある」とあり，ここから適当な語を抜き出す。「心臓」は，日本語の「心(こころ)」の具体的意味でもあることを確認する。

基本　問四　──3「クロル　クン(心が上がる)」について，直後の段落で「『心が上がる』といえば『悲しい』とか『怒り』を表し」と説明している。「悲しい」も「怒り」も「悪い」感情表現なので，CとDの領域に当てはまる。

基本　問五　Eには「動的に好ましい」感情表現が入るので，エの「興奮」が入る。Fには「静的に好ましい」感情表現であるイの「弛緩」が入る。Gには「動的に悪い」感情表現である「不安」が，Hには「静的に悪い」感情表現である「陰鬱」が入る。

問六　──4ムラブリ語の「クロル　ジュール(心が下がる)」について，直後の段落に「『うれしい』とか『楽しい』という意味を表す」と説明している。したがって，「愚痴をこぼした」とあるウ，「無気力」とあるオは適合しない。また，「ウドムさんとしては」で始まる段落の「視界の端に会いたかった人がいる。その距離感で十分……『心が下がる』気持ちを，わざわざ他人にもわかるように表に出す必要を感じない」から，「家族で分かち合った」とあるイや「思わず踊り出した」とあるエも適合しない。「クロル　ジュール(心が下がる)」に適合するのはアとなる。

問七　ムラブリの「心が上がる」という「身体的な行為」について述べている部分を探す。「あまりに」で始まる段落の「『心が上がる／下がる』というときのジェスチャーを見ると，胸のあたりの前で手を上下に動かしている」に着目し，ここから「心が上がる」という感覚を表す「身体的行為」を書く。

やや難　問八　直後の文以降の「感情は直接観察することができない。しかし，ムラブリ語というタイケイを通して，彼らの感じている世界を想像することはできるかもしれない」と，「現代人」について述べている最終段落に着目する。ムラブリ語を通してムラブリの人々が感じている世界を想像することで，最終段落「感情のあり方や表現の仕方に，絶対の正解はない」と知ることができるという意義を持つ，などとまとめる。

問九　「タイのムラブリ」について書かれている部分を探すと，「そもそも」で始まる段落に「ムラブリは……他の民族との接触をできるだけ避けてきた。森に身を潜めて暮らすなかで，必然的に感情を表に出すことを慎むようになったのかもしれない。実際，まだ森の中で遊動生活しているラオスのムラブリは，タイのムラブリに比べて表情がずっと乏しく見えた」とある。ここから，タイのムラブリは他の民族と接触しているので，「何かを主張したり感情を相手に向けること」が避けられないと推察できる。

問十　「楽しいときに，ニコニコしていないと，怒っていると思われるようだ。ぼくはその期待とは反対に，気分がいいと口数が少なくなり」とある。「期待」は一般的に望ましいことを心待ちにするという意味を表すが，ここでは「怒っていると思われる」ことに対して用いられている。

重要　問十一　「そんな感情を」で始まる段落の「ぼく」の様子として最も適切なのはウ。冒頭の段落に，ムラブリは「語彙」と「迂言的な表現」を用いるとあるが，ア「用いることは極めてまれ」とは書かれていない。「感情の評価軸は」で始まる段落に「『心が上がる／下がる』は『動／静』に関係なく」とあるので，「動的な感情に用いられる」とあるイは適切ではない。「ウドムさんとしては」で始まる段落にあるように，ムラブリたちは感情を表に出さないだけで，エにあるように「全く喜ばなかった」わけではない。最終段落に「感情のあり方や表現の仕方に，絶対の正解はない」とあるが，オ「ムラブリの感性の方が優れている」とは述べていない。

問十二　①　基準となる点や直線の位置からの距離や角度によって表す数値。　②　個々の認識を一定の原理に基づいて論理的に統一した知識の全体。　③　物事の状態。　④　全員がそろって出ること。　⑤　何かをするときのちょっとした身のこなし。

二　（論説文ー文脈把握，言い換え，脱文・脱語補充，漢字の読み書き，語句の意味，三字・四字熟語）

問一　①　身分や地位などの等級。　②　作品や記事などを書物や雑誌に載せること。　③　時代とともに変わっていく世の中の傾向。　④　物事の背後にある事情　⑤　目的どおりに成果を得ること。「功を奏する」という言い方がある。

問二　一九一二年から大正時代が始まる。

問三　【1】には，直後の「規範」から，社会に関係があるという意味のものが入る。【2】には，前に「反感と侮蔑」とあるので，あざけりからかうという意味のものが入る。【3】「言葉は，いかにも」それとなく示しているという意味になるものが入る。【4】は前の「抑制しない」に，【5】は前に「古くさい作家などではなく」に着目する。

基本　問四　「【　ア　】権」は，著作物を独占的に支配し利益を受ける権利。

問五　鷗外は「いつも」どのように人物を描いたのか。一つ前の段落に「時間をかけて……その人間性と丹念に向きあってゆく」「鷗外は抑制と理知によって心の機微に分け入ろうとしていた」とあるので，［ C ］には「時間」が，［ D ］には「理知」が入る。

問六　a　「戯画(ぎが)」は風刺を交えた滑稽な絵という意味であることから判断する。　b　「つうてい」と読む。根底では共通していると考える。

問七　前の「その人」は，同じ文の「事件のハイケイと当事者たちの心の動きを『至極ありふれた解釈』で簡単に断定する人々」を指示している。したがって，事件の背景や当事者の心の動きを深く解釈することができないことを，「心の生活」が「貧しい」と置き換えているとわかる。

問八　「観照的ならしめようとする」は，冷静に観察して意味を明らかにしようとする，という意味なので，エの「沈思黙考」が近い。ウの「一視同仁(いっしどうじん)」は全ての人を平等に愛すること。

やや難　問九　同じ文の「鷗外のありかた」と「時雨の姿勢」について，「しかも」で始まる段落に「時雨の姿勢が共感と思いやりに支えられていたところ，鷗外は抑制と理知によって心の機微に分け入ろうとしていた」とあり，両者の姿勢において「心の機微に分け入ろうとしていた」ことが重なる。設問は両者の「姿勢」を具体的に問うている。「鷗外の姿勢」については「時間をかけて他者に向き合い，心情への理解を重ね」などの表現を用いてまとめる。「時雨の姿勢」については，——1の直前の段落の「時雨は……心情をていねいに思いやりつつ」や，直後の段落の「時代のなかで苦しみながら闘った女たちに共感し，その生涯をドラマチックに記してゆく」からまとめる。

問十　——2「抑制」は高まる感情を意識的におさえること。鷗外の文章について具体的に述べている部分を探すと，「しかも」で始まる段落に「目前の題材をすぐに書いてしまうのではなく，時間をかけて他者に向きあい，心情への理解を重ね，共感であれ批判であれ，その人間性と丹念に向き合ってゆく」とある。

問十一　直前の段落の「小倉に赴任した石田少佐が，馬丁や使用人に食料などを横領されながら，咎めずに黙許する物語」が，鷗外が時間をかけて他者の心情を理解したことによって「結実」した作品である。「自身の体験が題材だった」とあるが，時間をかけて「結実」しなければ，使用人に食料を横領された主人公が，怒り庶民の愚かしさを嘆く内容であったと考えられる。

重要　問十二　鷗外が「具体的な事件に即してとやかく述べる」のを避けたのは，鷗外がどのような人物であったためなのかを考える。「文学が」で始まる段落の「鷗外は徹底して自己を見つめ，その反証として他者も慎重に見つめようとすることで，人間という存在に向き合った文学者だった」に着目し，鷗外の考えを述べることで理由とする。

★ワンポイントアドバイス★

記述式の問題では，本文中の言葉を用いて簡潔でわかりやすい文章となるように練習を重ねよう。

MEMO

大切なことはメモしておこうネ！

2023年度

入　試　問　題

2023年度

慶應義塾高等学校入試問題

【数　学】（60分）　＜満点：100点＞

【注意】　1．**【答えのみでよい】**と書かれた問題以外は，考え方や途中経過をていねいに記入すること。

2．答えには近似値を使用しないこと。答えの分母は有理化すること。円周率はπを用いること。

3．図は必ずしも正確ではない。

1　次の空欄をうめよ。**【答えのみでよい】**

(1)　7^{123}を100で割ると余りは $\boxed{}$ である。

(2)　$(30^2+37^2+44^2+\cdots+79^2)-(1^2+8^2+15^2+\cdots+50^2)$ を計算すると，$\boxed{}$ である。

(3)　$\left(\dfrac{\sqrt{2023}+\sqrt{2022}}{\sqrt{2}}\right)^2-(\sqrt{2023}+\sqrt{2022})(\sqrt{2022}-\sqrt{63})+\left(\dfrac{\sqrt{63}-\sqrt{2022}}{\sqrt{2}}\right)^2$ を計算すると，

$\boxed{}$ である。

(4)　nは3以上の整数とする。正n角形の1つの内角を$x°$とするとき，xの値が整数となる正n角形は $\boxed{}$ 個ある。

(5)　a，bを定数とする。1次関数$y=ax+b$について，xの変域が$8a\leqq x\leqq -24a$のとき，yの変域が$7\leqq y\leqq 9$であったという。このとき，$a=$ $\boxed{}$，$b=$ $\boxed{}$ である。

(6)　$x>y$において，連立方程式

$$\begin{cases} x^2y+xy^2-9xy=120 \\ xy+x+y-9=-22 \end{cases}$$

の解は，$\begin{cases} x=\boxed{} \\ y=\boxed{} \end{cases}$ または，$\begin{cases} x=\boxed{} \\ y=\boxed{} \end{cases}$ である。

(7)　右の図において，辺AB，辺DC，辺EF，辺GHは平行で，AB＝4，EF＝$\dfrac{12}{5}$である。

このときGH＝ $\boxed{}$ である。

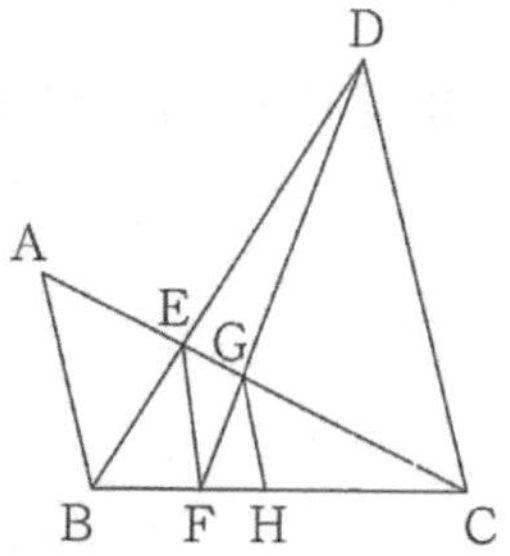

$\boxed{2}$　カードに $\boxed{1}$，$\boxed{2}$，$\boxed{3}$，$\boxed{4}$，$\boxed{6}$ の数が書かれた５枚の中から１枚とって出た数を記録して元に戻す。この操作を３回繰り返して，出た数を x，y，z とするとき，次の問に答えよ。

(1)　３つの数の積 xyz が偶数となる確率

(答)

(2)　xyz が９の倍数となる確率

(答)

(3)　xyz が８の倍数となる確率

(答)

$\boxed{3}$　自然数 n の正の約数の個数を $[n]$ で表す。例えば，６の正の約数は１，２，３，６の４個なので，$[6]=4$ である。このとき，次の問に答えよ。

(1)　[108] を求めよ。

(答)

(2)　$[n]=5$ を満たす300以下の自然数 n を全て求めよ。

(答)

(3)　$[n]+[3n]=9$ を満たす100以下の自然数 n を全て求めよ。

(答)

4　1％の食塩水400 gを入れた容器Aと，6％の食塩水100 gを入れた容器Bがある。容器Aから $50x$ g，容器Bから $25x$ gを取り出し，交換してそれぞれ他方の容器に入れてよくかき混ぜたところ，容器Bの濃度が容器Aの濃度の2倍になったという。x の値を求めよ。但し，容器は食塩水が入るだけの十分な大きさをもつものとする。

(答)＿＿＿＿＿＿＿＿

5　$a>0$ とする。正三角形OABと正六角形OCDEFGがある。点Oは原点で，点A，B，C，Gは曲線 $y=ax^2$ 上にあるとき，次の問に答えよ。

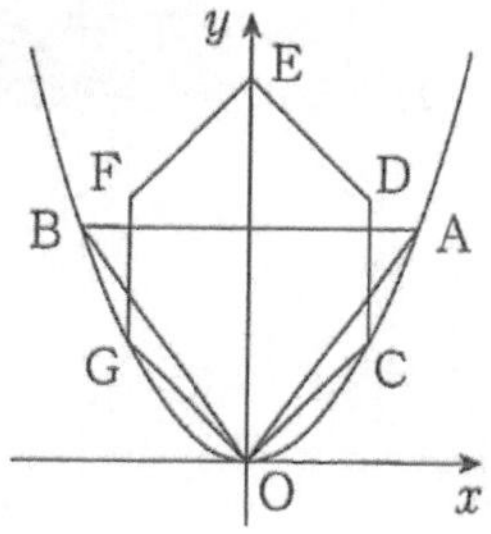

(1)　正三角形OABと正六角形OCDEFGが重なっている部分の面積を求めよ。

(答)＿＿＿＿＿＿＿＿

(2)　線分AGと線分CFとの交点を点Hとするとき，CH：HFを求めよ。

(答)＿＿＿＿＿＿＿＿

6　辺BCを直径とする半径1の円Oと辺BCを斜辺とする直角二等辺三角形ABCがある。円Oを含む平面と三角形ABCを含む平面が垂直で，辺ABの中点を点Dとするとき，あとの問に答えよ。

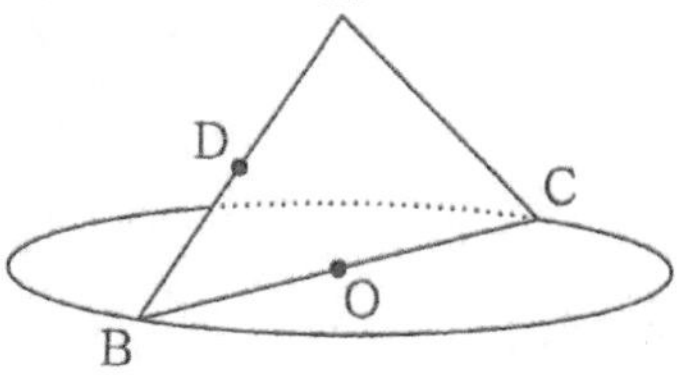

(1) OAを軸として三角形BCDを1回転させたとき，三角形BCDとその内部が通った部分の立体の体積を求めよ。

(答)

(2) ABを軸として円Oを1回転させたとき，円Oとその内部が通った部分の立体の表面積を求めよ。

(答)

【英　語】（60分）　＜満点：100点＞

I　Choose the best answer from (A), (B), (C), or (D), to complete the e-mail below.

Hi, Alan!

Thank you for your e-mail! I know you like Japanese manga, just like (1), so I want (2) you about my plan (3) stay enjoyable when you (4) to Japan. We will take a train to Odaiba and spend three hours at Tokyo Big Sight, (5) Comic Market. Comic Market, better known (6) Comiket, is one of Japan's biggest pop culture (7). You should not miss this one. You said that Dragon Ball had a huge impact on your life. I totally agree that Dragon Ball is the most impressive. There are many characters and the story is interesting. It's a story (8) in other works. (9) I have more time before your arrival, I will send you (10) e-mail with some of the photos of cosplayers dressed as anime characters.

Hope to see you soon!

Your friend,

Akira

1. (A) I am　(B) I do　(C) I too　(D) me like
2. (A) talking　(B) to say　(C) to talk　(D) to tell
3. (A) makes your　(B) that make you
   (C) to make your　(D) will make you
4. (A) came　(B) come　(C) coming　(D) will come
5. (A) there is　(B) where held　(C) which holds　(D) which is held
6. (A) as　(B) by　(C) fo　(D) to
7. (A) businesses　(B) company　(C) events　(D) the area
8. (A) which never found　(B) which won't find
   (C) you never find it　(D) you won't find
9. (A) But　(B) During　(C) Usually　(D) When
10. (A) another　(B) other　(C) some　(D) the other

II　Choose the alternative that is grammatically and/or idiomatically incorrect and **correct the whole part**. Look at the example below:

【Example】 I [want to thank]A you [to show me]B [the way]C [to the station]D.

【Example Answer】 Letter: B, Correct Form: for showing me

1. Yukichi Fukuzawa, [born in Osaka]A [in 1835]B, was a fast learner [who was good at]C almost [the subjects]D.

2．When he (A) saw the United States ships arrived (B) in the summer (C) of 1853, Fukuzawa felt his heart beating (D).

3．Through he was travelling (A) abroad, Fukuzawa came to realize (B) that technical progress had made (C) Western countries richer (D).

4．Fukuzawa has lost (A) his father, who was (B) a low-ranking samurai, when he was (C) only eighteen months old (D).

5．Fukuzawa watched his mother and older sisters work hard (A) while bringing up (B) by them, and one area in which (C) Fukuzawa played a great role (D) was the position of women.

6．Fukuzawa encouraged men to understand (A) why (B) limited (C) women's roles were by seeing them (D) through women's eyes.

7．Fukuzawa believed the lack of (A) suitable employment to be (B) the major cause of (C) women's dependent with (D) men.

8．Fukuzawa tried to develop (A) job opportunities for women on the campus of Keio Gijuku so as (B) women could use their existing skills (C) to earn money (D).

9．Most of (A) what Fukuzawa's hope (B) has not (C) yet been realized until today (D).

10．The book titled for (A) *Gakumon no susume* sold (B) more than (C) any other book (D) at that time.

Ⅲ Fill in each blank with one word that best completes the meaning of the passage. The first or the last letter is given.

Around the world, people (1) ________ -w away roughly four million tons of trash every day—that's (2) ________ -h to fill 350,000 garbage trucks or 10 Empire State Buildings. About 12.8 percent of that waste is plastic, which (3) c- ________ big problems for wildlife: some animals (4) m- ________ plastic for food, (5) ________ -e others can become *entangled in the trash. *caught

On your way to a soccer game or activity, it's easy to grab a cold bottled water right out of the fridge. But all those plastic bottles use a lot of fossil fuels and pollute the (6) ________ -t. Imagine a water bottle (7) f- ________ a quarter of the way up with oil. That's about how much oil was needed to produce the bottle.

Water is good for you, so keep (8) **d-**________ it. But think about how (9)________ **-n** you use water bottles, and see if you can make a change. And yes, you can make a (10) **d-**________. (11) **R-**________ one plastic bottle can save (2)________ **-h** energy to power a 60-watt light bulb for six hours.

出典：National Geographic Kids

Ⅳ Read the following passage and answer the questions below.

She taught junior and senior high school English and also had senior homeroom. She was a tall woman, taller than most of her students and most of the men faculty[1]. She wore tennis shoes in school, unheard of for women of that time, and walked very erect[2]. Her snow-white hair never appeared to be combed. She wore no makeup and no jewelry, except for a wristwatch. Her eyesight was poor, so she wore Coke-bottle-thick eyeglasses all the time and still bent closely over the work on her desk. She had the habit of jutting out[3] the tip of her tongue when she was concentrating or when she was perturbed[4]. It seemed she wore the same long white dress, which came down to the top of her tennis shoes, all the time.

Her initials were A.W.A. The W was for Wad-sworth, she told us one time. We knew very little about her—nothing about her family, where she came from, or her background—only that she had graduated from Smith College. She lived alone in a big house close to the school. She walked to school as the weather allowed, and she was at her homeroom desk as soon as the janitor[5] opened the building in the morning.

It seemed to us she had been teaching at the high school forever. My brother, who was five years older than me, had her for English and homeroom. He had advised me to make sure to do my homework, to be prepared in class, and never to lie to her. He said she was a hard marker[6], but that she was fair.

Her classes were lively, and she made sure that everyone became involved[7] in class in some way. Her classes were interesting, informative, and, surprisingly, a lot of fun. We learned without even realizing she was teaching.

She loved poetry, so we conjectured[8] that the Wadsworth middle name indicated[9] some mysterious family background having to do with poetry, but we never found out. Poetry was an important part of her class work. Much time in class was given over to reading and trying to understand what the poets had written. She also made a point and an effort to know her pupils. She knew the level at which each of us could work and learn, and she gave special attention to those of us needing it. I don't recall ever telling her I had played varsity[10] basketball and baseball or that I had been junior class president and pro merito[11], but she knew. She said she liked my book reports and my written work, and she said my work represented honesty, integrity[12], and industry[13].

In those days, the Sunday New York Times published a complete separate section called Aviation[14]. Somehow she knew of my interest in flying, ①so every Monday morning that section appeared on my homeroom desk, neatly rolled up and secured[15] with a rubber band.

Early in the year, she asked me whether I planned to take the annual[16] senior class trip to Washington. I told her it didn't seem possible, given my family's financial situation. She told me she needed somebody to take care of her rock garden and to do some other chores[17] around her home. The job would pay two dollars for every Saturday I worked. Thanks to her help, I did make the class trip. I later learned that ② she had made work arrangements for other people in our class to help them make the trip, too.

Nobody in her classes could ever be considered a teacher's pet. ③ She would allow us to get only so close to her before she would put up a barrier. But ④ I had the feeling I came as close to being her favorite as any student ever had.

Her senior class final exam reflected[18] her love for poetry, one poem in particular. She had never before required us to recite[19] any poems from memory in class. However, for the final exam, she expected every pupil to recite from memory the last verse[20] of "Thanatopsis[21]." The recitation was to be fifty percent of the exam grade, just as it had been every year before.

She explained that because we were graduating to real life, this verse perfectly described how we should live our lives. She said that in the last verse of his poem, William Cullen Bryant had stated clearly and eloquently[22] a simple philosophy[23] for life that was a complete lesson in itself.

The method for our recitation finals was simple. She was at her homeroom desk very early in the morning every day. During the rest of the day, when she was not in class, she worked at a small desk on the landing between floors. At either desk, she always sat with her head down, never looking up, completely focused on her work. She knew every pupil's voice on cue[24], so when someone sat down to recite the verse, she would simply make a mental note and later check off that pupil's name as having completed the oral[25] part of the exam.

On the final deadline day, I had not learned the verse and there was no valid[26] reason why I hadn't. In desperation[27], I hit upon what I thought was an easy way out. As I knew she never looked up when a pupil recited, all I had to do was sit down with the textbook in my lap[28] opened to the poem and carefully read it.

⑤ I didn't know then nor do I know now whether she accidentally kicked my foot or whether she knew exactly what she was doing. As she kicked my foot, the heavy English textbook landed on the floor with a bomblike explosion[29].

She looked up quickly, and the expression on her face was something I have never forgotten. She said, “James, you have failed.”

I quickly picked up the book and walked away. That night, I memorized[30] the last verse of “Thanatopsis.” The next morning I stood in front of her desk in homeroom and asked her if I could say something. She didn’t look up or answer. I recited the verse:

So live《生きよ》, that when thy《君の》 summons《呼ぶ声が》 comes to join

The innumerable《数知れぬ》 caravan《ほろ馬車》 which moves

To that mysterious realm《領域》, where each shall take

His chamber《部屋》 in the silent halls of death,

Thou《君よ》 go not《行くな》, like the quarry-slave《採石場の奴隷》 at night,

Scourged《むち打たれる》 to his dungeon《地下牢》, but, sustained《動ぜず》 and soothed《落ち着いて》

By an unfaltering《揺るがない》 trust, approach《向かう》 thy grave

Like one who wraps the drapery《掛け布》 of his couch

About him, and lies down to pleasant dreams.

Still, she did not look up or speak. I said “Thank you,” and walked away. She gave me a failing grade for the exam, but I did graduate.

I did not speak with her again for nearly six years. Though I had continued with my life, that ⑥ episode remained with me.

On a cold February day while I was home on leave[31] from the Air Force after graduating from flying school, I decided to see her again. Without calling first, I drove to her home and rang the doorbell. She didn’t seem to be surprised to see me; in fact, it seemed as though she had been expecting me. She hadn’t changed one bit from the last time I’d seen her.

We had tea, and looking at my wings[32], she said she had expected I would do something about flying. We exchanged information about some of my classmates, and ⑦ she surprised me with how much she knew about so many of them. Neither of us mentioned the episode that had bothered me for so long, and I wondered whether she remembered it. Somehow, I knew she did. ⑧ When we said our good-byes, we both knew we would not meet again.

She continued teaching for many more years, and the last verse of “Thanatopsis” remained as fifty percent of her senior English final exam. She died at the age of 102.

I still have the two-ring notebook that my brother used in her classes and passed on to me. I used it in my classes with her and still have many of the book reports and other papers I wrote in her classes.

I have never forgotten that tall, white-haired teacher, nor have I forgotten the look on her face when she said I had failed. When she kicked my foot she taught me a lesson I'll never forget. To this day, my mantra[33] is the last verse of "Thanatopsis." I recite it at least once a day, every day.

出典：Eisenstock, James. *Cup Of Comfort For Teachers*, compiled by Colleen Sell, F+W Publications, Inc., 2007, pp.96-100.

[1] teachers, [2] with her body straight, [3] showing, [4] worried, [5] a person who cleans a building, [6] a teacher who checks answers carefully, [7] active, [8] guessed, [9] meant, [10] the starting team, [11] a student with good grades, [12] fairness, [13] the quality of working hard, [14] flying, [15] fixed, [16] happening once a year, [17] daily light work, [18] showed, [19] say aloud, [20] section, [21] a work of William Cullen Bryant (American poet, 1794-1878), [22] fluently, [23] a group of theories and ideas, [24] at that moment, [25] speaking, [26] right, [27] in a panic, [28] upper leg, [29] violent shock and sound, [30] put into one's memory, [31] on holiday, [32] sleeves, [33] words or phrases for praying

A：Choose the alternative that best reflects the content of the passage.

1. The writer's teacher
   (A) didn't have a sense of hearing.
   (B) was fond of playing tennis at school.
   (C) didn't pay attention to how she looked.
   (D) was polite and spent her religious life.

2. Students didn't know much about her
   (A) but James became aware that she was a hardworking teacher.
   (B) and she didn't know about her students either.
   (C) , because she preferred talking about her students.
   (D) so James asked his brother what she was like.

3. His brother told James that
   (A) she made sure that her students did their homework.
   (B) she had taught at the same high school for a long time.
   (C) her students had to be fair and honest about the grade.
   (D) he should get ready for the class in advance.

4. Her classes were
   (A) surprising, and the students thought they were fun.
   (B) not ordinary ones as the students learned for themselves.
   (C) enjoyable, and the students learned a lot of new things.
   (D) teacher-centered and many important things were taught.

5. Her initials were A.W.A. and
(A) her middle name came from a family-related poem.
(B) she was named after William Cullen Bryant.
(C) James knew what her middle name was.
(D) that expressed how much she loved poetry.

6. She looked after her students well
(A) so that she could work better as a teacher.
(B) , because she was interested in how well they played sports.
(C) in case she needed someone to help her at her place.
(D) , especially those who worked hard to understand poems.

7. What do you learn from underlined ①?
(A) She expected that James would get interested in flying and become a pilot.
(B) James didn't have enough money to buy "Aviation", but she bought one for him.
(C) It was probably on Monday when she read the article about airplanes.
(D) She brought James something useful for his future career.

8. In underlined ②, what kind of "people" were they?
(A) People who worked together with James to earn money.
(B) People who were in the situation where they had to help each other.
(C) People who didn't go to Washington as they weren't rich enough.
(D) People who realized what they wanted to do in the end.

9. In the final exam, the students
(A) had to see her in the early morning to take the test.
(B) took different types of tests, and they were graded separately.
(C) were required to show how much they understood the poem.
(D) learned what real life was like and how they would survive.

10. James was not ready for the test, because
(A) he was suffering from a sense of failure.
(B) somehow he was not motivated enough to prepare.
(C) it was impossible for him to remember the poem before the deadline.
(D) he found there was a clever idea to solve the problem.

11. Which statement is true about her?
(A) She sometimes used her own works as teaching materials.
(B) She missed her late husband who worked in the flight business.
(C) She encouraged her students to read books as well as poetry.
(D) She kept believing "Thanatopsis" is something that students need to remember.

12. What is the title of this story?
   (A) "A Lesson Learned"
   (B) "My Poetic Chamber"
   (C) "A Woman I'll Never See Again"
   (D) "Failing but Flying"

B：Put underlined ③, ⑤, and ⑦ into Japanese.

C：Answer each question in English.

1. In underline ④, what made him have that "feeling"? Write two reasons in English in about 20 words for each.
2. In underline ⑥, explain (ⅰ)-what James did during the exam and (ⅱ)-what he did after walking away from the place? Answer in about 15 words for each.
3. In underline ⑧, why do you think they knew they would not meet again? Write your own thoughts in at least 20 words.

問五　[1]～[10]には、「常」または「敬」の文字が入る。「常」が入る場合は**ア**、「敬」が入る場合は**イ**を、それぞれ記号で答えなさい。

問六　——2の、文章の効果として期待できる事柄とは何か、それを表している最も適切な箇所を、本文中より二十五字以上三十字以内で抜き出しなさい。

問七　[X]に入る最も適切な語を答えなさい。また、[Y]・[Z]に入る最も適切な語を本文中よりそれぞれ抜き出しなさい。

問八　……Ⅰ・……Ⅱを歴史的仮名遣い表記に、……Ⅲ・……Ⅳを現代仮名遣い表記にそれぞれ改めなさい。(すべてひらがなで答えること。)

問九　——3とはどのようなことですか。それを具体的に表している最も適切な一文を、本文中から三十五字以上四十字以内で抜き出しなさい。

問十　作者の考える、文章における文体の不統一を避けるための方法とはどのようなことですか。十五字以上二十字以内で答えなさい。

（原文の漢字は旧字体）

福田氏の書く敬体の文章の中には、このようにところどころ常体文をまじえることが、よくある。この種の文章は、先に文体不統一の例として揚げたものとは、かなり性質を異にする。右の常体文の部分と、他の敬体文の部分とを見比べると、決して同じ次元では読者に対していない。敬体文のところは、直接読者にはたらきかけているが、常体文の部分は間接的である。つまり、その部分だけが直接に読者にはたらきかけるのではなくて、あとに続く文の「それが」という語句にいったん統括されて、そこではじめて読者にはたらきかける。言わば、この常体文は後行の敬体文に従属する地位にあるのである。その限りでは、右の引用文の初めの方にある。

……入口から書きはじめる、そんなことばかりやっているのです。

という文で、傍点の部分が「そんなこと」で［Y］される関係に似ている。片方では「、」で休止し、片方では「。」で文が切れるという違いはあるが、常体表現が後行の敬体表現に［Z］するという点では全く同様である。文体を統一せよということで、これらの常体表現をもし機械的に敬体表現に改めたとしたら、文章の効果はどうなるだろうか。文章全体が実にC冗長なものになってしまうだろう。敬体を全体の基調とする文章でも、右のように3次元を異にする場合に常体表現をまじえることは、さしつかえない。むしろ、その方がかえって文章全体に張りを持たせ、快いテンポを生み出すことにもなるのである。

以上のような、二、三の例外の場合は別として、原則として常体と敬体とは混用しないように心がけるべきである。

＊斎賀秀夫「敬語の使い方」（『悪文 伝わる文章の作法』角川文庫より）。出題の都合上、一部表記を変更した。本文の傍線・傍点・傍点は作者が付したものをそのまま使用した。

問一 ==①～⑤のカタカナを漢字に改めなさい。

問二 ……A・B・Cの本文中での語の意味として最も適切なものを次に挙げる選択肢から選び、それぞれ記号で答えなさい。

A 面くらう
ア ためらう　イ 苦笑する
ウ あわてふためく　エ もてあます

B シャクシ定規
ア 自分勝手であるさま　イ 臨機応変であるさま
ウ 融通のきかないさま　エ 抜かりないさま

C 冗長
ア 複雑に入り乱れるさま
イ 長たらしく無駄が多いさま
ウ あじけないさま
エ ゆったりとして気の長いさま

問三 【1】～【4】に入る最も適切な語を次に挙げる選択肢から選び、それぞれ記号で答えなさい。なお、同じ記号を二度以上答えてはいけません。

ア 改まった　イ 繊細　ウ ぞんざい
エ 丁寧な　オ 穏やかな　カ 四角ばった

問四 ――1の「随筆」について、日本最古の作品を次に挙げる選択肢から一つ選び、記号で答えなさい。

ア 方丈記　イ 古事記　ウ 徒然草　エ 枕草子

に発見できるはずだと思うのだが、実際に活字になった文章には、こうした例がいくつも見つけられる。

さて、敬体と常体とは、いつの場合にでも機械的に統一せよというわけではなく、例外が幾つかある。常体の文中に敬体をまじえることは、ほとんどないと言っていいが、その反対に2敬体文の中に、部分的に常体をまじえるケースは、幾つか考えられる。前述の切迫した場面に常体の現在法を使うというのも、その一つのケースである。また、全体の基調が敬体文であっても、その中の箇条書きの部分だけは常体にしてもかまわない。

募集方法は次の通りですから、よく読んだうえ、ふるって応募してください。

① 小学生・中学生の二部に分けて募集します。
② 学校でまとめて募集してもよい。ただし、それぞれに学校名、学年、氏名をはっきり書いてください。
③ ……のようなものなら何でもよい。また、作品はいくつ応募してもよい。
④ 送り先は……教育委員会です。

(子ども新聞)

右の文は、もちろん敬体の文章中にある箇条書きだが、その各条の文体が不統一になっている。この場合、全部を敬体にするなら、「……してもよい」を「……してもかまいません」に改めるべきだが、その反対に、全部常体に改めて、

① ……募集 X 。
② ……はっきり書くこと。
③ ……してもよい。
④ ……教育委員会。

のようにするのも一法だ。むしろ、箇条書きとしてはこの方がすっきりして読みやすいかも知れない。

もう一つの例外は、文の途中における場合だ。たとえば、

品質につきましては、当店といたしましても格別の注意を払っています。

のような場合、

品質については、当店としても格別の注意を払っています。

と書いても、何ら差しつかえはない。文の途中をBシャクシ定規に、いちいち敬体にしていたのでは、かえってまどろっこしい文になる心配もある。

もう一つ、これと似たケースとして、というよりもこれらの応用面として、次のような場合もありうる。ここに引用するのは、福田《ふくだ》恒存《つねあり》氏の『私の国語教室』(新潮社)の序文中の一節である。

最初に楽屋話をしますと、私はこれを書きはじめるまで既に百枚近くも無駄にしてⅠおります。二十枚位までがやつとで、それから先を書きつづける気がなくなり、改めて別の入口から書きはじめる、そんなことばかりやつてⅡいるのです。十数年の文筆生活において初めての⑤ケイケンであります。これは一体どういふことなのかと、さすがに考へこんでしまひました。書きたい意欲は十分にある。書きたいことは山ほどある。しかも、その内容自体、決してむつかしいことではない。それが途中で厭《いや》になるといふのは妙な話です。私はⅢやうやく次のことに気づきました。まづそのことから話を進めⅣませう。さうすれば、案外うまく書きつづけられるかも知れません。

驚きました。

　昭和九年福岡県でコオロギが大発生、被害面積一万五千ヘクタール。昭和十九年大阪府でも百ヘクタールの被害を受ける。特に福岡県の場合は異常で八月中旬以降水不足で割れ目のできた水田のイネの茎や穂を食べたり、モモやナシ・ミカンの苗木も食べる。更に、家の中の衣類や蚊帳にまで入り込み、眠っている人の髪や足までかむといったことがありました。

　コオロギの野趣を帯びた鳴き声や姿を見ても、コオロギが大量に出て来て暴れるなど、全くうそのように思われますが、虫害の記録には残されています。（以下、省略）

　右の文章は、書き出しの第一段落が［1］体で書かれているのに、第二段落以降は［2］体が基調になっている。しかも、第三、第四の段落には、途中に［3］体文も混在していて、全体的に見て、非常に不安定な②インショウを受ける。

　次の例は、新劇のあるベテラン③ハイユウが新聞にのせた1随筆である。

　戦争で一人息子を失い、子グマを相手に山中でやもめ暮しをしている父親のドラマでした。けいこは子グマを想像してやっていたのですが、最後のテストに本ものの子グマが北海道から到着しました。生後二ヵ月の子ネコほどの可愛いやつでした。劇中、父親が子グマに顔をなめさせたりホオずりをして目を細めて可愛がるという演技が三ヵ所ありました。なにげなく抱きあげると子グマは狂ったようにもだえ出した。首に力を入れ、足を突っぱり、キバをむいて抵抗する。人間の体温を感じると子グマは狂気する。子グマなどとバカにしてはいけない。小なりといえども猛獣には本能があることが分った。相談して芝居をかえてもらう時間もなく、すぐ本番。抱いて顔をなめさせるなどとはとんでもない。前足二本を左手でつかみ、右手で子ぐまの首をおさえつけておいてホオずりするようなかっこうで一回目をごまかした。

　父親と子グマの愛情をあらわす二回目のカットはとてもながい。ホットして力をゆるめたとたんに子グマのキバに右の④クスリユビをひっかけられ、血がビューと吹き出し、掌がヌラヌラになって子グマを取り落してしまった。三回目の手傷を負った私と子グマの愛の闘争は悲惨をきわめた。終った時は脂汗と血にまみれて私はガックリ座りこんでしまった。

　前の例とは反対に、これは、［4］体の文が途中から［5］体の文に変わっている。その変わりめに注目してみよう。全体が敬体の文章でも、その途中で、切迫した場面の描写のために、特に常体（現在形が多い）のまじることは、一般によくあることである。この場合も、あるいはそんな動機で［6］体が現れたのかも知れない。しかし、それならそれで、その場面のあとは、再び［7］体にもどすべきであるが、この文章の筆者はそれを忘れて最後まで［8］体で押し通している。つまり、一編の文章の前半が［9］体で後半が［10］体という、まことに奇妙な結果になってしまったわけである。こうなると、この文章の筆者だけの責任ではなしに、それを平気で紙面にのせた新聞社のデスクの責任もあるかもしれない。

　小学生の作文ならばともかくも、おとなの書く文章に、この種の文体の混用が見られるというのは、考えてみればふしぎなことである。書き終わったあとで一度でも読み返す用意があれば、そうした不統一はすぐ

問七　――6とあるが、具体的にどのような怖れか。三十字以内で説明しなさい。

問八　現在のジェンダー観からみて改めたほうがよいと思われる表現を本文中から四十字以上五十字以内で抜き出しなさい。

問九　==①～⑤のカタカナを漢字に改めなさい。

二　次の文章を読んで、後の問題に答えなさい。

われわれの対話の文体には、次のように常体と敬体の区別がある。

常体（普通体）｛ダ体／デアル体（論文体）｝

敬体（丁寧体）｛デス・マス体／デゴザイマス体／デアリマス体（講演体）｝

（注）常体は、独り言の場合とか特定の相手を予想せずに書く場合とかに使う。常体の中でも、「だ」は【1】で、「である」は、いくらか【2】感じを伴う。

敬体は、だれか特定の相手を目の前においた気持ちで書くときに使う。敬体の中で「です」は相手へのやさしさを感じさせ、「であります」は【3】感じ、「でございます」は最も【4】感じを伴う。

このように、常体と敬体との区別は、一応はっきりしていて、たがいに混同されることはない。つまり、親しい間柄や目下の相手には常体を、多少あらたまる必要のある人や目上の相手には敬体を使うのが普通である。つまり、話し手が話し相手をどう待遇するかによって、どちらかの文体を選ぶわけであるから、同じ話し手が同じ聞き手に向かって、しかも同じ場面の中で、両方の文体をチャンポンに使ったら、聞き手がA面くらうのも当然である。いや、面くらうだけではなく、あるいは「こいつ、失敬なやつだ」ということにもなりかねない。

対話の場合だけでなく、文章についても同じことが言えるはずで、敬体・常体を混用した文章が、読み手に一種の心理的抵抗を与えることは間違いない。たとい意味は正しく伝わったとしても、心理的抵抗を与えるような文章は、やはり一種の悪文と言って差しつかえないだろう。

次に引用する例文は、「虫害の科学」と題する、ある町の広報紙の記事の一節である。

秋の虫は秋の風景をつくる、大きな自然の要素である。コオロギやスズムシの声は秋の夜にはなくてはならない要素でもあろう。ときには私たちの情感にうったえ、人それぞれの感慨や芸術的衝動をひきおこす。鳴く虫はだれにでも好感がもたれている。

今年の立秋（八月八日）は少雨酷暑の中で迎えました。地表生活型の虫にとっては水不足や高温に特別影響を受けますので、実にきびしい夏から秋への移り変わりであったことと思います。このような変わった年には虫が大量に発生したり、暴れたりすることが過去にありました。

今年の九月十一日午後七時半ごろ、宇都宮市の国道一二三号線にかかっている橋の上に「ヒラタカゲロウ」が大発生。①シカイはとだえ、橋の上には虫が五ミリぐらいの厚さにつもったため、車が踏みつぶした虫の体液でスリップして、十九台玉突き追突事故があった。そのとき清掃して集められた虫は、小型ダンプに約一台分あったと言われ、継之助は家督《かとく》を継ぐ身でありながら、藩庁に気ままをし、三十前後まで書生の境涯《きょうがい》でありつづけた。このために父母には迷惑をかけつづけた。諸国の学者を歴訪してまわるのだが、かれの最後の③グドウ旅行である西国ゆきのときは、「お母さまは女の身ゆえとやかく言われるかもしれませんが、このことお父さんに頼み参らせます」という懇願の手紙を越後の実父に送っている。要するに自分以外に藩をすくう力をもった者はいないと自負し、そのすくいかたを懸命に求めているのである。

継之助が藩政を担当したときには、皮肉にも京都で将軍慶喜《よしのぶ》が政権を返上してしまったあとであり、このためあわただしく藩制改革をしたあと、かれの能力は、かれ自身が年少のころ思ってもいなかったであろう戦争の指導に集中せざるをえなかった。

ここで官軍に降伏する手もあるであろう。降伏すれば藩が④タモたれ、それによってかれの政治的理想を遂げることができたかもしれない。

が、継之助はそれを選ばなかった。ためらいもなく正義を選んだ。つまり「いかに藩をよくするか」という、そのことの理想と方法の追求についやしたかれの江戸期儒教徒としての半生の道はここで一挙に揚棄され「いかに美しく生きるか」という5武士道倫理的なものに転換し、それによって死んだ。挫折《ざせつ》ではなく、彼にあっても江戸期のサムライにあっても、これは疑うべからざる完成である。継之助は、つねに完全なものをのぞむ性格であったらしい。

かれは死に、その死体は、かれの下僕松蔵の手で焼かれた。その遺体を焼いているときはすでに津川口が敗れ、官軍が⑤セッキンしているときであり、見まもるひとびとは気が気ではなかったが、松蔵は灰のなかからたんねんに骨をひろいあげた。松蔵はそのとき泣きながらいった。

「あのような旦那《だんな》さまでございますもの。もし骨のひろい方が足りないで、これ松蔵や、貴様のそこつのためにおれの骨が一本足りぬ、などとあの世に行ってから叱《しか》られては松蔵は立つ瀬がございませぬ」といったという。

書き終えて、6筆者もまた松蔵の怖《おそ》れを自分の怖れとして多少感じている。いくらかの骨を灰の中にわすれてきてしまっているかもしれないのである。

注　津川口……越後から会津に向かう街道の入口のこと。

＊本文には司馬遼太郎『峠（下）』（新潮文庫）を用い、出題の都合上、適宜漢字のふりがなに増減を施した。

問一　【A】【B】【C】にあてはまる適切な漢字一字をそれぞれ答えなさい。

問二　江戸期の――1の具体的中身を述べた箇所を二十字以上三十字以内で本文中より二箇所探し、抜き出しなさい。

問三　――2とあるがなぜか。三十字以内で答えなさい。

問四　――3とあるがなぜ作者はカッコワルイと言っているのか。同じ段落内から十字以内の表現を抜き出しなさい。

問五　――4の旧国名は主に現在の何県を指すか。記号で答えなさい。

ア　富山　**イ**　新潟　**ウ**　石川　**エ**　山形　**オ**　秋田

問六　明治期に――5を概念化し、『武士道』の著作がある人物を選び、記号で答えなさい。

ア　福澤諭吉　**イ**　内村鑑三　**ウ**　鈴木大拙

エ　新渡戸稲造　**オ**　福地桜痴

【国　語】（六〇分）〈満点：一〇〇点〉

【注意】　字数制限のある設問については、句読点・記号等すべて一字に数えます。

一　以下は戊辰戦争（北越戦争）で新政府軍と戦い、この戦争に死んだ河井継之助を描いた小説『峠』の「あと書き」である。文章を読んで後の問題に答えなさい。

ひとの死もさまざまあるが、河井継之助というひとは、その死にあたって自分の下僕に棺をつくらせ、庭に火を焚《た》かせ、病床から顔をよじって終夜それを見つめつづけていたという。自分というものの生と死をこれほど客体として①ショリし得た人物も稀《まれ》であろう。身についたよほどの哲学がなければこうはできない。

日本では戦国期のひとには、この種の人物はいない。戦国には日本人はまだ形而上《けいじじょう》的なものに精神を托《たく》するということがなかった。人間がなまで、人間を昂奮《こうふん》させ、それを目標へ駆りたてるエネルギーは形而【　A　】的なものであり、たとえば物欲、名誉欲であった。

江戸時代も降《くだ》るにしたがって日本人はすこしずつ変ってゆく。武士階級は読書階級になり、1形而上的思考法が発達し、ついに幕末になると、形而【　B　】的昂奮をともなわなければかれらは動かなくなる。言葉をかえていえば、江戸三百年という②キョウヨウ時代が、幕末にいたってそれなりに完成し、そのなかから出てくる人物たちは、それぞれ形はかわっても、いずれも形而【　C　】的思考法が肉体化しているという点では共通している。志士といわれる多くのひとびともそうであり、賢侯といわれる有志大名たちもそうであった。かれらには戦国人のような私的な野望というものが、まったくといっていいほどすくない。

人はどう行動すれば美しいか、ということを考えるのが江戸の武士道倫理であろう。人はどう思考し行動すれば公益のためになるかということを考えるのが江戸期の儒教である。この二つが、幕末人をつくりだしている。

幕末期に完成した武士という人間像は、日本人がうみだした、2多少奇形であるにしてもその結晶のみごとさにおいて人間の芸術品とまでいえるように思える。しかもこの種の人間は、個人的物欲を肯定する戦国期や、あるいは西洋にはうまれなかった。サムライという日本語が幕末期からいまなお世界語でありつづけているというのは、かれらが両刀を帯びてチャンバラをするからではなく、類型のない美的人間ということで世界がめずらしがったのであろう。また3明治後のカッコワルイ日本人が、ときに自分のカッコワルサに自己嫌悪《けんお》をもつとき、かつての同じ日本人がサムライというものをうみだしたことを思いなおして、かろうじて自信を回復しようとするのもそれであろう。私はこの「峠」において、侍とはなにかということを考えてみたかった。それを考えることが目的で書いた。

その典型を4越後《えちご》長岡藩の非門閥《もんばつ》家老河井継之助にもとめたことは、書き終えてからもまちがっていなかったとひそかに自負している。

かれは行動的儒教というべき陽明学の徒であった。陽明学というのは、その行者たる者は自分の生命を一個の道具としてあつかわなければならない。いかに世を済《す》くうかということだけが、この学徒の唯一《ゆいいつ》の人生の目標である。このために、財を済う道をさがさねばならない。学問目的はすべてそこへ集中される。

MEMO

大切なことはメモしておこうネ！

2023年度

解　答　と　解　説

《2023年度の配点は解答欄に掲載してあります。》

＜数学解答＞ 《学校からの正答の発表はありません。》

1 (1) 43　(2) 18560　(3) 1400　(4) 22　(5) $(a=)-\frac{1}{4}$　$(b=)\frac{17}{2}$

(6) $(x=)2$, $(y=)-5$　$(x=)3$, $(y=)-4$　(7) $\frac{12}{7}$

2 (1) $\frac{117}{125}$　(2) $\frac{44}{125}$　(3) $\frac{57}{125}$

3 (1) 12　(2) 16, 81　(3) 4, 25, 27, 49　4 $-19+5\sqrt{17}$

5 (1) $\frac{4\sqrt{3}}{9a^2}$　(2) 2：1　6 (1) $\frac{5}{18}\pi$　(2) $(4+2\sqrt{2})\pi$

○推定配点○

1 各4点×7((5), (6)各完答)　2 (1), (2) 各5点×2　(3) 7点

3 (1), (2) 各5点×2　(3) 7点　4 8点　5 (1) 6点　(2) 9点

6 (1) 6点　(2) 9点　計100点

＜数学解説＞

1 (小問群―数の性質，数の計算，平方根，多角形の角，関数と変域，連立方程式，2次方程式，平行線と線分の比)

(1) 整数を100で割ったときの余りはその整数の下二桁の数である。また，a，b，c，dを整数として2数の積を求めると，$(100a+b)(100c+d)=10000ac+100(ad+bc)+bd$　よって，下二桁の数の積の下二桁の数が100で割ったときの余りとなる。$7^2=49$，$7^3=343$　これを43と考えて7をかけると301　これを01と考えて7をかけると07　下二桁の数は，7，49，43，1，7，…つまり，下二桁の数は，1乗…7，2乗…49，3乗…43，4乗…1，5乗…7，…となる。123÷4＝30余り3だから，7^{123}の下二桁の数は7^3の下二桁の数の43となる。

やや難 (2) $(30^2+37^2+44^2+\cdots+79^2)-(1^2+8^2+15^2+\cdots+50^2)=(30^2-1^2)+(37^2-8^2)+(44^2-15^2)+\cdots+(79^2-50^2)$　$A^2-B^2=(A+B)(A-B)$を利用すると，$31\times29+45\times29+59\times29+\cdots129\times29=(31+45+59+\cdots+129)\times29=\{(31+129)+(45+115)+(59+101)+(73+87)\}\times29=160\times4\times29=18560$

(3) $\sqrt{2023}+\sqrt{2022}=A$，$\sqrt{63}-\sqrt{2022}=B$とすると，$\sqrt{2022}-\sqrt{63}=-(\sqrt{63}-\sqrt{2022})$なので，$\left(\frac{\sqrt{2023}+\sqrt{2022}}{\sqrt{2}}\right)^2-(\sqrt{2023}+\sqrt{2022})(\sqrt{2022}-\sqrt{63})+\left(\frac{\sqrt{63}-\sqrt{2022}}{\sqrt{2}}\right)^2=\left(\frac{\sqrt{2023}+\sqrt{2022}}{\sqrt{2}}\right)^2+(\sqrt{2023}+\sqrt{2022})(\sqrt{63}-\sqrt{2022})+\left(\frac{\sqrt{63}-\sqrt{2022}}{\sqrt{2}}\right)^2=\frac{A^2}{2}+AB+\frac{B^2}{2}=\frac{A^2+2AB+B^2}{2}=\frac{(A+B)^2}{2}$

$(A+B)^2=(\sqrt{2023}+\sqrt{2022}+\sqrt{63}-\sqrt{2022})^2=2023+2\sqrt{2023}\sqrt{63}+63=2086+2\times\sqrt{17}\times\sqrt{17}\times\sqrt{7}\times\sqrt{3}\times\sqrt{3}\times\sqrt{7}=2086+2\times17\times7\times3=2086+714=2800$　よって$\frac{(A+B)^2}{2}=1400$

重要 (4) 正n角形の1つの内角の大きさは$\frac{180(n-2)}{n}$度$=\left(180-\frac{360}{n}\right)$度　nが3以上の360の約数であ

ればこの角度は整数になる。$360=2^3\times3^2\times5$　よって，1，2，2^2，2^3，1×3，2×3，$2^2\times3$，$2^3\times3$，1×3^2，2×3^2，$2^2\times3^2$，$2^3\times3^2$，1×5，2×5，$2^2\times5$，$2^3\times5$，$1\times3\times5$，$2\times3\times5$，$2^2\times3\times5$，$2^3\times3\times5$，$1\times3^2\times5$，$2\times3^2\times5$，$2^2\times3^2\times5$，$2^3\times3^2\times5$の24個の中から1と2を除いた22個ある。

(5)　$8a\leqq x\leqq -24a$であることから，$a<0$である。よって，xの値が増加するとそれに対応するyの値は減少する。したがって，$x=8a$のとき$y=9$，$x=-24a$のとき$y=7$である。これらを$y=ax+b$に代入すると，$9=8a^2+b$…①　$7=-24a^2+b$…②　①－②から，$32a^2=2$　$a^2=\frac{1}{16}$　$a<0$なので，$a=-\frac{1}{4}$　①に代入して，$9=\frac{1}{2}+b$　$b=\frac{17}{2}$

(6)　$x^2y+xy^2-9xy=120$から，$xy(x+y-9)=120$…①　$xy+x+y-9=-22$から，$x+y-9=-22-xy$…②　②を①に代入して，$xy(-22-xy)=120$　$x^2y^2+22xy+120=0$　$(xy+10)(xy+12)=0$　$xy=-10,\ -12$　$xy=-10$のとき，$x+y-9=-22+10$　$y=-x-3$　$x(-3-x)=-10$　$x^2+3x-10=0$　$(x+5)(x-2)=0$　$x>y$なので，$x=2$，$y=-5$　$xy=-12$のとき，$x+y=-1$　$x(-1-x)=-12$　$x^2+x-12=0$　$(x+4)(x-3)=0$　$x=3$，$y=-4$

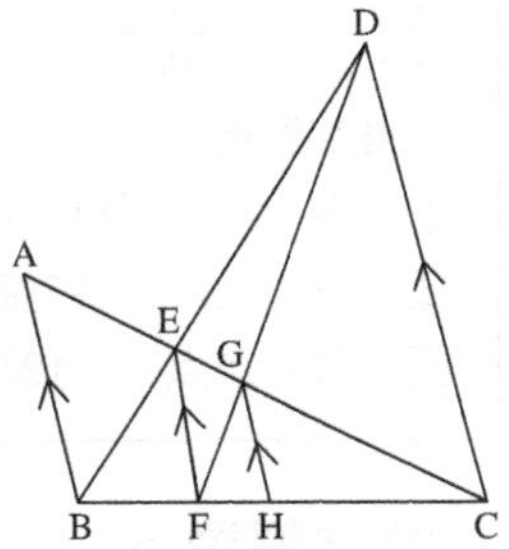

重要　(7)　平行線と線分の比の関係から，$\mathrm{CE}:\mathrm{CA}=\mathrm{EF}:\mathrm{AB}=\frac{12}{5}:4=3:5$　$\mathrm{CE}:\mathrm{AE}=3:2$　$\mathrm{CD}:\mathrm{AB}=\mathrm{CE}:\mathrm{AE}=3:2$なので，$\mathrm{CD}=\frac{3}{2}\mathrm{AB}=6$　$\mathrm{EF}:\mathrm{CD}=\frac{12}{5}:6=2:5$　$\mathrm{CG}:\mathrm{CE}=5:(5+2)=5:7$　$\mathrm{GH}:\mathrm{EF}=\mathrm{CG}:\mathrm{CE}=5:7$　$\mathrm{GH}=\frac{5}{7}\mathrm{EF}=\frac{5}{7}\times\frac{12}{5}=\frac{12}{7}$

2 (確率―5枚のカードを3回取り出す，数の性質)

(1)　5枚のカードを繰り返し3回取り出す場合の数は$5^3=125$　積xyzが偶数になるのは，3回とも奇数のカードを取り出すとき以外である。よって，その確率は，$\frac{125-2^3}{125}=\frac{117}{125}$

(2)　図1は，xとyにどのカードを取り出すかを整理したものである。図の△印の取り出し方のときには素因数としての3が1個ふくまれているから，zが3または6のときにxyzが9の倍数となる。よって，$12\times2=24$　図の○の出方のときには素因数としての3が2個ふくまれているから，zとしてどのカードを取り出してもxyzは9の倍数となる。よって，$4\times5=20$　したがって，$\frac{24+20}{125}=\frac{44}{125}$

x＼y	1	2	3	4	6
1			△		△
2			△		△
3	△	△	○	△	○
4			△		△
6	△	△	○	△	○

図1

(3)　図2はx，yの出方について，素因数2を何個もつかについて整理したものである。△印のときは1個もつのでzが4であればよいから8通り。○印のときは2個もつので，zが2，4，6のどれかであればよいから，$8\times3=24$(通り)　◎印のときには3個以上もつから，zにどのカードが出てもxyzは8の倍数になるので，$5\times5=25$(通り)　したがって，$\frac{8+24+25}{125}=\frac{57}{125}$

x＼y	1	2	3	4	6
1		△		○	
2	△	○	△	◎	○
3		△		○	△
4	○	◎	○	◎	◎
6	△	○	△	◎	○

図2

＋α 3 (新しい記号―自然数の約数の個数)

(1)　$108=2^2\times3^3$だから，約数は1，2，2^2，1×3，2×3，$2^2\times3$，1×3^2，2×3^2，$2^2\times3^2$，1×3^3，2×3^3，$2^2\times3^3$の12個ある。よって，$[108]=12$

重要　(2)　ある素数の2乗になっている数の約数の個数は奇数である。素数をm，nとして$\mathrm{N}=m^2$のときのNの約数は，1，m，m^2の3個であり，N＝m^3のときは1，m，m^2，m^3の4個，N＝m^4のときは1，m，m^2，m^3，m^4の5個ある。なお，N＝$m \times n$の約数の個数は4個，N＝$(m \times n)^2$の約数の個数は，1，m，m^2，$1 \times n$，$m \times n$，$m^2 \times n$，$1 \times n^2$，$m \times n^2$，$m^2 \times n^2$の9個ある。よって，300以下の自然数で素数の4乗になっている数を求めればよい。$2^4=16$，$3^4=81$，$5^4=625$　よって，16と81

(3)　$[n]+[3n]=9$　nが1以外の平方数(ある数を2乗した数)のとき$[n]$は奇数になる。nが素数mの2乗の平方数のときはその約数は，1，m，m^2であり，$[n]=3$　そのときに，mが3以外の素数のときは，$[3n]$の約数は1，m，m^2，1×3，$m \times 3$，$m^2 \times 3$の6個あるので，$[n]+[3n]=9$となる。そのような100以下の自然数nは，$2^2=4$，$5^2=25$，$7^2=49$　nが素数3の2乗であるとき，$[n]+[3n]=[3^2]+[3^3]=7$　素数aの累乗の約数の個数は，$a^1=2$，$a^2=3$，$a^3=4$，$a^4=5$，…となるので，$n=3^3$のとき$3n=3^4$だから$[3^3]+[3^4]=9$となる。したがって，$n=4$，25，27，49　なお，nが素数以外の数の平方数であるときには，$[n]$は5以上であり，$[3n]$は10以上となるので，$[n]+[3n]=9$となることはない。

4　(方程式の応用―食塩水の濃度)

最初に容器Aにあった食塩水400gに含まれていた食塩の量は$400\text{g} \times 0.01=4\text{g}$　取り出してBの容器に移された$50x$gに含まれていた食塩の量は$50x\text{g} \times 0.01=0.5x\text{g}$　容器Aには$(400-50x)$gの食塩水が残され，そこには$(4-0.5x)$gの食塩が含まれていた。最初に容器Bにあった食塩水100gに含まれていた食塩の量は$100\text{g} \times 0.06=6\text{g}$　取り出してAの容器に移された$25x$gに含まれていた食塩の量は$25x\text{g} \times 0.06=1.5x\text{g}$　容器Bには$(100-25x)$gの食塩水が残され，そこには$(6-1.5x)$gの食塩が含まれていた。移し終わった後の容器Aには，$(4-0.5x+1.5x)$gの食塩を含む$(400-50x+25x)$gの食塩水が入っていて，容器Bには$(6-1.5x+0.5x)$gの食塩を含む$(100-25x+50x)$gの食塩水が入っていた。容器Bの濃度が容器Aの濃度の2倍になったのだから，$\dfrac{6-x}{100+25x}=2 \times \dfrac{4+x}{400-25x}$　両辺を25倍して，$\dfrac{6-x}{4+x}=2 \times \dfrac{4+x}{16-x}$　$2(4+x)^2=(6-x)(16-x)$　$2x^2+16x+32=x^2-22x+96$　$x^2+38x-64=0$　2次方程式の解の公式を利用すると，$x=\dfrac{-2 \times 19 \pm \sqrt{(-2 \times 19)^2-4 \times (-64)}}{2}=\dfrac{-2 \times 19 \pm 2\sqrt{19^2+64}}{2}=-19 \pm \sqrt{425}=-19 \pm 5\sqrt{17}$　$x>0$なので，$x=-19+5\sqrt{17}$

5　(関数・グラフと図形―放物線，正三角形，正六角形，面積，三平方の定理，方程式，交点)

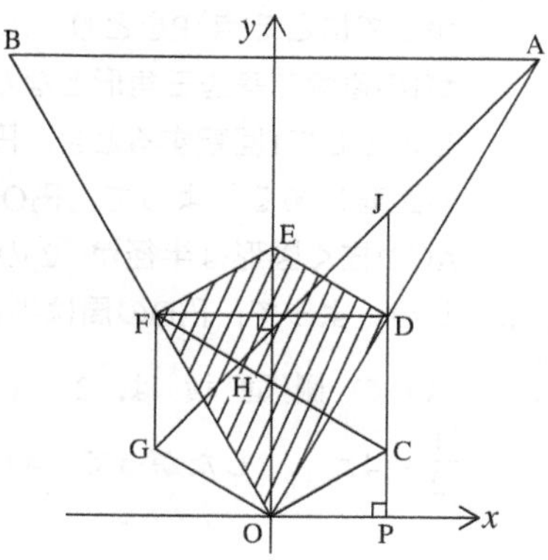

(1)　点Cからx軸に垂線CPを引き，点Cのx座標をmとすると，C$(m,\ am^2)$　$y=ax^2$のグラフはy軸について対称であり，正六角形の1つの内角は120°なので，∠COP＝30°　よって，OC：CP：OP＝2：1：$\sqrt{3}$　$m : am^2=\sqrt{3} : 1$　$m(\sqrt{3}am-1)=0$　$m=\dfrac{1}{\sqrt{3}a}$　CP＝$am^2=\dfrac{1}{3a}$　C$\left(\dfrac{1}{\sqrt{3}a},\ \dfrac{1}{3a}\right)$　また，DC＝OC＝2CP＝$\dfrac{2}{3a}$　よって，D$\left(\dfrac{1}{\sqrt{3}a},\ \dfrac{1}{a}\right)$　ところで，∠AOP＝60°なので，直線OAの式は，$y=\sqrt{3}x$　点Dのx座標の$\dfrac{1}{\sqrt{3}a}$を代入すると，$y=\sqrt{3} \times \dfrac{1}{\sqrt{3}a}=\dfrac{1}{a}$　したがって，点Dは直線OA上にある。また，点Eのy座標は，$\dfrac{1}{a}+\dfrac{1}{3a}=\dfrac{4}{3a}$　点Aのx座標をnとすると，A$(n,\ an^2)$　$n : an^2=1 : \sqrt{3}$　$n(an-\sqrt{3})=0$　$n=$

$\frac{\sqrt{3}}{a}$　$an^2=\frac{3}{a}=\frac{9}{3a}$　よって，点Aのy座標は点Eのy座標より大きい。以上のことから，△OABと正六角形OCDEFGの重なる部分は図の斜線部分であり，OE$=\frac{4}{3a}$，DF$=\frac{2}{\sqrt{3}\,a}$だから，その面積は$\frac{1}{2}\times\frac{4}{3a}\times\frac{2}{\sqrt{3}\,a}=\frac{4}{3\sqrt{3}\,a^2}=\frac{4\sqrt{3}}{9a^2}$

重要　(2)　A$\left(\frac{\sqrt{3}}{a},\ \frac{3}{a}\right)$，G$\left(-\frac{1}{\sqrt{3}\,a},\ \frac{1}{3a}\right)$だから，直線AGの傾きは，$\frac{8}{3a}\div\frac{4\sqrt{3}}{3a}=\frac{2}{\sqrt{3}}$　$y=\frac{2}{\sqrt{3}}x+c$とおいてA$\left(\frac{\sqrt{3}}{a},\ \frac{3}{a}\right)$を代入すると，$\frac{3}{a}=\frac{2}{a}+c$　$c=\frac{1}{a}$　直線AGの式は，$y=\frac{2}{\sqrt{3}}x+\frac{1}{a}$　直線CDの式は$x=\frac{1}{\sqrt{3}\,a}$　直線CDと直線AGの交点をJとすると，点Jのy座標は$y=\frac{2}{\sqrt{3}}\times\frac{1}{\sqrt{3}\,a}+\frac{1}{a}=\frac{5}{3a}$　FG//CJなので，CH：FH＝CJ：FG$=\left(\frac{5}{3a}-\frac{1}{3a}\right):\left(\frac{1}{a}-\frac{1}{3a}\right)=\frac{4}{3a}:\frac{2}{3a}=2:1$

【別解】　直線CFの式を表し，直線AGの式との交点の座標のx座標を求める。(点Cと点Hのx座標の差)：(点Hと点Fのx座標の差)でCH：FHが求められる。

6　(空間図形―回転体の体積，回転体の表面積，直角二等辺三角形，重心，円すい，球)

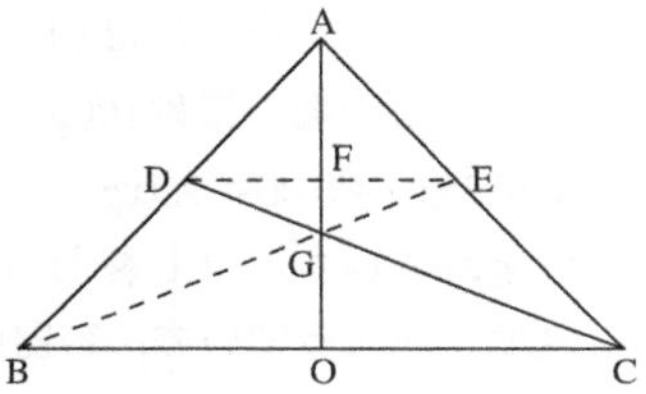

(1)　ACの中点をEとして線分BEを引くと，AO，BE，CDは△ABCの中線(頂点と向かいあう辺の中点を結ぶ線分)なので，1点で交わり，その交点は△ABCの重心である。よって，その点をGとすると，AG：OG＝2：1　AO＝BO＝CO＝1だから，AG$=\frac{2}{3}$　DEとOAの交点をFとすると，OAを軸として△BCDを1回転させてできる立体は，(BCを底面の直径とし，OAを高さとする円すい)－(DEを底面の直径とし，AFを高さとする円すい)－(DEを底面の直径とし，FGを高さとする円すい)で求められる。DE$=\frac{1}{2}$BC＝1　AF$=\frac{1}{2}$　FG$=\frac{2}{3}-\frac{1}{2}=\frac{1}{6}$　よって，$\frac{1}{3}\times\pi\times1^2\times1-\frac{1}{3}\times\pi\times\left(\frac{1}{2}\right)^2\times\frac{1}{2}-\frac{1}{3}\times\pi\times\left(\frac{1}{2}\right)^2\times\frac{1}{6}=\frac{1}{3}\times\pi-\frac{1}{24}\pi-\frac{1}{72}\pi=\frac{20}{72}\pi=\frac{5}{18}\pi$

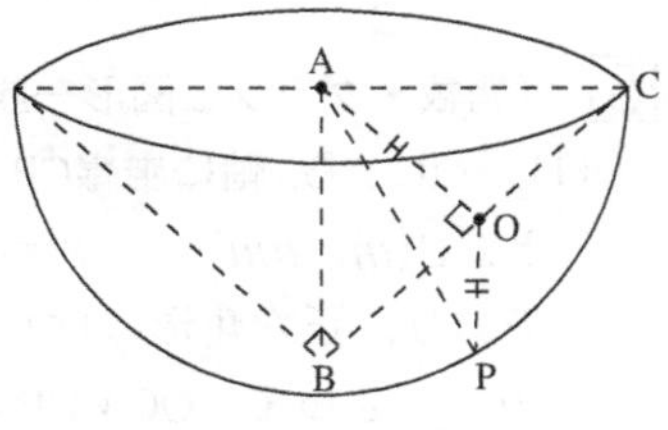

やや難　(2)　ABを軸として1回転するとき，BCは底面の円の半径が$\sqrt{2}$で高さが$\sqrt{2}$の円すいの側面を描く。円周上に任意の点(好きかってにとる点)Pをとり，△AOPを考えると，△AOPは等辺が1の直角二等辺三角形となり，AP$=\sqrt{2}$である。よって，ABを軸として1回転するとき，円Oの周上の点は常に点Aから$\sqrt{2}$の距離にある。よって，円Oの円周は半径$\sqrt{2}$の球面を描く。ACが描く図形は半径が$\sqrt{2}$の円であり，半径$\sqrt{2}$の球を中心を通る平面で切った切断面の円と等しい。よって，円Oの周は半径$\sqrt{2}$の半球の表面を描く。円すいの母線の長さは2であるので円すいの側面積は，$2\times\sqrt{2}\times\pi=2\sqrt{2}\pi$　半球の表面積は$4\pi\times(\sqrt{2})^2\times\frac{1}{2}=4\pi$　したがって，$4\pi+2\sqrt{2}\pi=(4+2\sqrt{2})\pi$

★ワンポイントアドバイス★

問題数が多く，しかも，いずれの問題もやや難しい形で出題されているので，完答を目指すのではなく，手がけられそうなものを選んで仕上げていくようにしよう。図形問題は様々な角度から見ていくことが必要なものが多い。計算が煩雑なものが多いが，後で見直す余裕はないかもしれないので，確実・正確に進めることを心掛けよう。

＋α は弊社HP商品詳細ページ(トビラのQRコードからアクセス可)参照。

＜英語解答＞ 《学校からの正答の発表はありません。》

Ⅰ　1 (B)　2 (D)　3 (C)　4 (B)　5 (C)　6 (A)　7 (C)　8 (D)
9 (D)　10 (A)

Ⅱ　1 D, all the subjects　2 B, arrive　3 A, his travelling　4 A, lost
5 B, brought up　6 B, how　7 D, dependence with　8 B, so that
9 B, Fukuzawa hoped　10 A, titled

Ⅲ　1 throw　2 enough　3 causes　4 mistake　5 while
6 environment　7 filled　8 drinking　9 often　10 difference
11 Reducing

Ⅳ　A　1 (C)　2 (A)　3 (D)　4 (C)　5 (C)　6 (A)　7 (D)　8 (C)
9 (D)　10 (B)　11 (D)　12 (A)　B ③ 彼女が壁を作るところまでしか私たちは彼女に近づくことを許されなかった。　⑤ 彼女は偶然私の足を蹴ったのか，それとも彼女は自分が何をしているかをよくわかっていたのか，私はその時もわからなかったし，今もわからない。　⑦ 彼女が彼らの多くについてとてもよく知っているので，私は驚いた。　C 1 Reason1：She knew of his interest in flying even though he had never told her about it, and gave him Aviation every Monday morning.(23語)
Reason2：She made work arrangement to do some chores around her home and paid him so that he could make the class trip.(22語)　2 (ⅰ) He sat down with the textbook in his lap and read it.(12語)　(ⅱ) He memorized the last verse of “Thanatopsis” that night and recited it the next morning.(15語)　3 James could show his regret over the final exam by visiting her and she accepted it. He thought he should not meet her again so that the episode would be his lifetime lesson, and she also expected it.(38語)

〇推定配点〇
Ⅰ　各1点×10　Ⅱ・Ⅲ　各2点×21　Ⅳ　A　各2点×12　B・C　各3点×8　計100点

＜英語解説＞

基本 Ⅰ （長文読解問題・メール文：語句補充・選択，動詞，不定詞，時制，関係代名詞，前置詞，接続詞）

「(A)～(D)から最適な答えを選び，下のメールを完成させなさい」

（全訳） やあ，アラン！

メールありがとう。僕は君が(1)僕と同じように日本のマンガが好きだと知っているから，君が日本に(4)来る時に，君の滞在(3)を楽しくする僕の計画について，君に(2)話したい。僕たちは電車に乗ってお台場に行き，東京ビッグサイトで3時間過ごすつもりだよ，そして(5)それはコミックマーケットを開催する。コミックマーケットは，コミケ(6)としてのほうがよく知られているけれど，日本最大のポップカルチャー(7)イベントの1つだ。これを逃したらダメだよ。君はドラゴンボールが君の人生に非常に大きな影響をもたらしたと言ったよね。ドラゴンボールは最も印象が強いということに僕は全く同感だ。たくさんのキャラクターがいてストーリーはおもしろい。他の作品では(8)見当たらないストーリーだ。君の到着前にもっと時間があれ(9)ば，アニメのキャラクターに扮したコスプレイヤーたちの写真を何枚か添付して(10)もう1通メールを送るよ。

君にすぐに会えるといいな！

君の友達，アキラ

(1) I do は I like Japanese manga の意味で，「僕がマンガを好きなように，君もマンガが好きだ」と言っている。

(2) 〈tell ＋人＋ about ～〉「(人)に～について話す」 say, talk はこの構文を取れない。

(3) my plan to make your stay enjoyable「君の滞在を楽しくするための僕の計画」 to 以下は plan の内容を説明する，形容詞的用法の不定詞。

(4) 時・条件を表す副詞節中では未来のことでも現在形で表す。

(5) which holds の which は主格の関係代名詞。hold ～「～を開催する」

(6) known as ～「～として知られている」

(7) 〈one of the ＋最上級＋複数名詞〉「最も…な(名詞)のうちの1つ」

(8) a story (which) you won't find in other works は目的格の関係代名詞が省略されており，「他の作品の中では見当たらないトーリー」となる。

(9) 直後に〈主語＋動詞〉が続いていることから，接続詞が入るとわかる。この when は時・条件を表し，「～の場合には」という意味。

(10) 直後の e-mail が単数であることから，another「別の1つの，もう1つの」を入れる。

やや難 Ⅱ （正誤問題：構文，動名詞，時制，分詞，受動態，疑問詞，間接疑問，品詞，接続詞，関係代名詞）

「文法的または慣用的に正しくない選択肢を選び，その部分全体を修正しなさい」

1 「福沢諭吉は1835年に大阪で生まれたが，学ぶのが早く，ほぼ全ての教科が得意だった」 Dの前に almost「ほぼ」があるので，all the subjects「ほぼ全ての教科」とする。

2 「合衆国の船が1853年の夏に到着するのを見た時，福沢は胸がどきどきしているのを感じた」 Bを原形 arrive に直す。知覚動詞構文〈see ＋目的語＋動詞の原形〉「－が～するのを見る」

3 「海外旅行を通じ，福沢は技術の進歩が西洋諸国を豊かにしたと実感した」 through「～を通じて」は前置詞なので，後ろには動名詞句で his travelling とする。

4 「福沢は生後わずか18か月の時に，下級武士だった父を亡くした」 文の時制は過去形であるので，Aを lost とする。

5 「福沢は母や姉たちに育てられている間に，母や姉たちが一生懸命働くのを見た，そして福沢が重要な役割を果たした分野は女性の地位だった」 Bの直後に by them「彼女たちによって」があるのに着目し，Bを過去分詞にして while (he was) brought up by them「彼女たちによって育てられている間に」とする。

6 「福沢は男性たちに，女性の役割がいかに限られているのかを女性たちの目を通して見ることで理解するよう促した」 understand の目的語として間接疑問〈疑問詞＋主語＋動詞〉を置く。疑問詞部分は how limited「いかに限られているか」とする。

7 「福沢は，適切な雇用の欠如が女性たちの男性依存の主な原因であると信じていた」 Dの dependent「依存している」は形容詞なので名詞 dependence「依存」に直す。

8 「福沢は女性たちが自分たちの既存の能力を使ってお金を稼ぐことができるよう，慶應義塾の校内で女性の雇用機会を広げるように努めた」〈so that ＋主語＋ can ～〉「－が～できるように」は目的を表す。

9 「福沢が望んだことのほとんどは今日まで実現されていない」 Bの前に関係代名詞 what「～すること」があるのに着目する。〈what ＋主語＋他動詞〉で「－が～すること」を表す。よって Fukuzawa hoped とする。

10 「『学問ノススメ』という題の本は当時，他のどの本より売れた」 book titled ～「～という題の本」

Ⅲ （長文読解問題・紹介文：語句補充，熟語，単語，接続詞，動名詞）

「各空所を，文章の意味を最もよく完成させる1語で埋めなさい。最初または最後の文字が与えられている」

（全訳） 世界中で，人々は毎日およそ400万トンのごみ(1)を捨てる。それは35万台のごみ収集車，またはエンパイアステートビル10棟をいっぱいにするのに(2)十分である。そのごみのおよそ12.8%はプラスチックで，それは野生生物に大きな問題(3)を引き起こす。プラスチックを食べ物と(4)間違える動物もいれば，(5)一方でごみにからまってしまう動物もいる。

サッカーの試合や何かの活動に行く時に，冷蔵庫から冷えたボトル入りの水を取り出すことは簡単だ。しかしそれらペットボトルは大量の化石燃料を使い，(6)環境を汚染する。四分の一の高さまで油で(7)満たされた水のボトルを想像してみよう。それはそのボトルを生産するのに必要とされた石油の量なのだ。

水は健康に良いので，(8)飲み続けよう。しかし，どのくらい(9)頻繁に水筒を使うか考えてみて，変えられるかどうかやってみよう。そう，あなたは(10)違いを生み出すことができる。ペットボトルを1本(11)減らすことは60ワットの電球に6時間電力供給するのに(2)十分なエネルギーを節約することができる。

(1) throw away ～「～を捨てる」 (2) enough「十分な」 (3) cause「～を引き起こす」 ここでは主格の関係代名詞 which の先行詞が単数の plastic なので，-s を付けて causes とする。(4) mistake A for B「AをBと間違える」 (5) while は対比を表す接続詞。～, while …「～，一方…」 (6) environment「環境」 (7) A filled with B「BでいっぱいのA」 ここでは with oil が少し離れていることに注意。 (8) keep ～ing「～し続ける」 (9) how often「どのくらい頻繁に」 (10) make a difference「違いを生む」 (11) 動名詞句 Reducing one plastic bottle「ペットボトルを1本減らすこと」が文全体の主語になっている。

Ⅳ （長文読解問題・エッセイ：内容吟味，要旨把握，和文英訳，助動詞，接続詞，間接疑問，進行形，英問英答，語句解釈，比較）

「次の文章を読んで下の問いに答えなさい」

（全訳） 彼女は中学と高校で英語を教え，高校の担任もしていた。彼女は背が高い女性で，生徒たちのほとんどや男性教師たちのほとんどよりも背が高かった。彼女は校内でテニスシューズを履き，それは当時の女性には珍しいことで，非常に姿勢正しく歩いた。彼女の白髪はくしでとかされた様子がまったくなかった。彼女は腕時計以外，化粧も宝石類も身に着けていなかった。彼女の視力は悪かったので，いつも瓶底メガネをかけ，なおかつ机の上の書類に覆いかぶさるようにしていた。彼女は集中している時や不安な時に舌先を出す癖があった。彼女はいつも同じ白いロングワンピースを着ているらしく，それは常にテニスシューズの表面まで垂れ下がっていた。

彼女のイニシアルはA.W.A.だった。Wはワーズワースを表していると，彼女はある時，私たちに言った。私たちは彼女についてほとんど知らなかった。家族，出身地，経歴などについて何も知らず，彼女がスミスカレッジを卒業したということだけ知っていた。彼女は学校の近くの大きな家に一人で住んでいた。彼女は天気が許せば学校まで歩いてきて，朝，用務員が建物を開けるとすぐに受け持ちの教室の教卓についた。

私たちには，彼女がその高校で永遠に教えているように思えた。兄は私より5歳年上なのだが，彼女が英語の授業とクラス担任をしていた。彼は私に，必ず宿題をすること，授業の準備をしておくこと，決して彼女に嘘をつかないこと，と助言してくれた。彼女は厳しく採点するが公平だ，と彼は言った。

彼女の授業は活気があり，彼女は全員が何らかの形で授業に参加するように心配りをしていた。彼女の授業は興味深く，知ることが多く，驚くべきことにとても楽しかった。彼女が教えていることにすら気づかないまま，私たちは学んだ。

彼女は詩を愛していて，私たちはあのワーズワースというミドルネームは詩と関係のあるミステリアスな家族関係を示しているのではないかと推測したが，決してわからないままだった。詩は彼女の授業の活動で重要な部分だった。授業の多くの時間が，詩が何について書いたものかを読んで理解することに振り当てられた。彼女はまた，自分の教え子たちを知ろうと努めていた。彼女は私たちの1人1人がどのレベルで取り組み，学べるかを知っており，特別な配慮を必要としている者にはそれを与えた。私は彼女に，自分がバスケットボールと野球の学校代表チームでプレイしていたことや高2で学級委員長をしており成績首位だったと話した覚えはないが，彼女はそれを知っていた。彼女は私の読書感想文と作文が好きだと言い，私の作品は正直，高潔，勤勉を表していると言った。

当時，ニューヨークタイムズの日曜版には『航空』という名の完全な別冊があった。彼女はなぜか私の飛行への興味を知っていた，①それで，毎週月曜日の朝には，その別冊が私の教室の机の上に置かれていた。きちんと丸めて，ゴムバンドでくくられて。

その年の初め，彼女は私に，毎年恒例の高3クラスのワシントン旅行へ参加するつもりかどうか尋ねた。私は，自分の家の経済状況を考えると無理そうだ，と彼女に伝えた。彼女は私に，自宅のロックガーデンの手入れをしたり，家の雑用をしたりする人を必要としている，と言った。その仕事は毎週土曜日に私が仕事をすると2ドルになった。彼女の協力のおかげで，私はクラス旅行に行けた。後に私は，②彼女が私たちのクラスの他の人にも，旅行に行けるように仕事の手はずを整えていた，と知った。

彼女のクラスには教師のお気に入りとみなされる生徒は誰もいなかった。③彼女が壁を作るところまでしか私たちは彼女に近づくことを許されなかった。しかし，④私は今までのどの生徒にも負けず劣らず，彼女のお気に入りに近づいたという気がした。

彼女の高3の最終試験は，彼女の詩への愛，特にある1つの詩への愛を反映していた。彼女はそれまで，授業で私たちに詩を暗唱させたことはなかった。しかし，最終試験で，彼女は全生徒に『死観』の最終節を暗唱することを求めた。暗唱は試験の評点の50％で，それは今まで毎年同じだった。

私たちは卒業して実社会に出ていくのだから，この節は私たちがどのように人生を生きるべきかを完璧に描写している，と彼女は説明した。ウィリアム・カレン・ブライアントは，その詩の最終節で，それ自身が完璧な教訓であるシンプルな人生哲学を明確かつ雄弁に述べた，と彼女は説明した。

私たちの暗唱最終試験の方法はシンプルだった。彼女は毎朝早くに，受け持ちの教室の机に座っていた。それ以外の時間，授業がない時には，彼女は階段の踊り場に置かれた小さな机で仕事をしていた。どちらの机でも，彼女はいつも下を向いて座り，決して顔を上げることなく，自分の仕事に完全に集中していた。彼女はどの教え子の声もすぐにわかったので，誰かが詩節を暗唱するために座ると，彼女はただ記憶して，後で口頭試問が終わった時にその教え子の名前をチェックした。

最終締め切り日に，私はその詩節を暗記しておらず，どうしてまだ覚えていないのか正当な理由もなかった。切羽詰まって私が思いついたのは安易な方法だった。彼女は生徒が暗唱する時に決して顔を上げないと，私は知っていたので，私は膝の上に教科書を置いて詩のところを開いて座り，それを注意深く読みさえすればよかった。

⑤彼女は偶然私の足を蹴ったのか，それとも彼女は自分が何をしているかをわかっていたのか，私はその時もわからなかったし，今もわからない。彼女が私の足を蹴った時，その重い英語の教科書は爆弾が爆発したかのように床に落ちた。

彼女はすぐに顔を上げた，そして彼女の表情は私がこれまで忘れたことのないものだった。「ジェイムズ，あなたは不合格です」と彼女は言った。

私はすぐに本を拾い上げて立ち去った。その夜，私は『死観』の最終節を暗記した。翌朝，私は彼女の教卓の前に立ち，発言してよいか尋ねた。彼女は顔も上げず答えもしなかった。私は節を暗唱した。

生きよ　君の呼ぶ声が
数知れぬ幌馬車に加われと命ずるまで　この幌馬車は
神秘的な領域の　ひとりひとりが
静かな死の広間に部屋を取る方へ　進んでいく
君よ　夜に採石場の奴隷が
むち打たれて地下牢に行くようであってはならない　むしろ動ぜず落ち着いて
揺るがない信念を持ち　君の墓に向かいなさい
自分の寝床の掛け布で
己を包んで横たわり　心地よい夢を見る者のように

それでも彼女は顔を上げず，口を開かなかった。私は「ありがとうございました」と言って立ち去った。彼女は私に落第点を付けたが，私は卒業した。

私は6年間ほど彼女と再び話すことはなかった。私は自分の人生を続けていたが，あの⑥出来事はずっと私の心に残っていた。

ある2月の寒い日，航空学校を卒業後に空軍から休暇を取って帰宅している間に，私は彼女に再び会おうと決心した。先に電話をせずに，私は彼女の家に車で行き，玄関のベルを鳴らした。彼女は私を見て驚いた様子ではなかった。実際，まるで彼女は私が来るのを予期していたようだった。彼女は私が最後に彼女を見た時から少しも変わっていなかった。

私たちはお茶を飲み，私の袖を見て，彼女は私が航空関連の仕事をするだろうと思っていたと言った。私たちは私のクラスメート何人かに関する情報を交換し，⑦彼女が彼らの多くについてとてもよく知っているので，私は驚いた。私たちのどちらも，私を長らく悩ませているあの出来事について言及せず，私は彼女がそれを覚えているだろうかと思い悩んだ。どういうわけか，彼女は覚えていると私はわかった。⑧私たちがさようならと言い合った時，私たちは2人とも，もう二度と会わないだろうとわかっていた。

彼女はさらに何年も教え続け，『死観』の最終節は彼女の高3の最終試験の50％であり続けた。彼女は102歳で亡くなった。

私は今でも，兄が彼女の授業で使って私に引き継がせてくれた2つ穴のノートを持っている。私はそれを彼女の授業で使い，私は今でも，自分が彼女の授業で書いた読書感想文や作文の多くを持っている。

私はあの背が高い白髪の教師を一度も忘れたことなく，彼女が私の落第を告げた時の表情も忘れたことはない。彼女は私の足を蹴った時に，私が今後決して忘れることのない教訓を教えてくれた。今日まで，私の祈りの言葉は『死観』の最終節だ。私は毎日，少なくとも1日に1回は，それを唱えている。

A：文章の内容を最もよく反映している選択肢を選びなさい。

1 (C)「筆者の教師は外見に注意を払わなかった」

2 (A)「生徒たちは彼女についてあまり知らなかったが，ジェイムズは彼女が熱心な教師であることに気づくようになった」

3 (D)「兄はジェイムズに前もって授業の準備をしておくべきだと言った」

4 (C)「彼女の授業は楽しく，生徒たちはたくさんの新しいことを学んだ」

5 (C)「彼女のイニシアルはA.W.A.で，ジェイムズは彼女のミドルネームが何か知っていた」

6 (A)「彼女は教師としてより良い仕事ができるよう，生徒たちの面倒をよく見た」

7 「下線部①から何がわかるか」 (D)「彼女はジェイムズに将来の職業に役立つものを持ってきてくれた」

8 「下線部②において彼らはどのような『人々』か」 (C) 「お金が十分になかったのでワシントンに行かなかった人々」

やや難 9 (D)「最終試験で，生徒たちは実生活がどのようなものか，そしてどのように生きるべきか，ということについて学んだ」 第10段落参照。彼女はその詩が人生の生き方を示していると考え，生徒たちに暗唱することを課した。

10 (B)「ジェイムズはテストの準備ができていなかった，なぜならどういうわけか準備するのにあまりやる気がでなかった」 第12段落第1文参照。詩を覚えられなかった正当な理由がない，とあるので，なんとなく覚えられなかった，真剣に取り組めなかった，と考えられる。

11 「彼女について正しい文はどれか」 (D)「彼女は，『死観』は生徒たちが記憶すべきものだと信じ続けていた」

重要 12 「この物語の題名は何か」 (A)「学んだ教訓」 最終段落第2文 When she kicked my foot she taught me a lesson I'll never forget.「彼女が私の足を蹴った時，彼女は私に今後ずっと忘れることのない教訓(戒め)を教えた」が，筆者が文章中で最も言いたかったことである。

やや難 B：下線部③⑤⑦を日本語に訳しなさい。

③ 2つある助動詞 would は過去における習慣を表す。〈allow ＋人＋ to ＋動詞の原形〉「(人)が～するのを許す」 get close to ～「～に近づく」 ここでは only を「～しか…ない」と訳す。before she would put up a barrier は「彼女が壁を作る前に」という意味。文章から，彼女はオープンな性格ではなく，他者との間に壁を作るタイプだとわかる。そのため，「彼女が壁を作るところまでしか私たちは彼女に近づくことを許されなかった」ということである。

⑤ I didn't know then nor do I know now は「その時もわからなかったし，今もわからない」という意味。nor は否定の節や文の後に用いて「～も…ない」を表し，〈nor ＋(助)動詞＋主語〉

という倒置が起きる。whether は「～か否か」という名詞節を導く接続詞。whether she knew exactly what she was doing「彼女は自分が何をしているか，よくわかっていたのか否か」は，ジェイムズの足を蹴るという行為を自分でわかってやっていたのか否か，という意味である。

⑦　she surprised me with ～ は「彼女は～ということで私を驚かせた」という意味。how much 以下は間接疑問で，「彼女が彼らの多く(＝多くのクラスメートたち)について，いかにたくさん知っているか」という意味である。主節の主語を「彼女」ではなく「私」にして訳し，「彼女が私の多くのクラスメートたちについてたくさん知っているので，私は驚いた」と訳してもよい。

やや難　C：各問に英語で答えなさい。

1 「下線部④で，何が彼をそのような『気持ち』にさせたか。理由を2つ，それぞれ20語程度の英語で書きなさい」(解答例の訳)理由1「彼女は彼がそれについて言ったことがないにも関わらず，彼の飛行に対する興味を知っていて，毎週月曜日の朝に彼に Aviation をくれた」

理由2 「彼女は自宅の雑用をする仕事を手配して彼にお金を払い，彼がクラス旅行に行けるようにした」ジェイムズが自分は先生のお気に入りだと感じた理由として，第6段落の Aviation をくれたことと，第7段落の旅行に行けるようにしてくれたことについて書く。答えの文には文章中の表現をできるだけ用いるとよいだろう。

2 「下線部⑥で，(ⅰ)試験中ジェイムズが何をしたか，(ⅱ)その場から立ち去った後，彼は何をしたか，説明しなさい。それぞれ15語程度で答えなさい」（ⅰ）（解答例の訳）「彼は膝に教科書を置いて座り，それを読んだ」 下線部⑤の直前の文を参照し，主語を He，時制を過去形にして答える。 （ⅱ）（解答例の訳）「彼はその夜『死観』の最終節を暗記し，翌朝それを唱えた」下線部⑤の2つ後ろの段落参照。

3 「下線部⑧で，あなたはなぜ，彼らが二度と会わないとわかっていたのだと思いますか。自分の考えを少なくとも20語で書きなさい」(解答例の訳)「ジェイムズは彼女を訪問することによって，最終試験に対する自分の後悔を示し，彼女もそれを受け入れた。彼はその出来事を自分の生涯の戒めとするため，二度と彼女に会うべきではないと考え，彼女もそれを予期した」 Aの12の解説参照。筆者がこの文章で最も言いたかった lesson という言葉を使って解答することが求められる。

★ワンポイントアドバイス★

ⅣのBの英文和訳，Cの英問英答は非常に難度が高い。Aの選択式問題を確実に正答しておきたい。

＜国語解答＞　《学校からの正答の発表はありません。》

一　問一 【A】 下　【B】 上　【C】 上　問二 ・人はどう行動すれば美しいか，ということを考える(23字)　・人はどう思考し行動すれば公益のためになるかということを考える(30字)　問三 (例) 両刀を帯びてチャンバラをするなどの独特の習慣があるから。(28字)　問四 (明治後の人々は)個人的物欲を肯定する(から)(10字)　問五 イ　問六 エ　問七 (例) 『峠』という小説に継之助の精神を全て描き出せたかという怖れ。(30字)　問八 「お母さまは女の身ゆえとやかく言われるかもしれませんが，このことお

父さんに頼み参らせます」(45字)　問九　①　処理　②　教養　③　求道　④　保(たれ)　⑤　接近

二　問一　①　視界　②　印象　③　俳優　④　薬指　⑤　経験　問二　A　ウ　B　ウ　C　イ　問三　【1】　ウ　【2】　カ　【3】　ア　【4】　エ　問四　エ　問五　1　ア　2　イ　3　ア　4　イ　5　ア　6　ア　7　イ　8　ア　9　イ　10　ア　問六　文章全体に張りを持たせ，快いテンポを生み出すことにもなる(28字)　問七　X　する　Y　統括　Z　従属　問八　Ⅰ　をり　Ⅱ　ゐる　Ⅲ　ようやく　Ⅳ　ましょう　問九　敬体文のところは，直接読者にはたらきかけているが，常体文の部分は間接的である。(29字)　問十　(例)　書き終わったあとで一度読み返すこと。(18字)

○推定配点○

一　問二～問四・問七・問八　各4点×6　他　各2点×10

二　問五・問六・問九・問十　各4点×4(問六完答)　他　各2点×20　計100点

＜国語解説＞

一　(随筆―文脈把握，言い換え，脱文・脱語補充，漢字の読み書き，要約・説明，書き抜き，文学史)

問一　【A】　直前の文に「形而上的なものに精神を託するということがなかった」とある。したがって，「形而【A】」は，「形而上」の反対語になる。後の「物欲・名誉欲」という例から，「形而下」は形をもつ具体的な，「形而上」は形をもたない抽象的な，という意味だと確認する。

【B】　前に「形而上的思考法が発達し」とある。　【C】　幕末の人物たちの思考法について述べている。一つ後の文の「かれらに戦国人のような私的な野望というものが，まったくといっていいほどすくない」から，「形而上的」か「形而下的」か，を判断する。

問二　江戸時代の日本人の思考法について，直後の段落で「江戸の武士道倫理」と「江戸期の儒教」を挙げている。「武士道倫理」と「儒教」を具体的に述べている二箇所を抜き出す。

問三　作者は，幕末期の武士を「人間の芸術品」としながらも，なぜ「多少奇形である」と感じるのかを読み取る。一つ後の文の「かれらが両刀を帯びてチャンバラをする」に着目し，この内容を中心に，自分の言葉を補って簡潔にまとめる。

重要　問四　「明治後の人々」は，なぜ「カッコワルイ」のか。直前の段落で，江戸期の人々はどう行動すれば美しく，また公益のためになるかということを考えたとあり，作者はそのような人々を「人間の芸術品」と称している。明治以後この「公益のために」という意識が失われたことを，作者は「カッコワルイ」と言っている。「公益のために行動する」と対照的な表現を抜き出す。

基本　問五　「越後」は現在の新潟県を指す。アは越中，ウは加賀・能登，エは羽前，オは羽後。

問六　『武士道』の作者はエの「新渡戸稲造」。アは『学問のすゝめ』，イは『余は如何にして基督信徒となりし乎』，ウは『禅と日本文化』の作者。オは新聞記者で，『春日局』の作者。

やや難　問七　――6の「松蔵の怖れ」とは，継之助の骨のひろい方が足りないことを継之助に叱られるというものである。作者は継之助を主人公とした小説『峠』を描いたが，松蔵が継之助の全ての骨を拾えたか心配したように，継之助の精神を全て描き出せたのかどうかを怖れている。

問八　「ジェンダー観」とは，社会的文化的に形成された男女の差異による見方のこと。「継之助は」で始まる段落の「お母様は女の身ゆえとやかく言われるかもしれませんが」で始まる継之助の言葉は，女性の考えや行動を決めつけ，女性では頼りにならないとするものである。

問九　①　物事をとりさばいて始末すること。　②　学問や知識を身につけることで得られる心の豊かさ。　③　正しい道理を求めること。「求」を「グ」と読む語には，他に「東求堂」「欣求浄土」がある。　④　音読みは「ホ」で，「保養」「担保」などの熟語がある。　⑤　近づくこと。「接」の訓読みは「つ(ぐ)」。

二　(論説文一大意・要旨，文脈把握，言い換え，脱文・脱語補充，漢字の読み書き，語句の意味，敬語，仮名遣い，文学史)

問一　①　目で見ることのできる範囲。　②　人の心に与える感じ。「象」の他の音読みは「ゾウ」。③　演劇や映画などで演技を職業とする人。「優」の訓読みは「やさ(しい)」「すぐ(れる)」。④　親指から数えて四本目の指。　⑤　実際に見たり行ったりすること。

問二　A　予想しなかったことにあわてふためく。　B　曲がっている杓子を定規代わりにすることからできた語。直後の「いちいち敬体に」にふさわしい意味を選ぶ。　C「ジョウチョウ」と読む。直前の文の「これらの常体表現をもし機械的に敬体表現に改めたとしたら」どうなるかを考える。

問三　【1】　常体の「だ」体から丁寧さは感じられない。丁寧の反対語が入る。　【2】　常体の「である」体は堅苦しい印象を与える。堅苦しい，の同類語が入る。　【3】　敬体の「であります」は，下士官が上官に報告するときなどに用いられる。他人行儀でかしこまるという意味の語が入る。　【4】　敬体の「でございます」は，最も丁寧な文体となる。

基本　問四　平安時代の「枕草子」，鎌倉時代の「方丈記」「徒然草」が随筆として知られている。

問五　1，2，3「右の文章」の傍点部分が常体，傍線部分が敬体となっている。第一段落は「常」体で書かれている。第二段落以降は「敬」体が基調。第三段落，第四段落に「常」体文も混在している。　4，5「次の例」では，「敬」体の文が途中から「常」体の文に変わっている。

6　直前の文の「常体……のまじることは，一般によくある」を受けている。　7　後に「もどす」とあるので，「敬」体。　8「最後」は「常」体。　9，10「次の例」は，前半が「敬」体，後半が「常」体となっている。

問六　――2「敬体文の中に，部分的に常体をまじえる」効果について述べている部分を探す。「……入口から」で始まる段落に「敬体を全体の基調とする文章でも，右のように次元を異にする場合に常体表現をまじえることは……かえって文章全体に張りを持たせ，快いテンポを生み出すことにもなるのである」とあり，ここから適切な箇所を抜き出す。

問七　X「募集します。」を「常体に改め」ると，「募集する。」となる。　Y　Z　直前の段落で，福田恒存氏の「その内容自体，決してむつかしいことではない。それが途中で厭になるといふのは妙な話です」という文について，常体の部分だけが「直接に読者にはたらきかけるのではなくて，あとに続く『それが』という語句にいったん統括されて，そこではじめて読者にはたらきかける。言わば，この常体文は後行の敬体文に従属する地位にある」と説明している。「……入口から書きはじめる，そんなことばかりやつているのです。」も「似ている」とあるので，「傍点の部分が『そんなこと』で統括される関係」で，「常体表現が後行の敬体表現に従属する」という文脈になる。

問八　ⅠⅡ「お」「い」を，歴史的仮名遣いの「を」「ゐ」に改める。　ⅢⅣ「やう」「せう」は，現代仮名遣いでは「よう」「しょう」に改める。

やや難　問九　――3「次元を異にする」は，物事を考えるときの基準が違うという意味で用いられている。「敬体」と「常体」の違いを具体的に述べている一文を探すと，直前の段落に「敬体文のところは，直接読者にはたらきかけているが，常体文の部分は間接的である」とある。

重要　問十「小学生の」で始まる段落に「書き終わったあとで一度でも読み返す用意があれば，そうした不統一はすぐに発見できるはずだと思うのだが」という作者の考えが書かれている。この内容をもとに，作者の考える「文体の不統一を避けるための方法」を簡潔にまとめる。

★ワンポイントアドバイス★

読解問題，知識問題ともに，成熟度が問われている。ふだんから新聞や読書など大人の思考に触れることを意識しよう。

2022年度

★★★★★★★★★★★★★★★★★★★★★★★★★★

入　試　問　題

2022年度

慶應義塾高等学校入試問題

【数　学】（60分）　　＜満点：100点＞

【注意】　1．**【答えのみでよい】**と書かれた問題以外は，考え方や途中経過をていねいに記入すること。
2．答えには近似値を使用しないこと。答えの分母は有理化すること。円周率はπを用いること。
3．図は必ずしも正確ではない。

1　次の空欄をうめよ。**【答えのみでよい】**

(1)　$(x+2y)(2x-y)(3x+y)(x-3y)$ を展開すると［　　　　］である。

(2)　$\sqrt{2022}$の整数部分をa，小数部分をbとするとき，$\dfrac{a-1}{b}$の値は［　　　　］である。

(3)　$\begin{cases} x=\sqrt{11}+\sqrt{5}+4 \\ y=\sqrt{11}+\sqrt{5}-4 \end{cases}$ とするとき，$x^3y+2x^2y^2+xy^3$の値は［　　　　］である。

(4)　1つのさいころを3回投げて，1回目，2回目，3回目に出た目の数をそれぞれa，b，cとするとき，$\dfrac{b+c}{2^a}=\dfrac{1}{4}$となる確率は［　　　　］である。

(5)　生徒7人のテストの得点を低い順に並べたら，26，X，42，50，Y，75，93となった。7人の平均点は54点，下位3人の平均点が上位4人の平均点より35点低いとき，
X＝［　　　　］，Y＝［　　　　］である。

2　円Sに内接する二等辺三角形ABCは，AB＝AC＝5，BC＝8である。頂点Aから辺BCに垂線ADを引き，線分ADと線分BDと円Sに接する円をTとする。

(1)　円Sの半径を求めよ。

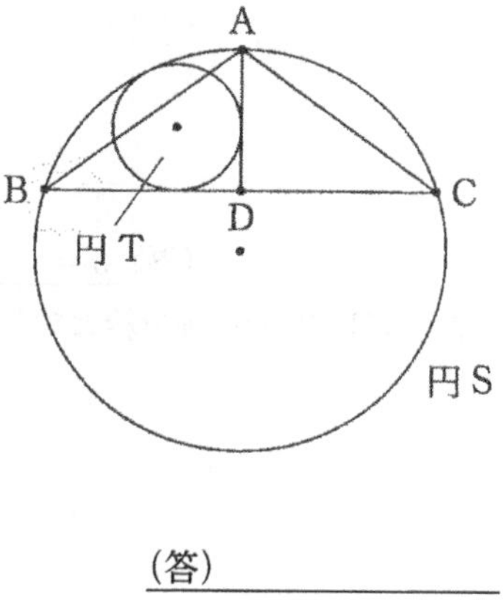

(答)＿＿＿＿＿＿＿＿

⑵　三角形ABCの内接円の半径と円Tの半径は等しいことを示せ。

3　2つの自然数 m, n は，等式 $2^m-1=(2n+1)(2n+3)$ を満たす。

⑴　$m=6$ のとき，n の値を求めよ。

(答)

⑵　この等式を満たす $(m,\ n)$ の組を m の値の小さい順に並べる。このとき，5番目の組を求めよ。

(答)

4　図のように，放物線 $y=ax^2\ (a>0)$ と直線 $y=bx+\dfrac{15}{2}\ (b<0)$ の2つの交点のうち，x 座標が負の点をPとする。また，1辺の長さが3の正方形ABCDは，頂点Aが放物線上に，辺BCが x 軸上に，頂点Dが直線上にある。
点Bの x 座標が3のとき，次の問いに答えよ。ただし，原点をOとする。

⑴　a, b の値を求めよ。

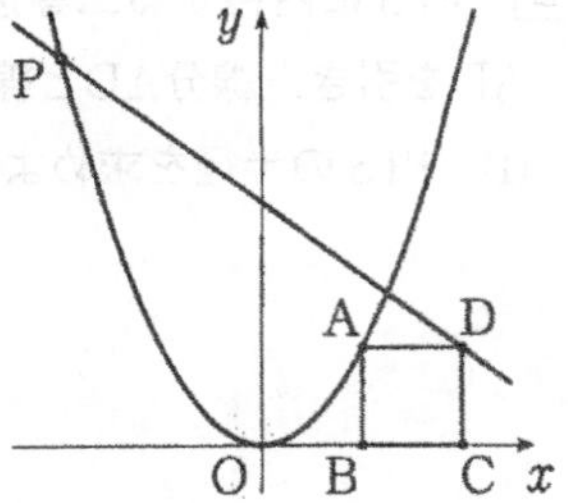

(答) $a=$　　　　$b=$

⑵　∠PODの2等分線と線分PDの交点をQとするとき，点Qの座標を求めよ。

(答)

⑶　直線$y=kx$によって四角形OPDBが面積の等しい２つの図形に分けられるとき，kの値を求めよ。

（答）＿＿＿＿＿＿＿＿

5　１辺の長さが４のひし形ABCDは，∠BAD＝120°とする。辺ABと辺ADの中点をそれぞれE，Fとし，辺CD上にCG：GD＝１：３となる点Gをとる。線分AGと線分EFの交点をHとするとき，次の問いに答えよ。

⑴　線分比AH：HGを最も簡単な整数の比で表せ。

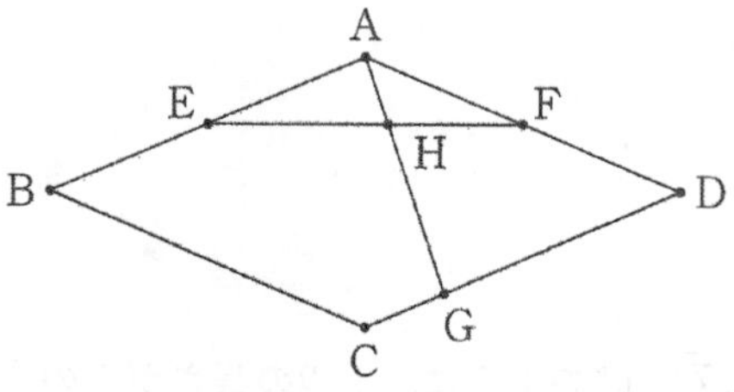

（答）AH：HG＝＿＿＿＿＿＿＿＿

⑵　三角形EGHの面積を求めよ。

（答）＿＿＿＿＿＿＿＿

6　点Aから始まる渦巻《うずまき》線を，図のように，Aが原点Oと重なるように座標平面上におく。渦巻線と座標軸との交点は，Oに近い方から次のように定める。

x軸の正の部分では，A_1，A_5，A_9，……

y軸の正の部分では，A_2，A_6，A_{10}，……

x軸の負の部分では，A_3，A_7，A_{11}，……

y軸の負の部分では，A_4，A_8，A_{12}，……

このとき，線分OA_kの長さはkとする。例えば，$OA_5=5$である。

Aから始まる渦巻線

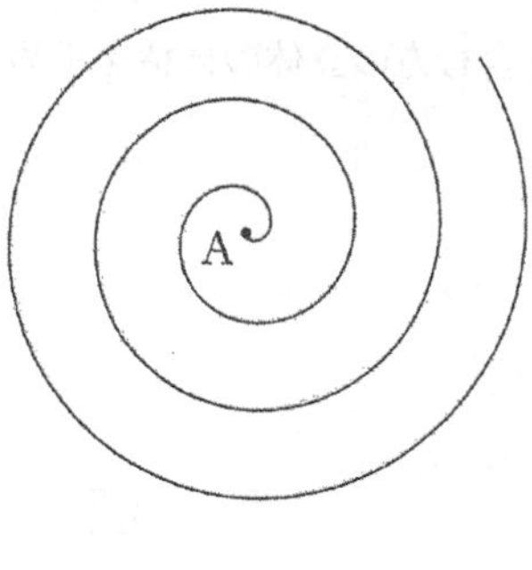

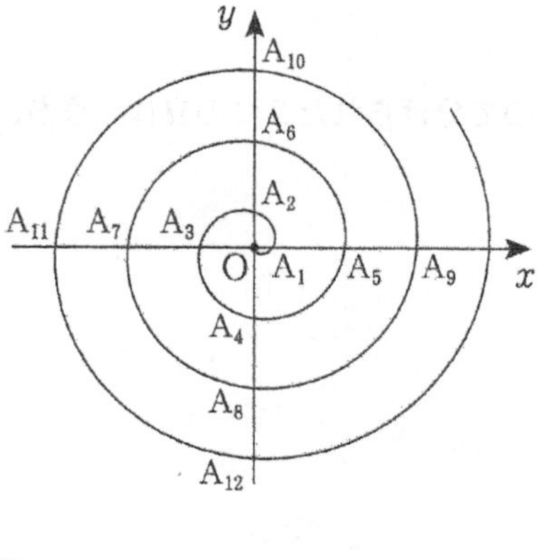

⑴　次の空欄をうめよ。**【答えのみでよい】**

（i）　点A_{2022}の座標は　(　　　　　,　　　　　)　である。

（ii）　3点A_{13}，A_{14}，A_{15}を頂点とする三角形の面積は　　　　　　である。

⑵　3点A_k，A_{k+1}，A_{k+2}を頂点とする三角形の面積をS_kとする。例えば，⑴(ii)の面積はS_{13}である。このとき，2つの正の整数a，bに対して，$S_a - S_b = 72$となる（S_a，S_b）の組をすべて求めよ。

(答)

7　図のように，1辺の長さが5の立方体ABCD－EFGHがある。辺BF上にBP：PF＝1：2となる点Pを，辺EH上にEQ：QH＝3：1となる点Qをとる。また，3点A，P，Qを通る平面と辺FGの交点をRとする。

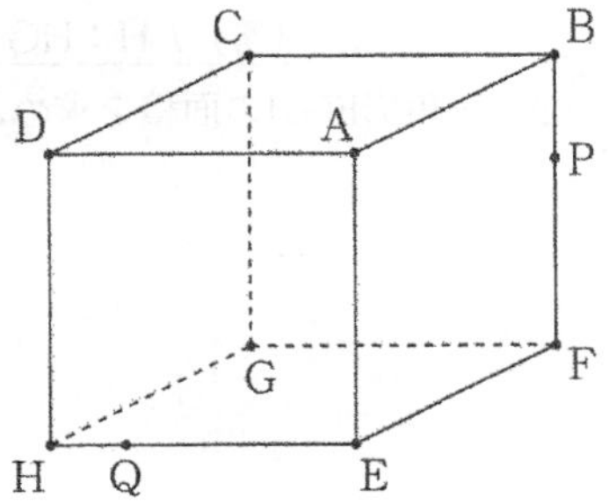

⑴　線分FRの長さを求めよ。

(答)

⑵　四角形APRQの面積は，三角形APQの面積の何倍か求めよ。

(答)

⑶　平面APQで分けられた2つの立体のうち，頂点Eを含む方の立体の体積を求めよ。

(答)

【英　語】(60分)　<満点：100点>

Ⅰ Rewrite each sentence by filling in each blank with **one word**.

1. You cannot share this information with anyone.
   = This information must (　　)(　　) secret from (　　).
2. I've been learning English for three years.
   = (　　) been three years (　　) I (　　) learning English.
3. "You must hand in your summer homework on the first day of class," she said.
   = She (　　) us that we (　　) to hand in (　　) summer homework on the first day of class.
4. My mother didn't think my grades would be so good.
   = My grades were (　　)(　　)(　　) what my mother expected.
5. All the members of the group agreed with the plan.
   = There were (　　) members of the group (　　)(　　) agree with the plan.
6. I see these kinds of mistakes in English essays all the time.
   = I (　　)(　　) to (　　) these kinds of mistakes in English essays.
7. I never thought I'd see you here!
   = (　　)(　　) pleasant (　　) to see you here!
8. Spring break will start soon.
   = It (　　) be (　　)(　　) spring break starts.
9. My smartphone broke, so I asked the shop to fix it.
   = My smartphone broke, so I (　　)(　　)(　　) at the shop.
10. You really should keep your mask on when you're in public places.
    = You (　　)(　　)(　　) take off your mask when you're in public places.

Ⅱ Choose the alternative that is grammatically and/or idiomatically incorrect and **correct the whole part**. Look at the example below:

【Example】 I want to thank (A) you to show me (B) the way (C) to the station (D).

【Example Answer】 Letter: B, Correct Form: for showing me

1. Do you mind checking (A) the essay that (B) I wrote it (C) for my English class (D) homework?
2. The police is asking for (A) any information (B) that can help in finding (C) the lost child (D).
3. The train has left (A) 20 minutes ago, and the next one (B) won't be here for (C) another hour (D).
4. How come (A) a bowl of *ramen* in town costs (B) twice as (C) many the one (D) at the school cafeteria?

5．I need to buy a new fry pan because the food keeps sticking to the bottom.
A B C D

6．This is a so smart device that it can understand what I say no matter how I say it.
A B C D

7．Even though I used a dictionary, I found difficulty to understand this English article.
A B C D

8．I think we have to finish this homework by the end of this week, haven't we?
A B C D

9．You could get caught in the doors to close if you try to rush onto the train.
A B C D

10．I must have been fast asleep; that's why I didn't hear he came home last night.
A B C D

Ⅲ Fill in each blank with **one word** that best completes the meaning of the passage.

Online shopping is very popular all over the world. By using the Internet, you can access online stores and buy products or services. The description of each product is listed in the online stores with texts, photos, and sometimes even [1] clips. Many stores will also provide customer reviews, ratings, as well as outside links for extra information. All these can help you decide [2] product or service is the best choice.

The main advantage of online shopping is its [3]. As [4] as you have a computer or smartphone, you can do your shopping from home or from work. There is no need to take the time to go to a physical store. Also, online stores operate [5] hours a day, so you don't have to worry about having to access them only during regular business hours.

Another advantage is [6] online stores have a huge number of items to choose from. Physical stores only have a limited amount of space to display their products, and they want to use that space for the latest models and the most popular items. [7], with online stores, they can keep the older models and [8] popular items somewhere else and offer them online as well.

Also, there is no need to [9] in line at the check-out counter once you have your items. You don't even have to lift any heavy or large packages. Your items are collected with the click of a button and put into your shopping cart [10] any physical effort on your part.

Ⅳ Read the following passage and answer the questions below. [See the footnotes at the bottom of each page for the meaning of each numbered word.]

It was a typical June day in San Francisco, cool and overcast.[1] Reading the newspaper, I noticed the East Coast was suffering a heat wave, and Father's Day was approaching. Father's Day, like Mother's Day, never meant much to me. (A)I've generally regarded those days as good for merchants and convenient for children.

Putting the paper down, I looked at a photograph on my desk. My sister had taken it several summers ago in Biddeford Pool, Maine. Father and I stood together on the porch of a cottage, our arms around each other's shoulders. By the looks of us (B1)the apple didn't fall far from the tree. *Father's Day*, I mused,[2] and thought about calling to see how he and Mother were doing.

Picking up the photograph, I examined it closely. With his top teeth out, my old man grinned[3] like a grizzled[4] ex-hockey player. His eyes were set deep in a sun-creased[5] face, with a cocky[6] stance[7] at seventy years old.

It was a younger man who used to chase me along the beach and take me into the water, a stronger man who taught me to row, skate and split firewood. That was before his plastic knee, false teeth and hearing aid. I decided to give the old man a call.

"Good afternoon!" he shouted.

Mother picked up the other phone and told him to put his hearing aid in.

"I've got it here in my pocket," he said, and I heard him fumbling[8] for it.

Mother said the air-conditioning was a godsend,[9] her plastic hip was alright, but the new dog was driving her nuts.

"Actually," she said, "it's not the dog, it's your father."

"What's the matter?" I asked.

"Shep jumps over the fence whenever the mood strikes him, then takes off into God knows where. Your father worries and waits up until he comes back. He's out there at two in the morning, calling the dog and making an awful racket.[10] Then, when Shep comes back, he scolds him 'Malo[11] perro,[12] malo, malo,' as if we were back in Peru and the dog understands Spanish."

"I think he's learning," said Father, back on the line. "Your mother thinks I'm a damn[13] fool, and she's probably right."

"You're still shouting," said Mother.

He ignored her and asked how I was doing. I told him.

"Freelancing[14] is fine," he said loudly, "but you need security. You're too old to be working on yachts, tending[15] bar and working construction. (i)You've got a college education. Why don't you use it? What are you going to do if you get sick? You know how much it costs to stay in a hospital?"

"You know," I told him, "I can't figure you out. You smoke too much, drink too much, don't exercise, you eat all the wrong foods, and still you're a tough old goat."

"You're right. And I'm outliving all my classmates." He said it without bragging.[16]

There was something I wanted to tell him, and I was having a difficult time getting it out.

"Do you read the newspaper clippings I send you?" he asked.

"Sure I do."

"I don't know whether you do or not, you never write."

I wasn't forgetting that he and I had had our differences over the past forty-four years and that we had angered, disappointed and cursed[17] each other often. But those times seemed long ago and I wanted to tell him I loved him. I wanted to be funny and I wanted the phone call to flow.

"Listen," I told him, "I understand Father's Day is coming up."

"Oh?" he said, uninterested. He never kept track.[18]

"It's the seventeenth," said Mother on the other phone.

"I'm sorry I jumped through the top of your convertible."[19]

"You were six," he said and chuckled.[20] "I couldn't believe it at first."

I wanted to thank him for the hockey games, chess games, books and lobster dinners. I wanted to apologize for punching him in the eye when I was eighteen.

"Thanks for being my father," I said.

(ii) He was quiet on his end and mother was too. A long-distance microstatic[21] filled the void.[22]

"I wish I'd been better," he said, his voice subdued[23] for the first time.

"You were just fine," I said. "A guy couldn't have had a better father."

"Good of you to say, old boy, but not true. I wish it were," he said with regret in his voice.

"It is true," I said, and hurried on. "Do you remember when I wanted to feed sugar to the donkey at the Cricket Club and you patted him on the rump[24] and he kicked you?"

"Yes," chuckled Father. "Smashed my knee, damn beast. You always thought that was funny."

"And all those ships you took me aboard," I added.

"There were a few of those," he conceded.[25] "Boy, you're really taking me back."

"I loved the ships," I told him.

"But still I couldn't convince you to go in the Navy."

"I wanted you to go to college after high school," said Mother.

"But you wouldn't listen," said Father. "You had to be a Marine."

I didn't say anything. I heard them remembering.

"And we flew out to California," he went on, "to say good-bye before you left for Vietnam."

"We stayed at the Newporter Inn," said Mother, "and went to Disneyland."

"I remember I had to leave that Sunday night by helicopter to catch a flight out of Los Angeles," he continued. "Your mother and the girls stayed in the motel and you walked me to the helipad. You were in uniform and we shook hands...." His voice trailed off.[26] "It tore me up. (iii) I didn't know if I'd ever see you again. I cried on that helicopter. It tore me up, your leaving."

"I know," I said, and felt a lump in my throat.

"We prayed for you," he said, his voice beginning to tremble.[27] "We lived for your letters."

"And I for yours," I told him. This was crazy, I thought. My eyes were damp,[28] and I swallowed to clear the lump.

"I called to wish you a happy Father's Day," I managed.

"That was good of you, old boy. I'll hang up now, don't want to run up your bill." His voice was shaking.

"Don't worry about the bill," I said. "I love you."

"I love you, too. Good-bye and God bless you," he said hurriedly and hung up.

"(C) You know how he gets," said Mother quietly on the other phone.

"I know," I replied, and after another minute we said good-bye and hung up. I looked at the photograph of Father and me on the porch in Maine. *Yes*, I thought, *I know how he gets*. I wiped my eyes, smiled at the picture and blew my nose loudly. (B2) The apple didn't fall far from the tree.

[Masters, George E. "A Father's Day Phone Call." *Chicken Soup for the Parent's Soul: Stories of Loving, Learning, and Parenting*, compiled by Jack Canfield (et al.), Health Communications, Inc., 2000, pp. 157-161.]

[1]**overcast:** cloudy, [2]**mused:** thought over, [3]**grinned:** smiled, [4]**grizzled:** gray-haired, [5]**sun-creased:** having lines from being in the sun too often, [6]**cocky:** very confident, [7]**stance:** the way one stands, [8]**ftunbling:** using one's hands unskillfully, [9]**godsend:** a very helpful thing, [10]**racket:** a loud and unpleasant noise, [11]**malo**(Spanish): bad, [12]**perro**(Spanish): dog, [13]**damn:** a word used to emphasize or express anger, [14]**freelancing:** being self-employed, [15]**tending:** managing, [16]**bragging:** saying proudly, [17]**cursed:** said bad things to, [18]**kept track:** followed, [19]**convertible:** a car with a folding roof, [20]**chuckled:** laughed quietly, [21]**microstatic:** a hissing sound over the phone, [22]**void:** emptiness, [23]**subdued:** quiet, [24]**rump**: the rear end of the body, [25]**conceded:** admitted, [26]**trailed off:** gradually became quieter, [27]**tremble:** shake, [28]**damp:** wet

A. Choose the alternative that best reflects the content of the passage.

1. The writer didn't

(A) think Mother's Day and Father's Day were special events.

(B) know what Mother's Day and Father's Day were for.

(C) like to be reminded of Mother's Day or Father's Day.

(D) want Mother's Day or Father's Day to come.

2. The writer decided to call his father because he
(A) thought he might need some help.
(B) wanted to talk about all the good times they had.
(C) knew he would be feeling uncomfortable from the heat.
(D) was a little worried about his health.

3. The writer's father was shouting into the phone because
(A) he didn't want to put his hearing aid in.
(B) he couldn't hear his own voice very well.
(C) his hearing aid wasn't working very well.
(D) he was angry with his son for not calling more often.

4. What was the writer's mother upset about?
(A) They had no idea where their dog ran off to.
(B) Every time their dog ran off, her husband would make a big deal out of it.
(C) Her husband found out that she thought he was a fool.
(D) Her husband thought they were still living in Peru.

5. The writer couldn't believe his father had the nerve to
(A) lecture him even though he himself didn't lead a healthy lifestyle.
(B) brag about living longer than all his friends.
(C) say that he would need to go to a hospital soon.
(D) tell him that freelancing had no security.

6. The writer and his father
(A) were speaking to each other for the first time in many years.
(B) made each other angry every time they talked.
(C) didn't get along very well for many years.
(D) hardly ever wrote to each other.

7. The writer wanted to
(A) see if his father was still angry about all the fights they had.
(B) make sure whether he still loved his father or not.
(C) make his father laugh at his funny jokes.
(D) put the past behind him and have a pleasant conversation with his father.

8. The writer
(A) tried to make his father pay more attention to when Father's Day was.
(B) was struggling to put his feelings towards his father into words.
(C) lied about what he thought of his father.
(D) thought that other people didn't have good fathers.

9. We can tell that the writer's father
(A) was enjoying their conversation about past events.
(B) was sorry about being his son's father.

（C） wanted to be a better father from now on.
（D） didn't like being wished a happy Father's Day.

10. We can tell that
（A） the writer had no choice but to join the Marines.
（B） the writer's father also wanted to join the Navy when he was young.
（C） the writer joined the Marines because he didn't want to study anymore.
（D） the writer's father was disappointed with his son's decision to join the Marines.

11. The writer's family went to California because
（A） the writer's father had to go to Los Angeles anyway.
（B） it would be their last ever holiday trip together.
（C） they wanted to see the writer before he reported for duty.
（D） they wanted to go to Disneyland together.

12. The writer didn't think that
（A） he would talk for so long on the phone with his father.
（B） he would wish his father a happy Father's Day.
（C） he would get so emotional talking to his father.
（D） his father would write him letters.

13. The writer and his father
（A） didn't call each other very often because the phone bill was expensive.
（B） were finally able to tell each other their true feelings.
（C） hoped that their relationship would get better in the future.
（D） thought that it was easier to talk to each other over the phone.

B. Answer each question in English.

1. In underline (i), what is the writer's father trying to say?
2. In underline (ii), why was the writer's father silent?
3. In underline (iii), why did the writer's father think he might never see his son again?

C. Answer each question in Japanese.

1. 下線部（A）で筆者が母の日と父の日をどのように見なしていたか，分かりやすく説明しなさい（直訳不可）。
2. 下線部（B1）・（B2）はことわざだが，それに相当する日本語を書きなさい（直訳不可）。
3. 下線部（C）で筆者の母親は「お父さんったら，いつもああなるのよね。」と言っているが，それは父親のどのような点を指しているのか，直前の筆者とのやり取りから判断して説明しなさい。
4. 下線部（B1）と（B2）とでは，筆者の指している内容が異なる。各々の内容を簡潔に書きなさい。

問七　――6は具体的に何を言おうとしているのか。主語と目的語を明確にしつつ、二十五字以内で説明しなさい。

問八　――7のなかの「匠習」の部分をもっとも具体的に示す漢字一字を本文から抜き出しなさい。

問九　――8と言っているのはなぜか。その理由を説明した文章のうち、もっとも適切なものを選び、記号で答えなさい。

ア　良寛はすでに亡くなっているから。

イ　良寛は出家して人前に出なくなっており、隠遁していたから。

ウ　世間一般で流行らずとも、地下での人気は得たいから。

エ　高楼から階下に向かって吾が歌を響かせてみたいから。

問十　――9は誰と誰のことか。二人の人名を答えなさい。

問十一　――10は西暦で何年か。漢数字で答えなさい。

問十二　――10のちょうど一年前に起きた出来事を選び、記号で答えなさい。

ア　大逆事件　**イ**　関東大震災　**ウ**　日露戦争　**エ**　世界恐慌

問十三　作者の歌に対する考え方にもっとも近いものを選び、記号で答えなさい。

ア　歌はその折々の流行の傾向を把握して詠んだ方がよい。

イ　歌は流行を考えずに、新奇の材料を詠んだ方がよい。

ウ　歌はきまりや作法にしっかり則って詠んだ方がよい。

エ　歌は技術的に精巧に詠んだ方がよい。

オ　歌は私自身と向き合って詠んだ方がよい。

問十四　作者が好む自らの歌について具体的に説明したもっとも適切な箇所を本文から五十字以内で抜き出しなさい。

でにいく度ぞ。遂《つい》に或《あるい》は【　1　】をここに埋めんとさへおもへり。ここにして詠じたる歌は、吾ながらに心ゆくばかりなり。われ今これを誦《じゅ》すれば、【　2　】山たちまち遠く繞《めぐ》り、【　3　】樹甍《いらか》に迫りて、恍惚《こうこつ》として、身はすでに旧都の中に在《あ》るが如《ごと》し。しかもまた、伽藍寂寞《がらんじゃくまく》、【　4　】柱たまたま傾き、堊壁《あへき》ときに破れ、寒鼠《かんそ》は梁上に鳴き、香煙は床上に絶ゆるの状を②ソウキして、愴然《そうぜん》これを久しうす。おもふに、かくの如き仏国の荒廃は、諸経もいまだ③トかざりしところ、この荒廃あるによりて、わが神魂の遠く此間に奪ひ去らるるか。

西国三十三番の霊場を巡拝する善男善女は、ゆくゆく御詠歌を高唱して、羈旅《きりょ》の辛労を忘れむとす。各々その笠に書して④ドウギョウ二人《ににん》といふ。蓋《けだ》し行住つねに大慈大悲の加護を信ずるなり。しかるにわが世に於《お》けるや、実に2乾坤《けんこん》に孤筇《こきょう》なり。独往して独唱し、昂々《こうこう》として顧返することなし。しかも歩々今やうやく蹉跎《さだ》、まことに廃墟の荒草を践《ふ》むが如し。ああ行路かくの如くにして、吾が3南京の歌の、ますますわれに妙味あるか。

4わが郷さきに沙門《しゃもん》良寛を出《いだ》せり。菴を国上《くがみ》の山下に結び、風狂にして世を終ふ。われその遺作を欽賞することここに二十余年、この頃やうやく5都門に其名を知る者あるを見る。その示寂《じじゃく》以後実に九十四年なり。良寛常にいへらく、⑤ヘイゼイ書家の書と歌人の歌とを好まずと。われ亦《ま》た少しく翰墨《かんぼく》に遊び、塗鴉《とあ》いささか自ら怡《よろこ》ぶ。遂に6一の能《よ》くするなしといへども、また法家の余臭を帯びざるを信ず。ただ平素詳《つまび》らかに歌壇の消息を知らず。徒《いたずら》に7当世作家の新奇と匠習とを排すといへども、良寛をしてわが歌を8地下に聞かしめば、しらず果して何の評を下すべきかを。又しらず、今より百年の後、北国更に一風狂子を出し、其人垢衣《こうい》にして被髪し、野処して放歌し、9吾等をして地下に【　5　】を欹《そばだ》てしむべきものありや否やを。

10大正十三年九月東京下落合の秋艸堂《しゅうそう》にて

＊会津八一「『南京新唱』自序」より。本文は『自註鹿鳴集』（岩波文庫）に拠った。

問一　‖①～⑤のカタカナを漢字に改めなさい。

問二　――1の意味の説明としてもっとも適切なものを選び、記号で答えなさい。

ア　がっかりして失望していること。
イ　はなはだしく好んでいること。
ウ　愛憎相半ばしていること。
エ　憎しみを抱いていること。

問三　【1】【5】には身体に関係する言葉が入る。それぞれ適切な漢字一字を答えなさい。

問四　【2】【3】【4】には色を表す言葉が入る。それぞれにもっとも適切なものを選び、記号で答えなさい。

ア　白　イ　黒　ウ　青　エ　黄　オ　緑　カ　朱

問五　――2について、前後の文章をヒントにしながら、作者が言おうとしていることを十字以内でわかりやすく言い換えなさい。

問六　――3、――4、――5はどこを指すか。それぞれもっとも適切なものを選び、記号で答えなさい。

ア　東京　イ　京都　ウ　奈良
エ　北国（主に新潟県のあたり）　オ　西国（主に畿内全域）

軽くしたければ方法は二つある。一つ目の方法は、重さの原因となる油脂のにおいをシャットアウトする方法である。そのために、においの少ない油、例えばサラダ油の中でも④ナタネ（キャノーラ）油などを使うとよい。もちろん、新鮮であるほど良いのは言うまでもない。仕上げにレモンなどの柑橘《かんきつ》類を添えて、香りで油のにおいをマスクする（隠す）のも効果的である。

二つ目は、水分を減らしたり空気を合ませたりして軽い食感にするという方法である。料理をふっくらさせたり、サクサクさせたりすると、【 11 】油が入っていても軽い感じになる。【 12 】、お好み焼きなどは山芋の力を借りてD気泡を十分に含ませれば軽くなる。

考えてみると、重い・軽いは単なる反対語ではない。「重い」は舌と鼻で感じるものであり、「軽い」はE歯触りを通して味わうものである。味覚か【 13 】覚か、キャッチする感覚⑤キカンは別なのである。

（「重い・軽い」）

*早川文代『食語のひととき』（毎日新聞社）より。

問一 【1】【2】【6】【11】【12】にもっとも適切なものをそれぞれ選び、記号で答えなさい。同じ記号を二度以上答えてはいけません。

ア たとえ　イ 例えば　ウ つまり　エ ところで
オ なぜなら　カ やがて　キ やはり

問二 【3】にもっとも適切な語を考えてひらがなで答えなさい。

問三 【4】に当てはまる作品名を選び、記号で答えなさい。

ア 風立ちぬ　イ 高瀬舟　ウ トロッコ
エ 雪国　オ 門

問四 【5】にもっとも適切な語をこれより前の本文から抜き出しなさい。

問五 【7】にふさわしい一文を考えて二十字以上四十字以内で答えなさい。

問六 【8】【9】にもっとも適切な漢字二字をそれぞれ本文から抜き出しなさい。

問七 【10】にふさわしい五字以内の表現を答えなさい。

問八 【13】にふさわしい漢字一字を答えなさい。

問九 ——A～Eの漢字の読み方を現代仮名遣いで答えなさい。

問十 ═①～⑤のカタカナを漢字に改めなさい。

二 次の文章を読んで後の問題に答えなさい。

もし歌は約束をもて詠むべしとならば、われ歌を詠むべからず。もし流行に順《したが》ひて詠むべしとならば、われまた歌を詠むべからず。

吾《われ》は世に歌あることを知らず、世の人また吾に歌あるを知らず。吾またわが歌の果してよき歌なりや否やを知らず。

たまたま今の世に巧なりと称せらるる人の歌を見ることあるも、巧なるがために吾これを好まず。奇なるを以て称せらるるものを見るも、奇なるがために吾これを好まず。新しといはるるもの、強しといはるるもの、吾またこれを好まず。吾が真に好める歌とては、己が歌あるのみ。

採訪散策の時、いつとなく思ひ泛《うか》びしを、いく度《たび》もくりかへし口ずさみて、おのづから詠み据ゑたるもの、これ吾《わ》が歌なり。さればにや、一人にて遠き路を歩きながら、声低くこれを唱ふるとき、わが歌の、ことに吾に妙味あるを覚ゆ。

われ奈良の①フウコウと美術とを1酷愛して、其間《そのかん》に徘徊《はいかい》することす

【国　語】（六〇分）〈満点：一〇〇点〉

【注意】　字数制限のある設問については、句読点・記号等すべて1字に数えます。

一　次の文章を読んで後の問題に答えなさい。

料理の味付けやお菓子が度を過ぎて甘いとき「甘ったるい」と言うことがある。甘ったるいジュースやケーキには、正直なところ少しうんざりしてしまう。

甘ったるいは、もともとは甘弛《あまたゆ》しといった。弛しは、疲れて萎《な》える感じをいう。【　1　】、甘すぎてぐったり疲れるような感じだろうか。甘弛しが甘たるしとなり、【　2　】甘ったるいとなった。かひ弛《たゆ》しが、かいだるし、【　3　】となったのと同じ変化だ。

江戸中期の洒落本『当世穴知鳥』では「煮物をこんな風に煮たら甘ったるくなる」と、文句を言うときに使われている。明治初期の落語では「甘ったるい、アクの抜けない大変な菓子を食って」と揶揄《やゆ》している。

夏目漱石の『【　4　】』に、主人公宗助の前で、知人の坂井が、甘たるい金玉糖《きんぎょくとう》（ざらめをまぶした寒天菓子：漱石注）をA幾切れかほおばったという場面がある。ひそかに深く苦悩する宗助は甘い菓子を食べるどころではなかったが、何も知らない坂井はぺろりと甘たるい菓子を食べるのである。宗助が食べていたら、それこそ【　5　】とするような甘たるさだっただろう。

【　6　】、考えてみると、「〜ったるい」は、しょっぱい、すっぱい、苦いなど、他の味にはない表現だ。食べ物の甘みは塩味や①サンミに比べて範囲が広い。砂糖は、飲料では二〜一二％、チョコレートで三〇〜五〇％、キャラメルでは六〇〜八〇％と食べ物によって範囲はさまざまだし、同じ種類の食べ物でも範囲が広い。人はさまざまな甘味を食べているのだ。一方の塩は、B汁物で〇・六〜一・〇％、煮物で一・〇〜二・〇％、漬物でも二・〇〜七・〇％と範囲が狭い。度を過ぎた塩辛さは料理として成り立たない。【　7　】。だから、甘いにだけ「甘ったるい」という表現があるのだろう。

（「甘ったるい」）

暑さが続いたり、体調が悪かったりすると、ステーキやトンカツを重く感じるようになる。そんなときは軽いものを食べたくなる。

「重い」の語源はC定かではないが、朝鮮語の母《オモ》と関係があるという説がある。②ボケイ家族の思想から母《オモ》が主《おも》につながり、これが重いにつながったというのである。一方の「軽い」は、空《から》、乾《からび》、枯《かれ》などが転じたという説がある。重いにはずっしりとした重量感、しっかり詰まった緊密感があり、逆に、軽いには、【　8　】の少なさ、【　9　】の多さなどが関係しているようだ。

料理を重い・軽いと言うとき、油脂の多さに結びつけがちだが、実際にはそれほど差はない。調理の研究者を③タイショウに、重い・軽いから連想されるメニューを調べたところ、「重い」からはビーフステーキ、カツ丼、天ぷら、うなぎの蒲焼き、パウンドケーキなどが挙げられ、「軽い」からはスナック菓子、茶漬け、マシュマロ、せんべい、天ぷらなどが挙げられた。料理の油脂含有量の平均値は、重いが一四・二％、軽いが一三・八％と、ほとんど差がなかった。

つまり、【　10　】ではないのだ。調理の方法次第で仕上がりは重くも軽くもなる。

MEMO

大切なことはメモしておこうネ！

2022年度

解　答　と　解　説

《2022年度の配点は解答欄に掲載してあります。》

＜数学解答＞ 《学校からの正答の発表はありません。》

1　(1)　$6x^4-7x^3y-36x^2y^2+7xy^3+6y^4$　(2)　$\dfrac{\sqrt{2022}+44}{2}$　(3)　$128\sqrt{55}+880$

(4)　$\dfrac{1}{24}$　(5)　X＝34，Y＝58

2　(1)　$\dfrac{25}{6}$　(2)　解説参照　3　(1)　3　(2)　(12，31)

4　(1)　$a=\dfrac{1}{3}$，$b=-\dfrac{3}{4}$　(2)　Q(2，6)　(3)　$\dfrac{47}{4}$

5　(1)　AH：HG＝2：5　(2)　$\dfrac{10\sqrt{3}}{7}$

6　(1)　(ⅰ)　(0，2022)　(ⅱ)　196　(2)　(S_{18}，S_{16})，(S_{10}，S_6)，(S_8，S_2)

7　(1)　$\dfrac{5}{2}$　(2)　$\dfrac{5}{3}$倍　(3)　$\dfrac{2375}{72}$

○推定配点○

1　各4点×5((5)完答)　2　(1)　4点　(2)　8点　3　(1)　4点　(2)　8点

4　(1)　各2点×2　(2)　4点　(3)　6点　5　(1)　4点　(2)　8点

6　(1)　各4点×2　(2)　6点　7　(1)　4点　他　各6点×2　計100点

＜数学解説＞

1　(小問群一式の展開，平方根，式の値，因数分解，確率，方程式の応用)

(1)　$(x+2y)(2x-y)(3x+y)(x-3y)=(x+2y)(x-3y)(2x-y)(3x+y)=(x^2-xy-6y^2)(6x^2-xy-y^2)=6x^4-x^3y-x^2y^2-6x^3y+x^2y^2+xy^3-36x^2y^2+6xy^3+6y^4=6x^4-7x^3y-36x^2y^2+7xy^3+6y^4$

(2)　$\sqrt{2022}=a+b$と表せるので，$b=\sqrt{2022}-a$　ところで，$44^2=1936$，$45^2=2025$だから，$44<\sqrt{2022}<45$　よって，$a=44$　$\dfrac{a-1}{b}=\dfrac{43}{\sqrt{2022}-44}=\dfrac{43(\sqrt{2022}+44)}{(\sqrt{2022}-44)(\sqrt{2022}+44)}=\dfrac{43(\sqrt{2022}+44)}{2022-44^2}=\dfrac{43(\sqrt{2022}+44)}{2022-1936}=\dfrac{43(\sqrt{2022}+44)}{86}=\dfrac{\sqrt{2022}+44}{2}$

(3)　$x^3y+2x^2y^2+xy^3=xy(x+y)^2$　$xy=(\sqrt{11}+\sqrt{5}+4)(\sqrt{11}+\sqrt{5}-4)=(\sqrt{11}+\sqrt{5})^2-16=16+2\sqrt{55}-16=2\sqrt{55}$　$x+y=2\sqrt{11}+2\sqrt{5}$　$(x+y)^2=44+8\sqrt{55}+20=8(8+\sqrt{55})$　よって，$2\sqrt{55}\times8(8+\sqrt{55})=128\sqrt{55}+880$

(4)　$\dfrac{b+c}{2^a}=\dfrac{1}{4}$から，$2^a=4(b+c)$　$\dfrac{2^a}{4}=b+c$　$a=1$，2となるbとcの組はない。$a=3$のとき，$b+c=2$　$(b,\ c)=(1,\ 1)$　$a=4$のとき，$b+c=4$　$(b,\ c)=(1,\ 3)$，$(2,\ 2)$，$(3,\ 1)$　$a=5$のとき，$b+c=8$　$(b,\ c)=(2,\ 6)$，$(3,\ 5)$，$(4,\ 4)$，$(5,\ 3)$，$(6,\ 2)$　以上の9通りある。さいころを3回投げたときの目の出方の総数は，$6^3=216$だから，$\dfrac{9}{216}=\dfrac{1}{24}$

基本　(5)　7人の合計点は54×7＝378　26＋X＋42＋50＋Y＋75＋93＝378　X＋Y＝92…①　下位

3人の平均点は上位4人の平均点より35点低いので，$\frac{26+X+42}{3}=\frac{50+Y+75+93}{4}-35$　両辺を12倍すると，$4(68+X)=3(218+Y)-420$　$4x-3Y=-38$…②　①×3＋②から，$7X=238$　$X=34$　①に代入して，$Y=58$

2　**（平面図形―二等辺三角形，三平方の定理，円の性質，接線，接する円，三角形に内接する円，長さ，証明）**

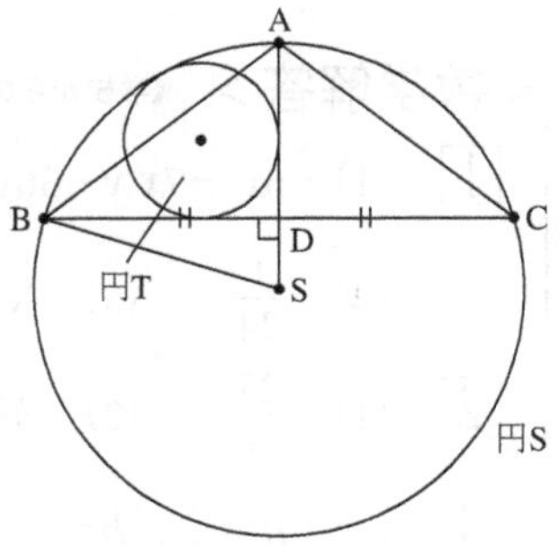

(1)　二等辺三角形の頂点から底辺に引いた垂線は底辺を2等分するから，$BD=CD=4$　△ABDで三平方の定理を用いると，$AD=\sqrt{AB^2-BD^2}=3$　弦の垂直二等分線は円の中心を通るから，円Sの半径をsとすると，$DS=s-3$　△SBDで三平方の定理を用いると，$s^2=4^2+(s-3)^2$　$6s=25$　$s=\frac{25}{6}$

重要　(2)　△ABCの内接円の中心をIとし，半径をiとすると，△ABC＝△IAB＋△IBC＋△ICA＝$\frac{1}{2}\times5i+\frac{1}{2}\times8i+\frac{1}{2}\times5i=9i$

△ABC＝$\frac{1}{2}\times BC\times AD=12$　よって，$9i=12$，$i=\frac{4}{3}$　円Tの半径をtとして，TからAS，BDに垂線TE，TFを引くと1辺の長さがtの正方形TFDEができる。$ST=\frac{25}{6}-t$，$TE=t$，$SE=\frac{25}{6}-3+t=\frac{7}{6}+t$　△STEで三平方の定理を用いると，$\left(\frac{25}{6}-t\right)^2=t^2+\left(\frac{7}{6}+t\right)^2$　$t^2+\frac{32}{3}t-\frac{25^2-7^2}{36}=0$　$t^2+\frac{32}{3}t-\frac{(25+7)(25-7)}{36}=0$　$t^2+\frac{32}{3}t-\frac{48}{3}=0$　積が$-\frac{48}{3}$，和が$+\frac{32}{3}$となる2数は$-\frac{4}{3}$と12　よって，$\left(t-\frac{4}{3}\right)(t+12)=0$　したがって，$t=\frac{4}{3}$となるので，2つの円の半径は等しい。

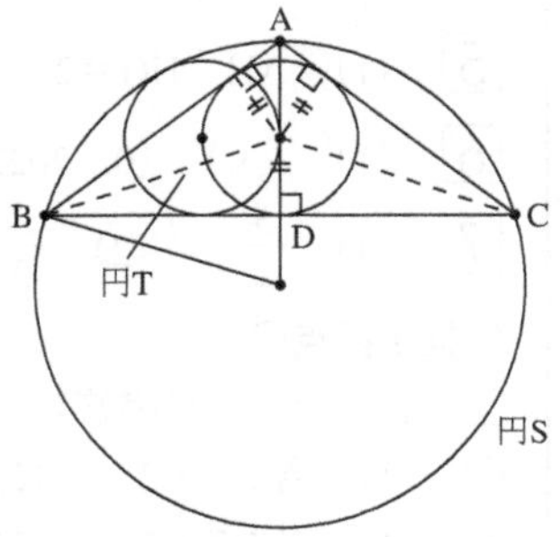

3　**（自然数の性質―式の展開と因数分解）**

(1)　$2^m-1=(2n+1)(2n+3)=4n^2+8n+3$　$2^m=4n^2+8n+4=4(n+1)^2$　$m=6$のとき，$2^6=2^2(n+1)^2$　$(n+1)^2=2^4$　$n+1$は2以上なので，$n+1=2^2=4$　よって，$n=3$

(2)　$m=2$のとき，$4(n+1)^2=4$　$n+1=1$　$n=0$となって不適当。$m=3$のとき，$4(n+1)^2=8$　$n+1=2\sqrt{2}$となって不適当。このようにして確かめると，$\frac{2^m}{2^2}=(n+1)^2$だから，$m-2$が2より大きい偶数になるときにnが自然数になることがわかる。よって，$m=4,\ 6,\ 8,\ 10,\ 12,\ \cdots$　小さいほうから5番目のmは12　そのとき，$(n+1)^2=2^{10}$　$n+1=\sqrt{2^{10}}=2^5=32$　$n=31$　(12，31)

4　**（関数・グラフと図形―放物線や直線の式，角の二等分線，面積の等分）**

基本　(1)　A(3，3)だから，$3=a\times3^2$　$a=\frac{1}{3}$　D(6，3)だから，$3=6b+\frac{15}{2}$　$6=12b+15$　$b=-\frac{3}{4}$

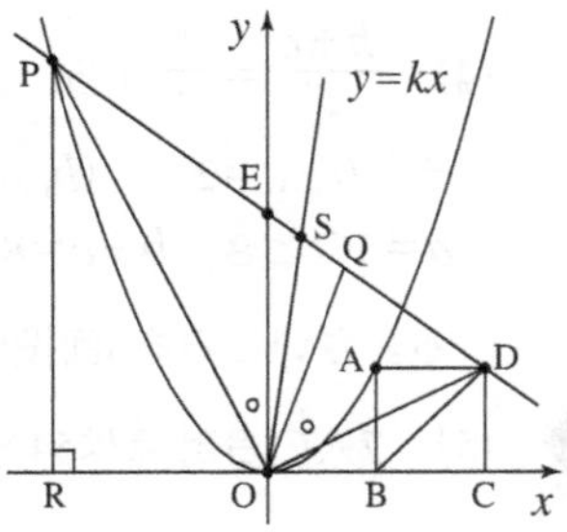

重要　(2)　点Pは放物線$y=\frac{1}{3}x^2$と直線$y=-\frac{3}{4}x+\frac{15}{2}$の交点なので，その$x$座標は方程式$\frac{1}{3}x^2=-\frac{3}{4}x+\frac{15}{2}$の解として求められる。$4x^2+$

$9x-90=0$　$x=\frac{-9\pm\sqrt{81+1440}}{8}=\frac{-9\pm\sqrt{1521}}{8}=\frac{-9\pm39}{8}=-6,\ \frac{15}{4}$　P$(-6,\ 12)$　三角形の内角の二等分線はその角と向かい合う辺をその角を作る2辺の比に分けるから，PQ：QD＝PO：OD　点Pからx軸に垂線PRを引くと，∠PRO＝∠OCD＝90°，PR：OC＝RO：CD＝2：1なので，△PORと△ODCは相似である。よって，PO：OD＝2：1だから，RQ：QD＝2：1　点Qのx座標をqとすると，$q-(-6):6-q=2:1$　$q+6=12-2q$　$q=2$　y座標は，$-\frac{3}{4}\times2+\frac{15}{2}=6$　よって，Q$(2,\ 6)$

(3)　直線PDとy軸との交点をEとすると，△OPD＝△OPE＋△ODE＝$\frac{1}{2}\times\frac{15}{2}\times6+\frac{1}{2}\times\frac{15}{2}\times6=45$　△OBD＝$\frac{1}{2}\times3\times3=\frac{9}{2}$　$y=kx$と直線PDの交点をSとすると，△OPS＝$\left(45+\frac{9}{2}\right)\div2=\frac{99}{4}$　点Sのx座標をsとすると，△OPS＝△OPE＋△OSE＝$\frac{1}{2}\times\frac{15}{2}\times6+\frac{1}{2}\times\frac{15}{2}\times s=\frac{99}{4}$　$90+15s=99$　$s=\frac{3}{5}$　点Sのy座標は$y=-\frac{3}{4}\times\frac{3}{5}+\frac{15}{2}=\frac{141}{20}$　よって，$k=\frac{141}{20}\div\frac{3}{5}=\frac{47}{4}$

5　（平面図形―ひし形，平行線と線分の比，線分の比，面積）

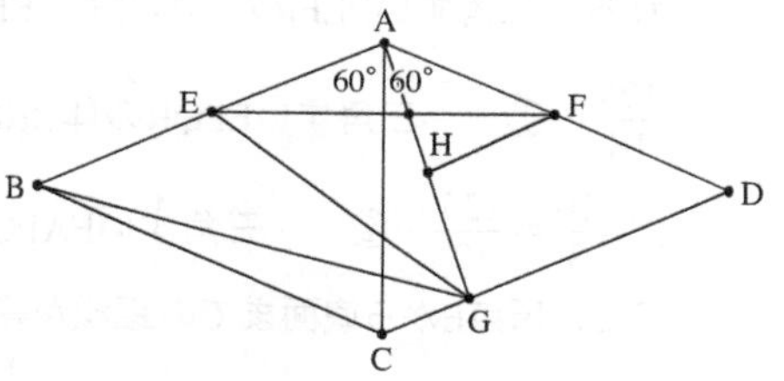

基本　(1)　AGの中点をIとすると，IF＝$\frac{1}{2}$GD＝$\frac{3}{8}$CD，IF//CD//BA　AE＝$\frac{1}{2}$AB　よって，AH：IH＝AE：IF＝$\frac{1}{2}:\frac{3}{8}=4:3$　AH：AI＝4：7　AG＝2AI なので，AH：HG＝4：$(7\times2-4)$＝2：5

重要　(2)　高さが等しい三角形の面積の比は底辺の比に等しいから，△EGH：△EGA＝GH：GA＝5：7　△EGA：△BGA＝1：2　△BGA＝△BCAなので，△EGH＝$\frac{5}{7}\times\frac{1}{2}$△BCA＝$\frac{5}{14}$△BCA　ひし形は対角線によって合同な三角形に分けられるから，∠BAC＝60°　BA＝BCなので△BCAは正三角形である。正三角形の面積は$\frac{\sqrt{3}}{4}\times$(1辺$)^2$で求められるから，△EGH＝$\frac{5}{14}$△BCA＝$\frac{5}{14}\times\frac{\sqrt{3}}{4}\times4^2=\frac{10\sqrt{3}}{7}$

6　（規則性―座標，面積）

基本　(1)　(ⅰ)　mを自然数として，A_kについて，$k=4m-3$のときにはA_kはx軸上でx座標が正である範囲にあり，$k=4m-1$のときにはA_kはx軸上でx座標が負である範囲にある。また，$k=4m-2$のときにはA_kはy軸上でy座標が正である範囲にあり，$k=4m$のときにはA_kはy軸上でy座標が負である範囲にある。2022÷4＝505余り2　よって，2022＝4×506−2なので，y軸上の正の範囲にある。よって，$A_{2022}(0,\ 2022)$

(ⅱ)　13＝4×4−3，14＝4×4−2，15＝4×4−1　よって，$A_{13}(13,\ 0)$，$A_{14}(0,\ 14)$，$A_{15}(-15,\ 0)$　よって，底辺が13＋15＝28，高さが14の三角形の面積を求めればよい。よって，$\frac{1}{2}\times28\times14=14^2=196$

(2)　$S_k=\frac{1}{2}\times(k+k+2)\times(k+1)=(k+1)^2$　$a>b$として，$S_a-S_b=(a+1)^2-(b+1)^2=a^2-b^2+2a-2b=(a+b)(a-b)+2(a-b)=(a-b)(a+b+2)$　これが72となるとき，$a-b<a+b+2$であること，aかbのどちらかが奇数のときには72にならないことから，連立方程式を立ててa,

bの値を求めると，$a-b=2$，$a+b+2=36$から，$a=18$，$b=16$　$a-b=4$，$a+b+2=18$から，$a=10$，$b=6$　$a-b=6$，$a+b+2=12$から，$a=8$，$b=2$　よって，$(S_a,\ S_b)=(S_{18},\ S_{16})=(S_{10},\ S_6)=(S_8,\ S_2)$

＋α 7 （空間図形―立方体，切断，長さ，面積，体積，三角すい）

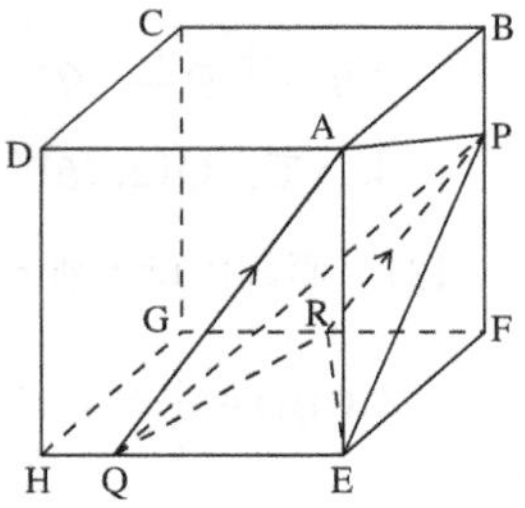

基本 (1)　平行な平面に他の平面が交わってできる交わりの直線は平行だから，PR//AQ　△PFRと△AEQは相似になる。PF：AE＝FR：EQ　$\frac{10}{3}:5=\mathrm{FR}:\frac{15}{4}$　$\mathrm{FR}=\frac{10}{3}\times\frac{15}{4}\div5=\frac{5}{2}$

重要 (2)　AQ：PR＝AE：PF＝3：2　平行な直線AQとPRの距離をhとすると，△APQの面積は$\frac{1}{2}\times\mathrm{AQ}\times h$，台形APRQの面積は$\frac{1}{2}\times(\mathrm{AQ}+\mathrm{PR})\times h$　よって，△APQの面積と台形APRQの面積の比はAQ：(AQ＋PR)＝3：5　したがって，台形APRQの面積は△APQの面積の$\frac{5}{3}$倍である。

やや難 (3)　頂点Eを含む立体は，三角すいPEFR，三角すいEPQR，三角すいEAPQを合わせたものと考えられる。三角すいPEFRの体積はP－EFRとみると，$\frac{1}{3}\times\frac{1}{2}\times\mathrm{EF}\times\mathrm{RF}\times\mathrm{PF}=\frac{1}{3}\times\frac{1}{2}\times5\times\frac{5}{2}\times\frac{10}{3}=\frac{125}{18}$…①　三角すいEPQRの体積はP－EQRとみると，$\frac{1}{3}\times\frac{1}{2}\times\mathrm{EQ}\times\mathrm{EF}\times\mathrm{PF}=\frac{1}{3}\times\frac{1}{2}\times\frac{15}{4}\times5\times\frac{10}{3}=\frac{125}{12}$…②　三角すいEAPQについては，E－APQとみて，三角すいEPQRをE－PQRとみると，頂点Eから底面までの距離が等しいから，体積は底面積の比と等しくなる。△APQ：△PQR＝3：2だから，(三角すいE－APQ)：$\frac{125}{12}=3:2$　三角すいE－APQの体積は$\frac{125}{8}$…③　①＋②＋③から，$\frac{125}{18}+\frac{125}{12}+\frac{125}{8}=\frac{2375}{72}$

★ワンポイントアドバイス★

問題数が多く，しかも，いずれの問題もやや難しい形で出題されているので，完答を目指すのではなく，手がけられそうなものを選んで仕上げていくようにしよう。図形問題は様々な角度から見ていくことが必要なものが多い。計算が煩雑なものが多いが，後で見直す余裕はないかもしれないので，確実・正確に進めることを心がけよう。

＋α は弊社HP商品詳細ページ(トビラのQRコードからアクセス可)参照。

＜英語解答＞《学校からの正答の発表はありません。》

Ⅰ 1 be kept, anyone　2 It's, since, began[started]　3 told, had, our
4 much, better, than　5 no, who[that] didn't　6 never fail, see
7 What a, surprise　8 won't, long before　9 had[got] it fixed
10 ought not to[had better not]

Ⅱ 1 記号：C　正しい形：I wrote　2 記号：C　正しい形：help (to) find
3 記号：A　正しい形：train left　4 記号：D　正しい形：much the one
5 記号：B　正しい形：new frying pan　6 記号：A　正しい形：such a smart
7 記号：C　正しい形：found it difficult　8 記号：D　正しい形：don't we
9 記号：B　正しい形：closing doors　10 記号：C　正しい形：him come home

Ⅲ 1 movie　2 which　3 usefulness　4 long　5 twenty-four
6 that　7 However　8 less　9 wait　10 without

Ⅳ A 1 (A)　2 (B)　3 (D)　4 (B)　5 (A)　6 (B)　7 (D)
8 (B)　9 (C)　10 (A)　11 (C)　12 (C)　13 (B)
B 1 He is trying to say that his son should use his college education.
2 Because he was surprised to hear his son's words.
3 Because he thought that his son might be killed in the war.
C 1 商人にとっては商品が売れるので都合よく，子供にとっては親への感謝の気持ちを伝えやすいので便利な日だと見なしていた。　2 この親にしてこの子あり　3 自分の感情を率直に言い表すことが苦手で，意地を張って感情を見せないようにする点。
4 (B1) 自分と父親の外見　(B2) 自分と父親の性格

○推定配点○
Ⅰ，Ⅱ 各1点×20　Ⅲ 各2点×10　Ⅳ 各3点×20　計100点

＜英語解説＞

基本 Ⅰ (同意文書き換え問題：受動態，完了形，時制，比較，関係代名詞，不定詞，接続詞)

(指示文の訳) 空所に1語を入れてそれぞれの文がほぼ同じ意味になるように書きかえなさい。

1 上の文は，「あなたはだれともこの情報を共有してはいけません」という意味。動詞 share の目的語 this information が下の文では主語になっているので，受動態の文を考える。secret と from から keep ～ from …「～を…に秘密にしておく」を用いて表す。助動詞 must があるので，be動詞を原形にして must be kept secret from anyone とする。「この情報はだれにも秘密にされなくてはならない」という意味の文になる。

2 上の文は，「私は3年間英語を学んでいる」という意味。下の文では「英語を学ぶ」の内容が後半にあることから，〈It is ＋時間を表す語句＋ since ～〉「～してから(時間が)…になる」の形で表す。be動詞が been になっているので継続を表す現在完了と考えて，It's (＝ It has) been three years として，since 以下は「私が英語を学び始めてから」となるように I began[started] learning English とする。上は現在完了進行形の文なので learning は現在分詞，下の文の learning は動名詞。「私が英語を学び始めてから3年になる」という意味の文になる。

3 上の文は，「『あなたたちは授業の初日に夏の宿題を提出しなくてはなりません』と彼女は言った」という意味。下の文では発言を直接引用しないで，「彼女は私たちに～と言った」と表す形を考える。発言内容を引用しないで表すとき，「言う」を表す動詞は tell を使い，〈tell ＋人＋

that ～〉「(人)に～と言う」で表す。2つ目の空所は must に当たる部分なので，have to を使うが，文全体の動詞が過去形 told になり，その後に続く名詞節中なので合わせて過去形 had にする。上の文では「彼女」の立場での発言なので your summer homework となっているが，下の文は上の文の you の立場，つまり we の視点での表現になるので our summer homework とする。「彼女は私たちに，私たちは授業の初日に夏の宿題を提出しなくてはならないと言った」という意味の文になる。

4　上の文は，「母は私の成績がそんなに良いだろうとは思っていなかった」という意味。下の文では My grades が主語で後半に what my mother expected「母が予期していたもの」とあるので，「成績は母が予期していたよりもはるかに良かった」という文意を考え，空所に much better than「～よりもはるかに良い」と入れる。この場合の what は「もの・こと」という意味の先行詞を含む関係代名詞。

5　上の文は，「そのグループのすべてのメンバーがその計画に同意した」という意味。下の文では There were ～「～がいた」という形になっているが，「全員が同意した」という内容なので，「その計画に同意しないグループのメンバーは1人もいなかった」という意味の否定文を考える。「1人もいなかった」という内容から，最初の空所に no を入れ，「その計画に同意しない」が members of the group を後ろから修飾するように，関係代名詞を使って who didn't agree with the plan と続ける。who の代わりに that を用いてもよい。

6　上の文は，「私はいつも英語の論文でこれらの種類の間違いを見る」という意味。下の文では，(　　)(　　) to (　　) の形から，never fail to ～「必ず～する(＝～しそこねることは決してない)」を用いて表す。「私は英語の論文で必ずこれらの種類の間違いを見る」という意味の英文になる。

7　上の文は，「ここであなたに会うとは思ってもいなかった！」という意味で，会えたことに驚き，喜ぶ気持ちを表す表現。同じように驚きを表す表現として What a surprise to ～!「～するとは驚きだ」がある。この surprise は「驚き」という名詞で，その前に pleasant「愉快な」があることで，上の文と同様に「驚き」と「喜び」の気持ちを表すことになる。

8　上の文は，「間もなく春休みが始まる」という意味。「間もなく～する」は，It will not be long before ～. という表現でも表すことができる。

9　上の文は，「私のスマートフォンが壊れたので，店に修理してくれるように頼んだ」という意味。この内容を，「店で直してもらった」と言いかえて〈have[got] ＋目的語＋過去分詞〉「～を…してもらう」を用いて表す。

10　上の文は，「あなたは公共の場にいるときは本当にマスクをつけ続けた方がよい」という意味。下の文では，take off your mask「マスクをはずす」と反意表現が使われていることから，「マスクをはずすべきではない[はずさない方がよい]」と考え，ought to ～「～するべきだ」の否定形 ought not to ～ または had better ～「～した方がよい」の否定形 had better not を用いて表す。

重要▶ Ⅱ（正誤問題：関係代名詞，不定詞，時制，接続詞，文型，付加疑問文，分詞）

（指示文の訳）文法的，語法的に誤っているものを選び，選んだ箇所全体を正しい形に直しなさい。次の例を見ること。

1「私が英語の授業の宿題で書いたエッセイを確認してもらえますか」 the essay の後の that は関係代名詞。wrote it の it はthe essay を指すが，これが先行詞として前にあるので it は不要。Do you mind ～ing? は「～してくれますか」と依頼を表す表現。mind「気にする，嫌がる」は動名詞を目的語に取る。

2 「警察はその迷子を見つける手助けとなりうるどんな情報でも求めている」「～する助けとなる，～するのを助ける」は〈help ＋（to）＋動詞の原形〉で表すので，help（to）find が正しい。ask for ～ は「～を求める」という意味。肯定文で any を用いると「どんな～も」という意味になる。

3 「その電車は20分前に出て，次の電車はあと1時間はここに着きません」「20分前に」は過去の時点を表す語句なので，現在完了の文ではなく過去の文で用いる。したがって，has left を過去形 left にする。Bの one は前出の可算名詞と同じ種類のもの・人を指す代名詞。ここでは文頭の The train とは別の電車を指している。

4 「町のラーメン1杯はどうして学食のものより2倍かかるのだろう」 金額について比較している文。金額は数ではなく量として扱うので many ではなく much が適切。How come は「なぜ」という意味で，肯定文の形の文頭で用いる。cost は「(お金が)かかる」，twice は「2倍，2回」という意味。

5 「食べ物が底に張り付き続けるので，私は新しいフライパンを買う必要がある」「フライパン」は正しくは frying pan と言う。この frying は動名詞。フライパンは，a pan for frying「炒めることのための平鍋」ということ。

6 「これはとても高性能な装置なので，私が何を言っても私が言うことを理解できる」「とても～な一なので…」と名詞を強める形で「原因・理由」と「結果」を表す表現は，〈such (a[an]) ＋名詞＋ that …〉で表す。so ～ that …「とても～なので…」では so の後に形容詞または副詞がくる。

7 「辞書を使っても，私はこの英語の記事を理解することが難しいとわかった」「～することが…であるとわかる」は〈find it ～ to ＋動詞の原形〉で表す。この it は形式的な目的語で，意味の上では to 以下を指す。even though は「(たとえ)～しても」という意味。

8 「私たちは今週末までにこの宿題を終わらせなくてはならないと思いますがね」 I think で始まる文の付加疑問は，I think の後に続く主語と動詞に合わせる。ここでは we と have to finish だが，否定形は do[does] not have なので 付加疑問は don't we となる。

9 「電車に駆け込んで乗ろうとすると，ドアにはさまるかもしれない」 閉まりかけているドアに挟まれるという場合，ドアは閉まりかけているのだから現在分詞を用いて get caught in the closing doors と表す。

10 「私はぐっすり眠っていたにちがいない。だから昨夜，彼が帰宅したのが聞こえなかったのだ」「～が…するのが聞こえる」は〈hear ～ ＋動詞の原形〉で表す。must have been は「～だったにちがいない」と，過去のことについての推量を表す。

重要 **Ⅲ （長文読解問題・説明文：語句補充）**

（指示文の訳） 次の文章の意味を完成させるのに最も適切な1語を空所に入れなさい。

（全訳） オンラインショッピングは世界中でとても広く行われている。インターネットを使うことで，オンラインショップにアクセスして製品やサービスを買うことができる。それぞれの製品の説明は文字，写真，そしてときには$_{1}$動画クリップさえもついてオンラインの店で一覧にされている。多くの店では，追加の情報用の外部リンクのほかにカスタマーレビュー，評価も提供している。これらすべては$_{2}$どの製品やサービスが最良の選択であるかを判断するのに役立つ。

オンラインショッピングの主な利点は，その$_{3}$便利さである。コンピューターかスマートフォンを持ってい$_{4}$れば，家からでも職場からでも買い物ができる。実際の店まで行く時間をかける必要がない。また，オンラインの店は1日に$_{5}$24時間営業しているので，昼間の通常の営業時間中のみにアクセスしなくてはならないことを心配する必要がない。

もう1つの利点は，オンラインショップには選ぶ品数がとても多い[6]ことである。実際の店には製品を陳列するのに限られたスペースしかなく，店はそのスペースを最新の型のものや最も人気のある品のために使うことを望む。[7]しかし，オンラインの店があれば，古い型のものや人気の[8]低い品をほかの場所に保管して同じようにオンラインで提供することができる。

また，品物を手にしたら会計のカウンターで列になって[9]待つ必要がない。重たい包みや大きな包みを持ち上げる必要さえない。品物はボタンをクリックすれば集められて，自分の方は労力[10]なしで買い物かごに入れられる。

全訳を参照。 1 texts「文字」，photos「写真」とともにオンラインの店で一覧に載っているもので，clips とつながる語が入る。clip は「映画などの映像を短くまとめたもの」のことで，ここでは短い動画のこと。「動画」を表す movie が入る。 2 decide の後には decide の目的語がくる。動詞 is があること，product or service is the best choice「製品やサービスが最良の選択だ」という内容から間接疑問を考え疑問詞 which を入れると文意が成り立つ。 3 空所の直前にある its は所有格の代名詞で，ここでは「オンラインショッピングの」ということ。オンラインショッピングの利点を表す語が入る。この後に挙げられている，「どこからでも買い物ができる」，「店まで行く時間をかける必要がない」，「昼間の通常の営業時間中のみにアクセスしなくてはならないことを心配する必要がない(＝いつでも買い物ができる)」といったことをまとめた語として適切なのは，usefulness「便利さ」である。 4 As ～ as 以下が節になっているので，As ～ as で1つの接続詞の働きをしていると考える。「コンピューターかスマートフォンを持っていれば」という「条件」の意味で考えると後半とのつながりが自然になる。as long as で「～する限りは，～すれば」という意味を表すので，long を入れる。 5 空所を含む文の後半「昼間の通常の営業時間中のみにアクセスしなくてはならないことを心配する必要がない」という内容から，オンラインショップはいつでも利用することができることがわかる。したがって，twenty-four「24」を入れて「1日に24時間営業している」とすると文意が成り立つ。 6 主語は「もう1つの利点は」，動詞は is の文。空所の後に「オンラインショップには選ぶ品数がとても多い」という節があることから，「もう1つの利点は～ということだ」という文にすると文意が成り立つ。したがって，接続詞 that が適切。 7 空所を含む文の直前では，「実際の店(＝オンライン上ではなく，実際の建物にある店)には製品を陳列するのに限られたスペースしかなく，店はそのスペースを最新の型のものや最も人気のある品のために使うことを望む」と述べて，実際の店では品物を置くスペースに限界があることを述べている。空所の後ではオンラインショップの場合は古い型の品物なども取っておくことができると，空所の前と対照的なことを述べているので，However「しかし」が適切。but は書き言葉では単独で文頭で用いない方がよいとされるので，ここでは不適切。 8 実際の店では新しい品物や人気の品物を優先して陳列することに対して，オンラインショップではそうではない品物も入手できる，という流れから，「人気が低い品物」といった内容を考える。形容詞 popular の前に入ることから，劣等比較を表す less「より～でない」を入れる。 9 空所の直前に to があることから，動詞の原形を入れて不定詞を作ることを考える。オンラインショップの利点を述べていること，空所の直後に in line「列になって」とあることから，wait を入れて「(オンラインショップでは)列になって待つ必要がない」とすると文脈に合う内容になる。 10 この段落では，オンラインショップならば並んで待ったり，重い荷物や大きな荷物を持ち上げたりせず，クリック1つで買いたいものをかごに入れたりすることができるという利点が述べられている。これらは空所の後の physical effort「肉体的な努力，労力」が一切必要ないことになるので，without「～なしで」を入れる。

Ⅳ **〔長文読解問題・物語文：内容吟味，英問英答，語句解釈〕**

〈指示文の訳〉 次の文章を読んで，後の問いに答えなさい。［番号がついている語の意味は各ページの下の脚注を見なさい。］

〈全訳〉 サンフランシスコの典型的な6月の日で，涼しくて曇っていた。新聞を読みながら，私は東海岸が熱波に苦しんでいること，そして父の日が近いことに気づいた。母の日のように，父の日も私には大した意味はなかった。私は一般的にそうした日々を商人にとっては都合よく，子供にとっては便利なものと見なしている。

新聞を置いて，私は机の上の1枚の写真を見た。数年前の夏に，メイン州のビデフォード・プールで姉が撮ったものだった。父と私が小さな別荘の玄関先に一緒に立って，互いに腕を肩にかけていた。私たちの姿に関しては，リンゴは木から遠くには落ちなかった。「父の日」だなと思いにふけり，彼と母がどうしているか確かめようと電話してみようかと考えた。

その写真を取り上げて，それを細かく観察した。上の歯をむき出しにして，私の年老いた人は白髪頭の元ホッケー選手のようににやにやしていた。彼の目は日焼けでしわだらけになった顔に深く引っ込み，70歳の自信に満ちた様子だった。

浜辺に沿って私を追いかけ，私を海の中に連れていったのはもっと若い男性，私にボートのこぎ方，スケートのし方，薪の割り方を教えたもっと頑強な男性だった。それは人工のひざ，入れ歯，そして補聴器をつける前のことだった。私はその老人に電話をかけることにした。

「こんにちは！」と彼は叫んだ。

母がもう1つの電話を取って，彼に補聴器をつけるように言った。

「ポケットにあるよ」と彼は言い，私にはそれを取りだそうと手探りしているのが聞こえた。

母は，エアコンはとても役立つし，彼女の人工の腰も調子良いが，新しいイヌが彼女をいらいらさせると言った。

「実はね，イヌじゃなくてお父さんなのよ」と彼女は言った。

「どうしたの？」と私は尋ねた。

「シェップは気が向くといつでも柵を跳び越えてしまって，どこへとも知らず行ってしまうの。お父さんは心配して彼が戻るまで起きて待つのよ。午前2時に外に出てイヌを呼んでひどく騒ぐの。それから，シェップが帰ってくると，私たちがペルーに戻ってイヌがスペイン語を理解しているかのように，『マロ・ペロ，マロ，マロ(いけないイヌめ，いけないぞ，いけないぞ)』と言って彼をしかるのよ」

「彼は学んでいると思うぞ」と父は再び電話に出て言った。「母さんは私がどうしようもないバカだと思っているんだが，たぶん彼女が正しいんだろう」

「まだ大声を出していますよ」と母が言った。

彼は彼女を無視して私がどうしているか尋ねた。私は話をした。

彼は大声で，「フリーランスはすばらしいけど，安全が必要だぞ。お前はもう，ヨットで働いたり，バーテンダーとして働いたり，建設作業をしたりできる年じゃあない。お前は大学教育を受けたんだ。それを利用したらどうなんだ？ 病気になったらどうするつもりなんだ？ 入院したらいくらかかるか知っているだろう？」と言った。

「ねえ，ぼくにはあなたが理解できないよ。タバコは吸い過ぎ，お酒は飲み過ぎ，運動はしない，よくないものばかり食べる，それでいて頑丈なじいさんなんだから」と私は彼に言った。

「お前の言うとおりだ。それにすべてのクラスメートよりも長生きしてる」彼は自慢する風でもなく言った。

私は彼に言いたいことがあったが，それを口に出せずにいた。

「お前は私が送ってる新聞の切り抜きを読んでいるかい？」と彼が尋ねた。

「もちろん読んでいるよ」

「読んでいるかどうかわからんが，お前はちっとも手紙を書かないな」

私は，彼と私には過去45年にわたって意見の違いがあったこと，そして互いによく怒り合い，失望し合い，ののしり合ったりしたことを忘れていなかった。でもそうした時代はずっと昔のように思われたし，私は彼を愛していると伝えたかったのだ。私は楽しみたかったし，電話が滑らかに進むことを望んでいた。

「聞いて，父の日が近いことはわかっている」と私は彼に言った。

「え？」と彼は関心なさそうに言った。彼はその先を追わなかった。

「17日ですよ」と母がもう1つの電話で言った。

「屋根付きのオープンカーの上から飛び降りちゃってごめん」

「お前は6歳だったな」と彼は言って静かに笑った。「最初は信じられなかったよ」

私はホッケーの試合やチェスや本やロブスターの夕食のことで彼にお礼を言いたかった。私は18歳のときに彼の目をなぐったことを謝りたかった。

「ぼくの父さんでいてくれてありがとう」と私は言った。

彼は電話の向こうで黙っており，母もそうだった。長いジーという音が間を満たしていた。

「もっと良い父親だったらなあ」と彼は言ったが，その声は初めて静かだった。

「本当にすてきだったよ」と私は言った。「男にはもっと良い父親なんていないよ」

「なあ，そう言ってくれてありがとうよ，でもそうじゃない。そのとおりだったらいいんだが」と彼は後悔しているような声で言った。

「本当だよ」と私は言って，急いで続けた。「クリケットクラブでぼくがロバに砂糖をやりたがったら，あなたがその尻をたたいて蹴られたのを覚えてる？」

「ああ」と父は笑った。「あいつめ，私のひざを思いきり蹴りやがって。お前はいつもあれがおかしいと思っていたな」

「それと，ぼくを海外に連れていってくれたあれらの船」と私は加えた。

「いくつかあったな」と彼は認めた。「なあ，お前は本当に昔に戻してくれるな」

「あれらの船が大好きだったんだ」と私は彼に言った。

「それでもお前を海軍に行くよう説得することはできなかったな」

「私は高校を出たらお前に大学へ行ってほしかったんだよ」と母が言った。

「でもお前は言うことを聞こうとしなかった。お前は海兵隊員にならなくてはいけなかった」

私は何も言わなかった。私は彼らが思い出しているのを聞いていた。

「そして私たちは飛行機でカリフォルニアへ行った」と彼はつづけた。「お前がベトナムに向かう前に別れを言うためにね」

「私たちはニューポーター・インに泊ってね」と母が言った。「そしてディズニーランドに行ったのよ」

「ロサンゼルスを出る便に乗るために，その日曜日の夜にヘリコプターで出発しなくてはならなかったのを覚えているよ」と彼は続けた。「お前の母さんと娘たちはモーテルに泊って，お前がヘリポートまで私を歩いて連れていってくれたんだ。お前は制服を着ていて，私たちは握手して…」彼の声は，次第に小さくなった。「心を引き裂かれたよ。お前にまた会えるかどうかわからなかった。私はそのヘリコプターで泣いたよ。お前が出発して心を引き裂かれた」

「わかるよ」と私は言って，のどが詰まるような感じがした。

彼は，「私たちはお前のために祈ったんだ」と言い，その声は震え始めた。「私たちはお前の手紙を生きがいにしていたんだ」

「ぼくはあなたたちの手紙を」と私は彼に言った。これはとんでもないと思った。私の目は濡れていて，のどに詰まったものを飲みこんだ。

「父の日のお祝いに電話をしたんだよ」と私は何とか言った。

「なあ，お前は親切だな。もう電話を切るよ，お前の電話代を増やしたくないからね」彼の声は大きく震えていた。

「電話代のことは心配しないで」と私は言った。「愛してるよ」

「私もお前を愛してる。さようなら，神のご加護を」と彼は急いで言って電話を切った。

「彼はああなってしまうのよね」と母がもう1つの電話で静かに言った。

「わかってるよ」と私は答え，1分後に別れを告げて電話を切った。私はメイン州の玄関先の父と私の写真を見た。私は思った，「そう，彼はああなるんだ」と。私は目を拭いて写真にほほえみかけ，大きな音を立てて鼻をかんだ。リンゴは木から遠くには落ちなかったのだ。

［ジョージ・E・マスターズ『父の日の電話』親の魂のためのチキン・スープ：愛すること，学ぶこと，親になることの物語　編集ジャック・キャンフィールド他，ヘルス・コミュニケーションズ株式会社，2000年，157-161ページ］

A　指示文は，「本文の内容に最も合うものを選びなさい」という意味。　1「筆者は～しなかった」という文に当てはまるものを選ぶ。筆者は第1段落第3，4文で「母の日のように，父の日も私には大した意味はなかった。私は一般的にそうした日々を商人にとっては都合よく，子供にとっては便利なものと見なしている」と述べている。このことから，筆者は母の日や父の日といったものに特に関心を持っているわけではなく，その意義についても商人や子供にとって都合の良いものに過ぎないと考えていることがわかる。このことに最も合うのは(A)「母の日と父の日は特別な行事だと思っている」。(B)は「母の日と父の日が何のためにあるのか知っている」，(C)は「母の日または父の日を思い出させられるのが好きだ」，(D)「母の日または父の日が来てほしい」という意味。　2「筆者は父親に電話をかけることにした，なぜなら～」という文に当てはまるものを選ぶ。第4段落最終文に「私はその老人に電話をかけることにした」とあり，その前では父親との昔の思い出が述べられている。第16段落に父親の不摂生について言及しているが，第18段落で「私は彼に言いたいことがあったが，それを口に出せずにいた」と述べた後の流れとして，父の日が近いことを伝え，「オープンカーの上から飛び降りちゃってごめん」という子供の頃の思い出話から始まって，父親との昔話が続いていく。このことから，(B)「彼らが過ごした楽しい時すべてについて話したかった」が適切。(A)は「彼は助けを必要としていると思った」，(C)は「彼が熱波で不快に感じていることがわかった」，(D)は「彼の健康が少し心配だ」という意味。　3「筆者の父親は電話に大声で話していた，なぜなら～」という文に当てはまるものを選ぶ。筆者の父親が最初に電話に出た後，母親が補聴器をつけるように言っている。(A)「彼は補聴器をつけたくなかった」，(B)「彼には自分の声があまりよく聞こえていなかった」，(C)「彼の補聴器があまりよく機能していなかった」については，それと判断できる記述が本文にない。また，筆者の父親は，筆者が「ぼくの父さんでいてくれてありがとう」と感謝の気持ちを述べた後から電話で話す声が静かになっていることから，それまでは興奮した状態だったと考えられる。したがって，(D)「彼はあまり電話をかけてこないことで息子に立腹していた」が適切。第21段落で，父親が手紙を書いてこないことで息子である筆者を責める発言があることとも合う。

4　質問は，「筆者の母親は何に動揺していましたか」という意味。筆者の母親が落ち着かない気持ちを述べているのは，第9段落。最終文で「新しいイヌが彼女をいらいらさせる」と言っているが，その直後で，母親に負担をかけているのは実はイヌではなく父親であると述べ，その後で飼い犬がいなくなると父親が大騒ぎすると具体的に説明している。したがって，(B)「彼女たちのイヌが逃げるたびに，夫がそのことで大騒ぎする」が適切。make a big deal で「大騒ぎする，大げさに言う」という意味を表す。(A)「彼らにはイヌがどこへ逃げたかわからない」，(C)「彼女の夫が，彼女が夫を愚かだと思っていることに気づいた」について，筆者の母親が心配したり慌てたりする様子は述べられていない。(D)は「彼女の夫は，彼らがまだペルーに住んでいると思っている」という意味。第11段落第4文から，イヌを叱るときの夫の様子を例えて「私たちがペルーに戻ってイヌがスペイン語を理解しているかのように」と言っていることがわかるので，合わない。　5「筆者は父親が厚かましくも～するとは信じられなかった」という文に当てはまるものを選ぶ。筆者が父親の言動について「信じられない」と言っているのは，第16段落「ねえ，ぼくにはあなたが理解できないよ。タバコは吸い過ぎ，お酒は飲みすぎ，運動はしない，よくないものばかり食べる，それでいて頑丈なじいさんなんだから」。この直前で，父親は「病気になったらどうするつもりなんだ？　入院したらいくらかかるか知っているだろう？」と筆者の健康について意見を述べている。自分自身は不摂生な暮らしをしているのに人の健康について意見を言ったことに対して，筆者は「信じられない」と言っているので，(A)「自分自身は健康的な生き方をしていないけれども，彼に説教する」が適切。(B)「友人全員よりも長く生きていることについて自慢する」，(D)「彼にフリーランスには安全がないと言う」に対する筆者の反応は書かれていない。(C)「彼は間もなく入院する必要があるだろうと言う」は，父親の発言にはない。父親は第15段落で「入院」について触れているが，「もし病気になったらどうするのか」という仮の話であり，息子である筆者がこの先入院しなくてはならなくなるだろうという予測を述べているのではないので不適切。　6「筆者と彼の父親は～」という文に当てはまるものを選ぶ。筆者が長い間親に電話をかけていなかったという記述はなく，また，第4段落から，父親が補聴器を使っているという現在の状況を知っていることがわかることなどから，筆者は離れて暮らしている親の様子を知っていると考えられるので，(A)「何年もたって久しぶりに話し合っていた」は不適切。また，父親が筆者に送っている新聞の切り抜きの話をしている中で，「お前はちっとも手紙を書かないな」と言っているが，父親の方も筆者に手紙を書いていないという記述はないこと，筆者が戦争でベトナムへ行っている間には手紙のやりとりがあったという記述があることから，(D)「互いにほとんど手紙を書かなかった」も不適切。第22段落に，「私は，彼と私には過去45年にわたって意見の違いがあったこと，そして互いによく怒り合い，失望し合い，ののしり合ったりした」ことが述べられているが，筆者がベトナムに行っている間の手紙のやりとりなどから，筆者と父親が不仲だったとは考えられないので，(C)「長年，あまり仲良くしていなかった」も不適切。第22段落で述べられているのは，父と息子の意見の違いによる衝突と考え，(B)「話すたびに互いを怒らせていた」を入れるのが適切。　7「筆者は～したかった」という文に当てはまるものを選ぶ。第22段落で，筆者は過去には反発し合ったこともあったと述べているが，それに続けて「そうした時代はずっと昔のように思われた」と述べ，さらに「私は楽しみたかったし，電話が滑らかに進むことを望んでいた」と述べていることから，(D)「過去のことは忘れて父親と気分の良い会話をする」が適切。(A)は「父親がまだ以前のけんかのことを怒っているかを知る」，(B)は「自分がまだ父親を愛しているかどうかを確かめる」，(C)は「おかしな冗談で父親を笑わせる」という意味。　8「筆者は」という主語に続くものとして適するものを選ぶ。第18段落に「私は彼に言いたいことがあったが，それを口に出せずにいた」とあるが，その後父親との会話が続いていく中で，筆者は父親への感謝の気持ち，父親への愛情を伝えている。この展開に合うのは(B)「父親への気持ちを言葉に表そうと努めていた」。(A)は「父の日がいつかということに，父親にもっと注意を向けさせようとした」，(C)は「父親について思っていることについてうそをついた」，(D)は「他の人々には良い父親はいない」という意味。筆者は第32段落で，「男にはもっと良い父親なんていないよ」と言っているが，これは自分にとって，自分の父親よりも良い父親はいない，つまり，自分の父親が自分にとっては最高の父親であるということを表している。　9「筆者の父親は～だと言うことができる」という文に当てはまるものを選ぶ。第29段落で筆者が自分の父親でいてくれることに感謝の気持ちを伝えたのに対し，父親は「もっと良い父親だったらなあ」と述べて，後悔の念を述べている。さらに第29段落では，筆者にとっては最高の父親だという筆者の言葉に対して，「そのとおりだったらいいんだが」と，自分は良い父親でいたいという願望を述べている。こうしたことから，(C)「これからは良い父親になりたがっている」が適切。(A)「過去の出来事についての会話を楽しんでいた」は，2人の会話の中には戦争にまつわるつらい思い出も含まれているので不適切。(B)「自分の息子の父親であることをすまないと思っている」は，良い父親ではなかったと思っていることは読み取れるが，筆者の父親であることを申し訳なく思っていると考えられる記述はない。(D)「父の日を祝ってもらうことが好きではなかった」については，筆者が最初に父の日について触れたときには関心なさそうな受け答えをしていたが，最後に筆者が父の日のお祝いに電話をしたことを聞いたときには「お前は親切だな」と素直に応じていることから，不適切。　10「～だと言うことができる」という文に当てはまるものを選ぶ。筆者の父親が若い頃に海軍に入りたがっていたこと，筆者は勉強したくなかったために海兵隊に入ったこと，筆者の父親は息子が海兵隊に入る決断をして失望したことは本文に記述がないので，(B)「筆者の父親も，若いときに海軍に入りたかった」，(C)「筆者はもう勉強をしたくなかったので海兵隊に入った」，(D)「筆者の父親は息子の海兵隊に入ると言う決断に失望した」はいずれも不適切。(A)「筆者には海兵隊に入る以外に選択の余地がなかった」は，筆者と両親が，筆者が海兵隊に入ったときのことを話している中で父親が「お前は海兵隊員にならなくてはいけなかった」と言っていることに合う。　11「筆者の家族はカリフォルニアへ行った，なぜなら～」という文に当てはまるものを選ぶ。筆者と両親が，筆者が海兵隊に入った頃の話をしている中で，父親が「そして私たちは飛行機でカリフォルニアへ行った…お前がベトナムに向かう前に別れを言うためにね」と言っていることから，(C)「筆者が出勤する前に彼に会いたかった」が適切。report for duty は「出勤する」という意味で，ここでは海兵隊員として戦地に向かうことを表している。(A)「筆者の父親はどうしてもロサンゼルスへ行かなくてはならなかった」は，両親たちがディズニーランドへ行った話の後で，父親がロサンゼルスを出る便に乗るためにヘリコプターに乗ったことが述べられているが，これは父親が何らかの事情で先にカリフォルニアから帰るときのことと考えられるので不適切。(B)「それが彼らが一緒にする最後の休日の旅行になるだろう」，(D)「彼らは一緒にディズニーランドへ行きたかった」については記述がない。筆者の家族がディスニーランドへ行ったことは述べられているが，それは戦地に向かう前に筆者に会いに行ったカリフォルニアに行ったついでのことである。
12「筆者は～だと思っていなかった」という文に当てはまるものを選ぶ。第2段落最終文から，そもそも筆者が父親に電話をかけたのは，「彼と母がどうしているか確かめようと」したためであり，第22段落最終文に「私は楽しみたかったし，電話が滑らかに進むことを望んでいた」とあるように，筆者は軽い会話を楽しめればよいと思っていた。しかし実際には，昔の思い出話が続き，父への愛情を伝えたことで気持ちのこもった会話になったことから，(C)「父親に対してとても感情的に話をするだろう」が適切。(A)は「父親と電話でとても長い時間話すだろう」，(B)は「父親に良い父の日を願うだろう」，(D)は「父親が彼に手紙を書くだろう」という意味。
13「筆者と彼の父親は」という主語に続くものとして適するものを選ぶ。父の日が近いこともあり，両親の様子を知ろうとして父親に電話をかけたところ，過去に衝突したことがあったことも忘れ，昔話に夢中になる中で，互いに相手への本当の気持ちを伝えることとなったという物語の展開から，(B)「ついに互いに本当の気持ちを伝えることができた」が適切。(A)は「電話代が高いので，互いにあまり電話をかけなかった」，(C)は「自分たちの関係が将来よくなるとよいと思った」，(D)は「電話で話し合う方が楽だと思った」という意味。父親に電話をかけた時点で，筆者は父親に悪い感情を抱いていたわけではないことから，(C)は不適切。

やや難 B　指示文は，「それぞれの質問に英語で答えなさい」という意味。　1　質問は，「下線部(ｉ)で，筆者の父親は何を言おうとしているのですか」という意味。下線部で「お前は大学教育を受けたんだ。それを利用したらどうなんだ？」と言っているのは，大学教育を利用した仕事をするべきだと伝ようとしていると考えられる。the writer's father を he で受けて，質問の形に合わせて He is trying to say ～ の形で答える。父親が言いたかったことは，筆者が大学での教育を職業に利用することなので，say の後に接続詞 that を置き，his son[the writer] should use his college education.「息子[筆者]が大学教育を利用すべきだ(ということ)」などと続けるとよい。最後に for his job「仕事のために」などと加えることもできる。　2　質問は，「下線部(ⅱ)で，筆者の父親はなぜ黙っていたのですか」という意味。下線部の直前で，筆者は父の日のことを口に出し，さらに昔のいたずらのことで詫びを述べた後で，「ぼくの父さんでいてくれてありがとう」と初めて父親に対する気持ちを率直に述べている。それまで大声で話していた父親はこの言葉を聞いて黙ってしまったことから，Because he was surprised to hear his son's[the writer's] words.「彼は息子[筆者]の言葉を聞いて驚いたから」といった内容が考えられる。「驚いた」のほか，was moved「感動した」を使ってもよいだろう。　3　質問は，「下線部(ⅲ)で，筆者の父親はなぜ二度と息子に会えないかもしれないと思ったのですか」という意味。父親が戦地に赴く息子に会った後，ロサンゼルスへ行くヘリコプターに乗るまで息子に付き添ってもらったことを回想している場面。このとき息子である筆者は海兵隊の制服を着ており，戦地であるベトナムに向かう直前だったことから，息子が戦争で亡くなることを不安に思ったことが「二度と会えないかもしれない」と思った理由と考えられる。したがって，Because he thought that his son [the writer] might be killed in the war.「彼は息子[筆者]が戦争で死ぬかもしれないと思ったから」といった内容が考えられる。「(戦争・事故で)死ぬ」という場合は die ではなく be killed と表すのが普通。

C　指示文は，「それぞれの質問に日本語で答えなさい」という意味。　1　good for merchants「商人にとって都合良い」，convenient for children「子供にとって便利だ」の内容を具体的に表す。商人の立場としては，子供が親へのプレゼントを買う，子供の立場としては，日頃は伝えにくい親への感謝の気持ちを贈り物を渡すことなどによって示すことができる，といったことが考えられるので，こうしたことをまとめる。　2　下線部の英文は直訳すると，「リンゴは木から遠くには落ちなかった」となる。(B1)の直前では the looks of us「私たちの見た目・外見」とあることから，ここで筆者は親子の見た目について，「リンゴは木から遠くには落ちなかった」と述べていることがわかる。また，ことわざであることから，「リンゴの木」が「親」を，「リンゴ」が「子供」を例えていると考えられる。(B2)の前では，息子の本当の気持ちを知って心動かされた父親が感情をあらわにするのを抑えて急いで電話を切り，電話を切った後の筆者自身も涙をふいて写真にほほえみかけてから大きな音を立てて鼻をかむ様子が述べられていることから，筆者はここでは，見た目ではなく，性格面でも「リンゴは木から遠くには落ちなかった」と述べていると考えられる。以上のことから，このことわざは子供は親に似るものであることを例えたものと判断する。この内容とほぼ同じ意味を表す日本語のことわざとしては，「この親にしてこの子あり」，「子どもは親の後を継ぐもの」，「カエルの子はカエル」などがある。　3　下線部の前で，筆者は父親への思いをI called to wish you a happy Father's Day「父の日のお祝いに電話をしたんだよ」，I love you「愛してるよ」などと言って率直に伝え，父親は声を震わせながら筆者に感謝の気持ちを伝え，I love you, too. Good-bye and God bless you「私もお前を愛してる。さようなら，神のご加護を」と言って急いで電話を切っている。この父親の反応から，自分の感情を率直に言い表すことが苦手で，意地を張って感情を見せないようにする面があると考えられる。　4　2の解説を参照。(B1)では，筆者は自分と父親の外見が似ている点について「リンゴは木から遠くには落ちなかった」と述べ，(B2)では性格が似ている点について同じことわざを用いて表現している。

★ワンポイントアドバイス★

Ⅲの空所補充問題では，空所の前後だけについて考えるのではなく，各段落の全体的な内容をつかみ，文章の流れをつかむことがポイントになる。それによって，何が話題になっているかがつかめ，正解に近づきやすくなる。

＜国語解答＞ 《学校からの正答の発表はありません。》

一　問一　【1】ウ　【2】カ　【6】エ　【11】ア　【12】イ　問二　かったるい
問三　オ　問四　ぐったり　問五　(例)　度を過ぎた濃さが，まがりなりにも食べ物として許容されるのは，甘味だけである(38字)　[「けれども，甘さは度を過ぎても料理として成り立つ」(21字)]　問六　【8】水分　【9】空気　問七　(例)　油脂の量
問八　触　問九　A　いくき(れ)　B　しるもの　C　さだ(か)　D　きほう
E　はざわ(り)　問十　①　酸味　②　母系　③　対象　④　菜種　⑤　器官

二　問一　①　風光　②　想起　③　説　④　同行　⑤　平生　問二　イ
問三　【1】骨　【5】耳　問四　【2】ウ　【3】オ　【4】カ
問五　(例)　この世に一人である。(10字)　問六　3　ウ　4　エ　5　ア
問七　(例)　作者が，書を最も得意としているわけではない(21字)　問八　巧
問九　ア　問十　良寛・会津八一　問十一　一九二四年　問十二　イ　問十三　オ
問十四　採訪散策の時，いつとなく思ひ泛びしを，いく度もくりかへし口ずさみて，おのづから詠み据ゑたるもの(46字)

○推定配点○

一　問一　各1点×5　問五　6点　他　各2点×17
二　問四　各1点×3　問五・問七・問十四　各6点×3　他　各2点×17　計100点

＜国語解説＞

一　(随筆─情景・心情，文脈把握，接続語，言い換え，脱文・脱語補充，漢字の読み書き，要約・説明，書き抜き，文学史)

問一　【1】「甘ったるいは……疲れて萎える感じ」という前を，後で「甘すぎてぐったり疲れるような感じ」と言い換えているので，説明の意味を表すものが適切。　【2】「甘弛しが甘たるしとなり」という前に，後で「甘ったるいとなった」と続けているので，前に述べた事柄に引き続いて起こるという意味を表すものを選ぶ。　【6】前までに述べていた「甘ったるい」という語に

対して，後で「～ったるい」という表現について新たな視点を提示しているので，転換の意味を表すものを選ぶ。【11】後に「～ても」とあるので，仮定の事柄が成立しても，結果は影響されないという意味を表すものが適切。【12】前の「料理をふっくらさせたり，サクサクさせたりすると……油が入っていても軽い感じになる」例を，後で「お好み焼きなどは……気泡を十分に含ませれば軽くなる」と挙げているので，例示の意味を表すものがもっとも適切。

問二　同じ段落で述べている「甘ったるい」という語の変化に重ねる。「甘弛し」が「甘たるし」になり「甘ったるい」になったというのであるから，「かひ弛し」が「かいだるし」になり，「かったるい」になったと考える。

基本　問三　夏目漱石の作品は，オの「門」。アは堀辰雄，イは森鷗外，ウは芥川龍之介，エは川端康成の作品。

問四　同じ段落の内容から，宗助が「甘たるい金玉糖」を食べていたら，どのような「甘たるさ」だと感じたのかを読み取る。直前の文に「ひそかに深く苦悩する宗助は甘い菓子を食べるどころではなかった」とあるので，否定的な意味を表す語が適切。直前の段落に「甘すぎてぐったり疲れるような感じ」とあるのに着目する。冒頭の段落の「正直なところ少しうんざりしてしまう」の「うんざり」は筆者の考えなので，より客観的な説明を述べた部分の「ぐったり」を選ぶ。

やや難　問五　直後の文に，順接の意味を表す「だから」とあるので，「甘いにだけ『甘ったるい』という表現がある」理由を述べる一文を考える。直前の文の「度を過ぎた塩辛さは料理としても成り立たない」という表現を参考に，甘さは度を過ぎても料理として成り立つ，という内容となるようにまとめる。

問六　同じ文の「重いにはずっしりとした重量感，しっかり詰まった緊密感があり」，その「逆」というのであるから，「軽い」には「重量感」の少なさ，すきまの多さが感じられるという文脈になる。この「重量」を感じさせるものと，すきまに通じるものを探す。「二つ目は」で始まる段落の「水分を減らしたり空気を含ませたりして軽い食感にする」に着目し，ここからそれぞれ適当な漢字二字を抜き出す。

問七　直後の文「調理の方法次第で仕上がりは重くも軽くもなる」から，料理の仕上がりが重いか軽いかは，何には関係がないのかを読み取る。【10】の直前に，説明の意味を表す「つまり」とあるので，前に着目すると「料理の油脂含有量の平均値は，重いが一四・二％，軽いが一三・八％と，ほとんど差がなかった」とある。ここから，料理の仕上がりが重いか軽いかは，「油脂の含有量」には関係がないとわかる。「油脂の含有量」を五字以内の表現に直す。

問八　同じ段落の冒頭に「重い・軽いは単なる反対語ではない」とあり，それを受けて「キャッチする感覚キカン」が違うと述べている部分である。【13】の直前の文「『重い』は舌と鼻で感じるものであり，『軽い』は歯触りを通して味わうものである」から，「重い」は「舌と鼻」という「味覚」で感じるのに対して，「軽い」は「歯触り」で感じると述べている。「【13】覚」で，「歯触り」に通じる感覚となる漢字一字がふさわしい。

やや難　問九　A「幾」の音読みは「キ」で，「幾何」という熟語がある。　B　味噌汁など汁を主にした料理。「汁」の音読みは「ジュウ」で，「苦汁」「墨汁」などの熟語がある。　C　はっきりしている，事実である様子をいう。　D　液体や固体の内部や表面にできる，気体を含んで丸くなった泡。　E「触」の他の訓読みは「ふ(れる)」。

重要　問十　①　すっぱい味。「酸」の訓読みは「す(い)」。　②　家系が母方の系統によって相続されること。「系」を使った熟語には，他に「系譜」「銀河系」などがある。　③　行為の目標となるもの。「象」の他の音読みは「ゾウ」。　④　アブラナの種子。「菜」の音読みは「サイ」。　⑤　生物体を構成する一部分。脊椎動物の呼吸の通路という意味の「気管」と区別する。

二 (随筆ー主題・表題，文脈把握，言い換え，脱文・脱語補充，漢字の読み書き，語句の意味，ことわざ・慣用句・故事成語)

問一 ① 自然の美しいながめ。 ② 過去の体験を思い出すこと。 ③ 「説く」は，物事の道理や筋道をわかりやすく話すこと。 ④ 連れ立っていくこと。「同行二人」はいつも弘法大師といっしょに巡礼しているという意味になる。 ⑤ ふだん，つねひごろ。

基本 問二 「コクアイ」と読む。酷(ひど)く愛する，と考える。

問三 「【1】を埋(うず)める」で，そこで一生を終える，という意味になる。「【5】を欹てる」で，聞き取ろうと注意を集中する，という意味になる。

問四 「身はすでに旧都の中に在るが如し」とあるので，古い時代の奈良の風景を描いた部分である。「【2】山」で，樹木が青々と茂っている山を表す。「【3】樹」で，青々と葉の茂った樹木を表し，葉は緑なので，オの「緑」が入る。前の「伽藍」は大きな寺院のことで，「【4】柱」は寺院の柱を表す。古い時代の寺院の柱は朱色に染められることが多い。

やや難 問五 「乾坤」は天と地のことで，世界の意味になる。「孤笻」の「笻」はつえの意味であるが，漢字から意味を判断することは難しく，また比喩的な意味で用いられているので，「孤」に注目して意味を考える。前の笠に「ドウギョウ二人」と書いて大慈大悲の加護を信じるのは，どのような心境によるのかを考える。――2の前後「わが世に於けるや」と「独住して独唱し」からも，作者はこの世で一人という孤独な存在であると言おうとしているとわかる。

問六 3 「ナンキョウ」と読み，京都に対してウの「奈良」を指す。「南京の歌」とあることから，直前の段落の「われ奈良のフウコウと美術とを酷愛して……ここにして詠じたる歌は，吾ながら心ゆくばかりなり」に着目するのもヒントになる。 4 直後に「良寛を出せり」とある。江戸時代の歌人で僧でもある良寛の出身地は，エの「北国」。同じ段落の「北国更に一風狂子を出し」もヒントになる。 5 読みは「トモン」で，都という意味がある。文末に「大正十三年」とあり，大正時代の「都」はアの「東京」。

やや難 問七 「能くする」は，することができる，という意味なので，誰が何をよくすることができないと言おうとしているのかを考える。直前の文「われ亦た少しく翰墨に遊び，塗鴉いささか自ら怡ぶ」の「墨」という漢字と，「鴉(からす)」を「塗(る)」から，「書」に対して言っているとわかる。「私」，つまり「作者」が，「書」を最も得意としているというわけではない，という内容をまとめる。

問八 ――7の「新奇と匠習」という語を踏まえて，「当世の作家」について具体的に述べている部分を探す。「たまたま」で始まる段落に「今の世に巧なりと称せらるる人の歌を見ることもあるも，巧なるがために吾これを好まず。奇なるを以て称せらるるものを見るも，奇なるがために吾好まず。新しといはるるものの……吾またこれを好まず」とあり，ここから「匠習」に重なる漢字一字を抜き出す。

問九 前後の「良寛をしてわが歌を……聞かしめば」は，良寛が私の歌をお聞きあそばしたら，という意味になる。同じ段落に良寛について「その示寂以後実に九十四年なり」とある。「示寂」は，高僧などが亡くなるという意味だと想像し，良寛は，現在どのような状態にあるのかを判断する。

問十 同じ文の「今より百年の後，北国更に一風狂子を出し……野処して放歌し」に着目する。百年後「北国」出身の「一風狂子」の歌を，地下で聞こうとしているのは誰かを考える。「北国」の出身者である良寛と作者のことになる。後の注釈を参考にして，「作者」の人名で答える。

問十一 大正時代は，元年(一九一二年)から十五年(一九二六年)まで。

問十二 大正十二年(一九二三年)に起きた出来事は，イの「関東大震災」。アは明治四十三年(一九一〇年)，ウは明治三十七年(一九〇四年)から明治三十八年(一九〇五年)の出来事。エは昭和四年(一九二九年)に始まる。

重要 問十三 「採訪散策の時」で始まる段落の「いつとなく思ひ泛びしを，いく度もくりかへし口ずさみて，おのづから詠み据ゑたる」という様子に，オの考え方が読み取れる。

問十四 「自らの歌」とあるので，「採訪散策の時」で始まる段落の「これ吾が歌なり」に注目する。その前の「採訪散策の時，いつとなく思ひ泛びしを，いく度もくりかへし口ずさみて，おのづから詠み据ゑたるもの」が，「作者が好む自らの歌について具体的に説明した箇所となる。

★ワンポイントアドバイス★

例年，大正時代や昭和初期の文章が採用されている。ふだんから，資料集などに載っているその時代の名作に触れておこう。読み慣れているかどうかが，内容の理解度を大きく左右する。

2021年度

★★★★★★★★★★★★★★★★★★★★★★★

入　試　問　題

2021年度

慶應義塾高等学校入試問題

【数　学】（60分）　＜満点：100点＞

【注意】　1．**【答えのみでよい】**と書かれた問題以外は，考え方や途中経過をていねいに記入すること。

2．答えには近似値を使用しないこと。答えの分母は有理化すること。円周率はπを用いること。

3．図は必ずしも正確ではない。

1　次の空欄をうめよ。**【答えのみでよい】**

(1)　$(a^2-2a-6)(a^2-2a-17)+18$ を因数分解すると [　　] となる。

(2)　2次方程式 $(2021-x)(2022-x)=2023-x$ の解は，$x=$ [　　] である。

(3)　連立方程式

$$\begin{cases} \dfrac{5}{x-\sqrt{2}}+\dfrac{2}{x+\sqrt{2}\,y}=1 \\ \dfrac{1}{x-\sqrt{2}}-\dfrac{5}{x+\sqrt{2}\,y}=2 \end{cases}$$

の解は，$x=$ [　　]，$y=$ [　　] である。

(4)　次のデータは，6人の生徒が体力テストで計測した腕立て伏せの回数である。

26，28，23，32，16，28

この6個のデータの値のうち1つが誤りである。正しい値に直して計算すると，平均値は26，中央値は28となる。

誤っているデータの値は，[　　] で，正しく直した値は，[　　] である。

2　次の問いに答えよ。

(1)　AB＝2，AD＝3の長方形ABCDにおいて，辺ABの中点をE，辺ADを2：1に分ける点をFとする。

このとき，∠AFE＋∠BCE の大きさを求めよ。

（答）

(2)　∠C＝90° の直角三角形ABCがある。頂点A，B，Cを中心とする3つの円は互いに外接している。また，3つの円の半径はそれぞれ ka，$a+1$，a である。a が自然数，k が3以上の自然数とするとき，k は奇数になることを証明せよ。

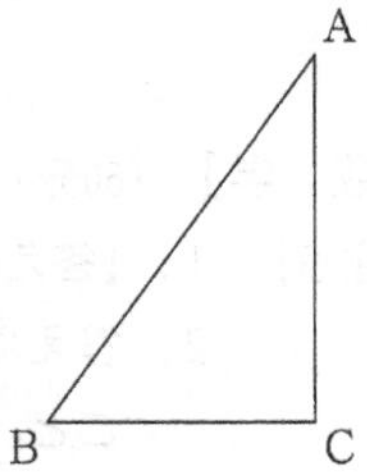

(3) 三角形ABCにおいて，AB＝AC，BC＝2，∠BAC＝36° であるとき，ABの長さを求めよ。

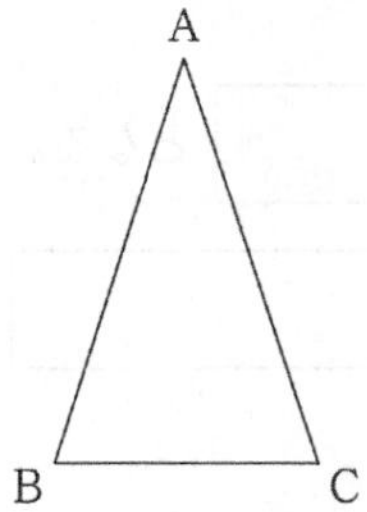

(答)

3 展開図が右図のようになる立体について次の問いに答えよ。
ただし，図中の長さの単位はcmとする。

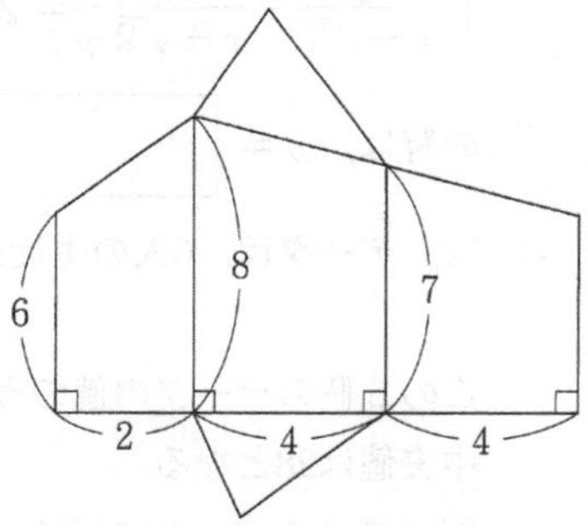

(1) この立体の表面積を求めよ。

(答)

(2) この立体の体積を求めよ。

(答)

4 1から20までの自然数から異なる4つの数を選び，それらを小さい順に a, b, c, d と並べる。次の問いに答えよ。

(1) $c=8$ のとき，残りの3つの数の選び方は何通りあるか答えよ。

(答)

(2)　$c=k$ のとき，残りの３つの数の選び方が455通りであった。k の値を求めよ。

(答)

5　２つの実数 x，y に対して，計算記号 $T\,(x,\ y)$ は，$\dfrac{x+y}{1-x\times y}$ の値を求めるものとする。

(1)　次の空欄をうめよ。**【答えのみでよい】**

$T\left(\dfrac{1}{2},\ \dfrac{1}{3}\right)$ の値は，[　　　　] で，

$T\left(\dfrac{1}{4},\ t\right)=1$ となる t の値は，[　　　　] である。

(2)　a，b，c，d，e，f は，すべて０より大きく１より小さい実数とする。
$T(a,\ f)=T(b,\ e)=T(c,\ d)=1$ のとき，
$(1+a)(1+b)(1+c)(1+d)(1+e)(1+f)$ の値を求めよ。

(答)

6　３点A，B，Cは放物線 $y=ax^2$ 上にあり，点Dは x 軸の正の部分にある。
$\angle\mathrm{AOD}=30^\circ$，$\angle\mathrm{BOD}=45^\circ$，$\angle\mathrm{COD}=60^\circ$，$a>0$ であるとき，次の問いに答えよ。

(1)　３点A，B，Cの座標を a を用いて表せ。

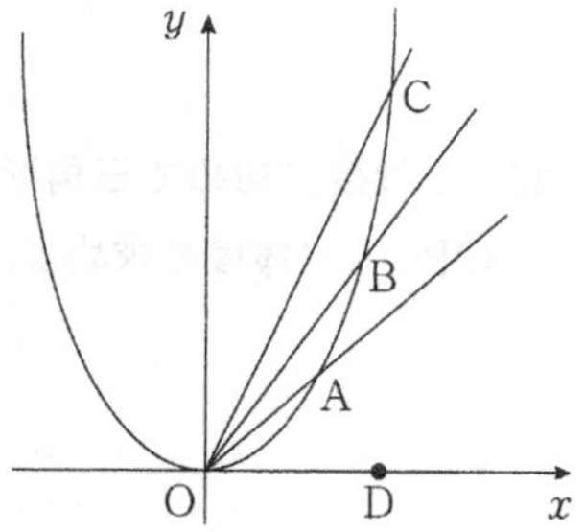

(答) A（　　，　　），B（　　，　　），C（　　，　　）

(2)　三角形BOCの面積が１のとき，三角形AOBの面積を求めよ。

(答)

7 四面体OABCは底面ABCがAB＝1cm，BC＝3cm，CA＝$\sqrt{10}$cmの直角三角形で，OA＝OB＝OC＝4cmである。動点PはOA間を，動点QはOB間を，動点RはOC間をそれぞれ毎秒1cm，2cm，4cmで往復している。3つの動点P，Q，Rが同時に点Oを出発したとき，次の問いに答えよ。

(1) 四面体OABCの体積を求めよ。

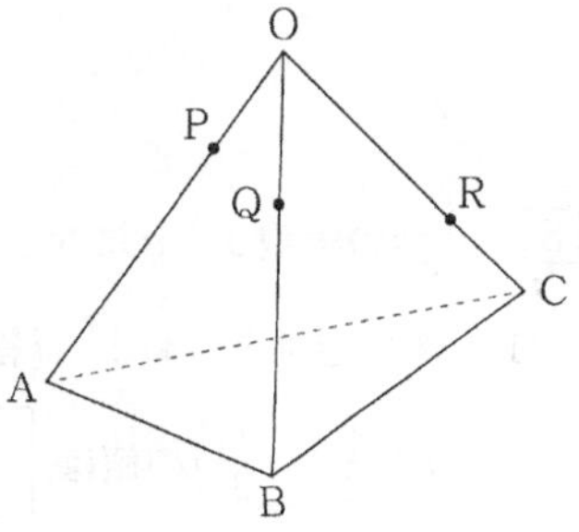

(答)

(2) 下図は動点Pについて，出発から8秒後までの点Oからの距離の変化の様子をグラフに示したものである。同様にして，2つの動点Q，Rについて出発から8秒後までの変化の様子をグラフに実線で書き加えよ。

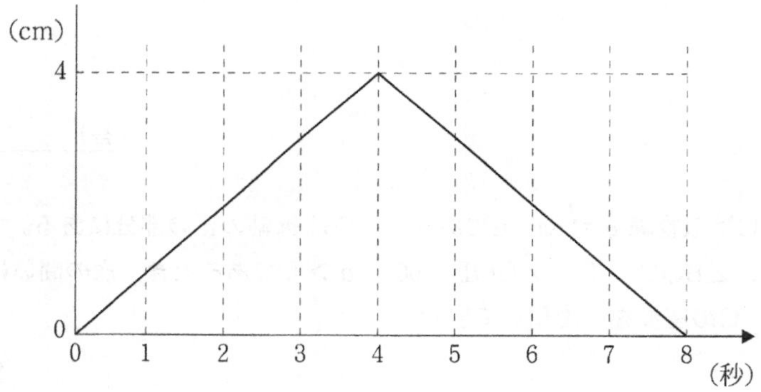

(3) t 秒後に初めて三角形PQRが底面の三角形ABCと平行になった。そのときの t の値と四面体OPQRの体積を求めよ。

(答) $t=$ 体積

【英　語】（60分）　＜満点：100点＞

I　各組の英文がほぼ同じ意味を表すように，各々の（　）内に適切な1語を入れなさい。

1．This is a new experience for me.
　＝I (　　)(　　)(　　) this experience before.

2．He knows more about history than I do.
　＝I don't know (　　)(　　) about history (　　) he does.

3．You don't have to talk so loudly.
　＝(　　) is (　　)(　　) for you to talk so loudly.

4．The number of people who have become infected* by the coronavirus is increasing.　＊感染した
　＝(　　)(　　)(　　) people have become infected by the coronavirus.

5．I'm excited that we will be working together.
　＝I'm (　　)(　　)(　　) working together with you.

6．Nothing could be done because it was very late.
　＝It was (　　) late for (　　)(　　) be done.

7．Let's go to the movies tomorrow.
　＝(　　)(　　)(　　) to the movies tomorrow?

8．He won the race and also set a new record.
　＝(　　)(　　) did he win the race, (　　) he also set a new record.

9．I would like you to help me put the chairs away.
　＝(　　) you (　　)(　　) me put the chairs away?

10．Why aren't you dressed yet? You'll be late for school!
　＝(　　)(　　) and get dressed (　　) you'll be late for school!

II　例にならって，各英文の下線部A～Dの中から文法的・語法的に間違っているものを1つ選び，**選んだ箇所全体**を正しい形に直しなさい。

【例】It is kind for you to tell me the way to the station.
　　　A　　　　　B　　　C　　　　　D
　　　　　　　　　　　　　　　　　【解答例】記号：B　正しい形：of you

1．The results from your health check-up is going to be sent to your parents next week.
　　　　　　　　　A　　　　　　　　B　　　　C　　　　　　　　　D

2．There is no Internet connection right now, so please wait until it fixes.
　　A　　　　　　　　　　　　　　　　　　　B　　　C　　D

3．She said that she didn't know who can she ask for help.
　　　A　　　　　　B　　　　　C　　　　　D

4．I like living in the city. My wife, in one hand, prefers life in the countryside.
　A　　B　　　　　　　　　　　　C　　　　　D

5．We have to leave very early tomorrow, so we had good going to bed now.
　　　A　　　　　B　　　　　　C　　　　　D

6. I got lost but someone was kind much show me the easiest way to get to the station.
A B C D

7. Make products in Japan are very popular because of their high quality.
A B C D

8. I can't talk to Mary right now because I'm in a meeting. Could you have
A B C
called me back later?
D

9. If it will be nice tomorrow, I think we should go on a picnic to the park.
A B C D

10. Please be quiet so that you don't wake up the baby sleep.
A B C D

Ⅲ 次の英文を完成させるために [1] ～ [10] に適切な 1 語を入れなさい。＊の付いている語（句）には【注】がある。

The 2020 Summer Olympics, commonly known [1] Tokyo 2020, was originally scheduled to be held from 24 July to 9 August 2020. However, because of the COVID-19 pandemic, it was announced in March 2020 that it would be postponed* and [2] place from 23 July to 8 August 2021. [3] it will be held in 2021, the name Tokyo 2020 will be kept for marketing* and branding* purposes. This is the first time that the Olympic Games have been postponed [4] than cancelled.

At the IOC Session* in Buenos Aires, Argentina, on 7 September 2013, Tokyo won the bid to host* the Olympics, beating out rival [5] Istanbul, Turkey and Madrid, Spain. Japan will be hosting the Summer Olympics for the second time — the first time also being in Tokyo in 1964 — making it the first Asian city to host [6] event twice. Overall, this will be the [7] Olympic Games to be held in Japan, which also hosted the Winter Olympics in 1972 (Sapporo) and 1998 (Nagano).

Several new sports and events have been added for Tokyo 2020; entirely new sports such as karate, sport climbing, surfing, and skateboarding, new events such as freestyle BMX and 3x3 basketball, as [8] as the return of baseball and softball for the first time [9] 2008. In total, there will be 339 events representing* 33 different sports, many of [10] will be held in venues* located mainly in the city's central and bay areas.

【注】 postpone：延期する　marketing：営業戦略　branding：ブランド戦略
IOC Session：IOC 総会　win the bid to host：開催権を勝ち取る　representing：代表する
venue：会場

Ⅳ 次の英文を読み，設問A，B，Cに答えなさい。＊の付いている語（句）には【注】がある。

[1]

I can't help feeling these days that my dad is not my dad any more.

We used to be really close. We were practically* buddies. We understood each other. It was a real man-to-man thing that not even Mom or Susie could easily get into, and that's how Dad himself described* our relationship whenever the women in our house ① **envied** us.

I don't know if this is something special between any father and son; my best friend Jerry has envied me for having a father so close by, since his own has been away to Taiwan on business and rarely comes home; Tony at school always tells me how he hates his father's guts*; and Casey who lives a block away from our place doesn't even have a dad. According to Jerry, we are like soulmates*, always sending each other messages by telepathy* and understanding one another without using words.

Jerry says he has felt (ア) **this invisible tie between us** when we took him out for fishing in May. It was a good season for trout*, and we took Jerry out together to Lake Merced on a Sunday. He insisted that we were tied together by telepathy, catching one trout after another without exchanging any words, acting back and forth as a fisher and a capturer while we were there catching more than twenty trout on that magical day.

However, for me, it was the very day when I first felt this strange distance between my father and I. There was a small incident* on that day. I got too excited flipping around my fishing pole for the next trout to catch, and I accidentally stuck my hook into my father's ear. That must have hurt really badly, for my father's face grimaced* in pain, and just for one second his eyes met mine, which seemed as if they were ② **blaming** me of acting so thoughtlessly and like an amateur after all the fishing experiences we have gone through.

I guess I panicked and just froze; I should have pulled the hook calmly and gently out of my father's skin, but Dad did that himself. Of course I said I'm sorry, and of course he told me not to worry, but (i)**それ以来ずっと父は僕に怒っているんじゃないだろうか。**

Or maybe it's because of my math grades going down in middle school. Math was my favorite subject up until sixth grade, and Dad seemed very proud of me as an accountant*'s son, even though he did not show it so openly. He has always told me that I can do anything I want to do in the future, but that I should study hard on all the subjects so that I get to have a number of options to choose from. But I could see how his eyes gleamed* for a second when I told him that I want to be an accountant like him because it seemed like a real cool job. And ③ **I wasn't just trying to win his favor** to get me a new road bike on my birthday; I really did feel that becoming an accountant would be a good choice for my future at that time because I was good at math and Dad was my role model* as a cool adult.

But ever since algebra* came up, I have been struggling*, and while I have been barely able to keep the average score in the tests, Jerry, always a natural in math, has always kept the top-three position in our class. And these days I don't even envy Jerry like I used to, gradually getting to know my own limits, at the same time realizing that I am much more into reading and writing stories than building up formulas* in my head.

The other night I saw a really scary science fiction movie called *The Invasion of the Body Snatchers**. In the movie, aliens from outer space take over the bodies of people on Earth, and the whole population of a small town turns into aliens, slowly but steadily. (イ) **What's so terrible** is that the switching takes place overnight when you are sleeping, and this giant pod-like* thing that is secretly put under your bed sucks out your life force and in turn grows a completely human-looking creature inside the pod, a creature that looks completely like you! And as the real you has all the force sucked out of your body and withers* and finally disappears, the fake* you gets up in the morning and starts another day as if nothing has happened. Only, the greatest difference between the real you and the fake you is that the fake you does not have any human emotions, so that they all look empty and expressionless*, never smiling but only nodding to your neighbors.

I usually ④ **get a great kick out of** these late-night scary movies, but this one has particularly stuck in my head and given me nightmares for days. In the dream, it is always Dad that turns into the pod-person, the very first one in the family, and hides another pod under Mom's bed, Susie's bed, and finally mine.

Now I don't mean to say that Dad has lost all his emotions; he still laughs at dinner, smiles and kisses Mom, or gets excited and then angry whenever the Mariners* lose a game on TV. But it seems to me that he is only pretending* it. He seems so vacant* these days, as if the real Dad has hidden away somewhere deep inside him and doesn't want to come out. He could just be stressed out from his work. (ii)**父は僕らには分からない問題で悩んでいるのかもしれない。** He told me once that the work of an accountant could be a real pain in the neck*.

Or he could be sick but not telling us in order not to worry us. Whatever happened to the yearly health check that is done at his office? He hasn't spoken a word about it. Perhaps Mom knows something, but if there was anything wrong with Dad, she could never hold it back; it should show in every word, expression, and movement of hers.

That is, if Mom is still Mom; he could already have had her taken over by the pods...

Tonight, as I ponder* over these things like I do every night in bed recently, I can't seem to go to sleep. I hear Mom and Dad talking downstairs. Of course, I can't hear what they're actually saying, but their tone of voice sounds like they are whispering secrets to each other, something they don't want heard by Susie and me. That's not unusual for parents, you may say, but I do sense a kind of slyness* in their voices.

Perhaps they are going over their plan to turn Susie and me into pod people.

Now they have stopped talking. Now I hear footsteps coming up the stairs, which is certainly Dad's; I can always tell from their slow and heavy pace on the carpet. And now they have landed on the second floor, coming toward my room.

And now the footsteps have stopped in front of my room. I can feel him out there on the other side of my door, holding his breath, straining* his ears to check if I am asleep or not.

Holding the pod in his hands, ready to slide it quietly under my bed...

Now he is going for the knob. I hear it slowly turning. I want to scream, but how can I? If I scream, they will know that I know, and then they will do anything they have to do, however rough*, to turn me into one of them. I must be quiet and pretend that I am asleep. And then when he sets the pod down, thinking that they will have me for sure, and goes out of my room, I will set the pod on fire with the lighter I have secretly kept for an emergency* just like this (in the movie the pod lit up and burned so easily like paper, leaving nothing behind but some chars*), and see if I can escape from the window quietly. Perhaps I can seek for help at Jerry's, if they haven't already been turned into pods. I really should take Susie with me, but how can I sneak out of my room, go into her room, wake her up, make her understand that our parents have turned into aliens, and take her with me out the window without our parents noticing, or without Susie crying out loud? I must come back for her later, if it is not too late.

Now the door has opened, and I feel Dad coming into my darkened room. I close my eyes firmly and try my hardest to breathe naturally and regularly, pretending that I am sound* asleep. I am so scared that sweat is breaking out from every pore* on my body.

And suddenly, I remember all the good times I had together with Dad, and I feel like crying. I feel so sad and angry thinking of my nice and cool dad taken away from me by aliens, or, even if that's just my imagination, how he has changed these days in ways that our distance has gotten further away from each other.

Actually, I can't stop the tears welling up in my eyes and flowing down over my cheeks. I know I shouldn't do this since Dad, or the fake Dad, is watching me closely over my body on my bed; he can see I'm faking sleep and might decide to take rougher ways any second, like forcing me to sniff* some drugs to make me fall asleep.

All I have to do is pretend that I am asleep, and even if tracks of my tears show on my cheeks, he may think that I am having a bad dream and just let me sleep, with or without the pod under my bed. So just ⑤ **hold on**. Hold on a little while longer until he goes out of my room, until he feels satisfied that I am asleep, innocent and helpless. Just a while longer...

[2]

I can't understand my son lately.

I have always thought we were very close. We have had so much fun together. We shared the same taste in movies, and sometimes music. Maybe I haven't been a very manly father who can train his son to be a good athlete, but still I taught him how to fish, how to ride a bike, and how girls can be moody* once in a while. We had our own set of in-jokes which couldn't be shared with the women in our family.

Perhaps he is just going through his adolescence* the way all boys and girls go through. I have been through such a period of teenage angst* myself, during which I felt an uncontrollable anger toward my parents, but that all passed like a rainstorm after I went away to attend college in New York.

But as for my son, it all seems so sudden; we were all right until the end of summer, but ever since his final year in middle school started last month, he has turned so distant and reserved* toward me like a pod person, as if he has built a wall around himself, peeping* outside from a small hole in the wall. It even seems as if he is scared of me.

I hope I haven't been giving too much pressure on his studies; I have always been happy to help with his schoolwork, and he was especially good at math, which I thought was another thing we both shared. But these days he seems to be struggling with it, even though I cannot tell for sure, since he doesn't come to me for help any longer. (ウ) **That** is a good sign of independence, or that is how I like to think, but if he is feeling guilty* about his struggles, then I may have been pushing him too hard to get good grades in math as an accountant's son without noticing it. I was really happy when he once told me that he would like to be in the same profession as I, but I am open to my son's future, and ⑥ **limiting it is the last thing I want to do**.

Maybe I was acting too distant toward my family myself for the past few weeks, worried so much about the result of the health check at my workplace. It came back yesterday reporting the shadow seen in the X-ray of my stomach turned out to be benign*. I haven't told anyone about this, not even my wife, but I should have come out and told everyone over dinner jokingly, now that my worry turned out to be ⑦ **in vain**.

Tonight, I have talked to my wife about it. My wife, who majored* in child psychology* in the university, says it's just a teenage boy thing, feeling especially hostile* against one's father, the parent of the same sex and the boss of the family. I am also worried if our son has been bullied at school, but she has denied* it right away, saying that he has good friends like Jerry and Tony to hang around with, and even if someone is mean to him that they will always stand by him. Of course, I am relieved to hear this from a master in psychology, and a mother who looks after him by day, but then what really is eating him these days? (iii)息子の様子を確かめに彼の部屋に行かずにはいられない。 It is late and he has turned in more than an hour ago, so I'm sure that he must be asleep now.

I go up the stairs quietly and stand in front of his door. The lights are out, and it seems very quiet in the room.

I turn the knob very slowly, opening the door and sliding myself into the darkened room. My son is in bed, breathing regularly. I approach his bedside and look down on his face.

He looks sound asleep. His sleeping face seems so childish and unchanged since he was a baby, and I feel an overwhelming* love toward my boy.

But he seems to be sweating, even though it is already very cool at night at this time of the year. I hope he is not having nightmares.

Now are those tears running down his cheeks? Oh, no, what is going on in his poor little mind? What kind of a dream makes him cry like that in his sleep?

Come on, buddy. This is certainly a tough world you live in, but you got me. Your mother and I will always stand by you and Susie no matter what happens.

So don't you cry anymore.

【注】 practically：実際に　describe：表す　hate one's guts：人を心底嫌う
soulmate：気性の合う人　telepathy：以心伝心；テレパシー　trout：鱒（ます）
incident：出来事　grimace：顔をゆがめる　accountant：会計士　gleam：キラリと輝く
role model：模範　algebra：代数　struggle：苦戦する　formula：公式
The Invasion of the Body Snatchers：『ボディ・スナッチャー／恐怖の街』（1956年米国公開，その後何度もリメイクされている古典的侵略物SF映画）
pod-like：まゆのような　wither：しぼむ　fake：偽物　expressionless：無表情な
the Mariners：シアトル・マリナーズ（米国ワシントン州シアトルのメジャーリーグ野球チーム）
pretend：ふりをする　vacant：空虚な　pain in the neck：頭痛の種　ponder：熟考する

slyness：ずるさ　strain：（耳を）すます　rough：乱暴な　emergency：緊急事態
char：灰　sound：ぐっすり　pore：毛穴　sniff：嗅ぐ　moody：気分屋の
adolescence：思春期　angst：悩み　reserved：よそよそしい　peep：のぞき見る
guilty：後ろめたい　benign：良性の　major：専攻する　psychology：心理学
hostile：敵意のある　deny：否定する　overwhelming：圧倒的な

A：下の1～16の設問に対して，本文の内容を最も的確に反映したものを(a)～(d)の中から選び，記号で答えなさい。

1. What is the relationship between *I* in [1] and *I* in [2] ?
(a) The same person.　(b) Two good friends.
(c) A married couple.　(d) A boy and his father.

2. What does the underlined word ① **envied** (← **envy**) mean?
(a) To wish that you had something others have.
(b) To feel that you are superior to someone.
(c) To respect someone secretly in your heart.
(d) To tell someone directly that he or she is wrong.

3. What does the underlined word ② **blaming** (← **blame**) mean?
(a) To regard someone highly.
(b) To care less about someone.
(c) To say or feel that someone is bad or wrong.
(d) To feel guilty about doing something bad or wrong.

4. How did the boy feel after the fishing accident?
(a) He was proud of his special tie with his father.
(b) He was afraid of his father being disappointed in him.
(c) He was glad to see that his father was not hurt so badly.
(d) He didn't want his friend Jerry to see him hurt his father.

5. How can you write the underlined part ③ **I wasn't just trying to win his favor** in another way?
(a) I only said so
(b) I just didn't want my dad to think I said so
(c) It was not my only way to act like his favorite son
(d) I didn't say that only to please my dad

6. Which is **NOT** one of the reasons why the boy thinks his father has changed?
(a) He is not feeling well.
(b) He has turned into an alien.
(c) He is unhappy about his favorite baseball team.
(d) He is expecting too much and getting too little.

7. What is the point of introducing *The Invasion of the Body Snatchers* in the story?

(a) It tells the readers exactly when this story takes place.
(b) It tells the readers that the boy doesn't really like scary movies.
(c) It makes the readers expect that the story will have a happy ending.
(d) It scares the readers by making them feel the same way as the boy.

8. How can you write the underlined part ④ **get a great kick out of** in another way?
(a) get very bored with
(b) get very excited about
(c) make my parents angry for watching
(d) feel strongly that I shouldn't have watched

9. Why does the boy start crying while he is pretending to be asleep?
(a) He is having a bad dream.
(b) He misses the good times with his father.
(c) He is scared of being turned into a pod person.
(d) He is sad that his mother won't help him at all.

10. How can you write the underlined part ⑤ **hold on** in another way?
(a) don't fall asleep
(b) keep still and quiet
(c) wait until Dad returns to my real Dad
(d) don't be scared of the pod under my bed

11. Which is **NOT** one of the reasons why the father thinks the boy has changed?
(a) The boy has been going through difficult times as a teenager.
(b) The boy may be feeling bad about his math grades going down.
(c) He got angry when the boy stuck the fishing hook in his ear by accident.
(d) He has been troubled with himself lately and hasn't been very friendly to the boy.

12. Which is true about the father's feelings toward his son?
(a) He wants his son to become an accountant like him.
(b) He also thinks that his son has turned into a pod person.
(c) He doesn't want his son to grow up and be on his own so quickly.
(d) He tries to understand his son by remembering his own teenage years.

13. How can you write the underlined part ⑥ **limiting it is the last thing I want to do** in another way?
(a) I don't want to limit his future
(b) I want to think of the final future for him
(c) I am the only person to influence his future
(d) I will share my opinion on his future at last

14. What does the underlined expression ⑦ **in vain** mean?
(a) different (b) funny (c) true (d) useless

15. Which is **NOT** true?
   (a) The father probably knows that the boy is pretending to be asleep in his bed.
   (b) The mother seems much cooler and calmer toward the son's change than the father.
   (c) The boy thinks that both of his parents may turn against him and take away his freedom.
   (d) Susie, the boy's little sister, probably has no idea of what is troubling his brother so much.

16. What will probably **NOT** happen after this?
   (a) The boy will be turned into a pod person.
   (b) The boy will check under his bed and look for something strange.
   (c) The boy will keep feeling the distance between his father and himself.
   (d) The boy and his father will come to see their misunderstanding toward each other.

B：下線部(ア)〜(ウ)の具体的な内容を日本語でまとめなさい。

C：下線部(i), (ii), (iii)を英訳しなさい。

た色は、幽《かす》かに光をさえ放って、たとえば、妖女の艶《えん》がある。庭に植えたいくらいに思う。食べるのじゃあないから――茸よ、取って嚙むなよ、取って嚙むなよ。……

（泉鏡花『鏡花随筆集』岩波文庫より。出題のために一部表記を変更した。）

「麹町」…現在の東京都千代田区内にある町名。

「京間」…京阪地方で定められた一間を六尺五寸（他地域は六尺）とする尺度に従って作られた部屋。一尺は約三十センチメートル。

「三州奇談」…江戸時代の怪奇伝説集。堀麦水の編。

「言っぱ」…言えば、の意。

「～なか」…～であることか、の意。　「いらたか」…数珠の種類の一つ。

「二の松」…能舞台で、楽屋を出て舞台に進む通路の脇に三本ある松の二本目のもの。

「逸もつ」…群を抜いてすぐれたもの。

「見徳・嘯吹・上髯」…それぞれ面の種類。

「岩茸・灰茸・鳶茸・坊主茸・紅茸」…それぞれキノコの種類。

問一　＝＝＝1 2 5 6 8のカタカナを漢字に改めなさい（楷書でていねいに書くこと）。

問二　＝＝＝3 4 7 9 10の読み方を現代仮名遣いのひらがなで答えなさい。

問三　――①とありますが、茸の旬はいつですか。春夏秋冬のいずれか一字で答えなさい。

問四　――②③④⑧⑨の最適な意味を左記からそれぞれ選び、記号で答えなさい。

②　ア　放射状　イ　一直線　ウ　大量　エ　高速

③　ア　にわか雨　イ　夕立　ウ　梅雨の雨　エ　春雨

④　ア　間違いない　イ　あやしくない
　　ウ　わからない　エ　許せない

⑧　ア　ずるい　イ　腹立たしい　ウ　感心だ　エ　艶がある

⑨　ア　急に　イ　少しずつ　ウ　たくさん　エ　きちんと

問五　【Q】に本文中より最適な二字を抜き出して入れなさい。

問六　【R】に入る最適なひらがな七文字を考えて答えなさい。

問七　――⑤には、名詞「退治」が動詞化した語が含まれています。この動詞の活用する行と活用の種類を解答欄に合うように答えなさい。

問八　――⑥は加賀の国を指しますが、ここは現在どの都道府県に含まれますか。漢字で答えなさい。

問九　――⑦の意味を十字以上二十字以内でわかりやすく答えなさい。なお「銷」は「消」と同じ意味で使われています。

問十　――⑩のここでの最適な読み方を左記から選び、記号で答えなさい。

ア　いろ　イ　かたき　ウ　あだ　エ　きゅう

問十一　――⑪に当てはまる文法的説明を左記から一つ選び、記号で答えなさい。

ア　疑問　イ　仮定　ウ　断定　エ　反語

問十二　【S】に最適な語を左記から選び、記号で答えなさい。

ア　失っ　イ　吐い　ウ　取られ　エ　遺っ　オ　落ち

問十三　泉鏡花の作品を左記から一つ選び、記号で答えなさい。

ア　浮雲　イ　一握の砂　ウ　三四郎　エ　雪国
オ　高野聖

に、4床板を剥がすと、下は水溜まりになっていて、溢《あふ》れたのがちょろちょろと②蜘蛛手に走ったのだから恐ろしい。この邸……いやこの【　Q　】へ茸が出た。

生えた……などと尋常なことは言うまい。「出た」とおばけらしく話したい。③五月雨のしとしととする時分、家内が朝の間、掃除をする時、5エンのあかりで気が付くと、畳のへりを横縦にすっと一列に並んで、小さい雨垂れに足の生えたようなもののむらがり出たのを、黴《かび》にしては寸法が長し、と横に透かすと、まあ、④怪《け》しからない、ことごとく茸であった。細い針ほどな一寸法師が、一つ一つ、と、歩き出しそうな気配がある。びっくりして、煮え湯で雑巾を絞って、よくぬぐって、まず⑤退治た。が、暮れ方の掃除に視《み》ると、同じように、ずらりと並んで揃って出ていた。これが茸なればこそ、目もまわさずに、じっと堪《こら》えて私には話さずに秘していた。私が臆病だからである。

何しろ梅雨あけ早々にそこは引っ越した。が、……私はあとで聞いて身ぶるいした。むかしは⑥加州山中の温泉宿に、住居の大囲炉裏《いろり》に、灰の中から、笠のかこみ一尺ばかりの真っ黒な茸が三本ずつ、続けて五日も生えた、というのが、6テヂカな三州奇談*に出て居《い》る。家族は一統、7加持よ祈禱《きとう》よ、と青くなって騒いだが、私に似ないその主人、肝が据わっていささかも騒がない。茸だから生えると言って、むしっては捨て、むしっては捨てたので、やがて妖《よう》は止んで、一家に何事の触りもなかった——⑦鉄心銷怪。偉い！……とその編者は賞《ほ》めている。私は笑われても仕方がない。なるほど、その八畳にうたた寝をすると、とろりとすると8シタバラがチクリと疼《いた》んだ。針のような茸が洒落《しゃれ》に突《つつ》いたのであろうと思って、もう一度身ぶるいすると同時に、どうやらその茸が、一つずつ芥子《けし》ほどの目を剥《む》いて、ぺろりと舌を出して、店賃《たなちん》の安いのをあざ笑っていたようで、少々⑧癪《しゃく》だが、しかしおかしい。おかしいが、気味が悪い。

能の狂言に「茸」がある。——山家あたりに住むものが、邸《やしき》じゅう、座敷まで大きな茸が幾つともなく出て祟《たた》るのに困《こう》じて、大峰葛城を渡った知音《ちいん》の山伏を頼んで来ると、「それ、山伏と言っぱ*山伏なり、何と殊勝なか*。」とまず威張って、兜巾《ときん》を傾け、いらたか*の9数珠を揉みに揉んで、祈るほどに、祈るほどに、祈れば祈るほど、大きな茸の、あれあれ思いなしか、目鼻手足のようなものの見えるのが、⑨おびただしく出て、したたか⑩仇をなし、引き着いて悩ませる。「いで、この上は、茄子《なすび》の印を結んで掛け、【　R　】と祈るならば、⑪などか奇特のなかるべき、などか、ちりぬるをわかンなれ。」と祈る時、傘を半びらきにした、中にも毒々しい魔形なのが、二の松*へ這《は》って出る。これにぎょっとしながら、いま一祈り祈りかけると、その茸、傘を開いてスックと立ち、躍りかかって、「ゆるせ、」と逃げ回る山伏を、「取って嚙《か》もう、取って嚙もう。」と脅《おびやか》すのである。——彼らを軽んずる人間に対して、茸のために気を【　S　】たものである。臆病なくせに私はすきだ。

そこで茸の扮装《ふんそう》は、縞《しま》の着附《きつけ》、括袴《くくりばかま》、腰帯、脚絆《きゃはん》で、見徳《けんとく》*、嘯吹《うそぶき》*、上髯《うわひげ》*の面を被《かぶ》る。その傘の逸《いち》もつ*が、鬼頭巾《おにずきん》で武悪《ぶあく》の面だそうである。岩茸《いわたけ》*、灰茸《はいたけ》*、鳶茸《とびたけ》*、坊主茸《ぼうずたけ》*の類《たぐい》であろう。いずれも、塗笠《ぬりがさ》、檜笠《ひがさ》、菅笠《すげがさ》、坊主笠《ぼうずがさ》を被《かぶ》って出るという。……この狂言はまだ見ないが、古寺の広室《ひろま》の雨、10孤屋《ひとつや》の霧のたそがれを舞台にして、ずらりとこの形で並んだら、並んだだけで、おもしろかろう。……中に、紅絹《もみ》の切《きれ》に、白い顔の目ばかり出して褄折笠《つまおりがさ》の姿がある。紅茸《べにたけ》*らしい。あの露を帯び

すぐに自然にそれらを修正しているからだ。しかし、いざ対外的な問題になるとメンツや自尊心、[5]ドリョウの狭さや政治的配慮などから、素直に認められなくなる。これも倫理的過ち以外の何ものでもない。

（池内　了『科学の限界』ちくま新書より。出題のために一部省略した箇所がある。）

問一　——①筆者は、そのために必要なのはどのようなことだと述べていますか。本文中より二点、それぞれ十五字以上二十字以内で抜き出し、解答欄の「～こと。」に続くように答えなさい。

問二　【1】に本文中より最適な四字を抜き出して入れなさい。

問三　——②とはどのような科学ですか。左記の文の空欄 a に十五字以上二十字以内の、本文中の箇所を抜き出して入れなさい。

a ことを通して、人間の可能性を拡大するような科学。

問四　——③の「見返り」とは具体的に何ですか。本文中の五字で答えなさい。

問五　【2】に本文中より最適な四字を抜き出して入れなさい。

問六　——④とは具体的にどのようなことですか。本文中の語句を適切に用い、十字以上十五字以内で答えなさい。

問七　【3】に入る語を本文中の漢字二字で答えなさい。

問八　【4】に入る語を漢字二字で答えなさい。

問九　——⑤とはどのような行動ですか。本文中の語句を適切に用い、解答欄の「～こと。」に続くよう、二十字以上三十字以内で答えなさい。

問十　——⑥の「貢献」とは具体的にどのようなことですか。本文中の語句を適切に用い、四十字以上五十字以内で答えなさい。

問十一　【5】【7】に入る最適なものを左記からそれぞれ選び、記号で答えなさい。

ア　感情的な世論（一時的なもの）に左右されてはならない。
イ　真実に忠実（知的に誠実）であらねばならない。
ウ　実験結果の再検証を虚心で受け入れなければならない。
エ　何があっても事実を正直に公開しなければならない。
オ　社会に役立つ科学の実現に向けて努力しなければならない。

問十二　【6】に入る最適な語を左記から選び、記号で答えなさい。

ア　あたる　イ　はかる　ウ　いたる　エ　かたる
オ　もとる

問十三　——1～5のカタカナを漢字に改めなさい（楷書でていねいに書くこと）。

二　次の文章を読んで後の問題に答えなさい。＊の付いた語には後に注があります。

御馳走には①旬《しゅん》がまだ早いが、ただ見るだけなら何時《いつ》でも構わない。食料に成る成らないは別として、今頃の梅雨には種々《さまざま》の茸《きのこ》がにょきにょきと野山に生える。

野山に、にょきにょき、と言って、あの形を想うと、何となくおどけてきこえて、大分[1]アンチョクに扱うようだけれども、とんでもないこと、あれでなかなか凄みがある。

先年、麹町《こうじまち》＊の土手三番町の堀端寄りに住んだ[2]シャクヤは、ひどい湿気で、遁《に》げ出すように引っ越した事がある。いったい三間《みま》ばかりの棟割り長屋に、八畳も、京間《きょうま》＊で広々として、柱に[3]唐草彫りの釘かくしなどがあろうという、書院づくりの一座敷を、無理につきつけて、家賃をお邸《やしき》なみにしたのであるから、天井は高いが、床は低い。——大掃除の時を据えなければならないと思う。科学には二面性があり、善用も悪用も可能なのである。飼い慣らしていたはずの科学の所産が、ひとつ間違えば大きな災厄となり得る。生活に役立つ3ミンセイ用にも、人を殺す軍事用にも転用できる。人々に大きな利益をもたらす一方、最初から反倫理性を内包している科学もある。科学は、それらをどう考え、社会はどう選択していくべきかを語る「物語」でもなければならない。そのためには、科学者としての倫理を研ぎ澄ませることが必須であろう。

　現状において、多くの科学者が社会の【　4　】(扇動?)役を任じている。科学のマイナス面を一切述べず(あるいは過小評価し)、プラス面ばかりを過大に吹聴するばかりであるからだ。特に経済的利得や安全・安心を過大に強調する。おそらく、そのように語ることが世の中の役に立っていると矜持《きょうじ》を持っているためだろう。原子力ムラの人々は原発の良さばかりを喧伝《けんでん》し、その4ヒハン者には圧力を加えてきた。その結果、世の中に伝わるのは原発推進派の声ばかりとなり、それが「安全神話」を生み出す原因の一つにもなった。⑤そのような行動を科学者としての義務と錯覚していたと思われるのだ。

　原発が事故を起こした後、原子力の専門家は楽観的な推移ばかりを語り、放射線の専門家は微量放射線は何ら恐れるに足りないと語り続けた。この場合は、マイナス面を過小評価したのである。人々が不安でパニックになってはいけないという配慮からだと言われたが、それは本当に人間を大切にした行為なのだろうか。少なくとも、上からの目線で市民を導いてやっているという傲慢《ごうまん》さは指摘しておかねばならない。

　私は、科学者は「社会のカナリア」ともいうべき存在であると思っている。炭鉱に入る鉱夫はカナリアを先頭にする。有毒ガスが少しでも発生していれば、カナリアはそれを感知して鉱夫に知らせるからだ。それと同じように、社会にとって何らかの危険を察知すれば、科学者は前もってそれを市民に知らせる役割を果たせるはずである。専門的知識と経験によって、科学に関わる事項には想像力を発揮できる存在であるからだ。ともすれば善の側面からのみ科学がクローズアップされがちな現代において、事前の警告を与えることは科学者のなし得る⑥社会への大きな貢献なのではないだろうか。「人間を大切にする科学」に、そのような意味合いを込めている。

　ここで、私が考える科学者の倫理規範を提示しておこう。科学者は【　5　】いかなる人間も正確な情報を得る権利があるからだ。それがあればこそ、最初は小さな混乱があるかもしれないが、結局人々は次の行動への的確な判断をするのである。いかなる理由があろうとも、情報の隠蔽《いんぺい》や虚偽は科学者の倫理に【　6　】と言わざるを得ない。

　そして、科学者は現実を直視しなければならない。いかに自分の気に入らない結果であろうと、それをそのまま受け取ることである。実は、それは普段の研究において極めて自然に行っている行動で、思わしくない結果が出れば誤魔化さず受け入れ、別の方向を探っている。そこで敢えてデータを捏造《ねつぞう》したり偽造したりはしていないはずである。科学的事実は人間の望みとは関係しないという当たり前のことをよく知っているからだ。しかしなぜ、いざ社会的な事件となると現実を糊塗《こと》しようとするのだろうか。これは科学者としての倫理違反なのである。

　もう一つは、【　7　】自分の意見が間違っておれば潔くそれを認め、意見を変える点において吝《やぶさ》かであってはならない。これも普段の研究生活では毎日行っている習慣で、自分のアイデアや理論が間違っていれば

【国　語】（六〇分）〈満点：一〇〇点〉

【注意】字数制限のある設問については、句読点・記号等すべて1字に数えます。

一　次の文章を読んで後の問題に答えなさい。

私は、①科学が再び文化のみに寄与する営みを取り戻すべきと考えている。壁に飾られたピカソの絵のように、なければないで済ませられるが、そこにあれば楽しい、なければ何か心の空白を感じてしまう、そんな【　1　】としての科学である。世の中に役立とうというような野心を捨て、自然と戯れながら自然の偉大さを学んでいく科学で良いのではないだろうか。好奇心、探究心、美を求める心、想像する力、普遍性への憧れ、そのような人間の感性を最大限練磨して、人間の可能性を拡大する営みのことである。

むろん、経済一辺倒の現代社会では、そんな②原初的な科学は許されない。一般に文化の創造には金がかかる。ましてや科学は高価な実験器具やコンピューターを必要とするから一定の投資をしなければならず、そうすれば必ずその分の③見返りが要求される。「文化より明日のコメを」という声も絶えることがない。社会もムダと思われるものに金を投ずるのを忌避《きひ》するからだ。それが【　2　】科学とならねばならない要因で、科学者もセールスマンのように次々目新しい商品を用意して社会の要求に迎合していかねばならなくなる。それを逆手にとって、あたかも世の中を1ギュウジっているかのように尊大に振る舞う科学者すら登場するようになった。これほど社会に貢献しているのだから、もっと金をよこせというわけである。金を通しての科学者と社会の綱引き状態と言えるだろうか。

それでいいのかと改めて考え直してみる必要がある。確かに科学には金がかかり、それには社会の支持が欠かせない。「無用の用」にすらならないムダも多いだろう。しかし、ときに科学は世界の見方を変える大きな力を秘めている。事実、科学はその力によって自然観や世界観を一変させ、社会のありように大きな変化をもたらしてきた。社会への見返りとは、そのような概念や思想を提供する役目にあるのではないか。それは万に一つくらいの確率であるかもしれないが、科学の営み抜きにしては起こり得ない貢献である。むろん、天才の登場を必要とする場合が多いが、その陰には無数の無名の科学者がいたことを忘れてはならない。それらの積み上げがあってこそ天才も活躍できるのである。

今必要なのは、「文化としての科学」を広く市民に伝えることであり、科学の楽しみを市民とともに共有することである。実際、本当のところ市民は「役に立つ科学」ではなく、「役に立たないけれど知的なスリルを味わえる科学」を求めている。市民も知的冒険をしたいのだ。それは「はやぶさ」の人気、日食や月食や2リュウセイグンに注がれる目、ビッグス粒子発見の騒動などを見ればわかる。そこに共通する要素は、④「物語」があるという点だ。科学は冷徹な真理を追い求めているのには相違ないが、その道筋は「物語」に満ちている。科学の行為は科学者という人間の営みだから、そこには数多くのエピソードがあり、成功も失敗もある。それらも一緒に紡ぎ合わせることによって「文化としての科学」が豊かになっていくのではないだろうか。それが結果的に市民に勇気や喜びを与えると信じている。

その「物語」を貫く一つの芯として、科学（および科学者）の【　3　】

MEMO

大切なことはメモしておこうネ！

2021年度

解　答　と　解　説

《2021年度の配点は解答欄に掲載してあります。》

＜数学解答＞ 《学校からの正答の発表はありません。》

1　(1)　$(a+2)(a+3)(a-4)(a-5)$　(2)　$2021\pm\sqrt{2}$　(3)　$x=3+\sqrt{2}$，$y=-1-3\sqrt{2}$
(4)　誤っているデータの値　26　正しく直した値　29

2　(1)　45度　(2)　解説参照　(3)　$1+\sqrt{5}$

3　(1)　$70+\sqrt{30}+\sqrt{15}$　(2)　$7\sqrt{15}$

4　(1)　252　(2)　15

5　(1)　$\mathrm{T}\left(\frac{1}{2}, \frac{1}{3}\right)$の値　1　$\mathrm{T}\left(\frac{1}{4}, t\right)=1$となる$t$の値　$\frac{3}{5}$　(2)　8

6　(1)　$\mathrm{A}\left(\frac{\sqrt{3}}{3a}, \frac{1}{3a}\right)$，$\mathrm{B}\left(\frac{1}{a}, \frac{1}{a}\right)$，$\mathrm{C}\left(\frac{\sqrt{3}}{a}, \frac{3}{a}\right)$　(2)　$\frac{\sqrt{3}}{9}$

7　(1)　$\frac{3\sqrt{6}}{4}$　(2)　解説参照　(3)　tの値　$\frac{8}{3}$　体積　$\frac{2\sqrt{6}}{9}$

○推定配点○

1　各5点×4(各完答)　2　(1)　4点　(2)　6点　(3)　4点　3　各6点×2
4　各6点×2　5　(1)　各4点×2　(2)　6点　6　(1)　各2点×3　(2)　6点
7　(1)　6点　(2)　4点　(3)　各3点×2　計100点

＜数学解説＞

1　(小問群―因数分解，二次方程式，連立方程式，資料の整理)

(1)　$a^2-2a=\mathrm{A}$とおくと，$(a^2-2a-6)(a^2-2a-17)+18=(\mathrm{A}-6)(\mathrm{A}-17)+18=\mathrm{A}^2-23\mathrm{A}+120=(\mathrm{A}-8)(\mathrm{A}-15)$　Aを元に戻すと，$(a^2-2a-8)(a^2-2a-15)=(a+2)(a-4)(a+3)(a-5)=(a+2)(a+3)(a-4)(a-5)$

(2)　$2021-x=\mathrm{A}$とおくと，$2022-x=\mathrm{A}+1$，$2023-x=\mathrm{A}+2$　$(2021-x)(2022-x)=2023-x$は$\mathrm{A}(\mathrm{A}+1)=\mathrm{A}+2$と表せる。$\mathrm{A}^2+\mathrm{A}=\mathrm{A}+2$　$\mathrm{A}^2=2$　$\mathrm{A}=\pm\sqrt{2}$　Aを元に戻すと，$2021-x=\pm\sqrt{2}$　$x=2021\pm\sqrt{2}$

(3)　$\frac{1}{x-\sqrt{2}}=\mathrm{A}$，$\frac{1}{x+\sqrt{2}y}=\mathrm{B}$とおくと，$\frac{5}{x-\sqrt{2}}+\frac{2}{x+\sqrt{2}y}=5\mathrm{A}+2\mathrm{B}=1$　$\frac{1}{x-\sqrt{2}}-\frac{5}{x+\sqrt{2}y}=\mathrm{A}-5\mathrm{B}=2$　$5\mathrm{A}+2\mathrm{B}-5(\mathrm{A}-5\mathrm{B})=1-10$　$27\mathrm{B}=-9$　$\mathrm{B}=-\frac{1}{3}$　$\mathrm{A}-5\times\left(-\frac{1}{3}\right)=2$から，$\mathrm{A}=\frac{1}{3}$　$\frac{1}{x-\sqrt{2}}=\frac{1}{3}$なので，$x-\sqrt{2}=3$　$x=3+\sqrt{2}$　$\frac{1}{x+\sqrt{2}y}=-\frac{1}{3}$なので，$x+\sqrt{2}y=-3$　$\sqrt{2}y=-3-(3+\sqrt{2})$　$y=\frac{-6-\sqrt{2}}{\sqrt{2}}=-1-3\sqrt{2}$

(4)　6人の生徒の中央値は，数値の低い方(または高い方)から3番目と4番目の数値の平均値である。よって，中央値が28となるのは，点数の低い方から3番目までのどれかが28以上になるときである。平均値が26であることから，合計値は26×6＝156のはずであり，誤りのある数値の合計の153より3点高い。よって，誤っているデータの値は26であり，正しく直した値は29である。

+α 2 (小問群―平面図形，錯覚，合同，角度，三平方の定理，証明，相似，2次方程式，長さ)

(1)　点Eを通るBCに平行な直線とDCとの交点をGとすると，AD//EG//BCなので錯角が等しいから，∠AFE＋∠BCE＝∠FEG＋∠CEG＝∠FEC　△AEFと△DFCは2辺とその間の角がそれぞれ等しいから合同であり，EF＝FC…①　また，∠AFE＝∠DCFだから，∠AFE＋∠CFD＝∠DCF＋∠CFD＝90°　よって，∠EFC＝90°…②　①，②から，△FECは直角二等辺三角形である。よって，∠AFE＋∠BCE＝∠FEC＝45°

(2)　2円が接するとき，接点は2円の中心を結ぶ直線上にある。よって，$AB=ka+a+1$，$BC=2a+1$，$CA=ka+a$　△ABCで三平方の定理を用いると，$(ka+a+1)^2=(2a+1)^2+(ka+a)^2$　$ka+a=A$とおくと，$(A+1)^2=(2a+1)^2+A^2$　$A^2+2A+1=4a^2+4a+1+A^2$　$ka+a=2a^2+2a$　$ka=2a^2+a$　$k=2a+1$　aは自然数なので，kは3以上であり，2の倍数より1大きい数だから奇数である。

重要 (3)　△ABCは頂角が36°の二等辺三角形なので，底角∠ABC，∠ACBは72°である。∠ABCの二等分線とACの交点をDとすると，△BDCも内角の大きさが36°，72°，72°の二等辺三角形なので，△ABC∽△BDC　よって，AB：BD＝BC：DC　△DBAは2角が等しいので二等辺三角形であり，AD＝BD＝BC＝2　AB＝AC＝xとすると，DC＝$x-2$　よって，$x:2=2:(x-2)$　$x^2-2x=4$　$x^2-2x+1=4+1$　$(x-1)^2=5$　$x>0$だから，$x=AB=1+\sqrt{5}$

3 (立体―表面積，体積，三平方の定理)

やや難 (1)　右図はこの立体の見取り図と展開図を示したものである。△ABG，△CBH，△ACIで三平方の定理を用いることで，$AB=2\sqrt{2}$，$BC=AC=\sqrt{17}$　△CABは二等辺三角形なので，CからABに垂線CMを引くと，$AM=BM=\sqrt{2}$　△ACMで三平方の定理を用いることで，$CM=\sqrt{15}$　よって，$\triangle ABC=\frac{1}{2}\times2\sqrt{2}\times\sqrt{15}=\sqrt{30}$　△DEFは二等辺三角形だから，FからDEに垂線FNを引いて△DFNで三平方の定理を用いると，$FN=\sqrt{15}$　よって，$\triangle DEF=\frac{1}{2}\times2\times\sqrt{15}=\sqrt{15}$　台形ABED，台形ADFC，台形CFEBの面積の和は，$\frac{1}{2}\times(14\times2+15\times4+13\times4)=70$　よって，表面積は，$70+\sqrt{30}+\sqrt{15}$(cm²)

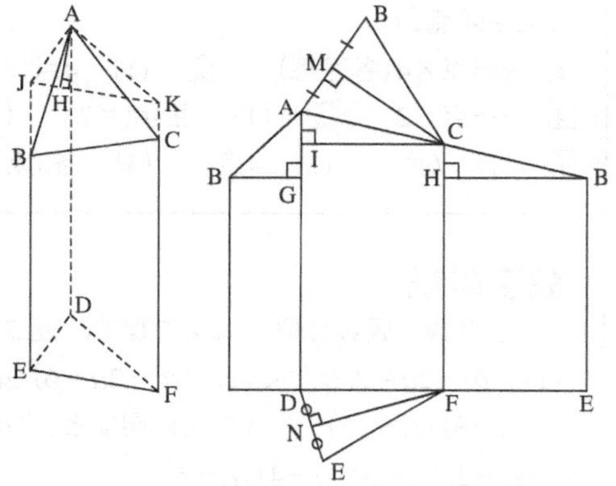

重要 (2)　図に点線部を加えた三角柱AJK－DEFから，四角すいA－JBCKを除いた立体と考える。AからJKに垂線AHを引くと，AHは面JEFKに垂直である。△AJKの面積は$\frac{1}{2}\times JK\times AH$で求めることができ，$\triangle AJK=\triangle DEF=\sqrt{15}$だから，$\frac{1}{2}\times4\times AH=\sqrt{15}$　$AH=\frac{\sqrt{15}}{2}$である。四角形JBCKは台形だからその面積は，$\frac{1}{2}\times(2+1)\times4=6$　よって，四角すいA－JBCKの体積は，$\frac{1}{3}\times6\times\frac{\sqrt{15}}{2}=\sqrt{15}$　三角柱AJK－DEFの体積は$8\sqrt{15}$なので，この立体の体積は，$8\sqrt{15}-\sqrt{15}=7\sqrt{15}$(cm³)

4 (数の性質―場合の数，数の並び)

(1)　$c=8$のとき，a，bは7以下の数から選ぶ。$a=1$のときbは2から7の6通りあり，$a=2$のときbは3から7の5通りある。このように，$a=6$のときまで，$6+5+4+3+2+1=21$(通り)ある。このそれぞれに対してdは9から20までの12通りがある。よって，$21\times12=252$(通り)ある。

やや難　(2)　$c=k$のとき，a，bは1から$k-1$までの数の中から選ぶ。このときの選び方の数は，$1+2+\cdots+k-2$　また，dは$k+1$から20までの$(20-k)$通りある。ところで，455を素因数分解すると，$5\times7\times13$　よって，5，7，13，5×7，5×13，7×13の中から$1+2+\cdots$の和で求められるものをさがすと，$1+2+3+4+5+6+7+8+9+10+11+12+13=91=7\times13$　よって，$k-2=13$から，$k=15$

5 (演算記号―数・文字式の計算)

(1)　$\mathrm{T}(x,\ y)=\mathrm{T}\left(\dfrac{1}{2},\ \dfrac{1}{3}\right)$のとき，$x+y=\dfrac{5}{6}$，$1-x\times y=1-\dfrac{1}{6}=\dfrac{5}{6}$　よって，$\mathrm{T}(x,\ y)=\mathrm{T}\left(\dfrac{1}{2},\ \dfrac{1}{3}\right)=\dfrac{x+y}{1-x\times y}=1$　$\mathrm{T}(x,\ y)=\mathrm{T}\left(\dfrac{1}{4},\ t\right)$のとき，$x+y=\dfrac{1}{4}+t=\dfrac{4t+1}{4}$，$1-x\times y=1-\dfrac{1}{4}t=\dfrac{4-t}{4}$　よって，$\mathrm{T}\left(\dfrac{1}{4},\ t\right)=1$のとき，$\dfrac{4t+1}{4-t}=1$　$4t+1=4-t$　$5t=3$　$t=\dfrac{3}{5}$

(2)　$\mathrm{T}(a,\ f)=1$のとき，$\dfrac{a+f}{1-af}=1$　$a+f+af=1$　$(1+a)(1+f)=1+a+f+af$に代入すると$1+1=2$　同様に，$\mathrm{T}(b,\ e)=1$から，$b+e+be=1$なので，$(1+b)(1+e)=1+b+e+be=2$　$\mathrm{T}(c,\ d)=1$から，$c+d+cd=1$なので，$(1+c)(1+d)=1+c+d+cd=2$　したがって，$(1+a)(1+b)(1+c)(1+d)(1+e)(1+f)=2\times2\times2=8$

6 (関数・グラフと図形―放物線，直線，座標，三角形の面積)

(1)　内角の大きさが30°，60°，90°の直角三角形の辺の比は$2:1:\sqrt{3}$であり，内角の大きさが45°，45°，90°の直角三角形の辺の比は$1:1:\sqrt{2}$である。点A，B，Cからそれぞれx軸に垂線AP，BQ，CRを引いて直角三角形を作ると，$\mathrm{OP}:\mathrm{AP}=\sqrt{3}:1$，$\mathrm{OQ}:\mathrm{BQ}=1:1$，$\mathrm{OR}:\mathrm{CR}=1:\sqrt{3}$　よって，直線OA，直線OB，直線OCの式はそれぞれ，$y=\dfrac{1}{\sqrt{3}}x$，$y=x$，$y=\sqrt{3}x$である。点Aのx座標は方程式$ax^2=\dfrac{1}{\sqrt{3}}x$の解であり，$ax^2-\dfrac{1}{\sqrt{3}}x=0$　$x\left(ax-\dfrac{1}{\sqrt{3}}\right)=0$から，$x=\dfrac{1}{\sqrt{3}a}$　点Bのx座標は，$ax^2=x$から，$x(ax-1)=0$，$x=\dfrac{1}{a}$　点Cのx座標は，$ax^2=\sqrt{3}x$　$x(ax-\sqrt{3})=0$　$x=\dfrac{\sqrt{3}}{a}$　A，B，Cのy座標はそれぞれ，$a\times\left(\dfrac{1}{\sqrt{3}a}\right)^2=\dfrac{1}{3a}$，$a\times\left(\dfrac{1}{a}\right)^2=\dfrac{1}{a}$，$a\times\left(\dfrac{\sqrt{3}}{a}\right)^2=\dfrac{3}{a}$　なお，点Aのx座標は$\dfrac{1}{\sqrt{3}a}=\dfrac{\sqrt{3}}{3a}$　したがって，$\mathrm{A}\left(\dfrac{\sqrt{3}}{3a},\ \dfrac{1}{3a}\right)$，$\mathrm{B}\left(\dfrac{1}{a},\ \dfrac{1}{a}\right)$，$\mathrm{C}\left(\dfrac{\sqrt{3}}{a},\ \dfrac{3}{a}\right)$

重要　(2)　点Bを通るy軸に平行な直線を引き，直線OAとの交点をE，直線OCとの交点をFとすると，$\mathrm{E}\left(\dfrac{1}{a},\ \dfrac{\sqrt{3}}{3a}\right)$，$\mathrm{F}\left(\dfrac{1}{a},\ \dfrac{\sqrt{3}}{a}\right)$　$\triangle\mathrm{BOC}=\triangle\mathrm{OBF}+\triangle\mathrm{CBF}=\dfrac{1}{2}\times\mathrm{BF}\times\dfrac{1}{a}+\dfrac{1}{2}\times\mathrm{BF}\times\left(\dfrac{\sqrt{3}}{a}-\dfrac{1}{a}\right)=\dfrac{1}{2}\times\left(\dfrac{\sqrt{3}}{a}-\dfrac{1}{a}\right)\times\dfrac{\sqrt{3}}{a}=\dfrac{3-\sqrt{3}}{2a^2}$　$\triangle\mathrm{AOB}=\triangle\mathrm{OBE}-\triangle\mathrm{ABE}=\dfrac{1}{2}\times\mathrm{BE}\times\dfrac{1}{a}-\dfrac{1}{2}\times\mathrm{BE}\times\left(\dfrac{1}{a}-\dfrac{\sqrt{3}}{3a}\right)=\dfrac{1}{2}\times\left(\dfrac{1}{a}-\dfrac{\sqrt{3}}{3a}\right)\times\left\{\dfrac{1}{a}-\left(\dfrac{1}{a}-\dfrac{\sqrt{3}}{3a}\right)\right\}=\dfrac{1}{2}\times\left(3-\dfrac{\sqrt{3}}{3a}\right)\times\dfrac{\sqrt{3}}{3a}=\dfrac{\sqrt{3}(3-\sqrt{3})}{18a^2}$　$\triangle\mathrm{BOC}=1$のとき，$\triangle\mathrm{AOB}=\dfrac{\sqrt{3}(3-\sqrt{3})}{18a^2}\div\dfrac{3-\sqrt{3}}{2a^2}=\dfrac{\sqrt{3}(3-\sqrt{3})}{9(3-\sqrt{3})}=\dfrac{\sqrt{3}}{9}$

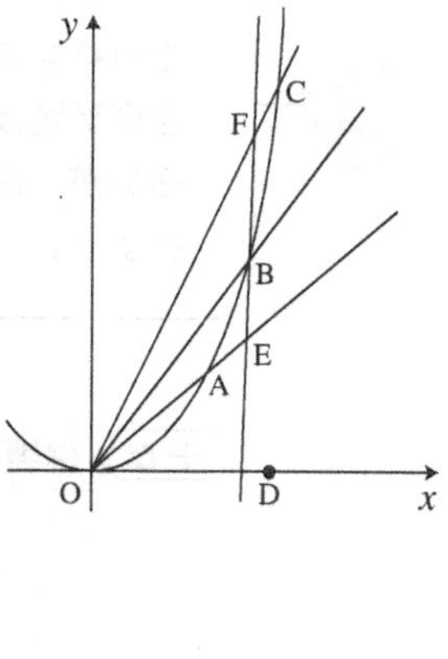

7 （空間図形ー三角すい，三平方の定理，動点，グラフの作成，体積，相似）

やや難 (1)　OA＝OBなので，点Oから△ABCを含む平面に垂線OHを引くと，△OAHと△OBHは斜辺と他の1辺がそれぞれ等しい直角三角形なので合同である。よって，HA＝HB　点Hは線分ABの両端から等しい距離にあるので線分ABの垂直二等分線上にある。同様にHB＝HCだから，点Hは△ABCの外接円の中心である。△ABCは$AB^2+BC^2=CA^2$であり，直角三角形である。直角三角形の外接円の中心は斜辺の中点なので，$AH=CH=\frac{\sqrt{10}}{2}$　△OAHで三平方の定理を用いると，$OH=\sqrt{16-\frac{10}{4}}=\frac{\sqrt{54}}{2}=\frac{3\sqrt{6}}{2}$　よって，四面体OABCの体積は，$\frac{1}{3}\times\left(\frac{1}{2}\times1\times3\right)\times\frac{3\sqrt{6}}{2}=\frac{3\sqrt{6}}{4}$ (cm^3)

(2)　点Qは2秒で4cm進み，点Rは1秒で4cm進むから，点Q，Rの点Oからの距離は右図のようになる。

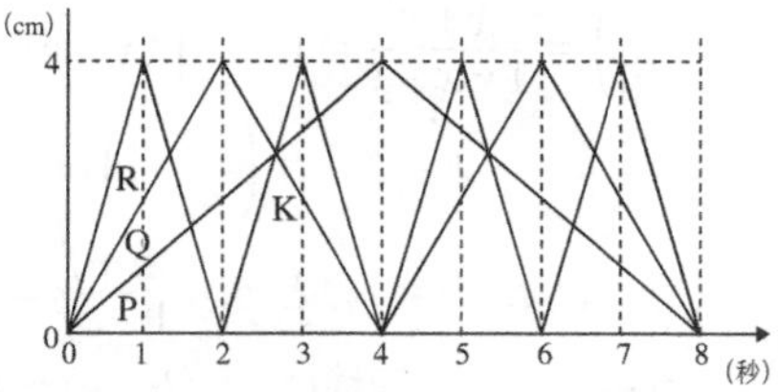

重要 (3)　3点P，Q，Rが同時に点Oを出発してx秒後の点Oからの距離を$y$cmとする。$2\leqq x\leqq3$のときの点Pについては$y=x$…①　点Qについては，$x=2$のときに$y=4$，$x=4$のときに$y=0$だから，$y=-2x+8$…②　点Rについては，$x=2$のときに$y=0$，$x=3$のときに$y=4$だから，$y=4x-8$…③　①と②の交点のx座標は，$x=-2x+8$から，$x=\frac{8}{3}$　y座標は，$y=x=\frac{8}{3}$　①と③の交点のx座標は，$x=4x-8$から，$x=\frac{8}{3}$　y座標は，$y=x=\frac{8}{3}$　したがって，$\frac{8}{3}$秒後に3点は点Oからの距離が等しくなる。また，そのときの点Oからの距離は$\frac{8}{3}$cmであり，そのとき，△OPQと△OABは2組の辺の比が等しくその間の角が等しいから相似であり，PQ//AB　同様にQR//BC，RP//CA　また，PQ：AB＝OP：OA＝$\frac{8}{3}$：4＝2：3　同様に，PR：BC＝2：3，RP：CA＝2：3　よって，3組の辺の比が等しいので，△PQR∽△ABC　したがって，四面体OPQRと四面体OABCは相似であり，相似比は2：3である。相似な立体の体積の比は相似比の3乗なので，四面体OPQRと四面体OABCの体積の比は8：27である。よって，$\frac{3\sqrt{6}}{4}\times\frac{8}{27}=\frac{2\sqrt{6}}{9}$ (cm^3)

★ワンポイントアドバイス★

問題数が多く，しかも，いずれの問題もやや難しい形で出題されているので，完答を目指すのではなく，手がけられそうなものを選んで仕上げていくようにしよう。図形問題は様々な角度から見ていくことが必要なものが多い。計算が煩雑なものが多いが，後で見直す余裕はないかもしれないので，確実・正確に進めることを心がけよう。

＋α は弊社HP商品詳細ページ(トビラのQRコードからアクセス可)参照。

＜英語解答＞ 《学校からの正答の発表はありません。》

Ⅰ 1 have never had 2 as much, as 3 It, not necessary
4 More and more 5 looking forward to 6 too, anything to
7 How [What] about going 8 Not only, but
9 Would [Do], mind helping 10 Hurry up, or

Ⅱ 1 B, are going to 2 D, it is fixed 3 C, who she could ask
4 C, on the other hand 5 D, better go to 6 B, enough to show
7 A, The products made 8 D, her call me back 9 A, If it is
10 D, sleeping baby

Ⅲ 1 as 2 take 3 Though [Although] 4 rather 5 cities 6 the
7 fourth 8 well 9 since 10 which

Ⅳ A 1 d 2 a 3 c 4 b 5 d 6 c 7 d 8 b 9 b 10 b
11 c 12 d 13 a 14 d 15 a 16 a B （ア） 言葉を交わさずとも理解しあえること （イ） 宇宙人による乗っ取りが寝ている間に一夜にして行われること （ウ） 息子が父親に勉強を見てもらわなくなったこと C （ⅰ） （例） I'm afraid that my father has been angry with me since then. （ⅱ） （例） Maybe my father is worrying about the problem (which) we don't know. （ⅲ） （例） I can' t help going to my son's room to see how he is.

○推定配点○

Ⅰ・Ⅱ 各1点×20 Ⅲ 各3点×10 Ⅳ A 各2点×16 B・C 各3点×6 計100点

＜英語解説＞

重要 Ⅰ （言い換え・書き換え：現在完了，比較，不定詞，熟語，進行形，動名詞，接続詞，命令文）

1 「これは私にとって新しい体験だ」「私は今までにこの体験をしたことがない」 現在完了〈have＋過去分詞〉にする。「経験する，体験する」は動詞 have を用いて have an experience と表すので，現在完了は have had となる。

2 「彼は私よりも歴史についてたくさん知っている」「私は彼ほど歴史について多くは知らない」 not as … as ～「～ほど…ではない」

3 「あなたはそんなに大声で話す必要はない」 〈don't have to ＋動詞の原形〉「～する必要はない」 〈It is not necessary for ＋人＋ to ＋動詞の原形〉「(人)にとって～する必要はない」

4 「コロナウイルスに感染した人の数が増えている」「ますます多くの人々がコロナウイルスに感染している」 more and more ～「ますます多くの～」

5 「私は私たちが一緒に働くことに対してわくわくしている」「私はあなたと一緒に働くことを楽しみにしている」 look forward to ～ing 「～することを楽しみにする」 この熟語はよく現在進行形で用いられ，ここでも I'm looking forward to working ～ となる。

6 「時間が遅かったので何もできなかった」 〈It is too … for － to ＋動詞の原形〉「…すぎて一は～できない」

7 「明日映画に行きましょう」「明日映画に行くのはどうですか」 How [What] about ～ing? 「～するのはどうですか」は相手を誘ったり，何かを提案したりする時の言い方。

8 「彼はレースに勝ち，新記録も出した」「彼はレースに勝っただけでなく，新記録も出した」 not only ～ but also …「～だけでなく…」 Not only が文頭に置かれる場合は主語と動詞が倒置されて，he won という通常の語順から did he win へ変わる。

9「あなたにいすを片付けるのを手伝っていただきたい」「いすを片付けるのを手伝ってもらってもいいですか」 Would [Do] you mind ~ing? は相手に何かを頼む時の言い方だが，直訳すると「～するのは嫌ですか」となるため，引き受ける時は Of course not. や Not at all. と否定で答える。

10「どうしてまだ服を着ていないの？　学校に遅れるよ！」「急いで服を着なさい，さもないと学校に遅れる」 Hurry up and ～「急いで～しなさい」〈命令文…, or ～〉「…しなさい，さもないと～」

やや難 **Ⅱ（正誤問題：受動態，間接疑問，時制，熟語，助動詞，不定詞，分詞，接続詞）**

1「あなたの健康診断の結果は，来週両親に送付される予定だ」 文の主語 The results は複数なので，対応する動詞は are going となる。

2「今，インターネットがつながらないので，修理されるまでお待ちください」 Dを受動態 it is fixed にする。

3「彼女は誰に助けを求めたらよいかわからないと言った」 Cは間接疑問で〈疑問詞＋主語＋動詞〉の語順になる。また can は時制の一致を受けて過去形 could になるため who she could ask が正しい。

4「私は都市に住むのが好きだ。他方，妻は田舎の暮らしを好む」 on the other hand「他方で」

5「私たちは明日とても早く出発しなければならないから，もう寝たほうがよい」〈had better ＋動詞の原形〉「～したほうがよい」

6「私は道に迷ったが，誰かが親切にも駅に行く最も簡単な行き方を教えてくれた」〈形容詞＋enough to ＋動詞の原形〉「～するほど…」 kind enough to show は「教えてくれるほど親切だった，親切にも教えてくれた」となる。

7「日本製の製品は高品質のため人気が高い」 The products made in Japan「日本製の製品」

8「私は今，会議中なのでメアリーと話せない。彼女に私へ電話をかけ直させてください」 Dの前の have は使役動詞で，〈have ＋人＋動詞の原形〉で「(人)に～させる」。ここでは「メアリーに対して，私に再度電話するようにさせる」となるよう，have her call me back となる。〈call ＋人＋ back〉「(人)に電話をかけ直す，(人)に再度電話する」

9「明日天気がよければ，公園へピクニックに行くといいと思う」 時や条件を表す副詞節中では未来のことも現在形で表すため，Aは If it is となる。

10「寝ている赤ちゃんを起こさないように静かにしてください」 so that ～「～するために」 Dは形容詞的用法の現在分詞で sleeping baby「寝ている赤ちゃん」とする。

Ⅲ（長文読解問題・紹介文：語句補充，前置詞，熟語，接続詞，冠詞，関係代名詞）

2020年夏季オリンピックは，Tokyo2020 [1]として一般的に知られているが，本来は2020年7月24日から8月9日まで開催される予定だった。しかしCOVID-19のパンデミックのため，それが延期されて2021年の7月23日から8月8日に [2]開催すると2020年の3月に発表された。2021年に開催される [3]けれども，Tokyo2020という名称は営業戦略やブランド戦略のために維持される。オリンピックが中止では [4]なく延期されたのは今回が初めてだ。

2013年9月7日，アルゼンチンのブエノスアイレスにおけるIOC総会で，東京はライバル [5]都市のトルコのイスタンブールとスペインのマドリッドを破り，オリンピック開催権を勝ち取った。日本は夏季オリンピックを2度目に開催することになる。1度目は1964年に同じく東京で開催された。それで東京は [6]そのイベントを2回開催するアジア初の都市となる。全体としては，これは日本で開催された [7]4回目のオリンピックとなる。日本は冬季オリンピックも1972年(札幌)と1998年(長野)に開催しているのだ。

Tokyo2020では新しい競技や種目がいくつか追加されている。空手，スポーツクライミング，サーフィン，スケートボードなどの全く新しい競技や，フリースタイルBMXや3人制バスケットボールなどの新種目，[8]さらに2008年[9]以来初めて野球とソフトボールが復活した。合計で，33の競技を代表する339の種目が行われる予定で，[10]それらの多くが主に都市の中心部か湾岸地域にある会場で開催される予定だ。

1　known as ～「～として知られる」　2　take place「行われる，開催される」　3　Though［Although］～, …「～だけれども…」　4　A rather than B「BというよりむしろA, BではなくA」　5　空所の前の rival は「ライバル」(名詞)，「ライバルの」(形容詞)の意味がある。ここでは形容詞と考え city「都市」を複数形にして cities を入れる。　6　冠詞 the を入れる。the event「そのイベント」は the Summer Olympics のこと。　7　1964年(東京)，1972年(札幌)，1998年(長野)に続き4度目。　8　A as well as B「BだけでなくAも」　9　since ～「～以来」　10　関係代名詞 which を入れる。この which は継続用法(非制限用法)。

Ⅳ　(長文読解問題・物語文：英問英答，語彙，内容吟味，語句解釈，熟語，指示語，和文英訳，現在完了，関係代名詞，不定詞)

[1]　近頃僕は，父がもう父ではないという気がしてならない。

僕たちはかつてとても仲が良かった。実際に友達同士のようだった。僕たちはお互いを理解していた。それは母やスージーでも簡単には入り込めないような，本当に男と男の間柄で，父自身も私たちの関係をそのように言い表していた。家族の中の女性が私たち①をうらやましがった時にはいつも。

これがどの父親と息子の間にもある特別なものかどうか，僕にはわからない。親友のジェリーはいつも，僕に仲良しの父親がいることをうらやましく思っている。というのも彼の父親は仕事で台湾に行っていて，めったに帰ってこないから。学校のトニーはいつも僕に，自分は父親が心底嫌いだと言う。僕たちの家から1ブロック先に住んでいるケイシーにはそもそも父親がいない。ジェリーによると，僕たちは常にテレパシーを送りあい，言葉を使わずともお互いを理解できるソウルメイトだそうだ。

僕たちが5月にジェリーを釣りに連れて行った時，彼は(ア)この目に見えない僕たちの絆を感じたと言う。それは鱒のよい時期で，僕たちはある日曜にマース湖へジェリーを連れて行った。その魔法のように素晴らしい日に僕たちが20匹以上の鱒を釣り上げている間，彼は僕たちがテレパシーでつながっていて，鱒を次から次へと言葉を交わさずに釣り上げ，釣りあげ担当と捕まえ担当として行ったり来たりしている，と主張した。

しかし僕にとって，その日はまさに，父と僕の間の奇妙な距離に初めて気づいた日だった。その日小さな事件が起きた。僕は興奮しすぎて，次の鱒を捕まえようと釣り竿を振り回し，誤って釣り針を父の耳に突き刺してしまった。それはひどく痛んだに違いない，というのも父の顔は痛みにゆがみ，ほんの1秒ほど父と目が合うと，その目は僕が釣りの経験がたくさんあるにもかかわらずあまりにも軽率かつ素人のようにふるまったこと②を責めているように見えた。

僕はパニックになって固まってしまった。僕は父の皮膚からその釣り針を冷静にやさしく取り除くべきだったが，父が自分でそうした。もちろん僕は謝り，もちろん父は僕に心配するなと言ったけれど，(i)それ以来ずっと父は僕に怒っているんじゃないだろうか。

それか，もしかしたら僕の数学の成績が中学で下がっているせいかもしれない。数学は6年生まで僕の大好きな教科で，父は僕を会計士の息子としてとても誇らしく思っているようだった。父はそれをあまりはっきりとは表さなかったけれども。父は僕にいつも，僕が将来やりたいことは何でもできる，でも選択肢がたくさん持てるように全ての教科を一生懸命勉強しなくてはならない，と言っている。でも僕が父に，お父さんのような会計士になりたい，本当に格好良い仕事に見えるから，と言った時，父の目が一瞬キラリと輝いたのがわかった。そして僕は誕生日に新しいロードバイクを買ってもらうために，③父に気に入られようとしていただけではなかった。僕は数学が得意だったし，父は格好いい大人として僕の模範だったので，その時は本当に会計士になることは僕の将来にとって良い選択だと思っていた。

でも代数が出てきてから僕は苦戦していて，僕はテストでかろうじて平均点を取れるくらいだというのに，数学に天性の素質があるジェリーはクラスでトップスリーのポジションをキープしていた。そして近頃，僕はかつてのようにジェリーをうらやましいとすら思わない。次第に自分の限界がわかってきたし，同時に僕は頭の中で公式を立てるよりも読書したり物語を書いたりするほうがずっと興味があると実感している。

先日の夜，僕は『ボディ・スナッチャー』という本当に怖いSF映画を見た。映画の中で，宇宙から来た宇宙人が地球の人々の体を乗っ取り，ある小さな町の全人口がゆっくりと確実に宇宙人になっていく。(イ)とても恐ろしいことは，その乗っ取りがあなたの寝ているうちに一夜にして行われることで，ベッドの下にこっそりと置かれた巨大な繭のようなものがあなたの生命力を吸い上げ，今度はその繭の中で完全に人間のように見える，あなたそっくりの生物が育つ！　そして本物のあなたが全ての力を体から吸われてしぼみ，最終的には消えてしまうと，偽物のあなたが朝，目を覚まして何事もなかったかのように1日を始める。ただ，本物のあなたと偽物のあなたの最大の違いは，偽物のあなたは人間の感情を持っていないことで，だから彼らは一様に無表情で無感情に見える。近所の人に微笑みかけることは決してなく，ただうなずくだけだ。

僕はたいていこういう夜遅い時間の恐怖映画④にとても興奮するが，この映画は特に頭に残って何日も悪夢を見せられている。夢の中では，家族の中で最初に繭人間になるのはいつも父で，母のベッド，スージーのベッド，そして最後に僕のベッドの下に繭を隠す。

僕は父が全ての感情をなくしてしまったと言っているのではない。父は今でも夕食の時に笑ったり，ほほ笑んで母にキスしたり，テレビでマリナーズが負ける時はいつも興奮してその後怒る。でも僕には，父がそういうふりをしているだけに見える。父は近頃とてもうつろに見える。まるで本当の父がどこか体の奥底に隠れ，出てくるのを嫌がっているかのように。仕事でストレスを感じているのかもしれない。(ⅱ)父は僕らには分からない問題で悩んでいるのかもしれない。父はかつて僕に会計士の仕事は頭痛の種になりうると言ったことがある。

または，父は病気だけれど僕らを心配させないように言っていないのかもしれない。職場で行われる年1回の健康診断で何か起きたのだろうか？　父はそれについて一言も言っていない。もしかしたら母は何か知っているかもしれないが，もし父に何か悪いところがあったら，母はそれを隠しておくことができないだろう。母の言葉，表情，動きの1つ1つに表れるはずだ。

というのは，もし母が今でも母ならば，の話だが。父はすでに母を繭に乗っ取らせた可能性があるのだ…

最近，毎晩ベッドの中で考えているように，今夜もこのようなことを考えていると，僕は眠れなくなってしまった。母と父が階下で話しているのが聞こえる。もちろん彼らが実際に何を言っているのかは聞こえないが，彼らの声の調子はお互いに内緒事をささやきあっているように聞こえる。スージーと僕に聞かれたくない何かを。それは親にとって珍しいことではないとあなたは言うかもしれないが，でも僕は彼らの声にある種のずるさを感じる。

もしかしたら彼らはスージーと僕を繭人間にする計画について検分しているのかもしれない。

今，彼らは話すのをやめた。足音が階段を上がってくるのが聞こえる。間違いなく父の足音だ。

じゅうたんの上にゆっくりと重い歩調がするから，僕はいつもすぐにわかる。そして今，足音は2階に到着して僕の部屋に向かってくる。

そして足音は僕の部屋の前で止まった。ドアの反対側に父がいるのがわかる。息を殺し，耳を澄ませて僕が寝ているかどうか確かめている。

手に繭を持ち，それを僕のベッドの下に静かに滑り込ませる準備をしている…

今，父はドアノブに手を伸ばしている。それがゆっくりと回るのが聞こえる。僕は叫びたいがどうしてそんなことができる？　もし叫べば，彼らは僕が知っていると知る，そして僕を繭人間にするためにやらねばならないことを，たとえそれがどんなに乱暴なことであってもするだろう。僕は静かにして寝ているふりをしなくてはならない。そして父が繭を下において，僕を確実に仕留めると思って部屋から出て行ったら，僕はこういう緊急事態のためにこっそりと取っておいたライターでその繭に火をつけよう。（映画では，繭は紙のように簡単に火がついて燃え，わずかな灰しか残らなかった）そして窓から静かに脱出できるかやってみよう。ジェリーのところで助けを求められるかもしれない，彼らがまだ繭にされていなければ。僕はスージーを一緒に連れていくべきだ，しかしどうやって僕は自分の部屋からこっそりと抜け出し，彼女の部屋に行って彼女を起こし，両親が宇宙人になってしまったということを理解させ，両親に気づかれずに，つまりスージーに泣き声をあげさせずに，窓から彼女を連れ出すことができる？　僕は後で彼女のために戻ってこなくてはならない，手遅れでなければ。

今，ドアが開き，父が僕の暗い部屋に入ってくるのを感じる。僕は目を固く閉じ，ぐっすりと寝ているふりをして，自然に規則的に呼吸するよう頑張る。僕はとても怖くて，汗が体の全ての毛穴から出てくる。

そして突然，僕は父と過ごした全ての素晴らしい時を思い出し，泣きたくなる。僕の想像にすぎないかもしれないけど，僕の素晴らしくて格好いい父が宇宙人に連れ去られてしまったことを考えると，そして父が近頃変わってしまって僕たちの距離が遠くなってしまったことを考えると，僕はとても悲しくて腹が立つ。

実際，僕は涙が目からあふれ出て頬を流れるのを止められない。父が，または偽物の父が僕の体を間近で見ているので，僕はこうすべきではないとわかっている。父は僕が寝たふりをしているとわかって，今にも荒っぽいやり方をしようとするかもしれない。僕を眠らせるために薬をかがせるとか。

僕は寝ているふりさえすればよい。涙の跡が頬に見えていたとしても，父は僕が悪夢を見ていると思ってそのまま僕を寝かせておくかもしれない。僕のベッドの下に繭を入れたまま，もしくは繭を入れずに。だからただ⑤耐えろ。父が僕の部屋から出ていくまで，そして僕が何も知らずに無防備に眠っていると父が満足するまで，もう少し頑張れ。あともう少し…

2　最近私は自分の息子が理解できない。

私たちはとても仲が良いと私はずっと思っていた。私たちは一緒にたくさんのことを楽しんできた。私たちは映画の趣味が同じで，音楽も同じ場合があった。私は息子をトレーニングして良いアスリートにするような非常に男らしい父親ではなかったかもしれないが，それでも私は息子に釣りの仕方や自転車の乗り方を教え，女の子が時々気まぐれになることを教えた。私たちには家族内の女性たちにはわからない内輪のジョークがあった。

もしかしたら彼は全ての少年少女が経験するような方法で，自分自身の思春期を経験しているだけなのかもしれない。私自身，そのような10代の悩みの時期を経験したし，そのような間には両親に対してコントロールできない怒りを感じたが，ニューヨークの大学に通うために実家を出ると，そのようなことは全て暴風雨のように過ぎ去った。

しかし私の息子に関しては，全てが突然のように思われる。私たちは夏の終わりまで問題なかったが，先月，中学の最終学年が始まって以来，彼は私に対し繭人間のように距離を置き，よそよそしくなった。まるで彼は自分の周りに壁を築き，壁の小さな穴から外を覗き見ているかのように。彼は私を怖がっているかのようにすら見える。

私は彼の勉強に過度のプレッシャーを与えていないことを望んでいる。私は常に喜んで学校の勉強を手伝ってきたし，彼は特に数学がよくできた。そしてそれは私たちに共通するもう1つの事柄だと私は思った。しかし近頃，彼はそれに苦戦している様子だ。もう彼は私に助けを求めに来ないので，はっきりとは分からないが。(ウ)それは自立の良いサインだ，または私がそう思いたいのかもしれないが。でももし彼が苦戦していることを後ろめたく感じているならば，私は気づかぬうちに，会計士の息子として数学でよい点を取るよう彼を追い込んでいたのかもしれない。彼がかつて私に，私と同じ職業になりたいと言った時，私は本当にうれしかった。でも私は息子の将来に対してオープンな気持ちでいて，⑥それを制限することは私が最もしたくないことだ。

私は職場の健康診断の結果がとても気になっていたので，ここ数週間は私自身が家族に対して距離を置いていたかもしれない。結果は昨日出て，胃のレントゲン写真に写っていた影は良性だとわかった。私はこのことについて誰にも，妻にさえも言わなかったが，私は夕食の時に冗談めかしてみんなに話しておくべきだった。今や私の心配は⑦無用だったとわかったのだから。

今夜，私は妻にそのことについて話した。大学で児童心理学を専攻した妻が言うには，それは10代の少年によくあることで，同性の親であり家族の長である父親に対して特に敵意を感じるということだ。私はまた，息子が学校でいじめられているのではないかと心配したが，彼女は彼にはジェリーやトニーのような一緒に遊ぶ良い友達がいるし，もし誰かが彼に意地悪だったとしても彼らが彼の味方をしてくれるだろうと言って，即座にその懸念を否定した。心理学修士であり日々彼の世話をする母親からこう聞けて私は安心したが，それでは実際に何が彼を近頃むしばんでいるのか？

(iii)息子の様子を確かめに彼の部屋に行かずにはいられない。遅い時間だし1時間以上前に彼は中に入っていったから，もうきっと寝ているはずだ。

私は静かに階段を上がり，彼のドアの前に立つ。明かりは消えていて部屋の中はとても静かなようだ。

私はとてもゆっくりとドアノブを回し，ドアを開けて暗い部屋に体を滑り込ませる。息子はベッドで規則的に息を立てている。私は彼のベッドサイドに近づき，彼の顔を見下ろす。

彼はぐっすり眠っているようだ。彼の寝顔はとても子供っぽく，赤ちゃんの頃から変わっていないように見え，私は息子に対する圧倒的な愛を感じる。

しかし，1年のこの頃はすでに夜にかなり冷えるのに，彼は汗をかいているようだ。彼が悪い夢を見ていないといいのだが。

そして彼の頬を流れているのは涙か？　ああ何てことだ，かわいそうに小さな心の中で何が起こっているのだろうか。寝ている間に彼をこんなふうに泣かせるのはどんな夢なのか？

さあ，がんばれよ。お前が生きているのは確かに厳しい世界だが，お前には私がいる。何が起ころうとも，お前のお母さんと私はお前とスージーの味方だ。

だからもう泣くな。

A　1 「[1]の『私』と[2]の『私』の関係は何か」 (d)「少年とその父親」

2 「下線部①の『うらやましがる』とはどのような意味か」 (a)「ほかの人が持っているものをほしいと願うこと」

3 「下線部②の『責める』とはどのような意味か」 (c)「誰かが悪い，間違っている，と言ったり感じたりすること」

4 「釣りの事故の後，少年はどう感じたか」 (b)「彼は父親が自分に対して失望することを恐れた」

重要 5 「下線部③『僕は父に気に入られようとしていただけではなかった』はどのように書き換えることができるか」 (d)「僕は父を喜ばせるためだけにそう言ったのではない」 favor は「好意，支持」を表し，win his favor「彼の好意を勝ち取る」は「彼に気に入られる，彼の機嫌を取る」という意味。not just ～「ただ～というわけではない」

6 「息子が父親は変わってしまったと考える理由として当てはまらないものはどれか」 (c)「彼は自分のひいきの野球チームに対して不満である」

7 「話の中で『ボディ・スナッチャー』を紹介する意義は何か」 (d)「読者をその少年と同じ気持ちにさせて怖がらせる」

8 「下線部④『とても興奮する』はどのように書き換えることができるか」 (b)「非常に興奮する」 get a kick out of ～「～に興奮する」

9 「少年は寝ているふりをしている時にどうして泣き出すのか」 (b)「父親と一緒に過ごした楽しい時間を恋しく思う」

10 「下線部⑤『耐えろ』はどのように書き換えることができるか」 (b)「じっと静かにしている」 hold on「持ちこたえる，耐える，頑張る」

11 「父親が息子は変わってしまったと考える理由として当てはまらないものはどれか」 (c)「彼は息子が誤って彼の耳に釣り針を突き刺してしまった時に怒った」

12 「父親の息子に対する気持ちとして正しいものはどれか」 (d)「彼は自分自身の10代の頃を思い出し，息子を理解しようとしている」

13 「下線部⑥『それを制限することは私が最もしたくないことだ』はどのように書き換えることができるか」 (a)「私は彼の将来を制限したくない」 the last thing ～「最も～でないこと」

14 「下線部⑦の『無用』とはどのような意味か」 (d)「無駄な，無用の」 in vain「無駄な」

やや難 15 「正しくないものはどれか」 (a)「父親は息子がベッドで寝ているふりをしていることにおそらく気づいている」

やや難 16 「この後におそらく起こらないことはどれか」 (a)「息子が繭人間にされる」

B （ア） 直前の文の always sending ～ without using words の内容を指す。

（イ） 具体的な内容は直後の that 以下の that the switching takes place overnight when you are sleeping の部分である。

（ウ） 直前の since 以下の he doesn't come to me for help any longer を指す。

重要 C （i） 良くないことを推測して「～ではないだろうか」は I'm afraid that ～ とする。「それ以来ずっと」は現在完了で表す。be angry with ～「～に怒っている」

（ii） worry about ～「～について心配する，悩む」「僕らにはわからない問題」は目的格の関係代名詞を使って the problem which we don't know とする。

（iii） can't help ~ing「～せずにはいられない」「息子の様子を確かめに」は to see how he is「彼がどんなふうか見るために」でよいだろう。

★ワンポイントアドバイス★

Ⅳの長文に十分な時間がかけられるよう，Ⅰ～Ⅲの問題をてきぱきと解き進めよう。

＜国語解答＞ 《学校からの正答の発表はありません。》

一　問一　一点目　「文化としての科学」を広く市民に伝える(こと。)(19字)
　　　　二点目　科学の楽しみを市民とともに共有する(こと。)(17字)
問二　無用の用　　問三　自然と戯れながら自然の偉大さを学んでいく(20字)
問四　大きな変化　　問五　役に立つ　　問六　成功や失敗などのエピソード(13字)
問七　倫理　　問八　先導　　問九　(例)　科学のマイナス面には触れず，経済的利得や安全を過大に強調する(こと。)(30字)　　問十　(例)　専門的知識と経験によって想像力を働かせ，社会にとっての危険を前もって人々に知らせること。(44字)
問十一　【5】エ　　【7】イ　　問十二　オ　　問十三　1　牛耳　　2　流星群　　3　民生　　4　批判　　5　度量

二　問一　1　安直　　2　借家　　5　縁　　6　手近　　8　下腹
問二　3　からくさ　　4　ゆかいた　　7　かじ　　9　じゅず　　10　きり
問三　秋　　問四　②　ア　　③　ウ　　④　エ　　⑧　イ　　⑨　ウ　　問五　座敷
問六　いろはにほへと　　問七　ザ(行)上一段(活用)　　問八　石川県
問九　(例)　強い心で怪しい物を消し去る。(14字)　　問十　ウ　　問十一　エ
問十二　イ　　問十三　オ

○推定配点○
一　問三・問四・問六・問九　各4点×4　　問十　6点　　他　各2点×14
二　各2点×25　　計100点

＜国語解説＞

一　(論説文―文脈把握，指示語，脱文・脱語補充，漢字の読み書き，ことわざ・慣用句・故事成語，要約・説明，書き抜き)

問一　――①の「寄与する」は役に立つ働きをするという意味なので，科学が文化に役立つために必要なことを述べている部分を探す。――①を含む冒頭の段落以降で，科学が文化に寄与することの重要性を述べており，その後の「今必要なのは」で始まる段落で「今必要なのは，『文化としての科学』を広く市民に伝えることであり，科学の楽しみを市民とともに共有することである」と，科学が文化に役立つために必要なことを述べている。ここから，二点抜き出す。

問二　直前の「なければないで済ませられるが，そこにあれば楽しい，なければ何か心の空白を感じてしまう」に通じる語を探す。「それでいいのか」で始まる段落に，役に立たないように見えて実は大いに役立っている，という意味を表す「無用の用」という語がある。

問三　――②の「原初」は，物事の一番初めの意味。――②の直前に「そんな」とあるので，前の内容に着目する。直前の段落に「世の中に役立とうというような野心を捨て，自然と戯れながら自然の偉大さを学んでいく科学で良いのではないだろうか……人間の可能性を拡大する営みのことである」とあり，これが「原初的な科学」にあたる。a の直後の「ことを通して」に続く箇所を抜き出す。

問四　「見返り」という語に着目すると，直後の段落に「社会への見返りとは，そのような概念や思想を提供する役目にあるのではないか」とあるのに気づく。「そのような概念や思想を提供する役目」は，具体的に何を意味するのかを考える。「そのような」という指示語があるので，直前の文の「社会のありように大きな変化をもたらしてきた」に着目し，ここから五字の語を抜き出す。

問五　直前の文「ムダと思われるものに金を投ずるのを忌避する」結果，どのような「科学とならねばならない」のかを考える。ムダにならない，という意味を表す語を探すと，「今必要なのは」で始まる段落に「役に立つ科学」という語がある。「【　2　】科学」は，「【　1　】としての科学」と対照的な内容を持つことも確認しておく。

問六　――④「物語」について，一つ後の文で「科学の行為は科学者という人間の営みだから，そこには数多くのエピソードがあり，成功も失敗もある」と具体的に説明している。この内容を「エピソード」や「成功」「失敗」などの語を用いて，簡潔にまとめる。市民が求めているものは何か，あるいは，「市民に勇気や喜びを与える」という視点から考えるとよい。

基本　問七　前後の文脈から，「善用も悪用も可能」な科学において「『物語』を貫く一つの芯」として「据えなければならない」ものは何かを考える。同じ段落の最後に「科学は……社会はどう選択していくべきかを語る『物語』でもなければならない。そのためには，科学者としての倫理を研ぎ澄ませることが必須」と同様の内容を述べており，ここから適当な漢字二字の語を選ぶ。

問八　直後の「(扇動？)」に着目する。人々の気持ちをあおってある行動を起こすよう仕向ける「扇動」ではないかと，筆者が皮肉をこめて表現している部分である。筆者が科学の本来の働きと考える，同じ「センドウ」という読みを持つ語が入る。

やや難　問九　――⑤の前後から，「安全神話」の原因となり，「科学者としての義務と錯覚」されていたのは，どのような行動なのかを考える。同じ段落の「原発の良さばかりを喧伝し，そのヒハン者には圧力を加えてきた」などの例を参考に，「科学のマイナス面を一切述べず……プラス面ばかりを過大に吹聴するばかり」や「特に経済的利得や安全・安心を過大に強調する」などの表現を用いてまとめる。

重要　問十　同じ文の「事前の警告を与えること」を，――⑥「社会への大きな貢献」としている。この「事前の警告を与える」ことを具体的に述べている部分を探す。同じ段落で「社会にとって何らかの危険を察知すれば，科学者は前もってそれを市民に知らせる役割を果たせるはず……専門的知識と経験によって，科学に関わる事項には想像力を発揮できる存在であるからだ」と具体的に述べており，この内容を簡潔にまとめる。

重要　問十一　【5】【7】には，筆者が考える「科学者の倫理規範」が入る。【5】の直後の「いかなる人間も正確な情報を得る権利があるからだ」という理由から，【5】には，正確な情報を提供しなければならないという内容が入る。「正確な情報を提供」は，エの「事実を正直に公開」と置き換えられる。次に，【7】の直後の「自分の意見が間違っておれば潔くそれを認め，意見を変える点において吝かであってはならない」という説明に着目する。このような態度の元となっているのは，イの「真実に忠実(知的に誠実)であらねばならない」という考えである。アの「感情」については本文では述べていない。ウは実験に対する具体的な姿勢で，「倫理規範」とは言い難い。オの「社会に役立つ」は，【5】【7】のいずれの空欄の前後からも読み取ることはできない。

問十二　直前の「倫理に」に続くにふさわしい語を選ぶ。そむく，反する，という意味の語が入る。

問十三　1「ギュウジる」で，団体や組織などを支配し思いのままに動かすという意味になる。

2　毎年定期的に出現する流星の一群。「群」の訓読みは「む(れ)」。　3　人々の生活。　4　人の言動や仕事などの誤りや欠点を指摘し，否定的に評価すること。「批」を使った熟語には，他に「批評」「批准」などがある。　5　他人の言動を受け入れる広くおおらかな心。

二　(随筆ー脱文・脱語補充，漢字の読み書き，語句の意味，三字・四字熟語，ことわざ・慣用句・故事成語，品詞・用法，文学史)

問一　1　手段や対応が手軽で安易な様子。「直」の他の音読みは「ジキ」。　2　借りた家。「借」の訓読みは「か(りる)」。　5　和風住宅で座敷の外部に庭に面して作られた板敷の部分。他に，人と人との関係，前世からの因縁などの意味がある。　6　ごく普通にあってわかりやすいこと。　8「腹」の音読みは「フク」で，「抱腹絶倒」「腹案」などの熟語がある。

問二　3　つる草がからんでいる様子を図案化した模様。　4　建物の床に張ってある板。「床」の他の訓読みは「とこ」。　7　災難を除くよう印を結び呪文を唱えて仏に祈ること。　9　仏様を拝むときに手にかける小さな玉をつないだ輪。特別な読み方をする熟字訓。　10　音読みは「ム」で，「濃霧」「五里霧中」などの熟語がある。

基本　問三　茸が多く生えるのは，秋。

問四　②「くもで」と読む。八方に広がる蜘蛛の足をイメージする。　③「さみだれ」と読む。陰暦の五月ごろに降る長雨のこと。　④「怪しからぬ(怪しからん)」という似た表現がある。道理や礼儀から外れていて許せない，という意味になる。　⑧　腹が立つこと。「癪に障る」「癪を言う」などの表現がある。　⑨　漢字で書くと「夥しい」で，数量が非常に多い，程度がはなはだしいという意味になる。

やや難　問五「茸が出た」場所を入れる。直前で「この邸……いや」と言い換えていることに着目する。同じ段落に「書院づくりの一座敷を，無理につきつけて，家賃をお邸なみにしたのであるから」とあり，筆者は「お邸」ではなく，本当は「座敷」だと思っていることから考える。

問六　山伏が茸を退治しようと呪文を唱えている。同じ呪文の中の「ちりぬるをわかンなれ」の「ちりぬるを」に続くひらがな七字を答える。山伏は，呪文の文言をごまかして言っている。

問七「退治た」は，「退治る」という動詞の連用形に完了の意味を表す助動詞「た」が付いたもの。「退治」は，語幹が「たい」で，「じ／じ／じる／じる／じれ／じろ・じよ」と活用する。

問八「加賀の国」と「能登の国」が含まれるのは，現在の石川県。

問九「てっしんかい(を)け(す)」と書き下す。「鉄心」は鉄のように強い心として考える。

問十「仇」には，「あだ」「かたき」という読みがある。ここでは，茸が山伏に反撃しているので，仕返しをする，害を及ぼすという意味の「仇(あだ)をなす」と読む。

問十一「などか」は，後に打消しの語を伴って，どうして……か，という疑問，反語の意味を表す。ここでは，山伏が茸を退治しようとしている呪文の言葉なので，どうして奇特がないだろうか，いやきっとあるはずだ，という反語の意味を表す。「奇特」は「きどく」と読み，珍しいこと，霊験，感心なこと，という意味がある。

問十二「気を吐く」で，威勢のよい言動で意気盛んな様子を見せるという意味になる。

問十三　アは二葉亭四迷，イは石川啄木，ウは夏目漱石，エは川端康成の作品。

★ワンポイントアドバイス★

読解中心の一に対して，二では漢字の読み書きや国語の知識が多く問われている。問題にあらかじめ目を通し，解く順番や時間配分を工夫して，確実に得点を重ねることを意識しよう。

2020年度

★★★★★★★★★★★★★★★★★★★★★★★★

入　試　問　題

2020年度

慶應義塾高等学校入試問題

【数　学】（60分）　＜満点：100点＞

1　次の空欄をうめよ。**【答えのみでよい】**

(1)　$\sqrt{24}$ の小数部分を a とするとき，$a^2+8a=$［　　　　］である。

(2)　$\dfrac{3007}{3201}$ を既約分数に直すと，［　　　　］である。

(3)　$3x^2-15x+7=0$ のとき，$3x^4-15x^3+35x-16$ の値は［　　　　］である。

(4)　50人の生徒がA，B 2つの問いに答えたところ，Aを正解した生徒が32人，Bを正解した生徒が28人だった。このとき，A，Bともに不正解となった生徒の人数は最大で［　　　　］人，また，A，Bともに正解した生徒の人数は最小で［　　　　］人である。

(5)　長さも太さも色も同じひもが3本ある。ひもをすべて半分に折り，折った箇所を袋の中に隠し，ひもの両端が袋から出た状態のくじを作った。A，B，C，D 4人の生徒が順に6本のひもの端から1つずつ選んだとき，同じひもの両端を選ぶペアが2組となる確率は［　　　　］である。

(6)　箱の中に入ったビー玉のうち，125個を取り出して印をつけ，元に戻した。よくかきまぜて x 個取り出して調べたところ，印のついたビー玉が35個含まれていたため，箱に入ったビー玉は全部で1万個と推定した。$x=$［　　　　］である。

2　座標平面上に放物線 $y=\dfrac{1}{2}x^2$…① と直線 $y=-\dfrac{1}{2}x+3$…② がある。点A，A' は①と②の交点，点B，Cはそれぞれ①と②の上の点であり，四角形BCDEは，辺BCが y 軸に平行な正方形である。4点A，A'，C，Dを x 座標の小さい順に並べるとA'，C，D，Aである。次の問いに答えよ。

(1)　点Aの座標を求めよ。

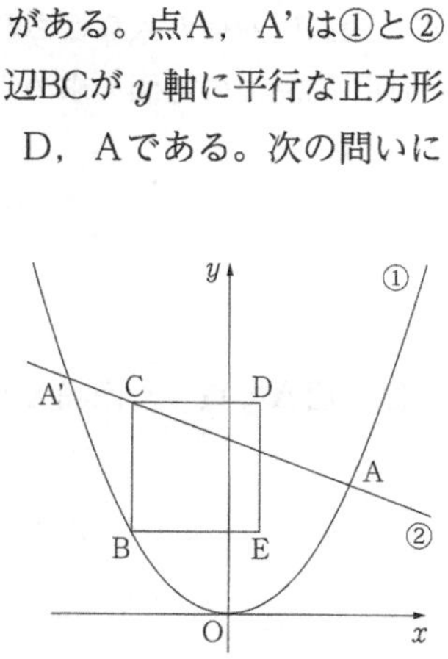

(答)＿＿＿＿＿＿＿＿

⑵　点Bの x 座標を t とおくとき，点Dの座標を t の式で表せ。

(答)

⑶　直線ADの傾きが－２であるとき，t の値を求めよ。

(答)

3　２地点A，Bを結ぶ一本道がある。P君は地点Aから地点Bへ，Q君は地点Bから地点Aへ向かって同時に出発した。P君，Q君はそれぞれ一定の速さで動き，出発してから２時間30分後に地点Bから20㎞の地点ですれ違い，P君が地点Bに到着してから３時間45分後にQ君が地点Aに到着した。
このとき，２地点A，B間の距離を求めよ。

(答)　　　　㎞

4　２つの店A，Bへ順に行き，それぞれの店で２種類の商品X，Yをいくつか買った。
①商品Xについて，店Aでは定価から10％引き，店Bでは定価から５％引きされていた。
②商品Yについて，店Aでは定価で売られていたが，店Bでは１つあたり50円引きされていた。
③店Aでは9,600円，店Bでは8,600円を支払ったが，合計は商品をすべて定価で買った場合より1,600円少なかった。
④２つの店で買ったものをすべて数えると，商品Xは20個，商品Yは28個あった。
⑤商品Xと商品Yの１個ずつの定価の合計は850円である。消費税は考えないものとし，支払った金額は四捨五入などされていないものとして次の問いに答えよ。

⑴　商品Xの定価を求めよ。

(答)　　　　円

⑵　店Aで買った商品Xと商品Yの個数を求めよ。

(答)　商品Xを　　　　個，商品Yを　　　　個

5 次の問いに答えよ。

⑴ 図1の円は点Oを中心としABを直径とする半径rの円である。点Cは円周上の点であり，点CからABにおろした垂線をCDとし，点OからACにおろした垂線をOEとする。AE＝a，OE＝bのとき，CDの長さxをa，b，rの式で表せ。平方根は用いないこと。

図1

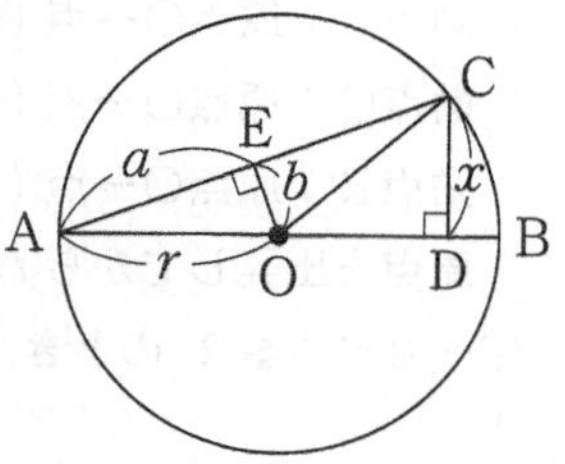

(答)

⑵ 図1において，∠OAE＝15°であるとき，abの値をrの式で表せ。平方根は用いないこと。

(答)

⑶ 図2において，FH，LJはともに長さが2rで，それぞれ長方形FGHI，長方形LIJKの対角線である。また，FI＝FL である。LI，IJの長さy，zをそれぞれrの式で表せ。

図2

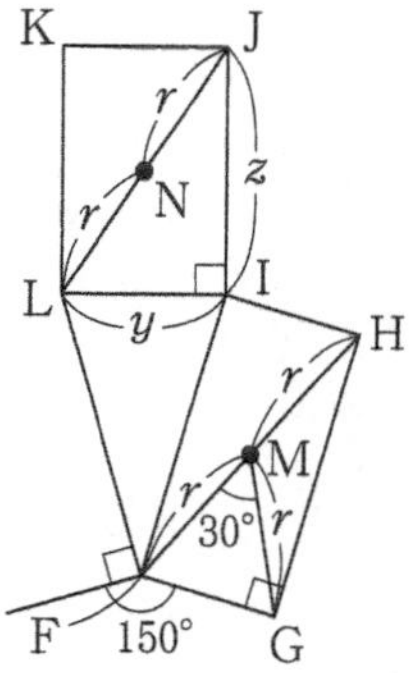

(答) $y=$　　　　　　，$z=$

6 下の図は，1辺の長さ6aの正多角形の面のみでできた立体の展開図である。完成した立体の表面に沿って点Pと点Qを最短経路でつないだとき，最短経路の長さを求めよ。

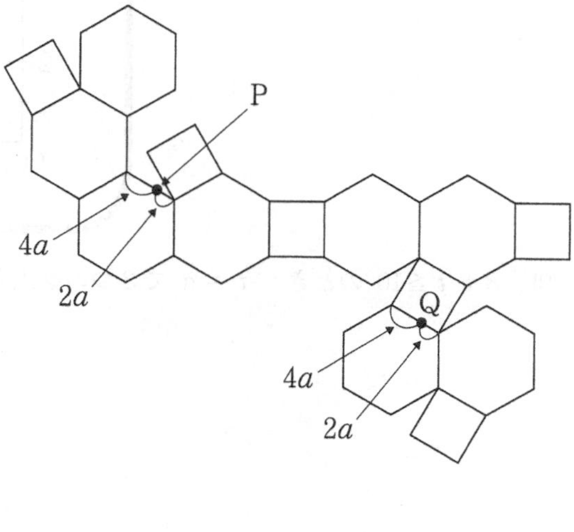

(答)

7　座標平面上を３つの動点Ｐ，Ｑ，Ｒが原点Ｏを同時に出発し，以下のような経路で毎秒１の速さで動く。ただし，点と点の間は最短経路を進むものとする。

動点Ｐ：原点Ｏ→点（０，４）→点（２，４）→点（２，６）→点（０，６）

動点Ｑ：原点Ｏ→点（－２，０）→点（－２，２）→点（０，２）→点（０，４）→点（２，４）

動点Ｒ：原点Ｏ→点（６，０）→点（２，０）

原点を出発してから t 秒後の△PQRの面積を y とするとき，次の問いに答えよ。

⑴　$0 < t \leqq 2$ のとき，y を t の式で表せ。

（答）

⑵　$0 < t \leqq 8$ のとき，y と t の関係を表すグラフを（答）の欄内にかけ。

（答）

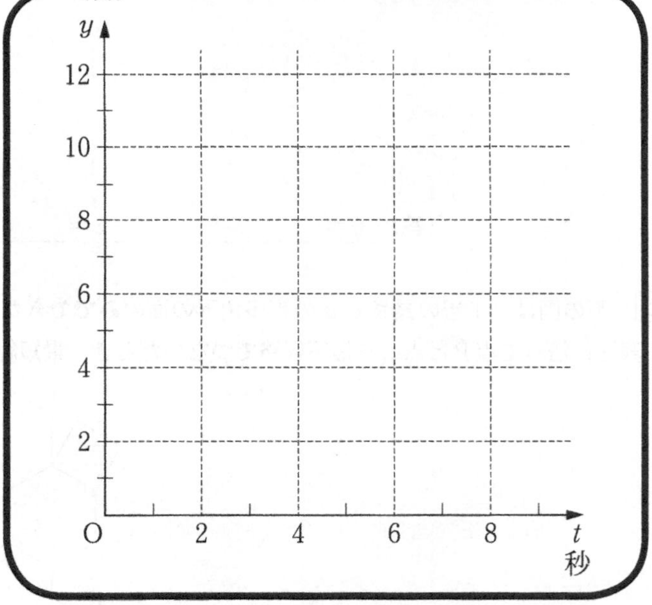

⑶　$8 \leqq t \leqq 10$ のとき，$t = a$ で３つの動点Ｐ，Ｑ，Ｒが一直線上に並ぶ。a の値を求めよ。

（答）

【英　語】（60分）　＜満点：100点＞

Ⅰ　次の各組の英文がほぼ同じ意味を表すように，各々の（　）内に適切な１語を入れなさい。

1．(a) She said to me, “Where do your parents live now?”
　　(b) She (　　　) me where my parents lived (　　　).

2．(a) This curry is too spicy for children.
　　(b) This curry is (　　　) spicy that children can’t eat (　　　).

3．(a) It’s hot today.　Let’s go swimming.
　　(b) It’s hot today.　How about (　　　)(　　　) a swim?

4．(a) I’m sure that the team will win the game,
　　(b) I’m sure of the team’s (　　　) the game.

5．(a) I want to spend some time by myself,
　　(b) I want to (　　　)(　　　)(　　　) for a while.

6．(a) I left early in order to avoid heavy traffic.
　　(b) I left early (　　　)(　　　) I (　　　) avoid heavy traffic.

7．(a) I don’t like pink of all the colors,
　　(b) Pink is my (　　　)(　　　) color.

8．(a) It will be easy for me to find his house because I have visited it before.
　　(b) I will (　　　) his house (　　　) because I have visited it before.

9．(a) Everybody thinks that he is an honest man.
　　(b) He is (　　　)(　　　) be an honest man.

Ⅱ　例にならって，各英文の下線部Ａ～Ｄの中から文法的・語法的に間違っているものを１つ選び，選んだ箇所全体を正しい形に直しなさい。

【例】 It is kind for you to tell me the way to the station.
A　B　C　D

【解答例】 記号：B　正しい形：of you

1．When I lived in Nagano, I would often go fishing in the lake with my father
A　B
by car, but I haven’t fished only twice since I moved to Tokyo.
C　D

2．The dictionary sold so well that its new edition published at last.
A　B　C　D

3．The ticket that you reserve it in advance is a little cheaper.
A　B　C　D

4．I don’t like this scarf very much, especially the design.　Show me other.
A　B　C　D

5．The number of foreign travellers who visit Japan are growing.
A　B　C　D

6．What to use the library is the key to a successful school life.
A　B　C　D

7．Which do you think have a larger population, Tokyo or New York?
A　B　C　D

8．I'm going to sleep. Please remember turning off the light before you go to bed.
A　B　C　D

9．My video game collection is almost twice as large as John.
A　B　C　D

Ⅲ　次の英文を完成させるために [1] ～ [10] に適切な1語を入れなさい。＊が付いている語(句)には【注】がある。

The Beatles were a legendary* rock group formed in Liverpool, England in 1960, and totally [1] the meaning of popular music from just teenage entertainment* to a highly commercial* and creative art form in less than ten years [2] their breakup* in 1970.

The Beatles produced a number of all-time popular songs people all over the world have listened to and sung for more than fifty years, such as "Yesterday", "Hey Jude", and "Let It Be", just to name a [3]. [4] is amazing about their songs is not only that their worldwide sales have been [5] than any other artist, [6] that they have been loved over three generations. That means teenagers today still love their music and buy it online, the same music that their parents bought as CDs and their grandparents bought as LP records*.

But perhaps their greatest gift to the younger generation was the positive message and different values that they carried through their music and their activities. They told young men that it is O.K. to [7] their hair long. They showed that there is no boundary* in music, which can be [8] by blacks and whites, the young and the old, the rich and the poor. They encouraged* younger musicians to write and perform their own songs. They showed that music can fight the power* and send the message that war is [9], that love and peace can change the world. In our country Japan, they proved* that a rock band can have a successful show at Budokan, which had been thought at that time to be a holy* place only for traditional Japanese martial arts*.

None of the above had been easy to be realized [10] the Beatles and their challenges.

【注】 legendary：伝説的な　entertainment：娯楽　commercial：商業的　breakup：解散
LP records：塩化ビニール盤のLPレコード　boundary：境界線　encourage：奨励する
the power：権力　prove：証明する　holy：神聖なる　martial arts：武道

Ⅳ　次の英文を読み，設問A，B，C，D，Eに答えなさい。＊の付いている語（句）には【注】がある。

Martin starts thinking he may have made a ①**wrong choice**, watching *Halloween** on TV with Annie by his side after finishing his homework.

His friend Jimmy tells him at school that on TV they cut out all the bloody parts ("And I know you'll be disappointed, but all the sexy parts, too," Jimmy adds) from the original movie, and erase all the bad words by covering the *beep* sound over them, so that the TV station won't get any complaint calls* from all the parents across the U.S.A. He also tells Martin that he has seen the original "uncut" version of *Halloween* in theater with his brother, so he is not going to see it on TV tonight with most of the exciting parts cut out.

The movie has come to the part where the boogeyman* in mask is going to kill his first victim with his long knife. Annie screams and runs toward the kitchen, covering her eyes. Martin wants to do the same, but he has to watch this, (i)**partly to make sure if Jimmy is right, partly to keep his pride as an older brother.** Now the knife is lifted high in the air toward the victim, a young woman in bed. Now the knife is coming down. Martin feels his palms* getting sticky* with his sweat. And now the woman's screaming starts, and then, blackness... Jimmy's right, after all. No bloody scenes.

That is a sort of ②**relief** for Martin, a 14-year-old who is still even afraid of going to the bathroom in the middle of the night when all the others are asleep. He will certainly have nightmares* for days to come if he sees the actual scene of murder. "Then why do you even want to watch such a scary movie?" his father often asks him smilingly, as if he already knew the answer to his own question. Martin knows that his father's favorite movie as a boy was *Creature From The Black Lagoon**, which also gave him bad dreams. His mother just scorns* and shakes her head, meaning to say, '[1]' At least his parents are not the type to call the TV station and complain about the bad effects of sex and violence to the children; that is for sure.

But the movie has just started. There are more scary parts yet to come. Martin wonders if he can watch it all the way through. He hopes that his parents will be back before the movie is over, but he knows from experience that their visit to the Smiths tends to be a long one, often until around midnight, and by that time Martin and Annie are certainly expected to be fast asleep in their beds. He hates to think about bedtime coming in a few more hours; after all, he has to be the one to put Annie into her bed, and go around the house to see if all the doors and windows are locked before turning out all the lights by himself.

Now they had a choice. His parents offered to take them to the Smiths and spend the evening there with their son, Paul, while the parents played bridge*.

The problem is, he hates Paul. Even though they are the same age, Paul is much bigger and stronger. And he is mean, constantly picking on* Martin whenever he has the chance. They have gone to the same kindergarten, the same elementary school, and now they are in the same middle school. (ii)**Ten years, which is more than enough time to get to know each other from head to toe.** Paul knows Martin wet his pants* in the second grade. Paul also knows that Martin had a secret crush on* Susie Tyrell, and how he cried quietly when she moved to Chicago. Martin in turn knows that it was Paul that put a dead rat in Mrs. Moore's desk, and that it was also Paul that tore away the page that showed the painting of a naked* woman from a big art book in the school library. (Of course Martin has been wise enough not to tell, since he knows how Paul will get back to him later.)

Being a typical bully*, Paul is far from stupid. Paul is sly* enough to know when to "do things" to Martin and when not to. That means he will never tease* Martin in front of their parents, or even Annie. Only behind closed doors, when they are all by themselves, or "having a man-to-man talk" according to Paul, certainly an excuse to get away from their parents' eyes. And then he does all sorts of things to Martin, like kicking, pinching, smacking on the head, pouring down water in the back of his shirt when he's playing video games, sticking a gum in Martin's hair on purpose and then cutting that part of his hair with scissors "to help him," just to give a few examples. Paul also knows how easily Martin gets scared, so he tells all these scary stories with bloody details that he has either made up or picked up from movies, enjoying Martin's reaction.

So when his parents ask him if he and Annie would like to go together, Martin says that he has homework to do at home, and since Annie doesn't like to go to the Smiths anyway with no girls in the family to play with, it's their choice to stay home for the evening. But now, more than ever, he wants company other than his little sister, the pair of parents who are too much absorbed* in their own playing cards to talk to him, or even this mean-spirited boy who has kept haunting* his life for more than ten years.

Annie comes back from the kitchen, sensing that the scary part is over for the time being. She is biting a piece off the chocolate-chip cookie of their mother's homemade in her right hand, holding more cookies in her left.

"Hey, you've already had your share of cookies. I'll take them," Martin says, yanking them out of her hands.

"You ate more than me. Now give them back," Annie reaches out her left arm but not quick enough and not quite reaching.

Martin licks the surface of all the cookies in his hand. "[2]"

"I'll tell Mom that you took all the cookies away from me," Annie starts sobbing*.

"Stop being a baby. ③**俺はお前の兄貴なんだからお前より沢山食べる権利がある**."

"You just wait and see till Mom and Dad are back. [3] "

"Shut up. I'm watching the movie."

Annie is still sobbing, but Martin ignores* her and keeps watching the TV screen, munching away his cookies. In the movie it is daylight now, on the morning of Halloween. A typical suburban neighborhood*, just like where Martin lives. The main character, who is a high school girl, an all-Atype, is walking to school with her friend when she sees the reflection of a strange man in the mask on the corner. When she looks again, he is gone. It could be the man who escaped from an insane asylum* the night before, but Martin is not sure because he was fighting with her sister over the cookies and missed that scene. Suddenly, Martin remembers something. Something scary he was told at school. And from none other but Paul!

It has been on the news that a mass murderer has broken out of the state prison the week before, and is still on the loose*. The police have found a handmade boat that he used to cross the bay on the coast of North Beach, which means that he may have headed toward their town. "He has killed thirteen innocent people so far, and five of them were children," Paul said. "And you know what? ④**テレビに映ってた男とそっくりのでっかいやつを昨日モールで見たんだ**, with the beard and the tattoo on his forearm. I bet* you five bucks* it was him. He could be hiding somewhere in this neighborhood." Martin thought he saw a trace of smile in Paul's seemingly serious and scared-looking eyes. After all, it was Paul talking, and (ア)[**he / by / has / how / this / been / many / bully / times / fooled**]? But Martin is far too sensitive to laugh and forget about it. Instead, he begins to imagine this big shadow of a man lurking behind the backyard of his house, looking in...

Paul is angry. He cannot believe that Martin didn't come to his house with their parents. He had all sorts of ideas in his head as to what he could do with Martin. What he could do *to* Martin. He certainly looked so pale when he told him about the escaped prisoner at school.

His parents are playing bridge with Martin's parents in the living room. And they are concentrating on their game, trapped in their own world. That's what Paul hates about his parents playing bridge; they leave him all by himself, not even listening when he speaks to them. How boring! With Martin, he could have so much fun.

Thinking of Martin not spending time with him but staying home with his baby sister makes him angrier. ‘I bet he’s watching another scary movie on TV. I don’t understand how he’s such a chicken but still loves those scary movies,’ he thinks. ‘ [4] He likes to be scared. That’s why we’ve been friends for such a long time. He needs me, so he can get a kick out of* me scaring him!’

Now a wonderful idea hits his head. He can go to Martin’s house and scare him to death! He can pretend to be this killer on the loose, bang on the doors and knock on the windows from outside and make weird noises. See how that skinny little kid turns. And it’s only three blocks away from his house. He can tell them that he wants Martin to help him with his homework, and that he will stay there with Martin and Annie until their parents come home. Yes, it will make such a great evening to kick away this boredom of having to stay at home quietly with nobody to keep company. He feels himself getting so much excited with this idea...

Annie has fallen asleep in front of the TV before the movie is over. It is (イ)**[a / of / to / she / how / can / such / hard / sleep / believe / scary movie / in the middle]** , but Martin has his task to do as a big brother, to make her brush her teeth, go to the bathroom, and sleep in her bed. The boogeyman was shot many times and should have been killed, but when they looked again in the yard where his body should be, it was gone. A mysterious and nightmarish ending that gave Martin the creeps*.

It is past ten when he turns off the lights in Annie’s bedroom, with Annie already fast asleep in her bed, and then goes around the house to check all the locks. Now comes the scariest hour of staying home without his parents. He can go to bed at eleven, maybe not being able to sleep until they come home around midnight, but until then, he has to spend his time all alone in this house with many rooms and shadows everywhere, even if he turns on all the lights. (iii) **And the more lights he turns on, the more he has to turn off, one by one,** before getting into his room to turn off the last one beside his bed...

Suddenly, he hears a strange scratching noise, like some animal clawing at he door. It is coming from the back door, which connects to the outside garage. (ウ)**[to / is / it / the / wind / make / just / tries / Martin / believe / himself]**. But now the doorknob rattles, as if someone is checking to see if it is unlocked. Someone with the intention* of coming inside, and it is certainly not his parents; they have the keys to the house, and Martin will surely hear their car coming into the garage. He thinks of calling the Smiths and asking them to come home right away, but then what will Paul say to that? Martin almost wishes it is Paul outside trying to scare him, but that is impossible. Paul will not be hanging around outside at this time of the night. His parents won’t let him.

And now there is a tap on the kitchen window behind where he is standing. Martin freezes. The tapping sounds regular and rhythmical, the kind which no wind can make. Martin thinks he can never turn his head and look in that direction, but he does so with great effort. And the moment he looks at the window, the tapping stops, but he thinks he has seen a shadow moving toward the backyard. Martin wants to scream. He wants to go wake up Annie, but how can he? He is sure he has locked all the doors and windows, but what if he has missed one of them?

'Turn off all the lights or he can see you from outside!' his inner voice speaks to him. He runs around the house as quietly as possible, switching off all the lights one by one. He thinks he hears another tapping on his parents' bedroom window, but he keeps turning off the lights. When he is done, he takes a kitchen knife with him and hides behind a sofa in the living room, wrapping himself up in a blanket. He will stay in his position, meaning to give a surprise attack to the intruder* if it came to that. He is totally frightened, but at the same time he is strangely excited about all this. Perhaps it is the effect of the movie...

After rattling the garage door, Paul opens the side gate as quietly as possible, goes around the side of the house, and peeks inside the kitchen through the window. As he sees the back of Martin facing the garage door, Paul holds back the giggle* that almost comes out of his mouth and starts tapping on the window, hiding himself low under it. Now he is really getting excited, planning to go around the house, rattle every doorknob and tap every window. He stays low but moves to the backyard, and approaches a pair of glass sliding doors that look into a dark bedroom, perhaps his parents'. He taps again on the glass rhythmically, imagining how Martin cannot help following the sounds around the house coming from different directions, and holds back another giggle.

Paul does not notice anything behind him as he is too excited with his own game of scaring Martin, not until a giant and strong hand suddenly grips his mouth, while another slips around his throat. Paul does not even have time to start screaming when both hands start pressing stronger and stronger...

It is a little after eleven when his parents are finally home, and they are surprised to see the house in total darkness. They are even more surprised to see Martin in such a state.

"Hey, Martin. What are you up to? Now you don't want to play around with a knife like that. You'll hurt yourself. Where is Paul?" Father asks.

"P, Paul? What do you mean Paul?"

" [5] Hey, Paul, come out of your hiding place. It's past eleven and we'll take you home."

"No, Dad. Paul never came here. I thought I heard someone outside, but..."

"Now that's strange. He wanted to do his homework with you, so he left his house around nine and headed here, or that's how we thought. He said he was going to stay with you until we're back, so we actually came home a little earlier than usual because we were worried about you guys staying up too late for school tomorrow."

"So where did Paul go?" Mother asks.

Martin starts to shiver*.

【注】*Halloween*：『ハロウィン』（1978 年米国公開のホラー映画）　complaint calls：苦情の電話
boogeyman：ブギーマン（伝説上の怪物）　palm：手のひら　sticky：ベタベタする
nightmare：悪夢
Creature From The Black Lagoon：『大アマゾンの半魚人』（1954年米国公開のホラー映画）
scorn：軽蔑する　bridge：ブリッジ（トランプゲームの一種）　pick on：いじめる
wet one's pants：おもらしする　have a crush on ～：～に片思いをする　naked：裸の
bully：いじめっ子　sly：ずる賢い　tease：いじめる　absorbed：夢中になる
haunt：悩ませる　sob：べそをかく　ignore：無視する
suburban neighborhood：郊外の住宅地　insane asylum：精神病院　on the loose：逃亡中
bet：（お金を）かける　buck：（略式）ドル　get a kick out of：興奮する
give ～ the creeps：～をぞっとさせる　intention：意志　intruder：侵入者
giggle：くすくす笑い　shiver：震える

A：次の１～10の質問に対する答えとして，本文の内容に最も適切なものを(a)～(d)の中から１つ選び，記号で答えなさい。

1．What is the **wrong choice** (underline ①) that Martin thinks he has made?
(a) That he chose to stay home with his sister.
(b) That he missed the very first part of the movie.
(c) That he let Jimmy give away the exciting parts of the movie.
(d) That he let Annie watch the movie beside him instead of sending her to bed.

2．What is the **relief** (underline ②) for Martin?
(a) That the parents are away from home.
(b) That he has sweated and felt refreshed.
(c) That he has more courage than her sister.
(d) That the bloody scene has been cut on TV.

3．What do Martin's parents think about their son watching scary movies?
(a) His father understands him, and his mother lets him do what he wants.
(b) His father wants to watch them together, but his mother doesn't like it.
(c) Neither his father nor his mother cares so much about what kind of movie he watches.

(d) Both his father and his mother are strongly against Martin watching such movies on TV.

4. What does Martin usually have to do when his parents are away?
   (a) He has to call his parents to tell them that he and Annie are OK.
   (b) He has to stay awake until their parents are back home.
   (c) He has to send his sister to bed and make sure the doors and windows are locked.
   (d) He has to tell Annie not to eat too many sweets.
5. Which is NOT true about Paul?
   (a) He knows a lot about Martin.
   (b) He finds pleasure in making fun of Martin.
   (c) He thinks he and Martin are good friends.
   (d) He is bigger and stronger, but less smart than Martin.
6. Why did Martin NOT tell the teachers about Paul's bad behaviors at school?
   (a) Because he thought that the teachers would not believe him.
   (b) Because everyone already knew that Paul was a bad boy.
   (c) Because Martin wanted to protect his friend Paul.
   (d) Because Martin was afraid of Paul's revenge.
7. Choose one similar point that Martin and Paul share.
   (a) They both liked Susie Tyrell.
   (b) They both get in a lot of trouble in school.
   (c) They both watch scary movies.
   (d) They are both neglected by their parents.
8. Which is NOT the reason why Martin decided to stay home?
   (a) He can stay away from Paul.
   (b) There are no girls at the Smiths.
   (c) His parents don't pay much attention to him.
   (d) He had things to do at home such as studying and watching TV.
9. Which is least likely to happen right after this?
   (a) They will call the police.
   (b) Martin will be in big trouble for teasing his sister.
   (c) Paul will be found in the backyard.
   (d) They will get back to the Smiths to see if Paul is home.
10. What do many readers think about this story?
   (a) It is more like a comedy than a horror story.
   (b) There never really was a killer on the loose.
   (c) It has a lot in common with the movie *Halloween*.
   (d) It was a trick that Paul and Martin planned together to scare their parents.

B：[1]～[5]に入れるのに最も適切なものを(い)～(ほ)より１つずつ選び，記号で答えなさい。

(い) You're in big trouble!

(ろ) Come on, stop playing games with us.

(は) Boys will be boys.

(に) See if you can eat this.

(ほ) I know why.

C：下線部(ア)～(ウ)の［　］内の語を，内容に合わせ正しい語順に並べ替えなさい。文頭に来るべき語も小文字になっているので注意すること。

D：下線部(ⅰ)，(ⅱ)，(ⅲ)を和訳しなさい。

E：下線部③，④を英訳しなさい。

まる表現を、文章中のこれより前の部分から十字以内で抜き出しなさい。

［　　］ことを避けるため。

問五　――⑤の意味として最も適当なものを、次の**ア**～**エ**から一つ選び、記号で答えなさい。

ア　立場を越えて出過ぎたことをすること。

イ　恥知らずで見苦しいこと。

ウ　おごりたかぶって人を見下すこと。

エ　礼儀や作法にはずれたふるまいをすること。

問六　――⑥はどのような偏見ですか。「他者は～という偏見。」という形になるように、解答欄の空欄にあてはまる部分を、文章中の語句を用いて、三十五字以上四十字以内で答えなさい。

問七　次の三行が入る箇所を、詩中の[イ]～[ニ]から選び、記号で答えなさい。

そのように／世界がゆるやかに構成されているのは／なぜ?

問八　［　　］にあてはまる五字を文章中の語句を用いて答えなさい。

問九　【1】～【5】にあてはまる最も適当なものを、次の**ア**～**オ**からそれぞれ一つずつ選び、記号で答えなさい。

ア　どこか　　**イ**　やっぱり　　**ウ**　いうまでもなく

エ　ひどく　　**オ**　かえって

問十　[A]・[B]にあてはまる漢字一字をそれぞれ書きなさい。

問十一　＝＝a・bの漢字の読みをひらがなで書きなさい。

問十二　＝＝1～5のカタカナを漢字に改めなさい（楷書でていねいに書くこと）。

は、⑤僭越ではない楽しさだと思うのですが、いかがですか。

▼この作品に至るまでの若干の経過

この体験は、最初、ある俳句同人誌に散文で書き、次に三回、詩で書き、その都度、詩の雑誌に発表しましたが不出来でした。そして四回目に書き改めたものが、ここにご披露した最終作品（五回目）の原型になりました。その四回目のものというのは、最終作品の第一連のあとに次の五行を加えた形です。

〈私は今日／どこかの花のための／虻だったかもしれない／そして明日は誰かが／私という花のための虻であるかもしれない〉

この短いほうの作品が、なぜ、最終の形に改められたのかと言えば、⑥「他者」についての私の偏見をはっきり表現する必要を感じたからなのです。

四回目の作品では、「他者」が単になつかしい存在としてとらえられていますが、私は必ずしも他者を好ましく思っているわけではなく、むしろ煩わしくさえ感じています。人間は本質的に自己中心的に生きるものであって、他者よりは本能的に自己を守る生物です。他者のことは、本来はどうでもいいのであり、うとましく思うことのほうが自然なのです。

しかし、それにも拘《かか》わらず、私たちは、そのような「他者」によって自己の欠如を埋めてもらうのであり、人間の世界は「他者」によって構成されています。私も「他者」です。そこで、単になつかしいだけでなく、うとましくもある他者、うとましいだけでなく、なつかしくもある他者――そういう視点をすべりこませたわけです。

▼改作の意図は達せられたか

自分ではわかりません。四回目のものと最終のものとの二つを読む機会のあった友人たちのうち、何人かは四回目のものを、何人かは最終のものを支持してくれまして、目下、5ケイセイ二分です。

▼自己評価

読み返して一番いい気分になれるところは次の二行。私は【　5　】寛大ではなかった!!

〈ときに／うとましく思うことさえも許されている間柄〉

また、不幸の結実にも、お互いが関与しあうという視点をもう少し強く出してもよかったと思っています。全体にアマイ。

（吉野弘『詩のすすめ　詩と言葉の通路』思潮社より。
出題のために一部を省略し、表記を改めた箇所がある。）

問一　――①で用いられている修辞法を漢字で書きなさい。

問二　――②はどのような存在ですか。「誰かの～存在。」という形になるように、解答欄の空欄にあてはまる部分を、文章中から十五字以内で抜き出して答えなさい。

問三　――③はどのような姿ですか。解答欄の「姿。」に続くように、十字以上十五字以内で答えなさい。

問四　――④について、花が「他者抜きでの自己完結を避けようとする」のはなぜですか。その理由を次のようにまとめるとき、空欄にあては

3バイ花における、虫、鳥、風、水だったわけですが、その個々ではなく全体の観念表象でした。

あとで、受粉に自花受粉と他花受粉のあることを知りました。自花受粉は同一の遺伝形質を受け継ぐため種の退化をきたすことが多いので、花は一般的に自花受粉を避ける傾向があるそうです。芙蓉の花の、めしべとおしべの長短も、自花受粉回避の形だといえます。（ちなみに、他者という言葉を思いついたとき、芙蓉に蜂や虻はいませんでした。不在がイメージ喚起の条件になったのでしょう。もし蜂や虻が花に来ていたら、他者が目に見えていたことで、【 1 】他者という観念を取り逃がしたかもしれません。）

さて、他者という言葉を思い浮かべたとき、私は、花が自己を完結させるために自己以外の力を借りるということに、【 2 】新鮮さを感じ、ある種の驚きを覚えていました。もちろん、自然界には雌雄同体で自己交接をとげる動物もおり、花にも自花受粉をいとなむものもありますが、全体としての進化の方向は、他者依存の形をとっているようです。これは生物の生殖過程が安易に進行することを避けようとする自然界の配慮でしょう。ここには④他者抜きでの自己完結を避けようとする生命の意志が感じられないでしょうか。

思うに生命というものは、自己に同意し、自己の思い通りに振舞っている末には、ついに衰滅するような性質のものなのではないか、その自己完結、自己同意を破る力として、外部からa殊更、他者を介入させるのが、生命の世界の維持原理なのではないでしょうか。この原理の中で、おそらくすべての生命が他者とのかかわりあいをもつように運命づけられているのではないでしょうか。

もしも、このような感じ方が見当ちがいでないならば、生命体はすべてその内部に、それ自身だけでは完結できない「欠如」を抱いており、それを他者によって埋めるように運命づけられていると言えるでしょう。実を言えば、「欠如を抱いている生命」という観念は、「他者」がひらめいたとき、同時に感じられていたものでした。

「欠如を抱いている」という言い方は、日本語にあまり馴染まない言い方で、【 3 】ホンヤクくさい匂いがあるのですが、他に言い替えをしたくないという気持が強いのです。他者なしでは完結することの不可能な生命、そして、お互いがお互いにとって必要な他者である関係は、b大仰に言えば私の感じとった世界像のようなものだったからです。

【 4 】私は、ここで、花と虫、花と風、花と水の関係だけを見ているのではありません。そのままが人間同士の関係です。つまり、私は、ある時ある人にとっての蜂や虻や風であり、ある人の幸福や恋や、時には不幸の実るのを、知らずに助けているのであり、又、私の見知らぬ誰かが、私の幸・不幸の結実を助けてくれる蜂や虻や風である筈《はず》です。

この「他者同士」の関係は、お互いがお互いのための虻や風であることを意識していない関係です。ここが良い。他者に一々、礼を言わなくてもいい、[B]に着たり、又、[B]に着せたり、恨みに思ったり思われたりという関係がありません。

世界をこのようにつくった配慮は実に巧妙で粋なものだと、つくづく思います。一つの生命が自分だけで完結できるなどと、万が一にも自惚《うぬぼ》れることのないよう、すべてのものに欠如を与え、欠如の充足を他者に4ユダねた自然の摂理の妙を思わずにはいられません。

私は今日、どこかの誰かが実るための虻だったかなと想像すること

無関[A]でいられる間柄
ときに
うとましく思うことさえも許されている間柄

[ロ]

花が咲いている
すぐ近くまで
虻《あぶ》の姿をした他者が
光をまとって飛んできている

[ハ]

私も　あるとき
②誰かのための虻だったろう
あなたも　あるとき
私のための風だったかもしれない

[ニ]

▼はじめに

ここにご披露した「生命は」が私の代表作かどうか、全くわかりません。なにしろ、ごく最近出した詩集『北入曾《きたいりそ》』に、書き下ろしのような形で収録したばかりのものですから、名作になれるかどうかは、これからのオタノシミといったところです。

▼この作品を書くことになったキッカケ

夏の日盛り、大輪の白い芙蓉《ふよう》の花を眺めていたとき、不意に「他者」という言葉が私の脳裡をかすめました。それがキッカケです。

▼なぜ、「他者」だったのか

芙蓉の花を眺めていて、なぜ、「他者」という言葉を思い浮かべたのか、それを辿《たど》ってみます。

花の目的は、めしべが受粉し実を結び種子をつくることです。そして、受粉が容易に行なわれるためには、めしべとおしべの背丈が一つ花の中で揃っているほうがいいわけですが、芙蓉の花の場合は、めしべが大層長いのに、おしべはひどく矮小《わいしょう》です。めしべの下半分をとりまいて疎《まば》らに生えていますが、その背丈はめしべの半分にも足りません。一つの花の中の、長いめしべと短いおしべ――この姿は、めしべが同じ花の中のおしべの花粉を心待ちしている姿とは、どうも見えません。芙蓉の花は五弁の花びらが合わさって深い鉢型をなしており、やや横向きに咲きます。めしべは花の基部から長く外へ突き出て、その先端が天を向いてぐいと曲っており、受粉の意志を強く感じさせますが、その2シコウは、あきらかに外部に対して表示されています。それが、同じ花のおしべからの受粉を望んでいない姿であるとすれば、残されているのは、外部への期待だけです。芙蓉の花を眺めていて「他者」を、そして「他者」の必要を直観的に感じたのは、芙蓉の花の、③そのような姿のせいだったと思われます。

他者は、具体的に言えば、虫3バイ花、鳥3バイ花、風3バイ花、水

それは森をもたない弱い立場の人を守る習慣でもあり、森が村の生活にとって重要であった時代には、村から脱落者を出さないように配慮する仕組みとして、機能していた。だから、いまでも、村らしさの基盤として残っている。もっとも今日では、この習慣があるがゆえに、都市の人々が山菜や茸を乱獲し、村人は困ってもいるのだが。

問七　【1】にあてはまるものを次の**ア**～**オ**から一つ選び、記号で答えなさい。

ア　絆　**イ**　掟　**ウ**　法　**エ**　型　**オ**　組

問八　【2】にあてはまるものを次の**ア**～**オ**から一つ選び、記号で答えなさい。

ア　浄　**イ**　領　**ウ**　原　**エ**　風　**オ**　捲

問九　――⑤「不適当」と言える理由として、筆者の考えに最も近いものを次の**ア**～**オ**から一つ選び、記号で答えなさい。

ア　日本だけでなく、海外においても同様の社会は存在するから。

イ　日本に限らず、近代化による変質は地域によって異なるから。

ウ　日本だけでなく海外においても、地域の営みは多様だから。

エ　日本の中でも、地域によって異なる社会が形づくられていたから。

オ　日本の中でも、近代化による変質をとげていない社会があるから。

問十　══1～5のカタカナを漢字に改めなさい（楷書でていねいに書くこと）。

二　次の詩と文章を読み、後の問いに答えなさい。

生命は

生命は
自分自身だけでは完結できないように
つくられているらしい

花も
めしべとおしべが揃っているだけでは
不充分で
①虫や風が訪れて
めしべとおしべを仲立ちする

生命は
その中に□
それを他者から満たしてもらうのだ

【イ】

世界は多分
他者の1ソウワ
しかし
互いに
欠如を満たすなどとは
知りもせず
知らされもせず
ばらまかれている者同士

律の世界と習慣の世界との多層的な世界に暮らしながら、この両者を調整する知恵をもっていた。

二十世紀は、社会の統一を求めた時代だったのだと思う。しかし今日の私たちは、社会は一元的に統一される必要はないと考え、この視点から、国家や世界の新しいあり方を4モサクしている。

問題文Ⅱ

日本では、もともと村とか集落といった言葉は、人間の社会をさすものではなく、自然と人間が暮らす共同の空間をさす言葉であった。「わが村」とは、「わが人間たちの村」を意味しているのではなく、「わが自然と人間の村」のことであった。村や集落の半分は自然によって構成されていた。

その自然は、日本では、大きな地域差をもっている。北から南へと延びる日本列島にはさまざまな気候があり、多様な地形と川や森がある。だから、その自然とかかわりながら形成されてきた各地の村々には、その村が育んできた農業のかたちや、生活の習慣、自然利用の形態がある。この自然と人間の時間とが5チクセキされるようにしてつくられたさまざまな【 2 】土。共同体とは、この【 2 】土とともに生まれたものである。

とすると、⑤「日本の農村共同体とは」という言い方が、そもそも、不適当だということにならないだろうか。日本の共同体は、その地域の自然がそれぞれ異なる以上、ひとつひとつの差異が大きかったのではないか。つまり、日本には同じ構造をもつ共同体が各地にあったのではなく、さまざまな共同体が各地に展開していた、と考えたほうがよいのではないのか。

もちろん、稲作などからくる共通性があったとしても、近代化による変質をとげていない共同体は、自然と人間の村や集落として、それぞれの地域にローカルな社会としてつくられていたのだと、私は考えている。

（内山節『「里」という思想』新潮選書より。
出題のために一部を省略し、表記を改めた箇所がある。）

問一 ——①とは、言いかえると世界がどのような方向に向かっていくことですか。解答欄の「方向。」に続くように、**問題文Ⅰ**から十字以内で抜き出しなさい。

問二 ——②について、日本の村落がそうなった理由を、筆者はどのように考えていますか。**問題文Ⅱ**の内容に即して、六十字以上七十字以内で答えなさい。

問三 ——③は、何のために作られたのですか。**問題文Ⅰ**の語句を用いて、二十字以上三十字以内で答えなさい。

問四 ——④は、**問題文Ⅱ**では何と呼ばれていますか。一語で答えなさい。

問五 **問題文Ⅰ**で述べられている多層的な世界を、次のようにまとめるとき、空欄①～③に入る語句を、**問題文Ⅰ**からそれぞれ二字で抜き出しなさい。

ひとつの【 ① 】の内部に、地域によって異なる【 ② 】と【 ③ 】を両立させる、さまざまな社会が存在する様。

問六 **問題文Ⅰ**において、次の文章が入る部分の直前の五字を抜き出しなさい。

【国　語】（六〇分）〈満点：一〇〇点〉

【注意】 字数制限のある設問については、句読点・記号等すべて1字に数えます。

一　次の**問題文**Ⅰ、Ⅱを読み、後の問いに答えなさい。

問題文Ⅰ

二十世紀の後半になって、多くの思想は、「世界はひとつ」から、「世界は多元的」へと考え方を変えた。①世界はひとつの方向にむかって発展しているのであり、社会の違いは発展1トジョウの過程で現れたものである、という考え方から、世界にはさまざまな文化と歴史をもつ等価値の社会があり、この多元的な社会を基礎にして世界はつくられている、という考え方へと変わったのである。

それは、欧米社会を、発展した社会のモデルとみる視点を変更させるうえで、大きな役割をはたしたけれど、私にはそれだけでは物足りない。なぜなら、世界は多元性とともに、②多層性をもっているように、私には感じられるからである。

たとえば、ヨーロッパの川で釣りをするときには、面倒な思いをすることがあった。船が2コウコウできない河川は個人が所有していると考える昔の習慣が、法律とは別に存在している地域が結構あって、「河川所有者」の許可なしには、事実上釣りができないことがよくあるからである。法律は法律、③地域の習慣は習慣として、どちらもが機能している。

このような国の法律と地域の習慣との関係は、日本でも、農山村にいけばいたる所にあるといってもよいだろう。たとえばかつての日本では、森の所有権は生きている立木《たちき》にしか及ばない、とほとんどの農山村の人々が考えていた。この習慣はいまでも私の暮らす群馬県上野村では残っていて、だから誰でも山菜や茸を3サイシュしたり、薪として枯れ木や落枝を集めることができる。法律のうえでは、それらのものもすべて森の所有者のものであっても、この問題では地域の習慣が優先する。

このような様子をみていると、社会はけっしてひとつのシステムだけではつくられていない、という気がしてくる。暮らしや労働の文化に独自のものがある以上、人々は自分たちの文化を守るために、法律に優先する自分たちの習慣をつくる必要があった。自分たちの暮らす地域の習慣だけではなく、農民も、商人も、職人や芸人も、仕事に裏付けられた自分たちの習慣や取り決め、【　1　】をもっていた。

ここでは、「信用」を重んじる精神が大きな役割をはたしていた。信用される人間になる、信用をえながら暮らすことは、人々にとっては何よりも大事なものであり、だからこそ自分の属する社会を守るための習慣や取り決め、【　1　】を守りながら、人々は自分に対する信用を大事にしてきた。

④この習慣や取り決めの通用する世界は、それほど大きな世界ではない。人間たちが直接かかわれる大きさであり、それは不特定多数の世界ではない。そして、地域であれ、職能集団であれ、そのなかでの信用を重んじる精神を人々はもち、そのことが習慣や取り決めを守らせたのである。

私はこんなあり方のなかに、多層的な世界の存在をみている。ひとつの国家の内部にも、さまざまな社会が存在する。そのさまざまな社会は、それぞれの暮らしや労働の文化をもち、それを維持するための習慣をもっている。そこでは、法律と習慣がくい違うこともある。人々は法

MEMO

大切なことはメモしておこうネ！

2020年度

解 答 と 解 説

《2020年度の配点は解答欄に掲載してあります。》

＜数学解答＞ 《学校からの正答の発表はありません。》

1 (1) 8 (2) $\frac{31}{33}$ (3) $\frac{1}{3}$ (4) (AB不正解最大) 18 (AB正解最小) 10

(5) $\frac{1}{5}$ (6) 2800

2 (1) A(2, 2) (2) $D\left(-\frac{1}{2}t^2+\frac{1}{2}t+3,\ -\frac{1}{2}t+3\right)$ (3) $-\frac{3}{2}$

3 60km 4 (1) 500円 (2) (商品X) 12個 (商品Y) 12個

5 (1) $x=\frac{2ab}{r}$ (2) $ab=\frac{1}{4}r^2$ (3) $y=r$ $z=\sqrt{3}r$

6 $2\sqrt{82+24\sqrt{3}}a$ 7 (1) $y=t^2$ (2) 解説参照 (3) $\frac{28}{3}$

○推定配点○

1 各4点×6((4)は完答) 2 (1) 4点 (2), (3) 各6点×2((2)は完答) 3 10点

4 (1) 4点 (2) 各3点×2 5 (1), (2) 各4点×2 (3) 各3点×2 6 10点

7 (1) 4点 (2) 8点 (3) 4点 計100点

＜数学解説＞

1 (小問群―平方根, 既約分数, 式の値, 集合, 確率, 標本調査)

基本 (1) $\sqrt{16}<\sqrt{24}<\sqrt{25}$ よって, $4<\sqrt{24}<5$だから, $\sqrt{24}=4+a$ $a=\sqrt{24}-4$ $a^2+8a=a(a+8)$ $a=\sqrt{24}-4$を代入すると, $(\sqrt{24}-4)(\sqrt{24}-4+8)=(\sqrt{24}-4)(\sqrt{24}+4)=(\sqrt{24})^2-4^2=8$

(2) $3201=3\times1067=3\times11\times97$ 3, 11, 97は素数なので3007が3, 11, 97のどれで割り切れるかを確かめると, $3007\div97=31$ よって, $\frac{3007\div97}{3201\div97}=\frac{31}{33}$

(3) $3x^2-15x+7=0$なので, $3x^2-15x=-7$…① これを, $3x^4-15x^3+35x-16=x^2(3x^2-15x)+35x-16$に代入すると, $-7x^2+35x-16=-7(x^2-5x)-16$ ところで, ①の両辺を3で割ると, $x^2-5x=-\frac{7}{3}$…② ②を$-7(x^2-5x)-16$に代入すると, $-7\times\left(-\frac{7}{3}\right)-16=\frac{49}{3}-\frac{48}{3}=\frac{1}{3}$

基本 (4) (Aを正解した生徒)+(Bを正解した生徒)−(A, Bともに正解した生徒)+(A, Bともに不正解の生徒)=(全員の50人) 32+28−(A, Bともに正解した生徒)+(A, Bともに不正解の生徒)=50だから, (A, Bともに正解した生徒)−(A, Bともに不正解の生徒)=10 Bを正解した生徒28人が全員Aも正解したときに, A, Bともに不正解の生徒の人数が最大になる。28−10=18(人) (A, Bともに正解した生徒)=(A, Bともに不正解の生徒)+10だから, A, Bともに不正解の生徒が最小になるときに, A, Bともに正解の生徒数が最小になる。よって, A, Bともに不正解の生徒が0人のときに, A, Bともに正解の生徒数が最小の10人となる。

(5) ひもにp, q, rと名前をつけ, 半分に折ったそれぞれの端をp_1, p_2, q_1, q_2, r_1, r_2とする。A,

B，C，Dが順に1本ずつ引く引き方の総数は，$6\times5\times4\times3$（通り）　AとB，CとDが同じひもを引く場合は，Aにp_1，p_2，q_1，q_2，r_1，r_2の6通りの引き方があり，それに対してBにはAと同じひもの反対側を引く1通りの引き方がある。その後でCにはA，Bが引いたものの残りの4通りの引き方があり，DにはCと同じひもの反対側の1通りの引き方がある。AとC，BとDが同じひもを引く場合は，A，B，C，Dにそれぞれ6通り，4通り，1通り，1通りの引き方，AとD，BとCが同じひもを引く場合にも，A，B，C，Dにそれぞれ6通り，4通り，1通り，1通りの引き方があるので，同じひもの両端を引く引き方は，$\dfrac{6\times1\times4\times1+6\times4\times1\times1\times2}{6\times5\times4\times3}=\dfrac{1}{5}$

基本　(6)　箱に入ったビー玉が全部で1万個あると推定できたのだから，印をつけたビー玉の割合は，$\dfrac{125}{10000}=\dfrac{1}{80}$であったと考えられる。これが$\dfrac{35}{x}$に等しいから，$\dfrac{1}{80}=\dfrac{35}{x}$　よって，$x=35\times80=2800$

2　（関数・グラフと図形一放物線，直線，座標，直線の式）

基本　(1)　点Aは放物線$y=\dfrac{1}{2}x^2$と直線$y=-\dfrac{1}{2}x+3$との交点なので，そのx座標は，$\dfrac{1}{2}x^2=-\dfrac{1}{2}x+3$の解して求められる。両辺を2倍して整理すると，$x^2+x-6=0$　$(x+3)(x-2)=0$　$x>0$なので，$x=2$　$y=\dfrac{1}{2}\times2^2=2$　よって，A(2，2)

(2)　点Bのx座標をtとおくと，y座標は$\dfrac{1}{2}t^2$　点Cのx座標もtだから，y座標は$-\dfrac{1}{2}t+3$　よって，$\mathrm{BC}=-\dfrac{1}{2}t+3-\dfrac{1}{2}t^2$　四角形BCDEは正方形なので，$\mathrm{CD}=\mathrm{BC}=-\dfrac{1}{2}t+3-\dfrac{1}{2}t^2$　点Dのx座標は$t+\left(-\dfrac{1}{2}t+3-\dfrac{1}{2}t^2\right)=-\dfrac{1}{2}t^2+\dfrac{1}{2}t+3$　点Dのy座標は点Cのy座標と等しいから，$\mathrm{D}\left(-\dfrac{1}{2}t^2+\dfrac{1}{2}t+3,\ -\dfrac{1}{2}t+3\right)$

(3)　直線ADの傾きをtを用いて表すと，$\left(-\dfrac{1}{2}t+3-2\right)\div\left(-\dfrac{1}{2}t^2+\dfrac{1}{2}t+3-2\right)=(t-2)\div(t^2-t-2)$　これが-2に等しいとき，$t-2=-2(t^2-t-2)$　$2t^2-t-6=0$　$(2t+3)(t-2)=0$　$t=2$のとき，B(2，2)，C(2，2)となって正方形ができないので不適当である。よって，$2t+3=0$　$t=-\dfrac{3}{2}$

3　（方程式の応用一2地点を進む二人，速さ・時間・道のり，方程式）

Q君はすれ違うまでの20kmを2時間30分＝150分で動くので，その速さは$\dfrac{2}{15}$(km／分)である。A，B間の距離を$x$km，P君の速さをp(km／分)とすると，150分で$(x-20)$kmを動いたのだから，$150p=x-20$　$p=\dfrac{x-20}{150}$…①　A，B間を動くのに，P君よりもQ君の方が3時間45分＝225分多くかかっているから，$\dfrac{x}{p}=x\div\dfrac{2}{15}-225$　$\dfrac{x}{p}=\dfrac{15}{2}x-225$　$\dfrac{2x}{p}=15x-450$　$2x=p(15x-450)$　①を代入すると，$2x=\dfrac{(x-20)(15x-450)}{150}=\dfrac{(x-20)(x-30)}{10}$　$20x=x^2-50x+600=0$　$x^2-70x+600=0$　$(x-10)(x-60)=0$　$x>20$なので，A，B間の距離は60km

4　（方程式の応用一価格と個数）

(1)　商品Xと商品Yの定価をそれぞれx円，y円とすると，⑤から，$x+y=850$…(ア)　⑤から，商品すべてを定価で買ったときの代金は$9600+8600+1600=19800$(円)　商品Xと商品Yのそれぞれの合計個数が20個，28個なので，$20x+28y=19800$　　$5x+7y=4950$…(イ)　　(ア)×7−(イ)から，$2x=1000$　　$x=500$(円)　　よって，商品Xの定価は500円　　なお，商品Yの定価は350円である。

(2)　①，②から，商品Xは店Aで500×0.9＝450(円)，店Bでは500×0.95＝475(円)で売られたことになる。また，商品Yは，店Aで350円，店Bでは300円で売られたことになる。店Aで買った商品Xと商品Yの個数をそれぞれp個，q個とすると，$450p+350q=9600$　　両辺を50で割って，$9p+7q=192$…(ウ)　　店Bで買った商品Xと商品Yの個数はそれぞれ$(20-p)$個，$(28-q)$個だから，値引きされた額に着目すると，$50p+25(20-q)+50(28-q)=1600$　　$50p-75q=-300$　　両辺を25で割って，$2p-3q=-12$…(エ)　　(ウ)×3＋(エ)×7から，$41p=492$　　$p=12$　　これを(エ)に代入して，$24-3q=-12$　　$q=12$　　よって，店Aで買った商品Xと商品Yの個数はどちらも12個である。

＋α　5　(平面図形―円の性質，二等辺三角形の性質，相似，合同，三平方の定理)

基本　(1)　OEは二等辺三角形OACの頂点Oから底辺におろした垂線なので，底辺ACを二等分する。よって，$AC=2a$　　△AOEと△ACDは∠OAE＝∠CAD，∠Aは共通なので2角がそれぞれ等しく，相似である。よって，AO：AC＝OE：CD　　$r:2a=b:x$　　$rx=2ab$　　$x=\frac{2ab}{r}$

基本　(2)　∠CODは△AOCの外角なので，∠COD＝∠OAC＋∠OCA＝30°　　△OCDは内角の大きさが30°，60°，90°の直角三角形となるので，OC：CD＝2：1　　よって，$r:x=2:1$　　$x=\frac{2ab}{r}$を代入すると，$r:\frac{2ab}{r}=2:1$　　$r=\frac{4ab}{r}$　　$r^2=4ab$　　したがって，$ab=\frac{1}{4}r^2$

やや難　(3)　△MFGは頂角が30°の二等辺三角形なので，∠MFG＝75°　　よって，∠HFI＝15°　　また，∠IFL＝30°だから，点FからILに垂線FPを引くと，∠IFP＝15°　　点IからFHに垂線IQを引き，点MからFIに垂線MRを引くと，(1)の結果から，$IQ=\frac{2\times FR\times MR}{r}$…①　　また，∠MFR＝15°だから，(2)の結果から，$FR\times MR=\frac{r^2}{4}$…②　　①を②に代入すると，$IQ=\frac{2}{r}\times\frac{r^2}{4}=\frac{r}{2}$　　△IPFと△IQFは斜辺と1鋭角がそれぞれ等しい三角形なので合同であり，$IP=IQ=\frac{r}{2}$　　よって，$LI=y=2IP=r$　　△JLIで三平方の定理を用いると，$IJ^2=z^2=JL^2-LI^2=4r^2-r^2=3r^2$　　したがって，$IJ=z=\sqrt{3}r$

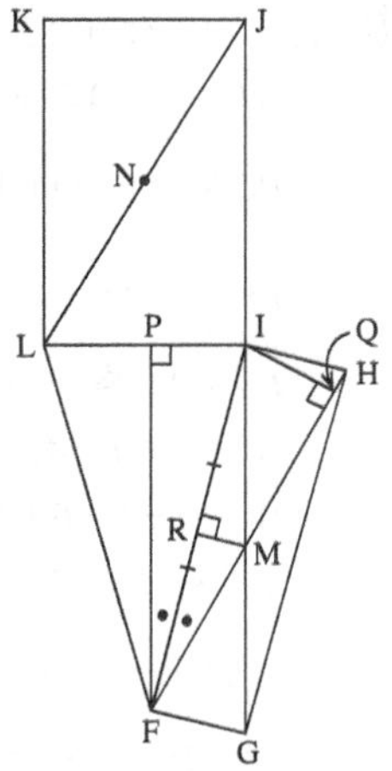

やや難　6　(空間図形―展開図，立面図と平面図，十四面体，三平方の定理)

展開図を組み立てた立体は，合同な正方形6個とそれらの正方形と辺の長さが等しい8個の合同な正六角形を面とする十四面体である。また，どの頂点にも，1個の正方形と2個の正六角形が集まっている。図2は図1の展開図を組み立てたときに，それぞれの図形がどの面になるかを示したものである。また，図3は，立体の表面を最短距離の線が通る部分の展開図である。

(以下の説明は，1辺の長さを6，つまり$a=1$として進めたものである。)

頂角が120度の二等辺三角形の辺の比は$1:1:\sqrt{3}$，高さは1辺の$\frac{1}{2}$だから，$QJ=RI=AH\times\frac{2}{3}=2$　　$QR=2+2+6=10$　　$EJ=CI=CH\times\frac{2}{3}=2\sqrt{3}$　　$PR=JI=6\sqrt{3}+6+6\sqrt{3}-2\sqrt{3}-2\sqrt{3}=$

$6+8\sqrt{3}$　△PQRで三平方の定理を用いると，$PQ^2=QR^2+PR^2=10^2+(6+8\sqrt{3})^2=100+36+96\sqrt{3}+192=328+96\sqrt{3}=4(82+24\sqrt{3})$　PR＞0なので，$PR=2\sqrt{82+24\sqrt{3}}\,a$

図1

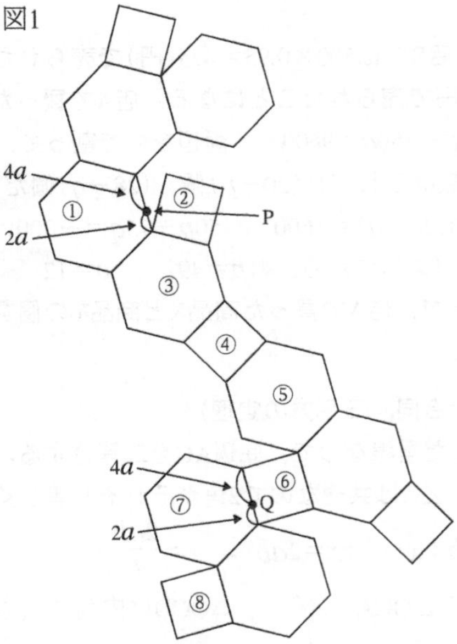

図2

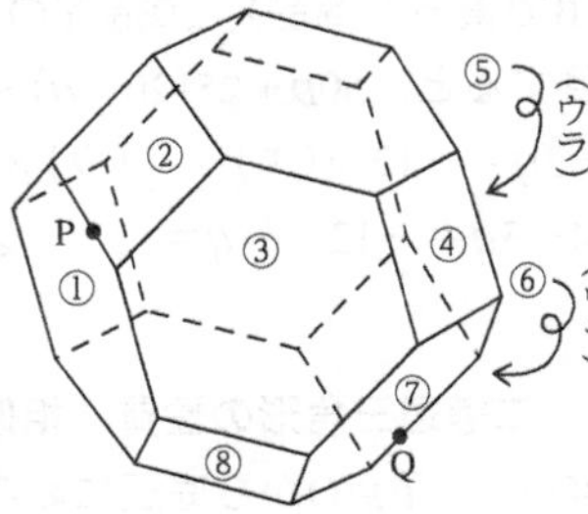

図3

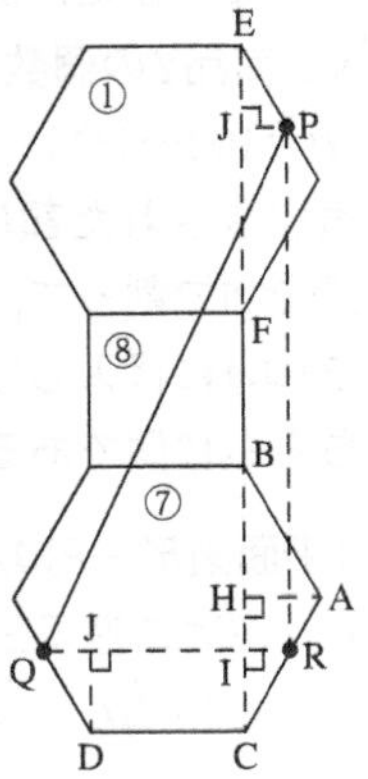

7 （関数・グラフと図形―動点，関係式，グラフの作成）

基本　(1)　$0<t\leqq 2$のとき，$P(0,\ t)$，$Q(-t,\ 0)$，$R(t,\ 0)$　$QR=2t$となるので，$y=\frac{1}{2}\times 2t\times t=t^2$

やや難　(2)　$2<t\leqq 4$のとき，$P(0,\ t)$，$Q(-2,\ t-2)$，$R(t,\ 0)$

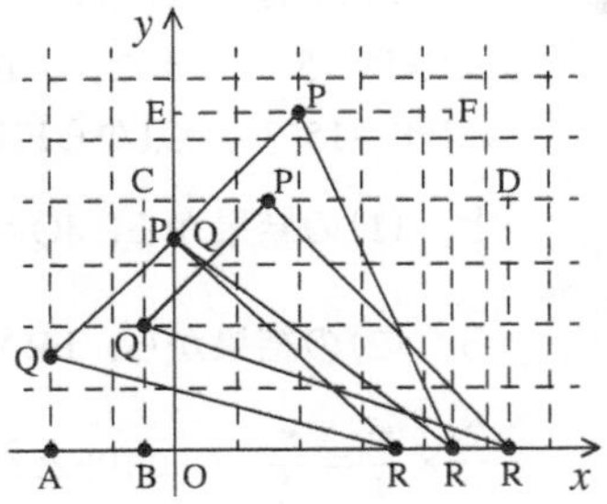

$A(-2,\ 0)$とすると，$y=$(四角形PQAR)－△QAR＝(台形PQAO)＋△POR－△QAR$=\frac{1}{2}\times\{(t-2)+t\}\times 2+\frac{1}{2}\times t\times t-\frac{1}{2}\times(t-2)\times(t+2)=2t-2+\frac{1}{2}t^2-\frac{1}{2}t^2+2=2t$　$4<t\leqq 6$のとき，$P(t-4,\ 4)$，$Q\{-(6-t),\ 2\}$，$R(t,\ 0)$　$B(-6+t,\ 4)$，$C(-6+t,\ 0)$，$D(t,\ 4)$をおくと，$CR=BD=t-(-6+t)=6$　$PD=t-(t-4)=4$　$BP=(t-4)-(-6+t)=2$　よって，$y=$(四角形BCRD)－△BPQ－△QCR－△PRD$=6\times 4-\frac{1}{2}\times 2\times 2-\frac{1}{2}\times 6\times 2-\frac{1}{2}\times 4\times 4=24-2-6-8=8$　$6<t\leqq 8$のとき，$P(2,\ t-6+4)=(2,\ t-2)$，$Q(0,\ t-6+2)=(0,\ t-4)$，$R(12-t,\ 0)$　$E(0,\ t-2)$，$F(12-t,\ t-2)$とおくと，$y=$(四角形OEFR)－△EPQ－△PFR－△OQR$=(t-2)(12-t)-\frac{1}{2}\times 2\times\{(t-2)-(t-4)\}-\frac{1}{2}(12-t-2)(t-2)-\frac{1}{2}(12-t)(t-4)=-t^2+14t-24-2-\left(-\frac{1}{2}t^2+6t-10\right)-\left(-\frac{1}{2}t^2+8t-24\right)=8$　したがって，グラフは右図のようになる。

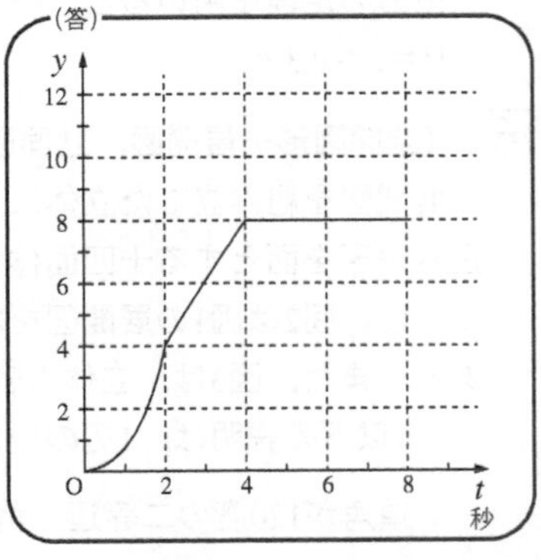

重要　(3)　$8<t\leqq 10$のとき，$P(10-t,\ 6)$，$Q(t-8,\ 4)$，$R(12-t,\ 0)$　3点が1直線上に並ぶとき，直線

PQと直線QRの傾きが等しくなる。2点P，Qについて，xの増加量は$(t-8)-(10-t)=2t-18$，yの増加量は-2　よって，傾きは，$-\frac{2}{2t-18}=-\frac{1}{t-9}$　2点Q，Rについて，xの増加量は$(12-t)-(t-8)=-2t+20$，yの増加量は-4　よって，傾きは，$-\frac{4}{-2t+20}=\frac{2}{t-10}$　したがって，$-\frac{1}{t-9}=\frac{2}{t-10}$　$2(t-9)=-(t-10)$　$3t=28$　$t=\frac{28}{3}$

★ワンポイントアドバイス★

いずれも難しい問題で出題数も多いから，時間内完答を目指さずに手がけられるものから確実に仕上げていくようにしよう。6は，展開図のどの辺とどの辺がつくのかを考えながら，いびつになってもいいから立体の見取り図を書いてみよう。

＋α は弊社HP商品詳細ページ（トビラのQRコードからアクセス可）参照。

＜英語解答＞ 《学校からの正答の発表はありません。》

Ⅰ　1 asked, then　2 so, it　3 going for　4 winning　5 be left alone　6 so that, could　7 least favorite　8 find, easily　9 thought to

Ⅱ　(記号　正しい形)　1 C have fished　2 D was published　3 B you reserve　4 D another　5 D is growing　6 A How to use　7 C has　8 B to turn off　9 D John's

Ⅲ　1 changed　2 before　3 few　4 What　5 bigger　6 but　7 grow[wear]　8 enjoyed　9 wrong　10 without

Ⅳ　A　1 a　2 d　3 a　4 c　5 d　6 d　7 c　8 b　9 b　10 c

B　1 は　2 に　3 い　4 ほ　5 ろ　C（ア）how many times has he been fooled by this bully　（イ）hard to believe how she can sleep in the middle of such a scary movie　（ウ）Martin tries to make himself believe it is just the wind.　D（i）一つにはジミーが言っていることが正しいか確認するため，そしてまた一つには兄としてプライドを保つために。　（ii）10年，それはお互いをすっかり知るのに十分すぎる時間だ。　（iii）そして彼がたくさんの電気をつければつけるほど，たくさんの電気を1つずつ消さなくてはならなくなる。　E　③ I am your big brother, so I have the right to eat more than you.　④ I saw a big guy at the mall yesterday who looked like the man on TV.

○推定配点○

Ⅰ・Ⅱ　各1点×18　Ⅲ　各2点×10　Ⅳ　A・B　各2点×15　C～E　各4点×8　計100点

＜英語解説＞

重要 Ⅰ （言い換え・書き換え：話法，接続詞，熟語，動名詞，助動詞，比較，受動態）

1 「彼女は私に『あなたの両親は今どこに住んでいますか』と言った」「彼女は私に，私の両親がそのときどこに住んでいるか尋ねた」 直接話法から間接話法への書き換え。〈ask ＋人＋間接疑問〉の構文になる。過去のある時点における now「今」は then「そのとき」に変わる。

2 「このカレーは子供たちには辛すぎる」「このカレーはとても辛いので子供たちは食べられない」〈so … that ＋主語＋ can't ～〉「…すぎて～できない」 eat の後ろには目的語 it が必要。

3 「今日は暑い。泳ぎに行きましょう」「今日は暑い。泳ぎに行くのはどうですか」 How about ～ing?「～するのはどうですか」 go for a swim「泳ぎに行く」

4 「私はそのチームが試合に勝つことを確信している」 (b)の文では of の後ろを動名詞句にする。The team's winning the game で「そのチームが試合に勝つこと」となる。

5 「私は少しの間，一人で過ごしたい」「私はしばらく一人にしてもらいたい」〈leave ＋人＋ alone〉「(人)を一人にしておく」を受動態にして be left alone「一人にされる，ほおっておかれる」とする。 for a while「しばらくの間」

6 「私は渋滞を避けるために早く出発した」「私は渋滞を避けることができるよう，早く出発した」〈so that ＋主語＋ can ～〉「～できるように」

7 「私は全ての色の中でピンクが好きではない」「ピンクは私が最も好きでない色だ」〈least ＋形容詞〉「最も～でない」 favorite「お気に入りの，大好きな」

8 「彼の家に行ったことがあるので私にとって彼の家を見つけることは簡単だろう」「彼の家に行ったことがあるので私は彼の家を簡単に見つけるだろう」 形容詞 easy を副詞 easily にする。

9 「誰もが彼を正直な男だと思っている」「彼は正直な男だと思われている」 受動態への書き換え。be thought to be ～「～であると思われている」

やや難 Ⅱ （正誤問題：現在完了，受動態，関係代名詞，代名詞，疑問詞，不定詞）

1 「私は長野に住んでいた時，よく父と一緒に車で魚釣りに行ったものだったが，東京に引っ越してきてから2回しか釣りをしていない」 only twice で「2回しかしていない」と否定の意味を持つので，文の動詞は have fished とする。この fish は「釣りをする」という動詞。

2 「その辞書はとてもよく売れたのでついにその新版が出版された」 sell は自動詞で「(ものが)売れる」の意味があり，Aは正しい。Dは「出版された」の意味になるよう受動態にする。

3 「あなたが前もって予約するチケットは少し安い」 Aの that は目的格の関係代名詞なので，Bの中の it(目的語)は不要である。

4 「私はこのスカーフはあまり好きではありません。特にデザインが。別の物を見せてください」 Show me another.「別の物を見せてください」(お店での決まり言葉)

5 「日本を訪れる外国人旅行者の数は増えている」 文の主語は単数の The number なので，対応する動詞は is growing となる。

6 「図書館の使い方は，実り多き学校生活の鍵だ」 How to use the library「図書館の使い方」が文全体の主語である。

7 「東京とニューヨークのどちらが人口が多いと思いますか」 Which has a larger population?「どちらが人口が多いですか」に do you think「あなたは思いますか」が挿入された文。

8 「私はもう寝ます。あなたが寝る前に忘れずに電気を消してください」〈remember to ＋動詞の原形〉「～することを覚えておく，忘れずに～する」

9 「私のビデオゲームの所有数はほぼジョンの2倍だ」「私のビデオゲームの所有数」と「ジョンのビデオゲームの所有数」を比べるので，John's video game collection の意味でDを John's

とする。

Ⅲ　（長文読解問題・紹介文：語句補充，前置詞，熟語，関係代名詞，比較，受動態）

ザ・ビートルズは1960年にイングランドのリバプールで結成された伝説的なロックグループで，1970年に解散する[2]前の10年足らずの間に，ポップス音楽の意味を単なるティーンエイジャーの娯楽から非常に商業的で創造的な芸術形式へと完全に[1]変えた。

ザ・ビートルズは，[3]いくつか例を挙げると『イエスタデイ』『ヘイ・ジュード』『レット・イット・ビー』などの，世界中の人々が50年以上も聴いて歌う，数多くの常に人気のある歌を生み出した。彼らの歌の素晴らしい[4]ことは，彼らの世界的な売り上げが他のどのアーティストよりも[5]大きいだけでなく，彼らが3世代にわたって愛されていることだ。それはつまり，現代のティーンエイジャーが彼らの音楽を愛し，それをオンラインで買い，その同じ音楽を彼らの親がCDで買い，彼らの祖父母がLPレコードで買ったということだ。

しかし彼らが若い世代に与えた最も偉大なものは，彼らが自分たちの音楽や活動を通じてもたらした，前向きなメッセージと異なる価値観だろう。彼らは若い男性たちに髪を長く[7]伸ばしてもよいと言った。彼らは音楽に境界線はなく，黒人と白人，若者と老人，金持ちと貧乏人によって[8]共有されうる，ということを示した。彼らは若いミュージシャンに自分自身の歌を作曲して演奏するよう励ました。彼らは，音楽は権力と戦い，戦争は[9]間違いだというメッセージを送ることができ，愛と平和は世界を変えることができると示した。我々の国，日本で彼らはロックバンドが武道館で公演を成功させられると証明した。そこは当時，日本の伝統的な武道のためだけの聖地だと考えられていた。

上記のことはどれもザ・ビートルズと彼らの挑戦[10]がなければ容易に実現されなかったことだ。

1　直前に副詞 totally「全く，完全に」があることから，動詞が入るとわかる。from ～ to …「～から…へ」に着目し，change「～を変える」の過去形を入れる。　2　before ～「～前の」

3　name a few「いくつか例を挙げる」　4　この what は先行詞を含む関係代名詞で「～ということ」を表す。　5「売上が大きい」という場合は形容詞 big を用いる。直後に than があるので比較級にする。　6　not only that ～ but that …「～ということだけでなく，…ということも」

7　grow[wear] one's hair long「髪を長く伸ばす」　8　空所の前に be，直後に by があることから，動詞を過去分詞にして受動態にするとわかる。直前の「音楽に境界線はない」という内容から，「音楽は分け隔てなく楽しまれる」という文意にする。　9　wrong「間違っている，よくない」

10　without ～「～なしで」

Ⅳ　（長文読解問題・物語文：英問英答，内容吟味，語句解釈，文補充・選択，口語表現，熟語，語句整序，現在完了，受動態，不定詞，間接疑問，英文和訳，関係代名詞，比較，和文英訳，接続詞）

マーティンは宿題を終えた後にアニーと並んでテレビで『ハロウィーン』を見ながら，自分は①誤った選択をしたかもしれないと思い始める。

友達のジミーは学校で彼に，テレビではオリジナルの映画から流血シーンが全てカットされるし（『お前はきっとがっかりするだろうけれど，エッチなシーンも全部だぞ』とジミーが付け加える），悪い言葉は全部ビーっという音をかぶせて消されるんだ，テレビ局がアメリカ中の全ての親から苦情の電話を受けないようにな，と言う。彼はまたマーティンに，彼は兄と一緒に映画館で『ハロウィーン』のカットされていないオリジナル版を見たことがあるので，一番わくわくするシーンがほとんどカットされているから今晩はテレビで見ない，と言う。

映画は，マスクをかぶったブギーマンが長いナイフで最初の犠牲者を殺害する場面になる。アニーが悲鳴を上げ，目を覆いながらキッチンに駆け込む。マーティンも同じことをしたいが，彼はこれを見なくてはならない，(ⅰ)一つにはジミーが言っていることが正しいか確認するため，そしてまた一つには兄としてプライドを保つために。今ナイフが，ベッドで寝ている若い女性の犠牲者に向かって，宙高くに掲げられる。今，ナイフが振り下ろされる。マーティンは手のひらが汗でベタついてくるのを感じる。そして今，その女性の悲鳴が始まると，次には真っ暗になる…　やはりジミーは正しい。流血シーンはない。

それはマーティンにとって②ほっとすることだ。彼は14歳で，他の人たちがみんな寝ている真夜中にトイレに行くことがいまだに怖い。彼は実際の殺人シーンを見たら，きっとその後何日も悪夢を見るだろう。「それならお前はどうしてそういう怖い映画が見たいんだ？」と父親は彼によく尋ねる，まるで自分の質問に対する答えをすでに知っているかのように微笑みながら。マーティンは父親の少年時代のお気に入りの映画が『大アマゾンの半魚人』で，それで彼が嫌な夢を見たということを知っている。母親はただ軽蔑して，「[1]男の子はやっぱり男の子ね」と言いたげに頭を横に振る。少なくとも彼の両親はテレビ局に電話して性的表現と暴力の子供に対する悪影響について苦情を言うようなタイプではない。それは確かだ。

しかし映画は始まったばかりだ。もっと恐ろしいシーンがやってくる。マーティンは自分が最後まで見ることができるか疑問に思う。彼は両親が映画の終わる前に帰ってくることを願うが，彼らのスミス家への訪問は長くなりがちで，よく真夜中の12時ごろまでになることを経験から知っている。そしてその時までにマーティンとアニーはベッドでぐっすりと寝ていることが期待されている。彼は寝る時間があと数時間後にやってくることを考えたくない。結局，彼がアニーを寝かせ，一人で全ての電気を消す前に家中を回って全てのドアや窓の鍵がかかっているか確認しなくてはならないのだ。

さて，彼らには選択肢があった。彼の両親は彼らをスミス家へ連れて行き，親がブリッジをしている間にそこの家の息子のポールと一緒に過ごすのはどうかと提案した。問題は，彼はポールが大嫌いなのだ。彼らは同い年だがポールはずっと大きく力も強かった。しかも彼は卑劣で，機会がある時はいつでもマーティンをからかった。彼らは同じ幼稚園，同じ小学校に通い，今は同じ中学校に通っている。(ii)10年，それはお互いを頭の先からつま先まですっかり知るのに十分すぎる時間だ。ポールはマーティンが2年生のときにおもらししたことを知っている。ポールはまた，マーティンがひそかにスージー・タイレルに片思いをしていて，彼女がシカゴに引っ越した時に彼がしくしく泣いたことを知っている。マーティンは同様に，ムーア先生の机に死んだネズミを入れたのはポールだということや，学校の図書室の大きな美術の本から裸の女性の絵画のページを破り取ったのもポールだということを知っている。（もちろんマーティンは賢く黙っていた，ポールが後で彼にどんな仕返しをしてくるか知っていたから）

典型的ないじめっ子として，ポールは愚かでは全くなかった。ポールはずる賢いので，いつマーティンを「とっちめる」べきか，いつしないほうがいいか，わかっている。それはつまり，彼は親の前やアニーの前でもマーティンを決していじめないということだ。ドアを閉めた場所や，彼ら2人だけの時や，親の目から逃れる言い訳としてポール曰く「男と男の話をする」という時だけだ。そしてその時，彼はマーティンにありとあらゆることをする。いくつか例を挙げると，蹴ったり，つねったり，頭を叩いたり，彼がテレビゲームをしている間にシャツの背中に水を入れたり，マーティンの髪の毛にわざとガムをくっつけ，「手伝ってあげる」と言ってその髪の毛の部分をはさみで切ったり。ポールはまた，マーティンがすぐに怖がることを知っているので，自分が創作したか映画から拾ってきたかの恐ろしい話を彼に詳しく説明し，マーティンの反応を楽しむ。

だから両親が彼とアニーに一緒に行きたいかと聞くと，マーティンは家でやる宿題があると言い，アニーも一緒に遊ぶ女の子がいないためスミス家に行きたがらないので，彼らはその晩は家にいることにした。しかし今，かつてないほど，彼は妹の他に一緒にいる人がほしい。トランプに熱中して彼に話しかけもしない両親や，10年以上も彼の人生を悩まし続けるこの卑しい性格の少年でも。

アニーは怖いシーンが今のところ終わったことを察知してキッチンから戻る。彼女は母親手作りのチョコチップクッキーを右手に持ってかじり，左手にはもっとたくさんのクッキーを持っている。

「おい，お前は自分の分のクッキーをすでに食べただろう。俺がもらうぞ」とマーティンは言い，彼女の手からそれらをぐいっと奪い取る。

「お兄ちゃんは私よりたくさん食べたでしょ。返してよ」 アニーは左腕を伸ばすが動きも遅く，届かない。

マーティンは手に持った全てのクッキーの表面をなめる。「[2]これが食べられるかやってみろよ」

「お兄ちゃんが私からクッキーを全部取ったってママに言うからね」 アニーがべそをかき始める。

「赤ん坊みたいなことはやめろ。③俺はお前の兄貴なんだからお前より沢山食べる権利がある」

「ママとパパが帰ってきたらどうなるか見ものだわ。[3]お兄ちゃんは困ることになるよ！」

「黙れ。俺は映画を見ているんだ」

アニーはまだめそめそしているが，マーティンは彼女を無視してテレビ画面を見続け，クッキーをむしゃむしゃ食べている。映画ではちょうど夜明けで，ハロウィーンの朝だ。マーティンが住んでいるところによく似た，典型的な郊外の住宅地だ。主人公の女子高生はオールAの優等生タイプで，友人と学校へ歩いている途中，曲がり角でマスクをかぶった奇妙な男が映る影を見る。彼女がもう1度見ると，男はいない。それは前の晩に精神病院から脱走した男かもしれないが，マーティンは妹とクッキーをめぐってケンカをしてその場面を見逃したため，よくわからない。突然，マーティンはあることを思い出す。学校で言われた，恐ろしいことを。しかもポールから！

その前の週，大量殺人犯が州の刑務所を脱獄し，いまだに逃走中だとニュースになっている。警察は，彼が湾を渡ってノース・ビーチの海岸に上陸するために使った，手製のボートを発見した。それはつまり，彼が彼らの街のほうに向かったということかもしれない。「そいつは今までのところ，13人の罪のない人々を殺した，そしてそのうち5人は子供だ」とポールが言った。「しかもな，聞けよ。④テレビに映ってた男とそっくりのでっかいやつを昨日モールで見たんだ，ひげを生やして，前腕にタトゥーが入ってた。あれはそいつだった，俺は5ドル賭けてもいいぜ。そいつはこの近所のどこかに隠れているかもしれないぞ」 マーティンは，うわべは真剣でおびえているように見えるポールの目にうっすらと笑みが見えたような気がした。結局のところ，それはポールの話だったし，(ア)彼はこれまで何回このいじめっ子にだまされてきたというのか。しかしマーティンはあまりにも神経が細いので笑って忘れることができない。代わりに，彼は男の大きな影が彼の家の裏庭の後ろに隠れ，中を覗いているのを想像し始める…

ポールは怒っている。彼はマーティンが両親と一緒に彼の家に来なかったことが信じられない。彼はマーティンに何をしてやるかということについて，ありとあらゆるアイデアを持っていた。マーティンに何をしてやるか。彼が学校で脱獄犯について話した時，マーティンはもちろん非常に青ざめていた。

彼の両親はマーティンの両親と一緒に居間でブリッジをしている。そして彼らはゲームに集中し，自分たちの世界に入り込んでいる。それは，両親がブリッジをすることについてポールが大嫌いな点だ。彼らは彼をほったらかして，彼が話しかけても聞いていない。なんてつまらないんだ！ マーティンが一緒ならとても楽しいのに。

マーティンが彼と一緒に過ごさず，幼い妹と家にいると考えると，彼はますます腹が立つ。「きっとあいつはテレビでまた怖い映画を見ている。あいつはひどい臆病者なのにどうしてああいう怖い映画が大好きなのか，俺には理解できない」と彼は思う。「[4]どうしてだかわかったぞ。あいつは怖い思いをさせられるのが好きなんだ。だから俺たちは長い間ずっと友達なんだ。あいつは俺が必要なんだ，俺があいつを怖がらせるとあいつは興奮するんだ！」

今，素晴らしいアイデアが彼の頭に浮かぶ。マーティンの家に行って彼を死ぬほど怖がらせることができるぞ！　この逃走中の殺人者のふりをして，外からドアをたたいて窓をノックして気味の悪い音を立てる。あのやせっぽちのチビがどんな様子で振り向くか見ものだな。しかもそこは彼の家からたった3ブロックしか離れていない。親には，マーティンに宿題を手伝ってもらいたい，そしてマーティンとアニーの両親が帰ってくるまで向こうで彼らと一緒にいる，と言えばいい。よし，誰も相手をしてくれずに静かに家にいなくてはならないというこの退屈を蹴飛ばしてくれるような，素晴らしい夜になるだろう。彼は自分がこのアイデアに大いに興奮していくのを感じる。

アニーは映画が終わる前にテレビの前で寝てしまった。(イ)彼女がこんなに怖い映画の真最中に寝ることができるなんて信じられないが，マーティンは兄としてやることがある。彼女に歯を磨かせ，トイレに行かせ，ベッドで寝かせるのだ。ブギーマンは何度も撃たれ，殺されたはずだが，彼の体があるはずの庭を彼らがもう一度見ると，その体が消えている。マーティンをぞっとさせた，不思議で恐ろしいエンディングだ。

彼がアニーの寝室の電気を消し，アニーはすでにベッドでぐっすり寝ていて，その後，彼が家中を回って全ての鍵を確認するのは10時過ぎだ。親不在の留守番で最も恐ろしい時間がやってくる。彼は11時に寝ることが許されているが，彼らが夜中の12時ごろに帰ってくるまで眠れないかもしれない，しかしそれまで，彼はたくさんの部屋とあちこちに影のあるこの家でたった一人で過ごさなくてはならない。全ての電気をつけたとしても。(iii)そして彼がたくさんの電気をつければつけるほど，たくさんの電気を1つずつ消さなくてはならなくなる。自分の部屋に入ってベッドの横にある電気を最後に消す前に。

突然彼は，動物がドアに爪を立てるような，奇妙なひっかき音を耳にする。それは裏口のドアから聞こえてきて，そのドアは外のガレージにつながる。(ウ)マーティンは自分自身に，それは単なる風だと信じ込ませようとする。しかし今，まるで誰かが鍵がかかっていないか確かめようとしているかのように，ドアノブがガタガタと音を立てる。中に入ろうとしている誰か。それはもちろん彼の両親ではない。彼らは家の鍵を持っているし，マーティンに彼らの車がガレージに入っていくのが聞こえるだろう。彼はスミス家に電話し，彼らにすぐ帰宅するよう頼もうと考えるが，そうしたらポールはそれについて何というだろう？　マーティンは外にいるのがポールで，自分を怖がらせようとしているのならよかったのに，と思うほどだが，それは不可能だ。ポールは夜のこんな時間に外をうろついていないだろう。彼の親は，彼にそんなことをさせない。

そして今，彼が立っている場所の後ろで，キッチンの窓を叩く音がする。マーティンは凍り付く。その叩く音は定期的でリズミカルで，風が立てるような種類の音ではない。マーティンは振り向いてそちらの方向を見るなんて絶対にできないと思うが，力を振り絞ってそうする。彼が窓を見た瞬間，その叩く音は止まるが，彼は1つの影が裏庭の方へ動いていくのが見えたと思う。マーティンは叫びたくなる。彼はアニーを起こしに行きたいが，どうしてそんなことができるだろうか。彼は全てのドアと窓の鍵をかけたと確信しているが，でももしそのうちの1つを忘れていたら？

「全ての電気を消せ，そうしないとあいつは外からお前の姿が見える！」と彼の内なる声が彼に話しかける。彼はできるだけ静かに家中を走り回り，全ての電気を1つ1つ消す。彼はさらに両親の寝室の窓が叩かれたように聞こえた気がするが，電気を消し続ける。終わると，彼は包丁を持ち，毛布で体を包んで，居間のソファの後ろに隠れる。もし侵入者が来たら奇襲しようと，彼はその状態でいるつもりだ。彼は完全にビビっていたが，同時に彼は奇妙にも興奮していた。それは映画の影響かもしれない…

ガレージのドアをガタガタ鳴らした後，ポールはできるだけ静かに脇の門を開け，家の横に行き，窓からキッチンの中をのぞく。ガレージのドアのほうに向いているマーティンの後ろ姿を見ると，ポールは口から出てきそうなくすくす笑いを押し殺し，窓の下に身を隠して窓を叩き始める。今，彼はどんどん興奮して，家の周りを回って全てのドアノブを鳴らし，全ての窓を叩くつもりでいる。彼は身を低くしたまま裏庭へ移動し，おそらく両親の寝室であろう暗い寝室に面したガラスの引き戸に近づく。彼は再びガラスをリズミカルに叩き，マーティンが家中の様々な方向から聞こえてくる音を追わざるを得ないのを想像し，またくすくす笑いを押し殺す。

ポールはマーティンを怖がらせるというたくらみに熱中していて，自分の背後に全く気づかない。巨大で力強い手が突然彼の口をつかみ，もう1つの手が彼ののどの周りに滑り込んでくるまで。2本の手がどんどん強い力で押しつけてきた時，ポールには叫びだす時間すらない。

彼らの両親がようやく帰宅したのは11時を少し過ぎていて，彼らは家が真っ暗なのを見て驚く。彼らはマーティンがそのような状態なのを見てさらに驚く。

「おい，マーティン。何を企んでいるんだ？　そんなふうに包丁を持って遊びたくはないだろう。自分がけがをするぞ。ポールはどこだ？」と父親が尋ねる。

「ポ，ポール？　ポールってどういう意味？」

「こら，私たちにいたずらを仕掛けるのはやめなさい。おい，ポール，隠れ場所から出てきなさい。11時を過ぎているから，私たちが君を家に送るよ」

「いや，パパ。ポールはここに来ていないよ。外に誰かがいるような音がしたと思ったけれど…」

「それは変だな。彼はお前と一緒に宿題をしたがって，9時頃に自分の家を出てここに向かった。そうだと私たちは思っていた。彼は私たちが帰るまでお前と一緒にいると言ったから，私たちは実際，いつもより少し早く帰宅したんだよ，お前たちは明日，学校があるから夜更かしするのが心配だったからね」

「じゃあポールはどこへ行ったの？」と母が尋ねる。

マーティンは震えだす。

A　1 「マーティンがしたと思った誤った選択(下線部①)とは何か」 (a)「妹と一緒に家にいることを選んだこと」 下線部(ⅱ)を含む段落参照。両親はマーティンとアニーに，一緒にスミス家に行くことを提案したが，二人はそれを断り，家で映画を見ることにした。しかし映画がとても怖いので，「この選択は間違いだったかもしれない」と感じ始めた。

2 「マーティンにとってほっとすること(下線部②)とは何か」 (d)「テレビでは流血シーンがカットされていること」 直前の文のNo bloody scenes.「流血シーンはない」を指す。

3 「マーティンの両親は息子が怖い映画を見ることについてどう思っているか」 (a)「父親は彼を理解し，母親は彼の望むことをさせている」 下線部②を含む段落を参照する。

4 「両親が外出している時，マーティンは何をしなくてはならないか」 (c)「彼は妹をベッドに行かせ，ドアと窓の鍵をかけておかなくてはならない」 下線部(イ)の直後の内容およびその次の段落の第1文を参照。

5 「ポールについて正しくないものはどれか」 (d)「彼はマーティンより大きくて力も強いが，利口ではない」 下線部(ⅱ)を含む段落の次の段落第1文を参照する。Paul is far from stupid「ポールはバカでは決してない」とある。

6 「なぜマーティンはポールの学校での悪い行動について先生に言わなかったのか」 (d)「マーティンはポールの復讐が怖かったから」 下線部(ⅱ)を含む段落の最終文参照。

7 「マーティンとポールに共通する点を1つ選びなさい」「彼らは二人とも怖い映画を見る」

やや難　8 「マーティンが家にいると決めた理由でないものはどれか」 (b)「スミス家には女の子がいない」 これはアニーがスミス家に行きたがらない理由である。

やや難 9「この直後に最も起きそうにないことはどれか」 (b)「マーティンが妹をいじめたために大変困ったことになる」 この後，マーティンと両親はポールを探すと予想される。そして(d)「彼らはポールが家にいるか確認するためにスミス家に戻る」→ ポールはスミス家にいない。人々がポールを探す。→(c)「ポールが裏庭で発見される」→(a)「彼らは警察を呼ぶ」という展開が考えられる。よって(b)は不適切。なお，空所3でアニーがマーティンに You're in big trouble.「お兄ちゃんは困ったことになるよ」(「お兄ちゃんはパパとママに叱られるよ」という意味)と言っているが，この後，ポールが殺されていることが明らかになると，マーティンが両親に妹をいじめたことを叱られるという状況ではなくなるだろう。

重要 10「この話について多くの読者が考えることは何か」 (c)「映画『ハロウィーン』と多くの共通点がある」 映画『ハロウィーン』には精神病院から脱走した男が出てくる。また，ポールはマーティンの家の裏庭で脱獄した殺人者に殺されたと推測される。

やや難 B 全訳下線部参照。それぞれ口語表現や決まり文句である。1 Boys will be boys.「男の子はやはり男の子」 2 See if you can ～「～できるかやってみて」 3 You're in big trouble!「あなたは困ったことになりましたね」 4 I know why.「理由がわかった」 5 play game with ～「～にいたずらを仕掛ける」

C (ア) 文頭に How many times「何回」を置き，現在完了の受動態の疑問文にする。fool「～をだます」 (イ) 形式主語構文で It is hard to believe「信じることが難しい，信じられない」を最初に置き，believe の目的語として間接疑問〈疑問詞＋主語＋動詞〉を続ける。 (ウ) 〈try to ＋動詞の原形〉「～しようとする」〈make ＋人＋動詞の原形〉「(人)に～させる」 ここでは make himself believe で「自分自身に信じさせる」となる。

D (i) partly は「一部には，部分的には」という意味で，partly ～ and partly …「一つには～，また一つには…」という意味になる。ここでは partly のあとに目的を表す不定詞句が続いて，「一つには～するために，また一つには…するために」となる。make sure if ～「～かどうか確かめる」 (ii) which は直前の Ten years を先行詞とする主格の関係代名詞。which の前にカンマがあるので，「10年，それは…」と訳せばよい。more than enough「十分すぎるほどの，必要以上の」〈get to ＋動詞の原形〉「～するようになる」 from head to toe「頭の先からつま先まで」「すっかり全部」 (iii) 〈The ＋比較級～, the ＋比較級…〉「～すればするほど…」 turn on ～「(電気)をつける」 turn off ～「(電気)を消す」 one by one「1つずつ」

重要 E ③ 最初に I am your big brother「俺はお前の兄貴だ」と置き，so I have the right「だから俺は権利がある」と続ける。その後に to eat more than you「お前よりも沢山食べる」とする。 ④ 最初に I saw a big guy at the mall yesterday「俺は昨日モールででっかいやつを見た」とする。その後，主格の関係代名詞 who を使って who looked like the man on TV「テレビに映っていた男のように見える」と続ける。

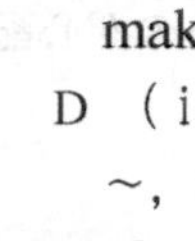

★ワンポイントアドバイス★

Ⅳの長文は文章量が非常に多いので，圧倒されず最後まで読み進められるかに合否がかかっている。

＜国語解答＞ 《学校からの正答の発表はありません。》

一　問一　一元的に統一される(方向。)(9字)　問二　(例)　日本の村落は自然と人間が暮らす共同の空間からなるが，日本の自然には大きな地域差があり，その地域差を踏まえた独自の習慣が必要とされたから。(68字)　問三　(例)　自分たちの暮らしや労働の文化を守り，維持するため。(25字)　問四　共同体　問五　①　国家　②　習慣　③　法律
問六　優先する。　問七　イ　問八　エ　問九　エ　問十　1　途上　2　航行
3　採取　4　模索　5　蓄積

二　問一　擬人法　問二　(誰かの)幸・不幸の結実を助けてくれる(存在。)(14字)
問三　(例)　めしべが外部からの受粉を望む(姿。)(14字)　問四　種の退化をきたす(ことを避けるため。)(8字)　問五　ア　問六　(例)　(他者は)単になつかしいだけではなく，本来自己中心的な人間にとってうとましい存在である(という偏見。)(38字)
問七　ロ　問八　欠如を抱き　問九　1　オ　2　エ　3　ア　4　ウ　5　イ
問十　A　心　B　恩　問十一　a　ことさら　b　おおぎょう
問十一　1　総和　2　志向　3　媒　4　委(ねた)　5　形勢

○推定配点○
一　問五・問七・問八・問十　各2点×10　問二　6点　他　各4点×4
二　問一・問五・問九～問十二　各2点×16　問六　6点　他　各4点×5　計100点

＜国語解説＞

一　(論説文―大意・要旨，内容吟味，文脈把握，段落・文章構造，脱文・脱語補充，漢字の読み書き，要約・説明，書き抜き)

問一　――①を含む冒頭の段落の内容を，問題文Ⅰの最終段落で繰り返し述べている。最終段落の「今日の私たちは，社会は一元的に統一される必要はないと考え，この視点から，国家や世界の新しいあり方をモサクしている」に着目する。様々な物事の根源を一つにするという意味の「一元的」を含む部分を抜き出す。

やや難　問二　直後の段落にあるように，「多層性をももっている」とは，法律とは別に昔からの地域の習慣があることを言っている。日本の村落が，法律とは別の地域の習慣を持つようになった理由を問題文Ⅱから探す。「日本では」で始まる段落に，日本の村や集落の特徴を挙げ，「その自然は」で始まる段落で，日本の自然には大きな地域差があることを述べ，それゆえ日本では「さまざまな共同体が各地に展開していた」と論を進めている。これらの内容を簡潔にまとめる。

重要　問三　――③「地域の習慣」の必要性について述べている部分を探すと，「このような様子」で始まる段落に「人々は自分たちの文化を守るために，法律に優先する自分たちの習慣をつくる必要があった」，「ここでは」で始まる段落に「自分の属する社会を守るための習慣や取り決め」，「私はこんな」で始まる段落に「さまざまな社会は，それぞれの暮らしや労働の文化をもち，それを維持するための習慣をもっている」とある。指定字数を参考に，より具体的に述べている部分の語句を用いてまとめる。

問四　――④の直後に「それほど大きな世界ではない。人間たちが直接かかわれる大きさであり，それは不特定多数の世界ではない」と説明し，「地域」や「職能集団」の例を挙げている。このことを踏まえて，問題文Ⅱを見ると，冒頭の段落に「日本では，もともと村とか集落といった言葉は，人間の社会をさすものではなく，自然と人間が暮らす共同の空間をさす」とあるのに気づく。この「自然と人間が暮らす共同の空間」を，後で「共同体」という言葉に置き換えている。

問五　ここでの「多層性」は，同じ場所でいくつも層が重なっている様子を意味する。「多層」という語に着目すると，「私はこんな」で始まる段落の「私は，こんなあり方のなかに，多層的な世界の存在をみている。ひとつの国家の内部にも，さまざまな社会が存在する……そこでは，法律と習慣がくい違うこともある。人々は法律の世界と習慣の世界との多層的な世界に暮らしながら，この両者を調整する知恵をもっていた」という説明に気づく。ここから，空欄①～③に入る二字の語句をそれぞれ抜き出す。

問六　挿入する文章の「山菜や茸」をヒントに，問題文Ⅰを探すと，「このような国の」で始まる段落に「誰でも山菜や茸をサイシュしたり，薪として枯れ木や落枝を集めることができる」とあり，これを「地域の習慣」としている。この「地域の習慣」が，挿入する文章の「森をもたない弱い立場の人を守る習慣」「村から脱落者を出さないように配慮する仕組み」に通じる。したがって，挿入する文章は，「この問題では地域の習慣が優先する。」の後に入る。

問七　一つ目の【　1　】の前「自分たちの習慣や取り決め」に通じるのは，イの「掟」。「掟」は「おきて」と読み，その社会で必ず守らなくてはならない取り決めのこと。

問八　同じ段落で「自然は，日本では大きな地域差をもって」いて，「その自然とかかわりながら形成されてきた各地の村々には，その村が育んできた農業のかたちや，生活の習慣，自然利用の形態がある」と述べている。この「自然と人間の時間とがチクセキされるようにしてつくられた」ものは何かを考える。その土地の気候や地形など住民の生活に及ぼす自然環境を意味する語を考える。

基本　問九　直後で「日本の共同体は……ひとつひとつの差異が大きかったのではないか」「日本には同じ構造をもつ共同体が各地にあったのではなく，さまざまな共同体が各地に展開していた，と考えたほうがよいのではないか」と，「不適当」とする筆者の考えを述べている。

問十　1　ある目的に向かって進行している途中。「途」を使った熟語には，他に「前途」「途方」などがある。　2　船舶や飛行機などが航路を行くこと。　3　役に立つ鉱物や動植物を選びとること。「採」の訓読みは「と(る)」。　4　手探りで探し求めること。「模」の他の音読みは「ボ」で，「規模」という熟語がある。「策」を使った熟語は，他に「画策」「策士」などがある。
5　たくさんたまること。「蓄」の訓読みは「たくわ(える)」。

二　（詩・説明文―主題・表題，文脈把握，指示語，接続語，脱文・脱語補充，漢字の読み書き，語句の意味，ことわざ・慣用句・故事成語，要約・説明，書き抜き，表現技法）

基本　問一　「虫や風」という人間以外のものを，「訪れる」と人間にみたてて表現している。

重要　問二　「虻」は，ハエに似た昆虫で，人の血を吸うこともある。「虻」について述べている部分を探すと，【　4　】で始まる段落に「私は，ある時ある人にとっての蜂や虻や風であり……又，私の見知らぬ誰かが，私の幸・不幸の結実を助けてくれる蜂や虻や風である筈です」とある。ここから，「虻」が「誰かの」どのような「存在」なのかを読み取り，あてはまる部分を抜き出す。

問三　筆者は芙蓉の花の，どのような「姿」から「他者」を感じたのかを読み取る。同じ段落の「めしべは花の基部から長く外へ突き出て，その先端が天を向いてぐいと曲っており……同じ花のおしべからの受粉を望んでいない姿であるならば，残されているのは，外部への期待だけ」という様子に着目する。芙蓉の花のめしべが何を望んでいるのかを述べて，「姿。」につなげる。

問四　「花が『自己完結を避けようとする』」のは，どんなことを「避けるため」なのかを考える。「あとで」で始まる段落に「自花受粉は同一の遺伝形質を受け継ぐため種の退化をきたすことが多いので，花は一般的に自花受粉を避ける」とある。ここから，適当な部分を抜き出す。

問五　読みは「せんえつ」。「僭越ながら申し上げます」などの表現から意味を推察する。

やや難　問六　「偏見」は，偏ったものの見方のこと。直後の文に「四回目の作品では，『他者』が単になつかしい存在としてとらえられていますが，私は必ずしも他者を好ましく思っているわけではなく，むしろ煩わしくさえ感じています」とあり，この他者に対する煩わしさが筆者の「偏見」に相当する。「しかし」で始まる段落の「単になつかしいだけでなく，うとましくもある他者，うとましいだけでなく，なつかしくもある他者――そういう視点をすべりこませた」などの語句を用いてまとめる。

問七　「そのように」とあるので，「世界がゆるやかに構成されている」様子が描写された後に入る。第二連の「知りもせず／知らされもせず／ばらまかれている者同士／……／ときに／うとましく思うことさえも許されている間柄」は，「ゆるやかな」間柄であると言えるので，挿入する三行は，この後に入る。

問八　「生命」の中にあるものが入る。直後の「他者から満たしてもらう」という表現がヒントになる。この部分について，説明文の「もしも」で始まる段落で「生命体はすべてその内部に，それ自身だけでは完結できない『欠如』を抱いており，それを他者によって埋めるように運命づけられている」と説明しており，この部分の語句を用いて，「生命は／その中に」に続くようにまとめる。

問九　1　「他者が目に見えていた」という前から，後の「他者という観念を取り逃がしたかもしれません」は，予想とは反対になる内容を述べている。反対に，という意味を表すものがあてはまる。　2　後の「新鮮さを感じ」を修飾するにふさわしいものを選ぶ。後に「驚き」とあるので，程度がはなはだしい，という意味を表すものがあてはまる。　3　直後の「ホンヤクくさい匂いがある」を修飾するものを選ぶ。「ホンヤクくささ」がどこからくるのか明示されていないので，はっきりと示さないがそのようであるという気持ちを表すものがあてはまる。　4　後の「私は，ここで，花と虫，花と風，花と水の関係だけを見ているのではありません。そのままが人間同士の関係です」は，あれこれ言う必要のないほどわかりきったことである，という筆者の考えが読み取れる。もちろん，という意味のものがあてはまる。　5　前後の「私は」「寛大ではなかった」は，予想通りという文脈になる。後に「寛大ではなかった！」などの調子から，「やはり」のくだけた言い方があてはまる。

問十　A　前の「知りもせず／知らされもせず／ばらまかれている者同士」の「間柄」は，どのようなものか。無関[A]で，関心がない，興味がないという意味になる漢字があてはまる。　B　「[B]に着る」で受けた恩をありがたく思う，「[B]に着せる」で恩を施したことをことさらありがたく思わせるという意味になる漢字があてはまる。

問十一　a　わざわざ，という意味。「殊」の音読みは「シュ」で，「特殊」「殊勝」などの熟語がある。「更」の他の訓読みに「ふ(ける)」がある。　b　おおげさなこと。「仰」の他の音読みは「コウ」で，「信仰」などの熟語がある。訓読みは「あお(ぐ)」「おお(せ)」。

問十二　1　全部を合わせた数。ここでは比喩的に用いられている。　2　「指向」か「志向」か迷うが，直前に「受粉の意志」とあるので，心があることをめざすという意味の「志向」を選ぶ。
3　間に入ってなかだちをすること。「媒」を使った熟語は，「媒介」「触媒」などがある。
4　音読みは「イ」で，「委託」「委嘱」などの熟語がある。　5　変化する物事のその時その時の様子。整った形に作り上げるという意味の「形成」と区別する。

★ワンポイントアドバイス★

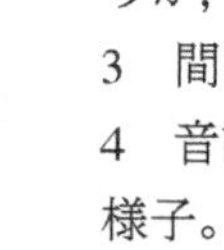

読解問題では，設問で問われている部分と同様の表現や言い換えの表現に注目することが，正解につながる。文脈がきちんと読み取れると，ここしか正解にはなり得ないと気づけるはずだ。

MEMO

大切なことはメモしておこうネ！

2019年度

★★★★★★★★★★★★★★★★★★★★★★★

入　試　問　題

2019年度

慶應義塾高等学校入試問題

【数　学】（60分）〈満点：100点〉

1　次の空欄をうめよ。**【答えのみでよい】**

(1)　$\left(\sqrt{\dfrac{111}{2}}+\sqrt{\dfrac{86}{3}}\right)^2-\left(\dfrac{3\sqrt{37}-2\sqrt{43}}{\sqrt{6}}\right)^2$ を計算すると，［　　　］となる。

(2)　$(x-3)(x-1)(x+5)(x+7)-960$ を因数分解すると，［　　　］となる。

(3)　大中小 3 つのさいころを同時に 1 回投げて，大中小のさいころの出た目の数をそれぞれ a，b，c とする。

このとき $\dfrac{1}{a}+\dfrac{1}{b}+\dfrac{1}{c}=1$ となる確率は，［　　　］である。

(4)　点数が 0 以上 10 以下の整数であるテストを 7 人の生徒が受験した。

得点の代表値を調べたところ，平均値は 7 であり，中央値は最頻値より 1 大きく，得点の最小値と最頻値の差は 3 であった。最頻値は 1 つのみとするとき，7 人の得点は左から小さい順に書き並べると，

［　］，［　］，［　］，［　］，［　］，［　］，［　］である。

2　実数 a に対して，以下の 2 つのステップで構成する操作がある。

（ステップ 1）　a の値を用いて，式の値 $\dfrac{a}{a+1}$ を求める。

（ステップ 2）　ステップ 1 で求めた式の値を新たに a の値とする。

例えば，最初に $a=2$ とおくと，1 回目の操作後で $a=\dfrac{2}{3}$，2 回目の操作後で $a=\dfrac{2}{5}$ となる。

このとき，次の空欄をうめよ。**【答えのみでよい】**

(1)　最初に $a=1$ とおくとき，2019 回目の操作後の a の値は，［　　　］である。

(2)　k を正の整数として最初に $a=k$ とおくとき，n 回目の操作後に $a=\dfrac{11}{958}$ となった。

k の値は［　　　］，n の値は［　　　］である。

3　3 辺の長さが x，$x+1$，$2x-3$ である三角形がある。このとき，次の問いに答えよ。

(1)　次の空欄をうめよ。**【答えのみでよい】**

x のとりうる範囲を不等号を用いて表すと［　　　］である。

(2)　この三角形が直角三角形となるとき，x の値を求めよ。

（答）　$x=$ ＿＿＿＿＿＿＿＿

4　原点 O を出発し，x 軸上を正の方向へ進む 2 点 P，Q がある。点 P は毎秒 2 の速さで進み，点 Q は進む距離が時間の 2 乗に比例するように進む。点 P が出発した a 秒後に点 Q が出発し，点 Q が出発した $2a$ 秒後に x 座標が $(3a+9)$ の点で，点 Q が点 P に追いついた。点 Q が出発してから t 秒後までに点 Q が進む距離を d とするとき，次の問いに答えよ。

(1)　a の値を求めよ。

（答）　$a=$ ＿＿＿＿＿＿＿＿

(2)　d を t の式で表せ。

（答）　$d=$ ＿＿＿＿＿＿＿＿

5　2 円 C_1，C_2 が点 A において外接している。2 点 B，C は円 C_1 の周上にあり，3 点 D，E，F は円 C_2 の周上にある。3 点 B，A，E と 3 点 C，A，F と 3 点 C，D，E はそれぞれ一直線上に並んでいる。また，直線 FD と直線 BE，BC の交点をそれぞれ点 G，H とする。△ABC は鋭角三角形とし，BC＝4，EF＝3，CH＝5 のとき，次の問いに答えよ。

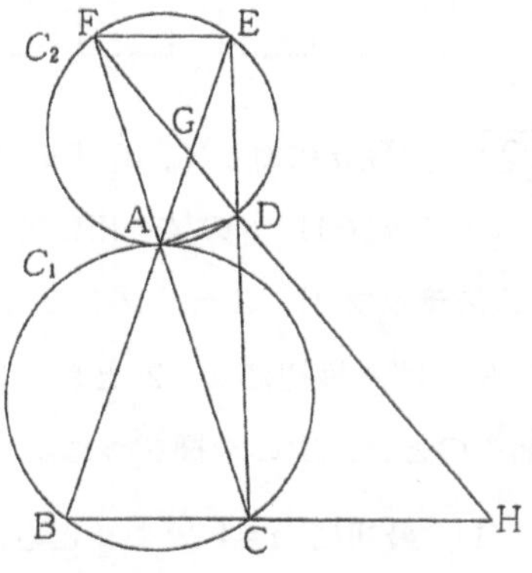

(1)　EG：GA：AB を最も簡単な整数の比で表せ。

（答）　EG：GA：AB＝ ＿＿＿＿＿＿＿＿

(2)　△GAD：△DCH を最も簡単な整数の比で表せ。

（答）　△GAD：△DCH＝ ＿＿＿＿＿＿＿＿

6　x 軸と y 軸に接している円の中心 A は放物線 $y=\frac{\sqrt{2}}{2}x^2$ 上にあり，その x 座標は正である。直線 OA と円との交点のうち，原点に近い点を B，遠い点を C とおく。円と x 軸との接点を D，さらに直線 DB と放物線の交点のうち x 座標が正の点を E，負の点を F，線分 EF の中点を M とする。このとき，次の問いに答えよ。

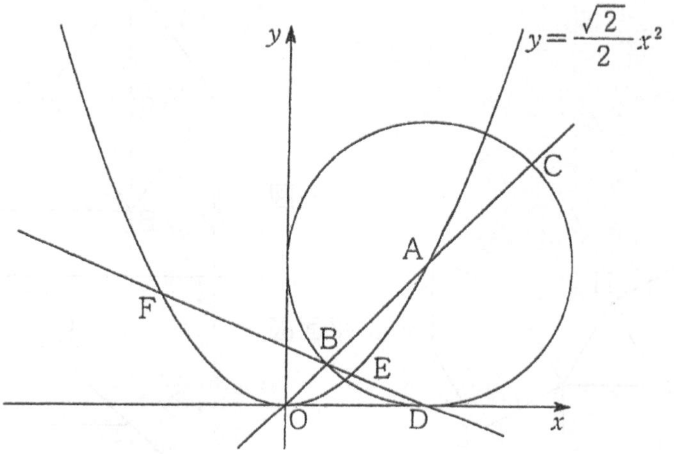

(1)　線分 OB の長さを求めよ。

(答)

(2)　点 M の x 座標を求めよ。

(答)

(3)　比の値 $\frac{\triangle \mathrm{BDC}}{\triangle \mathrm{MBC}}$ を求めよ。

(答)

7 各面が，1 辺の長さが 2 の正三角形または正方形である多面体について，図 1 は展開図，図 2 は立面図と平面図を示している。平面図の四角形 AGDH は正方形であるとき，次の問いに答えよ。ただし，図 2 の破線は立面図と平面図の頂点の対応を表し，F(B)，E(C)，G(H)は F が B に，E が C に，G が H にそれぞれ重なっていることを表す。

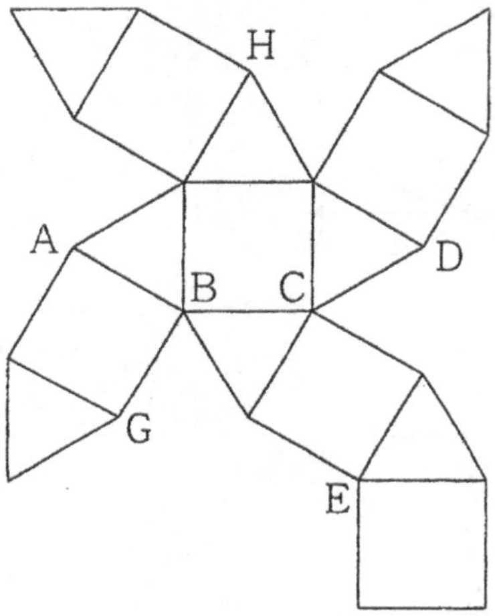

図 1　展開図

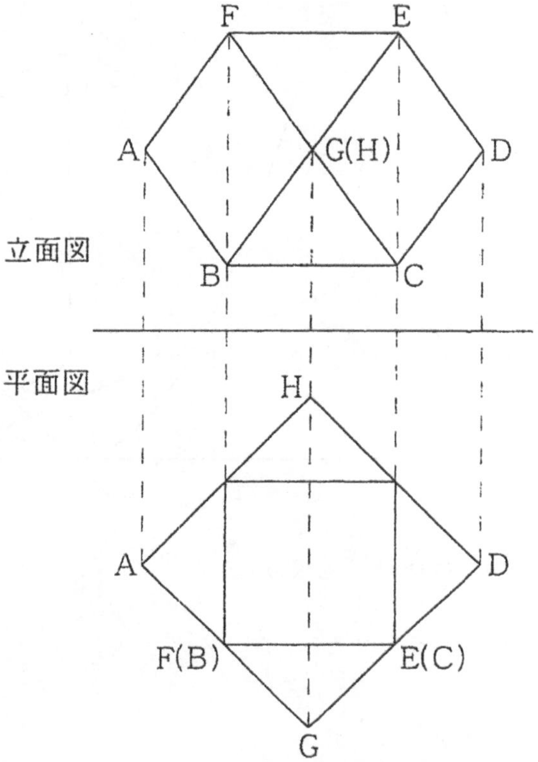

図 2　立面図と平面図

(1) 平面図の正方形 AGDH の面積を求めよ。

(答)

(2) この多面体を，2 点 A，D を通り，線分 GH に垂直な平面で切ったときの切り口の面積を求めよ。

(答)

(3) この多面体の体積を求めよ。

(答)

【英　語】（60分）〈満点：100点〉

Ⅰ　次の各組の英文がほぼ同じ意味を表すように，各々の（　）内に適切な1語を入れなさい。

1. (a) I want to visit Harajuku when visiting Tokyo.
   (b) I do not want to leave Tokyo (　　　)(　　　) Harajuku.
2. (a) What has happened to you?
   (b) What's the (　　　)(　　　) you?
3. (a) "Back to the Future" is the most interesting film I have ever seen.
   (b) I have never seen (　　　)(　　　) interesting film as "Back to the Future."
4. (a) Students are not allowed to speak Japanese in this class.
   (b) Japanese mustn't (　　　)(　　　) in this class.
5. (a) If you learn more about hip hop music, you will get to know more about the black history in the U.S.
   (b) The (　　　) you learn about hip hop music, (　　　) more you will get to know about the black history in the U.S.
6. (a) The true story of Martin Luther King, Jr. became the movie "Selma."
   (b) The movie "Selma" is (　　　)(　　　) the true story of Martin Luther King, Jr.
7. (a) Ryan told me not to use his teacup.
   (b) Ryan said to me, "(　　　) use (　　　) teacup."
8. (a) Did you have a great time at my home party last night?
   (b) Did you (　　　)(　　　) party at my house last night?
9. (a) He has no friends that he can talk to.
   (b) He has no friends (　　　)(　　　) with.

Ⅱ　例にならって，各英文の下線部A～Dの中から文法的・語法的に間違っているものを1つ選び，**選んだ箇所全体**を正しい形に直しなさい。

【例】 It(A) is kind for you(B) to tell(C) me the way(D) to the station.

【解答例】 記号：B　正しい形：of you

1. When I was watching(A) the World Cup match, I was so exciting(B) that(C) I threw(D) everything I had to the soccer field.
2. The restaurant kept(A) us waited(B) for 30 minutes without telling(C) us that it would(D) take that long.
3. If it will be(A) nice tomorrow, we are going to(B) have the sports festival at school(C), so do not forget to bring(D) your gym clothes.
4. Either tea or(A) coffee come(B) with(C) the breakfast meals at(D) this restaurant.

5. Nancy stopped $\underset{A}{\underline{\text{to talk}}}$ and $\underset{B}{\underline{\text{became}}}$ quiet when the teacher $\underset{C}{\underline{\text{came}}}$ $\underset{D}{\underline{\text{into}}}$ the classroom.

6. Mr. and Mrs. $\underset{A}{\underline{\text{Smith}}}$ $\underset{B}{\underline{\text{are}}}$ an American $\underset{C}{\underline{\text{couple}}}$ who have lived in Japan $\underset{D}{\underline{\text{twenty years ago}}}$.

7. $\underset{A}{\underline{\text{While}}}$ $\underset{B}{\underline{\text{my}}}$ absence yesterday, my teacher called me to talk about $\underset{C}{\underline{\text{my}}}$ low score in $\underset{D}{\underline{\text{the}}}$ math exam.

8. When Ryan $\underset{A}{\underline{\text{reached to}}}$ New York City, $\underset{B}{\underline{\text{instead of}}}$ taking $\underset{C}{\underline{\text{a taxi}}}$, he took $\underset{D}{\underline{\text{the subway}}}$ to his friend's apartment.

9. It $\underset{A}{\underline{\text{has}}}$ been $\underset{B}{\underline{\text{a long time}}}$ $\underset{C}{\underline{\text{since}}}$ my grandma was here, $\underset{D}{\underline{\text{wasn't it}}}$?

Ⅲ　次の英文を完成させるために [1] ～ [10] に適切な 1 語を入れなさい。＊が付いている語(句)には【注】がある。

In Japan, it's not at all unusual to wear a mask. You often see people wearing masks on trains and buses, as well as in stores and other [1] places. Masks are sold just about everywhere, in supermarkets, drug stores and even convenience stores. While some elderly *consumers still use gauze masks that can be [2] and reused, today almost the entire market is made up of *disposable masks.

People wear masks for many reasons but the most common reason is having a cold. It's *considered good [3] to wear a mask so you don't give your cold to other people. Some people also find it more comfortable to wear a mask when they have a cold because the mask keeps the nose and [4] moist. Until recently, the *typical mask users would put the mask on in crowded situations, such as when riding the train, out of consideration to those around them. But they'd take it off as soon as possible because they felt *embarrassed to be seen with a mask. But according to consumer surveys, *attitudes are changing. Today, [5] people say they feel embarrassed to wear a mask. Some people who suffer from *hay fever wear masks to [6] their *exposure to pollen. And many [7] people wear masks to avoid other people's *germs.

But an increasing number of consumers wear masks [8] a barrier against the rest of the world, [9] because they are shy, antisocial or simply want to concentrate. Some students, for example, say wearing a mask helps them focus when they are studying. There are even people — both men and women — who wear masks because they think it makes them look more [10], by *emphasizing the eyes, creating the *illusion of better skin color or simply to seem a little mysterious.

【出典】「*Surprising Japan！ 2*」より

【注】 consumer：消費者　disposable：使い捨ての　consider：考える　typical：典型的な
embarrassed：恥ずかしい　attitude：考え方，姿勢　hay fever：花粉症
exposure to pollen：花粉にさらされること　germ：細菌　emphasize：強調する
illusion：錯覚

Ⅳ　次の英文を読み，設問 A，B，C，D，E に答えなさい。＊の付いている語(句)には【注】がある。

17 歳のビジネスマンである Billy Weaver はロンドンから出張で，バスという町に夜遅く到着した。宿を探していると，窓から美しい暖炉や家具，オウムや犬などが見える，とても家庭的な宿を見つけた。その宿のベルを鳴らすと，40 代の女性が笑顔で出てきた。その女性はとても感じが良く，一泊の料金をとても安くしてくれた。

"Five and sixpence is fine," he answered. "I should like very much to stay here."

"I knew you would. Do come in."

She seemed terribly nice. (i)She looked exactly like the mother of one's best school-friend welcoming one into the house to stay for the Christmas holidays. Billy took off his hat, and stepped over the *threshold.

"Just hang it there," she said, "and (ア)[coat / me / with / you / your / let / help]."

There were no other hats or coats in the hall. There were no umbrellas, no walking sticks — nothing.

"We have it all to ourselves," she said, smiling at him over her shoulder as she led the way upstairs. "You see, (ii)it isn't very often I have the pleasure of taking a visitor into my little nest."

―省　略―

"Ah, yes."

"But I'm always ready. Everything is always ready day and night in this house just on the *off-chance that an acceptable young gentleman will come along. And it is such a pleasure, my dear, such a very great pleasure when now and again I open the door and I see someone standing there who is just exactly right." She was halfway up the stairs, and she paused with one hand on the stair rail, turning her head and smiling down at him with pale lips. "[1]," she added, and her blue eyes travelled slowly all the way down the length of Billy's body, to his feet, and then up again.

On the first-floor landing she said to him, "This floor is mine."

They climbed up a second flight. "And this one is all yours," she said. "Here's your room. I do hope you'll like it."　She took him into a small but charming front bedroom, switching on the light as she went in.

"The morning sun comes right in the window, Mr. Perkins. It is Mr. Perkins, isn't it?"

"No," he said. "It's Weaver."

"Mr. Weaver. How nice."

―省　略―

"Very well, then. I'll leave you now so that you can unpack. But before you go to bed, would you be kind enough to pop into the sitting room on the ground floor and sign the book? Everyone has to do that because it's the law of the land, and we don't want to go breaking any laws at this stage in the *proceedings, do we?" She gave him a little wave of the hand and went quickly out of the room and closed the door.

Now, ①the fact that his landlady appeared to be slightly off her rocker didn't worry Billy in the least.

②彼女は害がないだけでなく，またとても優しかった。 He guessed that she had probably lost a son in the war, or something like that, and had never got over it.

So a few minutes later, after unpacking his suitcase and washing his hands, he *trotted downstairs to the ground floor and entered the living room. His landlady wasn't there, but the fire was glowing in the *hearth, and the little dachshund was still sleeping in front of it. The room was wonderfully warm and *cozy. I'm a lucky fellow, he thought, rubbing his hands. This is a bit of all right.

He found the guest book lying open on the piano, so he took out his pen and wrote down his name and address. (イ)[other / page / above / on / were / two / there / *entries / his / the / only], and, as one always does with guest books, he started to read them. One was a Christopher Mulholland from Cardiff. The other was Gregory W. Temple from Bristol.

That's funny, he thought suddenly. Christopher Mulholland. It rings a bell.

Now where on earth had he heard that rather unusual name before?

Was he a boy at school? No. Was it one of his sister's *numerous young men, perhaps, or a friend of his father's? No, no, it wasn't any of those. He *glanced down again at the book.

Christopher Mulholland *231 Cathedral Road, Cardiff*

Gregory W. Temple *27 Sycamore Drive, Bristol*

As a matter of fact, now he came to think of it, he wasn't at all sure that the second name didn't have almost as much of a *familiar ring about it as the first.

"Gregory Temple?" he said aloud, searching his memory. "Christopher Mulholland? ..."

"Such charming boys," a voice behind him answered, and he turned and saw his landlady sailing into the room with a large silver tea tray in her hands. She was holding it well out in front of her, and rather high up, as though the tray were a pair of *reins on a *frisky horse.

"They sound somehow familiar," he said.

"They do? How interesting."

"[2]. Isn't that *queer? Maybe it was in the newspapers. They weren't famous in any way, were they? I mean famous cricketers or footballers or something like that?"

"Famous," she said, setting the tea tray down on the low table in front of the sofa."Oh no, I don't think they were famous. But they were extraordinarily handsome, both of them, I can promise you that. They were tall and young and handsome, my dear, just exactly like you."

Once more, Billy glanced down at the book. "Look here," he said, noticing the dates.

"This last entry is over two years old."

"It is?"

"Yes, indeed. And Christopher Mulholland's is nearly a year before that — more than three years ago."

"Dear me," she said, shaking her head and *heaving a dainty little sigh. "I would never have thought it. How time does fly away from us all, doesn't it, Mr. Wilkins?"

"It's Weaver," Billy said. "W-e-a-v-e-r."

"Oh, of course it is!" she cried, sitting down on the sofa. "How silly of me. I do *apologize. In one ear and out the other, that's me, Mr. Weaver."

"You know something?" Billy said. "Something that's really quite extraordinary about all this?"

"No, dear, I don't."

"Well, you see — both of these names, Mulholland and Temple, I not only seem to remember each of them separately, so to speak, but somehow or other, in some *peculiar way, they both appear to be *sort of connected together as well. As though they were both famous for the same sort of thing, if you see what I mean — like ... like Dempsey and Tunney, for example, or Churchill and Roosevelt."

"How amusing," she said. "But come over here now, dear, and sit down beside me on the sofa and I'll give you a nice cup of tea and a ginger biscuit before you go to bed."

"You really shouldn't *bother," Billy said. "I didn't mean you to do anything like that." He stood by the piano, watching her as she *fussed about with the cups and saucers. He noticed that she had small, white, quickly moving hands, and red fingernails.

"I'm almost positive it was in the newspapers I saw them," Billy said. "I'll think of it in a second. I'm sure I will."

There is nothing more *tantalizing than a thing like this which *lingers just outside the borders of one's memory. He hated to give up.

"Now wait a minute," he said. "Wait just a minute. Mulholland ... Christopher Mulholland ... wasn't that the name of the *Eton schoolboy who was on a walking tour through the West Country, and then all of a sudden ..."

"Milk?" she said. "And sugar?"

"Yes, please. And then all of a sudden. ..."

"Eton schoolboy?" she said. "Oh no, my dear, that can't possibly be right because my Mr. Mulholland was certainly not an Eton schoolboy when he came to me. He was a Cambridge *undergraduate. Come over here now and sit next to me and warm yourself in front of this lovely fire. Come on. Your tea's all ready for you." She patted the empty place beside her on the sofa, and she sat there smiling at Billy and waiting for him to come over.

He crossed the room slowly, and sat down on the *edge of the sofa. She placed his teacup on the table in front of him.

"There we are," she said. "How nice and cozy this is, isn't it?"

Billy started *sipping his tea. She did the same. For half a minute or so, neither of them spoke. But Billy knew that she was looking at him. Her body was half-turned towards him, and he could feel her eyes resting on his face, watching him over the *rim of her teacup. Now and again, he caught a *whiff of a peculiar smell that seemed to *emanate directly from her person. It was not in the least unpleasant, and it reminded him — well, he wasn't quite sure what it reminded him of. Pickled walnuts? New leather? Or was it the *corridors of a hospital?

"Mr. Mulholland was a great one for his tea," she said at length. "Never in my life have I seen anyone drink as much tea as dear, sweet Mr. Mulholland."

"I *suppose he left fairly recently," Billy said. He was still puzzling his head about the two names. He was positive now that he had seen them in the newspapers — in the headlines.

"Left?" she said, *arching her brows. "But my dear boy, he never left. He's still here. Mr. Temple is also here. They're on the third floor, both of them together."

Billy set down his cup slowly on the table, and *stared at his landlady. She smiled back at him, and then she put out one of her white hands and patted him comfortingly on the knee. "How old are you, my dear?" she asked.

"Seventeen."

"Seventeen!" she cried. "Oh, it's the perfect age! Mr. Mulholland was also seventeen. But ③彼はあなたより少し背が低かったと思うわ, in fact I'm sure he was, and his teeth weren't quite so white. You have the most beautiful teeth, Mr. Weaver, did you know that?"

"(ウ)[as / as / not / look / they / good / are / they]," Billy said. "They've got simply *masses of fillings in them at the back."

"Mr. Temple, of course, was a little older," she said, *ignoring his *remark. "He was actually twenty-eight. And yet I never would have guessed it if he hadn't told me, never in my whole life. There wasn't a *blemish on his body."

"A what?" Billy said.

"His skin was just like a baby's."

There was a pause. Billy picked up his teacup and took another sip of his tea, then he set it down again gently in its saucer. He waited for her to say something else, but she seemed to have *lapsed into another of her silences. He sat there staring straight ahead of him into the far corner of the room, biting his lower lip.

"That parrot," he said at last. "You know something? It had me completely fooled when I first saw it through the window from the street. I could have *sworn it was alive."

"*Alas, no longer."

"[3]," he said. "It doesn't look in the least bit dead. Who did it?"

"I did."

"You did?"

"Of course," she said. "And have you met my little Basil as well?" She *nodded towards the dachshund *curled up so comfortably in front of the fire. Billy looked at it. And suddenly, he realized that this animal had all the time been just as silent and motionless as the parrot. He put out a hand and touched it gently on the top of its back. The back was hard and cold, and when he pushed the hair to one side with his fingers, he could see the skin *underneath, greyish-black and dry and perfectly preserved.

"Good gracious me," he said. "How *absolutely fascinating." He turned away from the dog and stared with deep admiration at the little woman beside him on the sofa. "It must be most awfully difficult to do a thing like that."

"Not in the least," she said. "(ⅲ)I stuff all my little pets myself when they pass away. Will you have another cup of tea?"

"No, thank you," Billy said. The tea tasted faintly of bitter almonds, and he didn't much care for it.

"You did sign the book, didn't you?"

"［　4　］."

"That's good. Because later on, if I happen to forget what you were called, then I can always come down here and look it up. I still do that almost every day with Mr. Mulholland and Mr.... Mr..."

"Temple," Billy said. "Gregory Temple. Excuse my asking, but haven't there been any other guests here *except them in the last two or three years?"

Holding her teacup high in one hand, *inclining her head slightly to the left, she looked up at him out of the corners of her eyes and gave him another gentle little smile.

"［　5　］," she said."Only you."

【出典】Roald Dahl「*The Landlady*」より

【注】 threshold：敷居　off-chance：滅多にないチャンス　proceeding：手続き　trot：小走りする
hearth：暖炉　cozy：居心地良い　entry：記入　numerous：たくさんの
glance：ちらりと見る　familiar：聞き覚えのある　rein：手綱　frisky：跳ね回る
queer：奇妙な　heave a dainty little sigh：小さくため息をつく　apologize：謝る
peculiar：奇妙な　sort of：のような　bother：わざわざする　fuss about：あれこれ言う
tantalizing：焦れったい　linger：残る　Eton：イギリスの有名寄宿学校
undergraduate：学部生　edge：端　sip：すする　rim：縁　whiff：ほのかな香り
emanate：発する　corridor：廊下　suppose：思う　arch：釣り上げる　stare：凝視する
masses of fillings：たくさんの詰め物　ignore：無視する　remark：発言　blemish：アザ
lapse into：に陥る　sworn：swear（誓う）の過去分詞　alas：ああ　nod toward：を顎《あご》で指し示す
curl up：丸める　underneath：下部　absolutely fascinating：全く素晴らしい　except：以外に
incline：傾ける

A：1～10の質問に対する答えとして，本文の内容に最も適切なものをあとの(a)～(e)の中から1つ選び，記号で答えなさい。

1. What did Billy think about the lady's house when he went inside?
   (a) The house was very popular for the tourists because of the lady.
   (b) Her pets were nice to the guests.
   (c) The house was not ready for the new guests.
   (d) No other guests were staying there at that time.
   (e) None of the above
2. Why did Billy think he knew Christopher Mulholland?
   (a) Because he went to the same school with Billy and played football together.
   (b) Because he came to Billy's house with Billy's father before.
   (c) Because his name was seen in newspapers before.
   (d) Because he was a boyfriend of Billy's sister and looked very handsome.
   (e) None of the above
3. According to the lady, why did she want Billy to sign the guestbook?
   (a) Because she often forgot the names of the visitors.
   (b) Because Billy's last name was difficult for her to say.
   (c) Because she wanted to count the number of the visitors in the future.
   (d) Because she enjoyed looking at the guestbook to look back on the conversations with the visitors.
   (e) None of the above
4. According to the old woman, what was the common characteristic Billy shared with the other two guests of the house?
   (a) They were all handsome and tall.
   (b) They all stayed on the third floor of the house.
   (c) They all had a great time at the woman's house.
   (d) They all had beautiful teeth.
   (e) None of the above
5. What did Billy not want to give up?
   (a) Remembering where he met Christopher Mulholland
   (b) Remembering who the two men in the guestbook were
   (c) Remembering when he met an Eton schoolboy
   (d) Remembering the taste of the tea he just had
   (e) None of the above
6. How did Billy feel when he found out the dog was not alive?
   (a) He was impressed by her skills of stuffing animals.
   (b) He got scared and decided to run away.
   (c) He was angry because the woman was telling a lie.
   (d) He was so afraid that he became silent.
   (e) None of the above

7. What does the underline ① mean?
   (a) The landlady looked a little crazy.
   (b) The landlady was not a big fan of rock music.
   (c) The landlady did not look like a violent person.
   (d) The landlady was a loud person.
   (e) None of the above
8. Which is the most possible fact of the two visitors on the guest list?
   (a) They really enjoyed staying at the woman's house and left a few days before Billy came.
   (b) They left the place without paying money.
   (c) They became like her pets.
   (d) They became popular in young people because they were young, tall, and handsome.
   (e) None of the above
9. What would Billy NOT possibly do after this passage?
   (a) He would realize the woman was not kind at all.
   (b) He would find what the lady did in the past.
   (c) He would feed the dachshund.
   (d) He would find the two men in the house.
   (e) None of the above
10. What is the tone of the passage?
   (a) Scary and mysterious
   (b) Comedic and heart-warming
   (c) Adventurous and heroic
   (d) Sad and hopeless
   (e) None of the above

B：[1]～[5]に入れるのに最も適切なものを(い)～(ほ)より1つずつ選び，記号で答えなさい。

(い) It's most terribly clever the way it's been done
(ろ) Oh, yes
(は) No, my dear
(に) I'm almost positive I've heard those names before somewhere
(ほ) Like you

C：下線部(ア)～(ウ)の[　　]内の語を，内容に合わせ正しい語順に並べ替えなさい。文頭に来るべき語も小文字になっているので注意すること。

D：下線部(ⅰ)，(ⅱ)，(ⅲ)を和訳しなさい。

E：下線部②，③を英訳しなさい。

❸　ア　そうは問屋が**許さない**　　イ　そうは問屋が**卸さない**

❹　ア　取り付く**暇がない**　　イ　取り付く**島がない**

❺　「いざという時に使うとっておきの手段」を表現する場合

ア　**伝家**の宝刀　　イ　**天下**の宝刀

❻　「流れに棹《さお》さす」の意味

ア　傾向に乗って、ある事柄の勢いを増すような行為をする。

イ　傾向に逆らって、ある事柄の勢いを失わせるような行為をする。

❼　やおら立ち上がる―「やおら」の意味

ア　急に、いきなり　　イ　ゆっくりと

❽　世間ずれのした男―「世間ずれ」の意味

ア　世の中の考えから外れている。

イ　世間を渡ってずる賢くなっている。

❾　その人は気が置けない人ですね―「気が置けない」の意味

ア　相手に対して気配りや遠慮をしなくてよい。

イ　相手に対して気配りや遠慮をしなくてはならない。

❿　彼には役不足の仕事だ―「役不足」の意味

ア　本人の力量に対して役目が重すぎること。

イ　本人の力量に対して役目が軽すぎること。

Kさんとお母さんの関係を知っているとこの話は一層感じが深かった。よくは知らないが、似ているので皆がイブセン※と呼んでいたKさんの亡くなったお父さんは別に悪い人ではないらしかったが、少《すくな》くとも良人《おっと》としては余りよくなかった。平常《ふだん》は前橋辺《あたり》に若い妾《めかけ》※と住んでいて、夏になるとそれを連れて山へ来て、山での収入を取《とり》上げて行ったそうだ。Kさんはお父さんのそういうやり方に心から不快を感じて、よく衝突をしたという事だ。そしてこんな事がKさんを一層お母さん想《おも》いにし、お母さんを一層Kさん想いにさせたのだ。

（志賀直哉『小僧の神様』岩波文庫より。
設問の都合上、送り仮名を一部改めた。）

※注　一町…距離の単位。約一〇九メートル。
一丈…長さを表す単位。一丈は一〇尺で、約三・〇三メートル。
覚満淵…赤城山の山頂近くにある湿原。
巻脚絆…足首からひざ下まで、脚を巻き上げる小幅の長い布。
イブセン…イプセン。ノルウェーの劇作家。
妾…正妻のほかに、妻と同じような関係を結びながら扶養する女性。

問1　――①はどういう不思議のことですか。本文中の五字以内の語で答えなさい。

問2　――②はどういう不思議のことですか。本文中の五字以内の語で答えなさい。

問3　――③は誰の、どういう意味の返事ですか。誰の返事か・どういう意味の返事かについて、それぞれ記号で答えなさい。

誰の　ア　Kさんの　イ　Sさんの　ウ　自分の
エ　妻の　オ　Uさんの

意味　ア　話していません　イ　話しました
ウ　聴いていません　エ　聴きました
オ　そうは思いません

問4　――④は何が「其処だ」というのですか。本文中の語で答えなさい。

問5　――⑤はどういう不安ですか。解答欄の「不安」に続くように、本文中の十二字を抜き出して答えなさい。

問6　――⑥で、なぜKさんは「慄《ぞ》っとした」のですか。その理由を五十字以内で説明しなさい。

問7　――⑦「四人」が誰々であるかを説明している一文をさがし、その文の、初めと終わりの五字をそれぞれ抜き出しなさい。

問8　――⑧で、妻が「涙ぐん」だ理由を六十字以内で説明しなさい。

問9　□にあてはまる漢字一字を書きなさい。

問10　次のア～クから志賀直哉の作品を二つ選び、記号で答えなさい。

ア「暗夜行路」　イ「阿部一族」　ウ「河童」
エ「和解」　オ「或る女」　カ「たけくらべ」
キ「友情」　ク「三四郎」

問11　═══a～eの漢字の読みをひらがなで書きなさい。

三　後の問いに答えなさい。

次の❶～❿のア・イのうち、本来の表現・用法として適当なもの・正しいものを選んで、記号で答えなさい。

❶　ア　怒り心頭に**達する**　イ　怒り心頭に**発する**

❷　ア　上**を**下への大騒ぎ　イ　上**や**下への大騒ぎ

は倍位になっていた。それでも人通りのある所なら、深いなりに表面が固まるから、さほど困難はないが、全《まる》で人通りがないので軟《やわら》かい雪に腰位まで入る。その上、一面の雪で何処《どこ》が路《みち》かよく知れないから、いくら子供から山に育って慣れ切ったKさんでも、段々にまいって来た。

月明《あか》りに鳥居峠は直《す》ぐ上に見えている。夏はこの辺はこんもりとした森だが、冬で葉がないから上が直ぐ近くに見えている。その上、雪も距離を近く見せた。今更引き返す気もしないので、蟻《あり》の這《は》うように登って行くが、手の届きそうな距離が実に容易でなかった。もし引き返すとしても、幸い通った跡を間違わず行ければまだいいとして、それを外《そ》れたら困難は同じ事だ。上を見ると、④何しろ其処《そこ》だ。

Kさんは、もう一《ト》息、もう一《ト》息と登った。別に恐怖も不安も感じなかった。しかし何だか気持が少しぼんやりして来た事は感じた。

「後で考えると、本統は危なかったんですよ。雪で死ぬ人は大概そうなってそのまま眠ってしまうんです。眠ったまま、死んでしまうんです」

よくそれを知りながら、不思議にKさんはその時少しも⑤そういう不安に襲われなかった。そして、ともかく、気持を張った。何しろ身体がいい。それに雪には慣れていた。到頭《とうとう》それから二時間余りかかって、d漸く峠の上まで漕ぎつけた。

雪の深さは一層増《ま》さった。しかしこれからはちょっと、下りになる。下ればずっと平地だ。時計を見ると、もう一時過ぎていた。

遠くの方に提灯《ちょうちん》が二つ見えた。今時分、とKさんは不思議に思った。しかしとにかく一人きりのところに人と会うのは擦れ違いにしろ嬉しかった。Kさんはまた元気を振《ふる》い起《おこ》して、下りて行った。そして、※覚満淵《かくまんぶち》の辺でそれらの人々と出会った。それはUさんという、Kさんの義理の兄さんと、その頃Kさんの家《うち》に泊っていた氷切りの人夫三人とだった。

「お帰りなさい。大変でしたろう？」とUさんがいった。

Kさんは「今時分何処へ行くんですか？」と訊《き》いた。

「今、お母《つか》さんに起されて迎いに来たんですよ」とUさんは何の不思議もなさそうに答えた。⑥Kさんは慄《ぞ》っとした。

「私がその日帰る事は知らしても何にもなかったんです。後で聴くと、——お母さんがみいちゃん（Kさんの上の子供）を抱いて寝ていると、別に眠っていたようでもないんですが、不意にUさんを起して、Kが帰って来たから迎いに行って下さいといったんだそうです。Kが呼んでいるからっていうんだそうです。あんまり明瞭《はっきり》しているんで、Uさんも不思議とも思わず、人夫を起してe支度させて出て来たというんですが、よく聴いて見ると、それが丁度私が一番弱って、気持が少しぼんやりして来た時なんです。山では早く寝ますからね、七時か八時に寝て、丁度皆《みんな》ぐっすりと寝込んだ時なんです。それを⑦四人も起して、出して寄越《よこ》すんですから、お母さんのはよほど明瞭聴いたに違いないのです」

「Kさんは呼んだの？」と妻が訊いた。

「いいえ。峠の向うじゃあ、いくら呼んだって聴《きこ》えませんもの」

「そうね」と妻はいった。⑧妻は涙ぐんでいた。

「そんな気がした位ではなかなか、夜中に皆を起して、腰の上まで埋《う》まる雪の中を出してやれるものではないんです。それは※巻脚絆《まききゃはん》の巻き方が一つ悪くても、一度解けたら、凍って棒になってしまいますから、とても、もう巻けないんです。だから支度が随分厄介《やっかい》なんです。支度にどうしても二十分やそこらかかるんですよ。その間お母さんは、ちっとも疑わずにおむすびを作ったり、火を焚《た》きつけたりしていたんです」

問9　[A]～[D]にあてはまる漢字一字をそれぞれ書きなさい。

問10　□にあてはまる助詞をひらがな一字で書きなさい。

問11　[1]・[2]・[3]にあてはまる語句として最もふさわしいものを、次のア～クからそれぞれ選び、記号で答えなさい。

ア　つまり　　イ　いずれにせよ
ウ　ややもすれば　　エ　あるいは
オ　なぜなら　　カ　にもかかわらず
キ　だからこそ　　ク　むしろ

問12　[上州]は現在の何県にあたりますか。県名を漢字で書きなさい。

問13　══1～10のカタカナを漢字に改めなさい（楷書でていねいに書くこと）。

二

次の文章は志賀直哉の小説「焚火《たきび》」の一節です。主人公夫妻（自分と妻）は、赤城山の旅館に滞在しており、この日の晩は旅館の主人Kさん、画家のSさんと四人で、山頂にある湖・大沼で舟に乗り、湖畔で焚火をしながら話をしています。文章を読み、後の問いに答えなさい。

「じゃあ、この山には何《なん》にも可恐《こわ》いものはいないのね」と臆病な妻はKさんに□を押した。するとKさんは、

「奥さん。私大入道を見た事がありますよ」といって笑い出した。

「知ってますよ」と妻も得意そうにいった。「霧に自分の影が映るんでしょう？」妻はそれを朝早く、鳥居峠に雲海《うんかい》を見に行った時に経験した。

「いいえ、あれじゃあ、ないんです」

子供の頃、前橋へ行った夜の帰り、小暮《こぐれ》から二里ほど来た大きい松林の中でそういうものを見た、という話だ。一※町位先でぼんやりその辺《へん》が明るくなると、その中に一※丈以上の大きな黒いものが立ったという。しかし、a暫くして、大きな荷を背負った人が路傍《みちばた》に休んでいたので、その人が歩きながら煙草《たばこ》を飲むために荷の向《むこ》うで時々マッチを擦ったのだという事が知れたという話である。

「不思議なんて大概そんなものだね」とSさんがいった。

「でも不思議はやっぱりあるように思いますわ」と妻はいった。

「①そういう不思議はどうか知らないけど、夢のお告げとかそういう事はあるように思いますわ」

「それはまた別ですね」とSさんもいった。そして急に憶《おも》い出したように、「そら、Kさん、去年君が雪で困った時の話なんか、②そういう不思議だね。まだ聴きませんか？」と自分の方をb顧みた。

「③いいえ」

「あれは本統《ほんとう》に変でしたね」とKさんもいった。こういう話だ。

去年、山にはもう雪が二、三尺も積《つも》った頃、東京にいる姉さんの病気が悪いという知らせでKさんは急に山を下って行った。

しかし姉さんの病気は思ったほどではなかった。三晩泊《とま》って帰って来たが、水沼に着いたのが三時頃で、山へは翌日登る心算《つもり》だったが、c僅か三里を一ト晩泊って行く気もしなくなって、Kさんは予定を変えて、しかしもし登れそうもなければ山の下まで行って泊めてもらうつもりで、水沼を出た。

そして丁度日暮《ひぐれ》に二の鳥居の近くまで来てしまったが、身体《からだ》も気持《きもち》も余りに平気だった。それに月もある。Kさんは登る事に決めた。しかしそれから登るに従って、雪は段々深くなった。Kさんが山を下りた時と

吉行の話の焦点は、「あれなんかも、【　Ⅰ　】さん意識して書いたかどうか」というところにある。作家のなかには、読者がどう発音するかということをほとんど意識せずに文字を書くタイプがあり、自分だけではなく【　Ⅰ　】もそうだったのではないかと、目の作家、耳の作家という7ジロンを8テンカイしたのだろう。

小説『雪国』の冒頭文は、日本語の特徴がよくあらわれているとして話題になることもある。日本人はごく自然な感じで何の抵抗もなく読んでいるが、そのまま英語に訳せないらしい。「トンネルを抜け」たのは誰か、何が「雪国であった」のか、どちらの主体も表面に顔を出していない。必要がないかぎり、いわゆる主語にあたるものが9メイジされないのは、自然発生的なあり方を好む日本人の表現特徴と深く関連する。

英訳では原文にない「【　Ⅲ　】」を主語に据え、【　Ⅲ　】がトンネルを抜けて雪国に入ったという解釈を持ち込む。だが、そうなると、その【　Ⅲ　】を外から眺めている感じに変わり、日本人の読者は作品世界にしっくりと入り込めない。作中の眼はそんな⑤全貌を俯瞰《ふかん》する位置にはない。車中にある島村という人物の感覚でものをとらえているようにも読める。　3　、それまで雪ひとつなかった上州からトンネルを抜けて越後に入った瞬間、闇の底に一面の銀世界がひろがっているのに驚く。「雪国」という語にそういう感動が映っているのだ。

10ムイ徒労の現実の生活のいとなまれるこちら側の世界と、駒子や葉子の住む向こう側の世界――長いトンネルの手前と先とを、此岸と D 岸、この世とあの世になぞらえる深読みがある。そう読んでもおかしくないほど、なにやら意味ありげな姿で立つ一文である。

（中村　明『日本の一文　30選』岩波新書より。出題のために一部を省略し、表記を改めた箇所がある。）

※注　はしけ…停泊中の大型船と陸との間を往復して旅客や貨物を運ぶ小舟。はしけぶね。

吉行淳之介…小説家。大正十三年生まれ、平成六年没。小説『驟雨《しゅうう》』で芥川賞を受賞。他に小説『夕暮まで』など。

津村信夫…詩人。明治四十二年生まれ、昭和十九年没。著作に、詩集『父のゐる庭』、散文集『戸隠の絵本』など。

問1　――①に見られる日本語表現の特徴を、筆者の論旨にもとづいて、三十字以内で述べなさい。

問2　――②が指す内容を、解答欄の「ということ。」に続くように、二十字以内で答えなさい。

問3　――③について説明している段落を、段落 イ ～ ト の中から選び、記号で答えなさい。

問4　――④のようになるのはなぜですか。その理由にあたる部分を、解答欄の「書いたから。」に続くように、本文中から二十五字で抜き出し、その初めと終わりの五字をそれぞれ答えなさい。

問5　――⑤とほぼ同じ意味のことを述べている部分を、本文中から八字で抜き出しなさい。

問6　【Ⅰ】にあてはまる人物の氏名を漢字で書きなさい。

問7　【Ⅱ】にあてはまる語として最もふさわしいものを、次のア～エから選び、記号で答えなさい。

ア　おもしろみ　　イ　けなげさ
ウ　たしなみ　　エ　いさぎよさ

問8　【Ⅲ】にあてはまる漢字二字の語を書きなさい。

が」としたのは、「時」のあとに別の主体を想定しているからである。別の主体となれば、文脈上「踊子」しか考えられない。

[ト] 要するに、表現は文の中にあり、文は文章の中にある。文脈からわかることをくだくだしく書かないのが、冗長な表現を嫌う日本語の文章の骨法なのだ。そんなわかりきったところに、くどく「踊子は」などという主語を書くことを、【 I 】の美意識は許さなかったのだろう。

[2]、これを曖昧な表現とされたのでは、作者にとってとんだ濡《ぬ》れ[B]と言わないわけにはいかない。そして、これが曖昧だとされるのは日本語の3ヒゲキである。

帝国ホテルに執筆中の※吉行淳之介を訪ねたことは前にもふれたが、その折、吉行作品『原色の街』に登場する「魚谷」と書く人物を話題にしようとして一瞬考えた。これが手紙であれば漢字でそう書いておけば済むが、対話だから声に出して読まなければならない。「サカナヤ」ではないと思うものの、その珍しい苗字の読み方がはっきりしない。そこで、やむなく作者に「ウオタニと言うんですか、ウオヤと読むんですか」と問うと、書いた当人がしばらく考え込んでから、「僕は目に頼る人間でね。今言われて、④どっちのつもりで書いたのかわかんないんだね。どっちがいいだろうねってぐらいになっちゃうわけだ。ウオタニぐらいでしょうね」という意外な反応が返ってきた。

それに関連して、「ご自分の作品が朗読されることを考えますか」と、執筆時の音感意識を問うと、即座に「考えないんですね」と全面的に打ち消し、「それで、時々ギョッとすることがあるんですよ」と、この作家はその縁で、【 I 】の小説『雪国』の冒頭文「国境の長いトンネルを抜けると雪国であった」の「国境」をどう読むかという話題に転じて、「わりにみんな4アンチョクにコッキョーになっちゃう」けれども、あんなところに「コッキョーはあるわけないんだから」、「あれはクニザカイじゃあるまいか」と言い、「あれはどっち読んでるんですか」と質問を向けてきた。

とっさに、意味としてはクニザカイのほうが自然だが、あまり考えずにコッキョーと読んでいる人が多い旨伝えたものの、この問題はいささか複雑である。一般には長い間コッキョーと読んで疑わないできたが、ある雑誌の座談会で、出席者の一人がクニザカイと読むべきだと発言した際に、同席していた作者の【 I 】自身が否定しなかったという事実から、クニザカイ説が力を得て広まった、そんないきさつがあるらしい。ところが、後日、日本文体論学会で、『雪国』の表現をテーマにしたシンポジウムの司会を5ツトめた機会に、パネリストの一人であった【 I 】の養子にあたる人物にその話をしたところ、【 I 】ははっきり物を言うような人ではないから、否定しなかったからといって肯定したことにはけっしてならないと教えられた。結局、問題は何ひとつ解決したわけではない。

「小扇《こおうぎ》」と題する※津村信夫《つむらのぶお》の短い詩には「指呼すれば、国境はひとすじの白い流れ。／高原を走る夏期電車の窓で、／貴女《あなた》は小さな扇をひらいた。」とあり、リズムの面でもこの「国境」は[C]読みしたくなる。それに、日本国内にコッキョーは存在しないとも断言しがたく、[上州《じょうしゅう》]と越後《えちご》との国ざかいを意味する「上越《じょうえつ》国境」という[C]読みの用語もあるようだ。問題の小説『雪国』の文中にも「国境の山々」という表現が6サンザイするが、多くの場合、どちらに読んでも特に違和感はない。

【国　語】（六〇分）〈満点：一〇〇点〉

【注意】字数制限のある設問については、句読点・記号等すべて一字に数えます。

一　次の文章を読み、後の問いに答えなさい。

イ　ことばは、それだけではけっして万能ではない。表現の不十分な部分を、先方の想像で補ってもらわなければ、正確に伝わらないケースも多い。その意味で、一般にコミュニケーションは送り手と受け手との共同作業なのだが、1サッシの文化といわれる日本語では、特にそういう傾向が強い。かつてノーベル賞を受けた【　Ⅰ　】は、「美しい日本の私」と題し海外で記念講演をおこなった。「美しい」が「日本」にかかるのか、それとも「私」にかかるのか、曖昧な表現として一時ちょっとした話題になった。もし「美しい日本の女性」という言い方であれば、「美しい」が「日本」にかかる確率が四割、「女性」にかかると考える人が六割といった曖昧さが生ずるかもしれないが、このタイトルで、「美しい私」という意味だと考える日本人はほとんどいない。特別の意図がないかぎり、自分を自分で褒めるのは【　Ⅱ　】がないからだ。

ロ　その【　Ⅰ　】の『伊豆の踊子』の主人公「私」が、伊豆の旅を終えて、下田から東京へ船で帰る、その踊子との別れの場面に、①「私が縄梯子《なわばしご》に捉《つか》まろうとして振り返った時、さよならを言おうとしたが、それも止《よ》して、もう一ぺんただうなずいて見せた」という文が出てくる。意地悪くこの一文だけを取り出して、うなずいたのは誰かと問うと、声になっていないことばがわかるのは当人だけだと判断するのか、「私」と答える留学生が多かったという。それが最近は日本人でさえそう思い込む人が増えたらしく、②それをもって日本語の曖昧さの典型的な例と説く風潮があると聞いては、黙っているわけにいかない。

ハ　小説では、別れが近づくにつれて踊子は無口になり、「私」が話しかけても黙ってうなずくだけに変化したことを描いている。それに、このあたり一帯は、すべて「私」が見た光景や2タイショウが描かれている。さらに、この文の直前に「踊子はやはり唇をきっと閉じたまま一方を見つめていた」とある。これだけで、「さよならを言おうとした」のも、「うなずいて見せた」のも、踊子であることは明らかだ。

ニ　それでも、文脈をわざと切り離し、あえて問題の一文だけを読ませる、この［A］意に満ちた実験で、被験者は、「言おうとした」、つまり、まだ声となって発音されていないことばを「さよなら」と特定できるのは当人だけだという素朴な思い込みから、「言おうとした」のも、「うなずいて見せた」のも、ともに「私」だと考えてしまう。

ホ　しかし、③それが踊子であるという状況証拠は、不当に切り取られた文脈の中にそろっている。さらに、この一文の中にも、物的証拠が二つある。※はしけで遠ざかったこの距離で、込み入った話などできるわけがない。それに、「さよなら［　］」であれば、「さよなら」ということばを発しようとしたことになりそうだが、ここは「さよならを」とある。仮に小さな子供に「おばちゃんに、さよならを言ってらっしゃい」とうながして、子供がもし「バイバイ」と言ったとしても、親は別にとがめないだろう。［　1　］、「さよならを言う」というのは、別れの挨拶をするという意味なのだ。これがその一つ。

ヘ　もう一つは「私が」とあることだ。もし最後まで同じ人間の行為であれば、まともな日本語では「私は」と書くはずなのだ。そこを「私

2019年度

解 答 と 解 説

《2019年度の配点は解答欄に掲載してあります。》

＜数学解答＞《学校からの正答の発表はありません。》

1 (1) $4\sqrt{1591}$　(2) $(x-5)(x+9)(x^2+4x+19)$　(3) $\dfrac{5}{108}$

(4) 3，6，6，7，8，9，10

2 (1) $\dfrac{1}{2020}$　(2) (k) 11，(n) 87　**3** (1) $x>2$　(2) $x=\dfrac{7+\sqrt{33}}{2}$，$\dfrac{7+\sqrt{17}}{4}$

4 (1) $a=3$　(2) $d=\dfrac{1}{2}t^2$

5 (1) EG：GA：AB＝7：5：16　(2) △GAD：△DCH＝3：35

6 (1) $2-\sqrt{2}$　(2) $\dfrac{\sqrt{2}-2}{2}$　(3) $\sqrt{2}$

7 (1) 8　(2) $6\sqrt{2}$　(3) $\dfrac{40\sqrt{2}}{3}$

○推定配点○

1 各5点×4((4)は完答)　2 各6点×2((2)は完答)

3 (1) 6点　(2) 各4点×2(別採点)　4 各6点×2　5 各6点×2

6 各5点×3　7 各5点×3　計100点

＜数学解説＞

＋α **1** (小問群ー数・平方根の計算，因数分解，確率，資料の整理)

(1) $\left(\sqrt{\dfrac{111}{2}}+\sqrt{\dfrac{86}{3}}\right)^2-\left(\dfrac{3\sqrt{37}-2\sqrt{43}}{\sqrt{6}}\right)^2=\left(\sqrt{\dfrac{3\times3\times37}{6}}+\sqrt{\dfrac{2\times2\times43}{6}}\right)^2-\left(\dfrac{3\sqrt{37}-2\sqrt{43}}{\sqrt{6}}\right)^2=$ $\left(\dfrac{3\sqrt{37}}{\sqrt{6}}+\dfrac{2\sqrt{43}}{\sqrt{6}}\right)^2-\left(\dfrac{3\sqrt{37}}{\sqrt{6}}-\dfrac{2\sqrt{43}}{\sqrt{6}}\right)^2$　$\mathrm{A}=\dfrac{3\sqrt{37}}{\sqrt{6}}$，$\mathrm{B}=\dfrac{2\sqrt{43}}{\sqrt{6}}$とおくと，$(\mathrm{A}+\mathrm{B})^2-(\mathrm{A}-\mathrm{B})^2=4\mathrm{AB}$なので，$4\times\dfrac{3\sqrt{37}}{\sqrt{6}}\times\dfrac{2\sqrt{43}}{\sqrt{6}}=4\sqrt{37}\times\sqrt{43}=4\sqrt{1591}$

(2) $(x-3)(x-1)(x+5)(x+7)-960=\{(x-3)(x+7)\}\{(x-1)(x+5)\}-960=(x^2+4x-21)(x^2+4x-5)-960$　$x^2+4x=\mathrm{A}$とおくと，$(\mathrm{A}-21)(\mathrm{A}-5)-960=\mathrm{A}^2-26\mathrm{A}+105-960=\mathrm{A}^2-26\mathrm{A}-855=\mathrm{A}^2-26\mathrm{A}-45\times19$　Aを元に戻すと，$(x^2+4x-45)(x^2+4x+19)=(x-5)(x+9)(x^2+4x+19)$

やや難 (3) $\dfrac{1}{a}+\dfrac{1}{b}+\dfrac{1}{c}=1$のとき，$\dfrac{1}{b}+\dfrac{1}{c}=1-\dfrac{1}{a}$　$\dfrac{b+c}{bc}=1-\dfrac{1}{a}$　$a=1$，2，3，4，5，6のとき$\dfrac{b+c}{bc}=0$，$\dfrac{1}{2}$，$\dfrac{2}{3}$，$\dfrac{3}{4}$，$\dfrac{4}{5}$，$\dfrac{5}{6}$　次の図は，b，cの目について$\dfrac{b+c}{bc}$の値を求めてまとめたものである。(次図は書き出しやすさを優先させて約分していない)この中で，例えば$b=2$，$c=3$のときの$\dfrac{b+c}{bc}=\dfrac{5}{6}$は，a＝6であることを示している。つまり，$\dfrac{1}{6}+\dfrac{1}{2}+\dfrac{1}{3}=\dfrac{1}{6}+\dfrac{3}{6}+\dfrac{2}{6}=1$である。さいころを同時に3個投げたときの目の出方の総数は$6^3=216$であり，$\dfrac{b+c}{bc}$の値

が約分して$\frac{1}{2}$，$\frac{2}{3}$，$\frac{3}{4}$，$\frac{4}{5}$，$\frac{5}{6}$のいずれかになる場合が10通りあるので，$\frac{1}{a}+\frac{1}{b}+\frac{1}{c}=1$となる確率は，$\frac{10}{216}=\frac{5}{108}$

b＼c	1	2	3	4	5	6
1	$\frac{2}{1}$	$\frac{3}{2}$	$\frac{4}{3}$	$\frac{5}{4}$	$\frac{6}{5}$	$\frac{7}{6}$
2	$\frac{3}{2}$	$\frac{4}{4}$	◯$\frac{5}{6}$	◯$\frac{6}{8}$	$\frac{7}{10}$	◯$\frac{8}{12}$
3	$\frac{4}{3}$	◯$\frac{5}{6}$	◯$\frac{6}{9}$	$\frac{7}{12}$	$\frac{8}{15}$	◯$\frac{9}{18}$
4	$\frac{5}{4}$	◯$\frac{6}{8}$	$\frac{7}{12}$	◯$\frac{8}{16}$	$\frac{9}{20}$	$\frac{10}{25}$
5	$\frac{6}{5}$	$\frac{7}{10}$	$\frac{8}{15}$	$\frac{9}{20}$	$\frac{10}{25}$	$\frac{11}{30}$
6	$\frac{7}{6}$	◯$\frac{8}{12}$	◯$\frac{9}{18}$	$\frac{10}{24}$	$\frac{11}{30}$	$\frac{12}{36}$

（約分して考える）

(4)　7人の点を小さい方からa，b，c，d，e，f，gとする。中央値はdであり，最頻値より1大きいのだから，cは最頻値である。最小値と最頻値の差が3であることから，$c=a+3$，最頻値ということは1つだけではないので，$b=c=a+3$　よって，$a+b+c+d=a+(a+3)+(a+3)+(a+4)=4a+10$　7人の平均値は7なので，7人の合計は$7\times7=49$　よって，$4a+7+e+f+g=49$　$e+f+g=39-4a$　最頻値は1つのみで，bとcの値が最頻値だからe，f，gは異なる数値である。また，10以下の整数だから，$e+f+g$は最大でも$8+9+10$である。以上のことを踏まえて確かめると，$a=0$のとき，$e+f+g=39$で不適当，$a=1$のとき，$e+f+g=35$で不適当，$a=2$のとき，$e+f+g=31$で不適当，$a=3$のとき，$e+f+g=27$　$a=3$のとき，$b=6$，$c=6$，$d=7$，$e=8$，$f=9$，$g=10$

2 （規則性－分数の計算）

(1)　$a=1$のとき，1回目は，$\frac{1}{1+1}=\frac{1}{2}$　2回目は，$\frac{\frac{1}{2}}{\frac{1}{2}+1}=\frac{\frac{1}{2}}{\frac{3}{2}}=\frac{1}{3}$　3回目は，$\frac{\frac{1}{3}}{\frac{1}{3}+1}=\frac{\frac{1}{3}}{\frac{4}{3}}=\frac{1}{4}$

よって，2019回目は$\frac{1}{2019+1}=\frac{1}{2020}$

やや難

(2)　$a=k$のとき，1回目の操作後は，$\frac{k}{k+1}$　2回目の操作後は，$\frac{\frac{k}{k+1}}{\frac{k}{k+1}+1}=\frac{\frac{k}{k+1}}{\frac{2k+1}{k+1}}=\frac{k}{2k+1}$

3回目の操作後は，$\frac{\frac{k}{2k+1}}{\frac{k}{2k+1}+1}=\frac{\frac{k}{2k+1}}{\frac{3k+1}{2k+1}}=\frac{k}{3k+1}$　このように，4回目，5回目，…の操作後は，$\frac{k}{4k+1}$，$\frac{k}{5k+1}$…となるので，n回目の操作後は，$\frac{k}{nk+1}$　これが$\frac{11}{958}$になるときのkの値とnの値をもとめるのだから，$\frac{11}{11n+1}=\frac{11}{958}=\frac{11}{11\times87+1}$　よって，$k=11$，$n=87$である。

3 （図形の性質－三角形の3辺の関係，三平方の定理，2次方程式）

重要

(1)　三角形の3辺の長さの間には，（最大の辺の長さ）<（他の2辺の長さの和）の関係が成り立つ。$x<x+1$であるので，最大の辺の長さは$x+1$または$2x-3$である。$x+1<2x-3$のとき，$(2x-3)-(x+1)>0$　$x>4$　このとき，最大の辺は$2x-3$であり，$x+x+1>2x-3$が常に成り立つから，$x>4$…①　$2x-3<x+1$とすると，最大の辺は$x+1$であり，このときは，$x+2x-3>x+1$　$2x>4$　$x>2$…②　①，②から，$x>2$であれば三角形ができる。

(2)　直角三角形では三平方の定理が成り立つ。最大の辺が$2x-3$のとき，$x>4$　$(2x-3)^2=x^2+(x+1)^2$　$4x^2-12x+9=x^2+x^2+2x+1$　$2x^2-14x+8=0$　$x^2-7x+4=0$　$x=\frac{7\pm\sqrt{49-16}}{2}=\frac{7\pm\sqrt{33}}{2}$　$5<\sqrt{33}<6$だから，$x=\frac{7+33}{2}$のとき$x>4$であり，$2x-3$を斜辺とする直角三角形

となる。最大の辺が$x+1$のとき，$x>2$　$(x+1)^2=x^2+(2x-3)^2$　$x^2+2x+1=x^2+4x^2-12x+9$　$4x^2-14x+8=0$　$2x^2-7x+4=0$　$x=\dfrac{7\pm\sqrt{49-32}}{2\times2}=\dfrac{7\pm\sqrt{17}}{4}$　$4<\sqrt{17}<5$なので，$x=\dfrac{7+\sqrt{17}}{4}$のとき$x>2$であり，$x+1$を斜辺とする直角三角形となる。

4　(関数－数直線上を動く2点，2乗に比例する関数，一次関数)

(1)　点Pは点Qが出発するa秒前に出発しているのだから，点Pに関しては$t=-a$のとき座標が0の点にいる。また，$t=2a$のときに$(3a+9)$の点で点Pが点Qに追いつかれたので，変化の割合は$\dfrac{3a+9}{2a-(-a)}=\dfrac{a+3}{a}$　点Pの速さは毎秒2なので，$\dfrac{a+3}{a}=2$　$2a=a+3$　$a=3$

(2)　点Qは進む距離が時間の2乗に比例するから，比例定数をmとすると，$d=mt^2$と表される。$t=2a=6$のときに$d=3a+9=18$だから，$18=m\times6^2$　$36m=18$　$m=\dfrac{1}{2}$　したがって，$d=\dfrac{1}{2}t^2$

5　(平面図形－円，円の性質，相似，長さの比，面積の比)

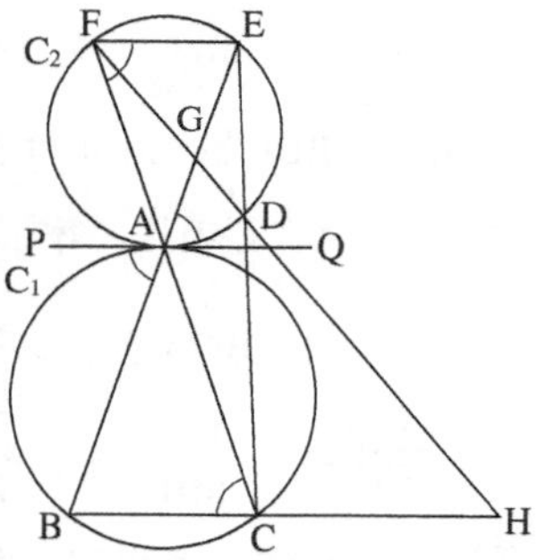

重要　(1)　右図でPQは2円に共通な接線である。接線(PQ)と接点(A)を通る弦(AB，AE)の作る角(∠PAB，∠QAE)は，その角内にある弧(弧AB，弧AE)に対する円周角(∠ACB，∠AFE)と等しいから，∠PAB＝∠ACB，∠QAE＝∠AFE　対頂角は等しいから，∠PAB＝∠QAE　よって，∠ACB＝∠AFE　錯角が等しいので，BC//EF　したがって，平行線と線分の比の関係から，EG：BG＝EF：BH＝3：9＝1：3　EG＝$\dfrac{1}{4}$BE　AB：AE＝BC：EF＝4：3　AB＝$\dfrac{4}{7}$BE　よって，GA＝BE－$\left(\dfrac{1}{4}\text{BE}+\dfrac{4}{7}\text{BE}\right)$＝BE－$\dfrac{23}{28}$BE＝$\dfrac{5}{28}$BE　EG：GA：AB＝$\dfrac{1}{4}$BE：$\dfrac{5}{28}$BE：$\dfrac{4}{7}$BE＝7：5：16

やや難　(2)　AF：AC＝EF：BC＝3：4　AF：CF＝3：7　△AFDと△CFDはAF，CFをそれぞれの底辺とみると高さが等しいので，△AFD＝△CFD＝AF：CF＝3：7　△AFD＝$\dfrac{3}{7}$△CFD…①　FG：HG＝FE：HB＝3：9＝1：3から，FG＝$\dfrac{1}{4}$FH　FD：HD＝FE：HC＝3：5　FD＝$\dfrac{3}{8}$FHだから，GD＝FD－FG＝$\dfrac{1}{8}$FH　よって，GD：FG＝$\dfrac{1}{8}$FH：$\dfrac{1}{4}$FH＝1：2　△GAD＝$\dfrac{1}{3}$△AFD…②　①を②に代入すると，△GAD＝$\dfrac{1}{3}\times\dfrac{3}{7}$△CFD＝$\dfrac{1}{7}$△CFD…③　DH：DF＝CH：EF＝5：3だから，△DCH：△CFD＝5：3　△DCH＝$\dfrac{5}{3}$△CFD…④　③，④から，△GAD：△DCH＝$\dfrac{1}{7}$△CFD：$\dfrac{5}{3}$△CFD＝3：35

6　(関数・グラフと図形－放物線，直線，円，グラフの式，座標，長さ，面積の比)

(1)　点Aからx軸までの距離とy軸までの距離は等しいので，A$(a,\ a)$とおくと，点Aが放物線$y=\dfrac{\sqrt{2}}{2}x^2$の上にあることから，$a=\dfrac{\sqrt{2}}{2}a^2$　$\dfrac{\sqrt{2}}{2}a^2-a=0$　$a(\sqrt{2}a-2)=0$　aは0でないので，$a=\dfrac{2}{\sqrt{2}}=\sqrt{2}$　よって，A$(\sqrt{2},\ \sqrt{2})$　OAは1辺が$\sqrt{2}$の直角二等辺三角形AODの斜辺なので，OA＝$\sqrt{2}\times\sqrt{2}=2$　AB＝AD＝$\sqrt{2}$だから，OB＝$2-\sqrt{2}$

やや難　(2)　点Bからx軸に垂線OGを引くと，OG：OD＝OB：OA　　$OG:\sqrt{2}=(2-\sqrt{2}):2$　　$OG=\dfrac{2\sqrt{2}-2}{2}=\sqrt{2}-1$　　よって，$B(\sqrt{2}-1,\ \sqrt{2}-1)$　　$D(\sqrt{2},\ 0)$だから，直線BDの傾きは，$\dfrac{0-(\sqrt{2}-1)}{\sqrt{2}-(\sqrt{2}-1)}=1-\sqrt{2}$　　$y=(1-\sqrt{2})x+b$とおいて$(\sqrt{2},\ 0)$を代入すると，$0=\sqrt{2}-2+b$　$b=2-\sqrt{2}$　　よって，直線BDの式は$y=(1-\sqrt{2})x+2-\sqrt{2}$　　点F，Eは放物線$y=\dfrac{\sqrt{2}}{2}x^2$と直線BDとの交点だから，そのx座標は方程式$\dfrac{\sqrt{2}}{2}x^2=(1-\sqrt{2})x+2-\sqrt{2}$の解である。　$\dfrac{2}{\sqrt{2}}=\dfrac{2\sqrt{2}}{2}=\sqrt{2}$　　両辺を$\sqrt{2}$倍して整理すると，$x^2-(\sqrt{2}-2)x+2-2\sqrt{2}=0$

$x=\dfrac{\sqrt{2}-2\pm\sqrt{(\sqrt{2}-2)^2-4(2-2\sqrt{2})}}{2}$　　ところで，点MはEFの中点だから，そのx座標は，点Eと点Fのx座標の和の$\dfrac{1}{2}$である。2点E，Fのx座標の和は，$\left\{\dfrac{\sqrt{2}-2+\sqrt{(\sqrt{2}-2)^2-4(2-2\sqrt{2})}}{2}+\dfrac{\sqrt{2}-2-\sqrt{(\sqrt{2}-2)^2-4(2-2\sqrt{2})}}{2}\right\}=\dfrac{2\sqrt{2}}{2}+\dfrac{\sqrt{2}-2}{2}=\sqrt{2}-2$　　したがって，点Mのx座標は$\dfrac{\sqrt{2}-2}{2}$

(3)　△BDCと△MBCはそれぞれの三角形の底辺をBD，MBとみたときの高さが共通だから，面積の比は底辺の比に等しい。よって，$\dfrac{\triangle BDC}{\triangle MBC}=\dfrac{BD}{MB}$　　BD：MB＝(点Bと点Dのx座標の差)：(点Mと点Bのx座標の差)＝$\{\sqrt{2}-(\sqrt{2}-1)\}:\left\{(\sqrt{2}-1)-\dfrac{\sqrt{2}-2}{2}\right\}=1:\dfrac{\sqrt{2}}{2}$　　よって，$\dfrac{\triangle BDC}{\triangle MBC}=\dfrac{BD}{MB}=1\div\dfrac{\sqrt{2}}{2}=\dfrac{2}{\sqrt{2}}=\sqrt{2}$

7　**(空間図形―展開図，立面図と平面図，十四面体，三平方の定理)**

やや難　(1)　展開図を組み立てた立体は，合同な正方形6個とそれらの正方形と辺の長さが等しい8個の合同な正三角形を面とする十四面体である。また，どの頂点にも，2個の正方形と2個の正三角形が集まっている。このような十四面体は，右図で示すように，立方体の8つの頂点から正三角すいを除いて作ることができる。もとの立方体をPQRS－TUVWとすると，右図で△UBCは直角二等辺三角形であり，斜辺BCの長さが2だから，$BU=CU=\dfrac{2}{\sqrt{2}}=\sqrt{2}$　　切り取った正三角すいがすべて合同だから，$TU=UV=VW=WT=2\sqrt{2}$　　よって，正方形AGDHの1辺の長さは$2\sqrt{2}$となるから，その面積は，$(2\sqrt{2})^2=8$

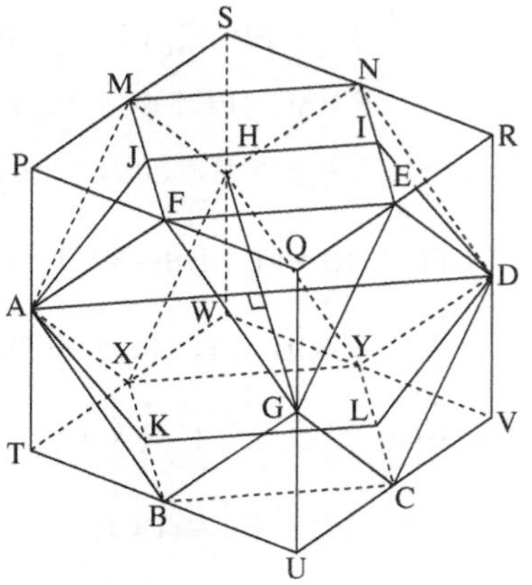

(2)　この立体は，面PTVRについても，面QSWUについても対称な図形である。よって，正方形の辺の中点のうちの4カ所を図で示すようにI，J，K，Lとすると，2点A，Dを通り，線分GHに垂直な平面で切ったときの切り口は六角形AKLDIJとなる。六角形AKLDIJは合同な2つの台形ADIJと台形AKLDを合わせた大きさになる。$PT=2\sqrt{2}$なので，台形ADIJは，JI＝2　　$AD=PR=\sqrt{2}PQ=4$　　JIとADの距離は$\dfrac{1}{2}PT=\sqrt{2}$　　したがって，切り口の面積は，$\dfrac{1}{2}\times(2+4)\times\sqrt{2}\times2=6\sqrt{2}$

(3)　図のように，PS，RS，TW，VWの中点をそれぞれM，N，X，Yとすると，この立体の体積は，直方体FENM－BCYXの体積と，合同な4つの四角すいA－BFMX，G－BCEF，D－CENY，H－MXYNの体積の和として求められる。BF＝PT＝$2\sqrt{2}$　四角すいの頂点から底面までの距離は，$(4-2)\div2=1$だから，$2\times2\times2\sqrt{2}+\frac{1}{3}\times(2\times2\sqrt{2})\times1\times4=8\sqrt{2}+\frac{16\sqrt{2}}{3}=\frac{40\sqrt{2}}{3}$

★ワンポイントアドバイス★

いずれも難しい問題で出題数も多いから，時間内完答を目指さずに手がけられるものから確実に仕上げていくようにしよう。6の(3)は底辺か高さが等しい三角形の面積の比を考えよう。7は，組み立てた立体の1つの頂点に集まる図形がどこも同じであることに着目。

＋α は弊社HP商品詳細ページ（トビラのQRコードからアクセス可）参照。

＜英語解答＞《学校からの正答の発表はありません。》

Ⅰ　1　without visiting　2　matter with　3　such an　4　be spoken
5　more, the　6　based on　7　Don’t[Never], my　8　enjoy the
9　to talk

Ⅱ　1　(記号)　B　(正しい形)　excited　2　(記号)　B　(正しい形)　waiting
3　(記号)　A　(正しい形)　is　4　(記号)　B　(正しい形)　comes
5　(記号)　A　(正しい形)　talking
6　(記号)　D　(正しい形)　for twenty years
7　(記号)　A　(正しい形)　During　8　(記号)　A　(正しい形)　reached
9　(記号)　D　(正しい形)　hasn’t it

Ⅲ　1　public　2　washed　3　manners　4　throat　5　fewer[few]
6　reduce[prevent, avoid, stop]　7　other[healthy]　8　as　9　just
10　attractive

Ⅳ　A　1　(d)　2　(c)　3　(a)　4　(a)　5　(b)　6　(a)　7　(a)　8　(c)
9　(c)　10　(a)
B　1　(ほ)　2　(に)　3　(い)　4　(ろ)　5　(は)
C　(ア)　let me help you with your coat　(イ)　There were only two other entries above his on the page　(ウ)　They are not as good as they look
D　(ⅰ)　(例)　彼女はまさに，クリスマス休暇に喜んで家に迎えて泊めてくれる学校の親友の母親のようだった。　(ⅱ)　(例)　うちの小さな住まいにお客さんを迎え入れる喜びはそうはないことなんです　(ⅲ)　(例)　かわいいペットが死んでしまうと，すべてはく製にするんですよ。
E　②　(例)　She was not only harmless but (also) very kind.
③　(例)　I think (that) he was a little shorter than you.

○推定配点○

Ⅰ　各1点×9　Ⅱ，Ⅲ，ⅣA～C　各2点×37　ⅣD　各3点×3　ⅣE　各4点×2
計100点

＜英語解説＞

基本 Ⅰ 〔同意文書き換え問題：動名詞，受動態，比較，熟語，不定詞〕

1 (a)の when visiting Tokyo は when I am visiting Tokyo「私が東京を訪れているときに」のI am が省略された形で，英文は「私は東京を訪れているときに原宿を訪れたい」という意味。(b)の前半が「東京を離れたくない」という内容なので，without ～ing「～せずに」を使って「私は原宿を訪れずに東京を離れたくない」という文にする。

2 (a)は「あなたに何が起こったのですか」という意味。調子の悪そうな相手や不安そうな様子の相手に声をかけるときの表現として，他に What's the matter with you ?「どうかしたのですか」がある。

3 (a)は「『バック・トゥー・ザ・フューチャー』は，私が今までに見た中で最もおもしろい映画だ」という意味。〈the ＋最上級＋名詞＋ I have ever ＋過去分詞〉は「(私が)今まで…した中で最も～なー」という意味。『バック・トゥー・ザ・フューチャー』が最もおもしろい映画だという内容になるように，「私は『バック・トゥー・ザ・フューチャー』のようなおもしろい映画を見たことがない」という文にする。such ～ as …「…のような～」

4 (a)は「生徒はこの授業で日本語を話すことを許可されていない」という意味。〈allow ＋人＋ to ＋動詞の原形〉「(人)が～することを許可する，(人)に～させてやる」を受動態で用いた文。(b)は Japanese が主語なので，受動態にして「日本語はこの授業で話されてはいけない」という文にする。be動詞は助動詞の後なので原形。

5 (a)は「あなたがヒップ・ポップ・ミュージックについてもっと学べば，合衆国の黒人の歴史についてもっと知るようになるだろう」という意味。「～すればするほど，ますます…」という内容は〈The ＋比較級, the ＋比較級〉で表すことができる。(b)は「あなたはヒップ・ポップ・ミュージックについて学べば学ぶほど，合衆国の黒人の歴史についてますます知るようになるだろう」という意味。〈get to ＋動詞の原形〉「～するようになる」。

6 (a)は「マーチン・ルーサー・キング・ジュニアの実話は，映画『セルマ』となった」という意味。(b)では The movie "Selma" が主語で is があることから，be based on ～「～に基づいている」を用いて「映画『セルマ』はマーチン・ルーサー・キング・ジュニアの実話に基づいている」という文にする。

7 (a)は〈tell ＋人＋ to ＋動詞の原形〉「(人)に～するように言う」を用いた文。to の前に not があるので to use の意味が否定となり，「ライアンは私に彼のティーカップを使わないようにと言った」という意味になる。(b)はライアンの言葉を直接引用する形なので，「～してはいけない」と禁止の意味を表す否定命令文〈Don't[Never] ＋動詞の原形〉を用いて「ライアンは私に，『私のティーカップを使ってはいけない』と言った」という文にする。(a)の文の his は「ライアンの」ということなので，ライアン自身の言葉では my にすることに注意。

8 (a)は「あなたは昨夜，私のホーム・パーティーで楽しく過ごしましたか」という意味。(b)は party に冠詞がないことに着目する。「私の家でのパーティー」と，どのパーティーを指すのかはっきりしているので the をつける必要がある。enjoy the party として，「あなたは昨夜，私の家でのパーティーを楽しみましたか」という文にする。

9 (a)は「彼には話をすることのできる友達がいない」という意味の文。that は関係代名詞。(b)の文では，形容詞的用法の不定詞 to talk を使って，後ろから friends を修飾する形にする。

重要 Ⅱ 〔正誤問題：分詞，接続詞，動名詞，現在完了，前置詞，付加疑問〕

1 「ワールド・カップの試合を見ていたとき，私はとても興奮したので持っていたものをすべてサッカー場に投げた」 後半は so ～ that …「とても～なので…」を用いた文。「(人が)興奮している」という状態はexcitedで表す。excitingは「(もの・ことが人を)興奮させる」という意味。

2 「そのレストランはそんなに長くかかるだろうと私たちに言わずに，私たちを30分待たせた」〈keep ＋目的語＋状態を表す語句〉で「～を…(の状態)にしておく」という意味を表す。この場合，wait「待つ」は目的語 us 自身の動作なので，「待っている状態だ」という内容にする必要がある。したがって，現在分詞 waiting が正しい。

3 「明日天気がよければ，私たちは学校で運動会があるので，忘れずに体操着を持って来なさい」「～ならば」の意味の接続詞 if の後では未来の内容でも動詞は現在形にする。

4 「このレストランでは，朝食に紅茶かコーヒーのどちらかがつく」 either A or B「AかBのどちらか」を主語で使う場合，動詞の形はBに合わせるが，この場合はいずれにしても単数なので，動詞 come に s が必要。

5 「ナンシーは先生が教室に入って来ると，話すのをやめて静かになった」 文全体の内容から，「話すことをやめた」とするのが適切。「～することをやめる」は stop の後に動名詞を目的語にして表す。

6 「スミス夫妻は20年間日本に住んでいるアメリカ人夫婦だ」 who 以下の時制が現在完了なので，過去の時点を表す ～ ago は使えない。「20年間ずっと住んでいる」という継続の内容にするために for twenty years とする。

7 「昨日，私が留守の間に，先生が数学の試験での私の低い点数について話すために私に電話をかけてきた」 while は接続詞なので後に〈主語＋動詞〉を含む形が続く。ここでは後に my absence と名詞句が続いているので，while と同様の意味を表す前置詞 during が正しい。

8 「ライアンはニューヨークに着くと，タクシーの乗らずに地下鉄で友達のアパートへ行った」reach「～に着く」は他動詞なので後に目的語をとる。前置詞は不要。

9 「祖母がここに来てから長くなりますね」 文全体の主語は It で動詞は has been の現在完了の文。付加疑問も現在完了に合わせて hasn't とする。

重要 Ⅲ （長文読解問題・説明文：語句補充）

（全訳） 日本では，マスクを着用することはまったく変わったことではない。店や他の$_{1}$公共の場と同様に，電車やバスでも人々がマスクを着用しているのを見かける。マスクはスーパーマーケット，ドラッグストア，そしてコンビニエンスストアでも，ほとんどどこでも売られている。年配の消費者の中には$_{2}$洗えて再使用できるガーゼのマスクを今も使う人がいるが，今日，ほぼ市場全体が使い捨てのマスクで成り立っている。

人々はいろいろな理由でマスクを着用するが，最も一般的な理由は風邪をひいていることである。他人に風邪をうつさないようにマスクを着用することはよい$_{3}$マナーだと考えられている。マスクは鼻と$_{4}$喉の湿り気を保ってくれるので，風邪をひいているときにマスクを着用するとより快適だと思っている人もいる。最近まで，典型的なマスクの利用者は，周囲への配慮から電車に乗るときなどのように混雑している状況でマスクを着用していた。しかし，彼らはマスクをつけた姿を見られるのを恥ずかしく感じていたので，できるだけ早くマスクをはずしたいと思っていた。だが，消費者調査によると，考え方が変わってきているということだ。今日では，マスクを着用していることを恥ずかしく感じると言う人は$_{5}$減ってきている。花粉症の人の中には，花粉にさらされること$_{6}$を減らすためにマスクを着用する人もいる。そして，$_{7}$他の多くの人は他人の細菌を避けるためにマスクを着用する。

しかし，$_{9}$単に恥ずかしがり屋であるとか，非社交的であるとか，あるいはただ集中したいというだけの理由で，自分の外の世界との壁$_{8}$としてマスクを着用する消費者が増えている。例えば，勉強しているときにマスクを着用していると集中しやすいと言う学生もいる。男性でも女性でも，目を強調したり，肌の色がよく見える錯覚を起こさせたりすることで自分をより[10]魅力的に見せてくれると考えているために，あるいはただ少し謎めいて見えるようにするためにマスクを着用する人までいる。

全訳を参照。　1　stores「店」，trains「電車」，buses「バス」に共通するのは公共の場であることなので，public「公共の」が適切。　2　空所の直前に be があり，後には reused と過去分詞と考えられる語があることから，reused と並列されている過去分詞が入ると考えられる。ガーゼのマスクはどのようにすれば reused「再使用される」かを考えると，wash「～を洗う」の過去分詞を入れるのが適切。　3　空所を含む文は〈It is ～ to ＋動詞の原形〉の構文。「他人に風邪をうつさないようにマスクを着用すること」が「よい～である」というつながりから，manners「マナー」を入れる。「マナー，作法」の意味では複数形で用いることに注意。　4　空所の直後の moist は「湿っている」という意味の形容詞で，〈keep ＋目的語＋状態を表す語句〉「～を…(の状態)に保つ」の形で用いられている。マスクのために湿気を保たれるのは，鼻と喉である。　5　空所を含む文の2文前には，人前でマスクを着用している人は，そのことを恥ずかしく思っていたことが書かれているが，その後の文と But でつながれて「(マスクの着用についての)考え方が変わってきている」と続くので，空所を含む文はマスクの着用を恥ずかしがる人が減ってきているという内容になると考えられる。可算名詞 people の前なので few の比較級 fewer を入れると，「マスクの着用を恥ずかしがる人が減ってきている」という意味になる。また，few「ほとんど～ない」を入れても「マスクの着用を恥ずかしがる人はほとんどいない」となり，文意が成り立つ。　6　to 以下は，花粉症の人がマスクを着用する目的を表す内容になる。直後に「花粉にさらされること」とあるので，reduce「～を減らす」が合う。他に，prevent「～を防ぐ」，avoid「～を避ける」，stop「～を阻止する」などの動詞でもよい。　7　マスクを着用する目的を述べている箇所。前文の Some people との対照で other を入れるのが適切。また，「他人の細菌を避けるために」マスクを着用する人は，細菌を保有している人と対照的な状態と考え，healthy「健康な」を入れても文意は成り立つ。　8　wear masks「マスクを着用する」と a barrier against the rest of the world「世界の残り(＝自分以外の世界)に対する障壁」とのつながりを考える。この後に，その理由として「恥ずかしがり屋だ」「非社交的だ」「ただ集中したい」と，自分一人きりである状態が挙げられていることから，「自分以外の世界に対する障壁としてマスクを着用する」というつながりにするのが適切。「～として」の意味の前置詞 as を入れる。　9　空所に語を入れなくても文意は通るので，because 以下を修飾する語を考える。because 以下には，マスクを着用する理由として，風邪，花粉症といった健康にかかわる重要なものとは違う，気持ちの面での理由が書かれているので，「単に～だから」という意味が合う。　10　空所の直後「目を強調したり，肌の色がよく見える錯覚を起こさせたりすることによって」，人の顔の見栄えがよくなると考えてマスクを着用するという内容が合う。attractive「魅力的な」などの形容詞が合う。

Ⅳ　(長文読解問題・物語文：英問英答，文選択補充，語句整序，英文和訳，和文英訳)

(全訳)　「5ポンド6ペンスとは結構ですね」と彼は答えた。「ぜひここに泊りたいと思います」

「そうでしょう。お入りください」

彼女はとても親切そうだった。(i)彼女はまさに，クリスマス休暇に喜んで家に迎えて泊めてくれる学校の親友の母親のようだった。ビリーは帽子を脱いで敷居をまたいだ。

彼女は，「そこにかけておいてください，そして(ア)コートを脱ぐのをお手伝いします」と言った。

広間には他の帽子もコートもなかった。傘もなければ，歩行用の杖も－何もなかった。

彼女は2階へと案内しながら肩越しに彼にほほえみかけて，「私たちのものしかありません。ほら，(ii)うちの小さな住まいにお客さんをお入れする喜びはそうはないことなんです」

—省略—

「ああ，はい」

「でも準備はできていますよ。好ましい若い紳士がやって来るという滅多にない機会のときだけは，この家では昼も夜もいつでもすべて準備ができているのです。そして，とても喜ばしいことなんですよ，ねえ，たまにドアを開けてまさにふさわしい人がそこに立っているのを見ると，とてもうれしいのですよ」 彼女は階段を半分上ったところで，片方の手を手すりに置いて立ち止まり，頭を彼の方へ向けて青白い唇で彼に上からほほえみかけた。「(ほ)あなたのようなね」と彼女はつけ加え，彼女の青い眼はビリーの体を上から下へ，足元まで，そして再び上の方へとゆっくりと移動した。

2階の踊り場で，彼女は彼に「この階は私が使っています」と言った。

彼らは3階へ上がった。「そしてこの階はすべてあなたが使ってください」と彼女は言った。「さあ，あなたのお部屋です。気に入ってくれると本当にいいわ」彼女は彼をせまいが魅力的な正面の寝室へ連れて入り，中に入りながら明かりをつけた。

「窓に朝日が差し込みますよ，パーキンスさん。パーキンスさんですよね？」

「いいえ，ウィーバーです」と彼は言った。

「ウィーバーさん。すてきなお名前ね」

—省略—

「とてもいい具合ね。では荷ほどきができるよう，私は行きますね。でも寝る前に，1階の居間に立ち寄って宿帳にサインをしてもらえるかしら？　この地方の法律だからだれもそうしなくてはならなくて，それに手続きのこんなところでどんな法律も破りたくないわよね？」彼女は彼に軽く手を振ってすばやく部屋から出てドアを閉めた。

さて，①宿の女主人が少し気が変であるように見えるという事実はビリーにとってまったく不安ではなかった。彼女は害がないだけでなく，またとても優しかった。彼は，彼女はおそらく戦争で息子を失ったか，何かそのようなことがあって，それをまったく乗り越えていないのだろうと思った。

そこで数分後，スーツケースの荷ほどきをして手を洗った後，彼は小走りして階段を降りて1階に行って居間に入った。宿の女主人はそこにいなかったが，暖炉には火が入っており，その前で小さなダックスフンドがまだ眠っていた。その部屋はとても暖かくて居心地がよかった。僕は運のいいやつだな，と彼は手をこすりながら思った。ちょっといい感じだ。

彼はピアノの前に宿帳が開いているのに気づき，ペンを取り出して名前と住所を書いた。(イ)そのページには，彼の上に他に2人の記入しかなく，宿帳でだれもがやるように，彼はそれらを読み始めた。1つはカーディフのクリストファー・マルホランドだった。もう一方はブリストルのグレゴリー・W・テンプルだった。

変だな，と彼はふと思った。クリストファー・マルホランド。何か思い当たる節があるぞ。

では一体彼はどこでそのかなり変わった名前を聞いたのだろうか。

彼は学校の生徒だったのか。いいや。姉のたくさんの男友達の1人か，あるいは父の友人の1人か。いやいや，そのどちらでもない。彼は再び宿帳をちらりと見た。

クリストファー・マルホランド　カーディフ，カテドラル通り　231

グレゴリー・W・テンプル　　　ブリストル，サイカモアドライブ　27

実のところ，そのことを考えだしてみると，2つめの名前が最初の名前ほどには聞き覚えのある響きはないこともまったく確かではなかった。

「グレゴリー・テンプル？」と彼は記憶を探りながら声に出して言った。「クリストファー・マルホランド？…」

「とても魅力的な青年たちでしたよ」と彼の背後から声が答え，彼が振り返ると女主人が両手に大きな銀の盆を持ってさっそうと部屋に入って来た。彼女は盆が跳ね回る馬の手綱でもあるかのように，盆を自分の正面にうまい具合に，やや高く持ち上げていた。

「何か聞き覚えがあるようなんです」と彼は言った。

「そうなのですか？　おもしろいわ」

「(に)ほぼ確かに，以前どこかでそれらの名前を聞いたことがあるんです。奇妙ではありませんか？　たぶん新聞でしょう。いずれにしても，彼らは有名ではありませんでしたよね？　つまり，有名なクリケット選手とかサッカー選手とかそのような？」

「有名ねえ」と彼女は言って，ソファの前の低いテーブルに盆を置いた。「あら，違うわ，彼らは有名ではなかったと思いますよ。でもはっきり言えますが，彼ら2人ともとてもハンサムでしたよ。彼らは背が高くて若くてハンサムで，まあ，あなたとまったく同じようにね」

ビリーはもう一度宿帳を見た。「ここを見てください」と彼は日付に気づいて言った。「この最後の記入は2年以上も前ですね」

「そうですか？」

「ええ，確かに。クリストファー・マルホランドの記入はその1年近く前です－3年以上前ですね」

「まあ」 彼女は頭を振り，小さくため息をつきながら言った。「考えたこともありませんでした。時はなんて早く過ぎ去ってしまうのでしょうね，ウィルキンスさん？」

「ウィーバーです。ウィーー・バーー」とビリーは言った。

「そうでしたね！」と彼女は大声で言ってソファに座った。「私はばかですね。本当にごめんなさい。私って，耳から入ってもう一方の耳から出て行ってしまうんですよ，ウィーバーさん」

「何かご存知なんですか？」とビリーは言った。「このことについて何か本当にとんでもないことを？」

「いいえ，存じません」

「あの，いいですか－このマルホランドとテンプルの名前は両方とも，それぞれを別々に覚えている気がするだけでなく，いわゆる，どういうわけか，ある奇妙な形で，それらが互いに関連があるようにも思えるんです。彼らが2人とも同じようなことで有名であるかのような，ぼくの言っていることがおわかりでしたら－例えば，デンプシーとタニー，あるいはチャーチルとルーズベルトのように…」

「なんておもしろいのでしょう」と彼女は言った。「まあ，もうこちらにいらっしゃってソファで私のとなりにお座りください。お休みになる前に，おいしい紅茶とジンジャービスケットをどうぞ」

「わざわざそうなさることはありませんよ」とビリーは言った。「そのようなことをしていただくつもりはありませんでしたから」 彼はピアノのそばに立って，彼女がカップと皿についてあれこれ言うのを見ていた。彼は，彼女の手が小さくて白い手がすばやく動き，赤い爪をしていることに気づいた。

「私が彼らを見たのは新聞だったのはほぼ確かです」とビリーは言った。「もう少しで思い出すでしょう。きっと思い出しますよ」

記憶の境界のちょうど外側に残るこのようなこと以上に焦れったいものはない。彼は決してあきらめたくなかった。

「少し待ってください」と彼は言った。「ちょっと待ってください。マルホランド…クリストファー・マルホランド…イギリス西部を徒歩旅行していたイートン校の生徒の名前ではなかったかなあ，そして突然…」

「ミルクは入れますか？」と彼女は言った。「お砂糖は？」

「はい，お願いします。それから突然…」

「イートン校の生徒ですか？」と彼女は言った。「あら，違いますよ，マルホランドは私のところに来たときは確かにイートン校の生徒ではありませんでしたから，それは違いますよ。彼はケンブリッジの学部生でした。もうこちらに来て私のとなりにお座りになって，この心地よい火の前で体を暖めてください。さあ。紅茶ができていますよ」 彼女はソファの彼女のとなりの空いている場所を軽くたたいて，ビリーにほほえみかけて座って彼がやって来るのを待っていた。

彼はゆっくりと部屋を横切ってソファの端に座った。彼女は彼の前のテーブルに彼のティーカップを置いた。

「さあ，どうぞ」と彼女は言った。「ここはなんてすてきで心地よいのでしょうね」

ビリーは紅茶をすすり始めた。彼女もそうした。30分間ほど，2人とも話さなかった。しかし，ビリーは彼女が彼を見ていることを知っていた。彼女の体は半分彼の方を向き，彼女の視線が彼の顔に向けられ，彼女はティーカップの縁越しに彼を見ていた。ときどき，彼は彼女自体から直接発せられるように思われる独特な匂いの香りを感じ取った。それはまったく不快なものではなく，彼に思い起こさせた－いや，彼にはそれが彼に何を思い起こさせたのかよくわからなかった。クルミのピクルスか？　新しい皮か？　あるいは病院の廊下のにおいか？

「マルホランドさんは紅茶が大好きな方でした」と彼女はしばらくしてから言った。「マルホランドさんったら，私はだれかがあんなにたくさん紅茶を飲むのをこれまで見たことがありません」

「彼はつい最近出て行ったと思いますが」とビリーが言った。彼はまだ2人の名前のことで頭を悩ませていた。彼は今や，新聞－新聞の見出しで彼らの名前を見たことがあると確信していた。

「出て行ったですって？」 彼女は言って，まゆを釣り上げた。「でもあなた，彼は出て行ってなどいませんよ。まだここにいます。テンプルさんもここにいます。彼らは2人一緒に3階にいるんです」

ビリーはゆっくりとカップをテーブルに置いて，女主人を凝視した。彼女はほほえんで彼を見つめ返し，白い手を伸ばして彼のひざを慰めるように軽くたたいた。「あなた，おいくつなんですか？」と彼女は尋ねた。

「17歳です」

「17歳！」 彼女は大声で言った。「まあ，申し分のない年齢だわ！」 マルホランドさんも17歳だったんですよ。でも彼はあなたより少し背が低かったと思うわ，実際，確かに低かったわ，そして彼の歯はあまり白くなかった。あなたの歯がいちばんきれいだわ，ウィーバーさん，ご存知でした？」

「(ウ)見た目ほどよくはありません」とビリーは言った。「奥の方はたくさんの詰め物があって」

「そう，テンプルさんは少し年上でした」 彼女は彼の発言を無視して言った。「彼は実は28歳だったんです。それでも私は，彼が言わなかったら決してそうは思わなかったでしょう，まったくわかりませんでした。彼の体にはアザの1つもありませんでしたよ」

「何がですか？」 ビリーは言った。

「彼の肌は赤ちゃんのようでした」

会話が中断した。ビリーはティーカップを取り上げてもうひと口紅茶をすすると，再び静かに皿に置いた。彼は，彼女が何か他のことを言うのを待ったが，彼女は再び沈黙に陥っているようだった。彼は前方の部屋の奥まった一角をまっすぐ凝視しながら座って，下唇を噛んだ。

「あのオウムは」と彼はようやく言った。「何かご存知ですか？　通りから窓越しにそれを見たとき，ぼくはすっかりだまされましたよ。生きていると誓ってもいいくらいでした」

「ああ，もう生きていないんです」

「(い)そのように作るとはとても器用ですね」と彼は言った。「ちっとも死んでいるようには見えませんよ。誰が作ったんですか？」

「私ですよ」

「あなたが？」

「もちろん」と彼女は言った。「私のベイジルちゃんにもお会いになりましたか？」 彼女は火の前で心地よさそうに丸くなっているダックスフンドの方を顎で指し示した。ビリーはそれを見た。ふと，彼はこの動物が，いつもオウムと同じように物静かで動かずにいたことに気づいた。彼は手を伸ばして背中の上をそっと触った。その背中は固くて冷たく，毛を指で片側に押しのけてみると，灰色がかった黒の乾いて完ぺきに保存された状態の皮膚の下部が見えた。

「なんとまあ」と彼は言った。「全く素晴らしい」 彼はイヌから離れて振り返り，ソファで彼のとなりにいる小柄な女性を深く賛嘆して見つめた。「このようにするのはとても大変なことにちがいありませんね」

「ちっとも大変なんかではありませんよ」 彼女は言った。「(iii)かわいいペットが死んでしまうと，すべてはく製にするんですよ。もう1杯紅茶をいかがですか？」

「いいえ，結構です」 ビリーは言った。紅茶はかすかに苦いアーモンドの味がしたが，彼はあまり気にかけなかった。

「宿帳に記入してくださいましたよね？」

「(ろ)ああ，はい」

「よかったわ。後になって，もしあなたの名前を忘れてしまったら，いつでもここに来て調べることができますからね。今もほとんど毎日そうしているんです，マルホランドさんと…」

「テンプル」 ビリーは言った。「グレゴリー・テンプル。お尋ねしてもよろしいでしょうか，この2，3年で彼ら以外に他にお客さんはいなかったのですか？」

片手でティーカップを高くかざして頭を少し左に傾けて，彼女は目の隅から彼を見てまたやさしくほほえんだ。

「(は)いませんでしたよ」 彼女は言った。「あなただけですよ」

A 1 質問は，「ビリーは女主人の家に入ったとき，その家についてどう思いましたか」という意味。ビリーが家の中に入ってすぐ，広間の様子について，「他の帽子もコートもなかった。傘もなければ，歩行用の杖も－何もなかった」とあることから，(d)「そのとき，他には誰もそこに泊っていなかった」が適切。(a)は「その家は，その女性のおかげで旅行者にとても人気があった」，(b)は「彼女のペットは客にとってすてきだ」，(c)は「その家は新しい客への準備ができていなかった」，(e)は「上のどれも適切ではない」という意味。 2 質問は，「ビリーはなぜクリストファー・マルホランドを知っていると思ったのですか」という意味。ビリーが宿帳でマルホランドとテンプルの名前を見た場面，女主人との会話の中で，2人の名前を「たぶん新聞で見た」と言っている。さらに，その後の女主人が紅茶とクッキーを勧めた場面でも，「私が彼らを見たのは新聞だったのはほぼ確かです」と言っているので，(c)「彼の名前が以前新聞で見られたから」が適切。(a)は「彼はビリーと同じ学校に通い，一緒にサッカーをしたから」，(b)は「彼は以前，ビリーの父親と一緒にビリーの家に来たことがあったから」，(d)は「彼はビリーの姉の男友達で，とてもハンサムに見えたから」，(e)は「上のどれも適切ではない」という意味。 3 質問は，「女主人によれば，彼女はなぜビリーに宿帳に記入してほしかったのですか」という意味。女主人はビリーに紅茶のおかわりを勧めた後，ビリーに宿帳に記入したかどうか確認し，その後で，

「後になって，もしあなたの名前を忘れてしまったら，いつでもここに来て調べることができる。今もほとんど毎日そうしている」と言っているので，(a)「彼女はしばしば宿泊客の名前を忘れたので」が適切。(b)は「ビリーの名字が彼女には言いにくかったから」，(c)は「彼女は将来，宿泊客の数を数えたかったから」，(d)は「彼女は宿泊客との会話を振り返るために宿帳を見て楽しんでいたので」，(e)は「上のどれも適切ではない」という意味。　4　質問は，「その年配の女性によれば，ビリーが家の他の2人の客と共通している特徴は何ですか」という意味。女主人がマルホランドとテンプルは有名な人物ではなかったと述べた後で，2人について「彼らは背が高くてハンサムで，まあ，あなたとまったく同じようにね」と言っているので，「背が高くてハンサムである」ことはビリー，マルホランド，テンプルに共通する特徴ということになる。したがって，(a)「彼らは皆，ハンサムで背が高かった」が適切。(b)は「彼らは皆，家の3階に泊っていた」，(c)は「彼らは皆，女性の家で楽しく過ごした」，(d)は「彼らは皆，きれいな歯をしていた」，(e)は「上のどれも適切ではない」という意味。　5　質問は，「ビリーは何をあきらめたくなかったのですか」という意味。女主人が紅茶の用意をしている間，ビリーはマルホランドとテンプルについて，「彼らを見たのは新聞だったのはほぼ確かだ」と言っているが，彼らの立場や素性についてはっきりしたことを思い出せず，それを受けて「彼は決してあきらめたくなかった」と述べられているので，(b)「宿帳の2人の男性がだれなのかを思い出すこと」が適切。(a)は「彼がどこでクリストファー・マルホランドに会ったのかを思い出すこと」，(c)は「彼がいつイートン校の男子生徒に会ったかを思い出すこと」，(d)は「彼が飲んだばかりの紅茶の味を思い出すこと」，(e)は「上のどれも適切ではない」という意味。　6　質問は「ビリーはイヌが生きていないことを知ったときどのように感じましたか」という意味。ビリーはダックスフンドに触って，それもはく製であることを知り，「全く素晴らしい」と称賛しているので，(a)「彼は彼女のはく製の技能に感動した」が適切。(b)は「彼は怖くなって逃げだすことにした」，(c)は「彼は女性がうそをついていたので怒った」，(d)は「彼はとても怖くなってだまった」，(e)は「上のどれも適切ではない」という意味。　7　質問は「下線部①はどういう意味ですか」という意味。off one's rocket は「気が変である」という意味。that は同格の用法で，the fact that his landlady appeared to be ～ で「彼の女主人が～であるという事実」という意味。物語の流れから off one's rocket の意味を推測したい。(a)「女主人は少し気が狂っているように見えた」が正解。(b)は「女主人はロック音楽の大ファンではない」，(c)は「女主人は乱暴な人に見えなかった」，(d)は「女主人はうるさい人だった」，(e)は「上のどれも適切ではない」という意味。　8　質問は「宿帳に載っていた2人の宿泊客について最も考えられる事実はどれですか」という意味。女主人の発言から判断する。女主人がオウムやイヌをはく製にしていたことと，「2人(＝マルホランドとテンプル)一緒に3階にいるんです」，「彼(＝テンプル)の体にはアザの1つもありませんでした」，「彼(＝テンプル)の肌は赤ちゃんのようでした」などの発言から，女主人は動物や宿泊客を殺害してはく製にしていたことが推測できる。このことから，(c)「彼らは彼女のペットのようになった」が適切。(a)は「彼らは本当に女性の家への滞在を楽しみ，ビリーが来る数日前に出て行った」，(b)は「彼らは支払いをせずにその場所を出て行った」，(d)は「彼らは若く，背が高くてハンサムだったので，若者たちの中で人気が出た」，(e)は「上のどれも適切ではない」という意味。　9　質問は「ビリーは本文の後，何をしないと考えられますか」という意味。ビリーはダックスフンドがはく製であることを知っているので，(c)「彼はダックスフンドにえさをやる」が正解。(a)は「彼はその女性がまったく親切ではないことに気づく」，(b)は「彼はその女性が過去に何をしたかがわかる」，(d)は「彼はその2人の男性が家の中にいることがわかる」，(e)は「上のどれも適切ではない」という意味。　10　質問は「本文の調子はどのようですか」という意味。一見親切な女主人が，実は動物や宿泊客をはく製にしていたと考えられることから，(a)「恐ろしくて謎めいている」が適切。(b)は「喜劇的で心温まる」，(c)は「冒険的で英雄的だ」，(d)は「悲しくて希望がない」，(e)は「上のどれも適切ではない」という意味。

B　全訳を参照。　1　空所部分の前で，女主人は「たまにドアを開けてまさにふさわしい人がそこに立っているのを見ると，とてもうれしいのですよ」と，自分にとって申し分のない客が来たときの喜びを述べている。また，空所部分の後では，ビリーの全身をゆっくり眺めていることから，ビリーが女主人にとって申し分のない客であったことがわかる。空所には，ビリーが「申し分のない客」であることを示す発言になるように，(ほ) を入れる。　2　ビリーが，宿帳にあったクリストファー・マルホランドとグレゴリー・W・テンプルの名に聞き覚えがあることを話題にしている場面。空所の後でも「たぶん新聞でしょう」とどこで見た名前なのかを思い出そうとしていることから，この話題に関係する内容の(に)を入れる。　3　ビリーが出来栄えの良いはく製を称賛している場面。空所部分の直後の「ちっとも死んでいるようには見えません」という発言からも，その完成度の高さに驚いている様子が読み取れるので，はく製の技術の高さについて述べている (い) を入れる。(い) の clever は，ここでは「器用だ」という意味。　4　ビリーが宿帳に記入したかどうか尋ねた女主人への返答が入る。ビリーは部屋から1階の居間に降りて来て宿帳への記入を済ませているので，(ろ)を入れると会話が成り立つ。　5　ビリーの「この2，3年で彼ら(＝マルホランドとテンプル)以外に他にお客さんはいなかったのですか？」という問いに対する女主人の返答が入る。空所部分の直後で女主人は「あなただけだ」と言っているので，他の2人の後にはビリーが来るまで客はいなかったことになる。

C　(ア)　let me help you with your coat　〈let＋人＋動詞の原形〉「(人)に～させてやる」を使った文。ここでは相手に「～させてください」と許可を求める表現として使われている。〈help＋人＋ with ～〉は「(人)の～を手伝う」という意味。ここでは，女主人がビリーのコートを脱がせようとしていることを表している。　(イ)　There were only two other entries above his on the page　There is[are] ～.「～がある[いる]」の構文。his は his entry ということで，ビリーの記入の上に他の2人の人物の記入があったことを表している。　(ウ)　They are not as good as they look　They はビリーの歯を指している。not as ～ as … は「…ほど～ない」という意味。後の as 以下の they look は「～に見える」ということで，歯の見た目を表している。

やや難　D　全訳を参照。　(i)　like は「～のような」の意味。exactly「まさに，正確に」がついて強調されている。welcoming は現在分詞で，welcoming ~ holidays の部分は the mother を修飾している。one は一般的に「人」ということ。　(ii)　often と I の間に接続詞 that が省略されていて，it は that 以下を指す形式的な主語。「that 以下のことはそうしばしばはない」ということになる。of は同格を表し，the pleasure of taking a visitor into my little nest は直訳すると「私の小さな住まいにお客さんを迎え入れるという喜び」となる。　(iii)　stuff は「～に詰め物をする，～をはく製にする」という意味。pass away は die「死ぬ」の婉曲的な表現。

E　②「～だけでなく，また…」は not only ~ but (also) …，または … as well as ~ で表す。「害がない」は harmless で表す。　③　I think (that) に「彼はあなたより少し背が低かった」という文を続ける。「背が低い」は short でここでは比較級にする。「少し」は a little，a bit などを比較級の前に置いて表す。

★ワンポイントアドバイス★

ⅣのBは本文中に文を補う問題。選択肢には紛らわしいものもあるので，先にyes, noで答えるものが入る箇所を決めると楽になる。このような問題では，確実に当てはまる箇所をつぶしていくのが効率的だ。

＜国語解答＞ 《学校からの正答の発表はありません。》

一　問1　（例）　冗長な表現を嫌い，文脈からわかることは書かないという特徴。(29字)
問2　（例）　うなずいたのは誰かがはっきりしない(ということ。)(17字)　問3　ハ
問4　読者がどう～意識せずに[どう発音す～ずに文字を](書いたから。)　問5　外から眺めている　問6　川端康成　問7　ウ　問8　汽車[列車]　問9　A　悪　B　衣　C　音　D　彼　問10　と　問11　1　ア　2　カ　3　キ　問12　群馬(県)
問13　1　察(し)　2　対象　3　悲劇　4　安直　5　務(めた)　6　散在　7　持論　8　展開　9　明示　10　無為

二　問1　大入道(3字)　問2　夢のお告げ(5字)　問3　（誰の）　ウ　（意味）　ウ
問4　鳥居峠　問5　眠ったまま，死んでしまう(不安)　問6　（例）　その日に帰ることを知らせていなかったのに，夢で私の呼ぶ声を聞いた母が迎えをよこしたと知ったから。(48字)　問7　それはUさ～とだった。　問8　（例）　Kさん想いのお母さんが，夢でKさんの声を聞いてKさんの危険を知り，ためらわずに人をよこしたことに心を打たれたから。(57字)　問9　念　問10　ア・エ　問11　a　しばら(く)　b　かえり(みた)　c　わず(か)　d　ようや(く)　e　したく

三　❶　イ　❷　ア　❸　イ　❹　イ　❺　ア　❻　ア　❼　イ　❽　イ　❾　ア　❿　イ

○推定配点○

一　問1　4点　問2　3点　他　各2点×25
二　問3・問9・問10　各1点×5　問6・問8　各4点×2　他　各2点×10
三　各1点×10　計100点

＜国語解説＞

一　**（論説文－内容吟味，文脈把握，段落・文章構造，指示語の問題，接続語の問題，脱文・脱語補充，漢字の読み書き，ことわざ・慣用句・故事成語，要約・説明，書き抜き，文学史）**

重要　問1　――①は『伊豆の踊子』の一文で，以降にこの一文の表現の特徴について説明している。段落トの冒頭に「要するに」とあるので，この後で――①の表現の特徴をまとめているとわかる。「文脈からわかることをくだくだしく書かないのが，冗長な表現を嫌う日本語の文章の骨法なのだ。そんなわかりきったところに，くどく『踊子は』などという主語を書くことを……許さなかったのだろう」と述べており，この前半部分を簡潔にまとめる。

問2　直後の「日本語の曖昧さの典型的な例」とされるのは，どのようなことかを考える。同じ段落で「私が縄梯子に……もう一ぺんただうなずいて見せた」という一文において，「うなずいたのは誰か」と問われたときに「私」と答える留学生や日本人が増えたと述べている。うなずいた

のは誰かがはっきりしない，というように，「曖昧さ」に通じるようまとめる。

問3　「状況証拠」は，間接的にそうであると示す周囲の状況という意味。「うなずいて見せた」のが「踊子」であることを示す状況について述べている段落を探す。段落八で「別れが近づくにつれて踊子は無口になり……うなずくだけに変化したことを描いている」や，「この文の直前に『踊子はやはり唇をきっと閉じたまま一方を見つめていた』とある」と説明しており，これが「うなずいて見せた」のは「踊子であるという状況証拠」にあたる。

問4　――④は「ウオタニと言うんですか，ウオヤと読むんですか」と問われて，「どっちのつもりで書いたのかわかんない」と吉行淳之介が答えたものである。また，直前に「目に頼る人間」と自分のことを称しており，同様の内容を「吉行の話の焦点は」で始まる段落で「目の作家，耳の作家」と述べている。その「目の作家」について「作家のなかには，読者がどう発音するかということをほとんど意識せずに文字を書くタイプ」と説明しており，ここから適当な部分を抜き出す。

問5　「全貌」は物事の全体の様子，「俯瞰する」は高い所から見下ろして眺めることという意味。直前の文に「外から眺めている」という表現がある。

基本　問6　一つ目の【Ⅰ】の前「ノーベル賞を受けた」人物で，二つ目の【Ⅰ】の後『伊豆の踊子』の作者があてはまる。

問7　日本人にとって，「自分を自分で褒める」行為は，何がないとされるのかを考える。つつしみや節度という意味の語があてはまる。

問8　【Ⅲ】を含む部分は，『雪国』の冒頭文「国境の長いトンネルを抜けると雪国であった」の英訳について述べている。英語には主語が必要なので，原文にない主語を据えなくてはならない。一般的に「トンネルを抜ける」ものを漢字二字で答える。「電車」としないように注意する。

問9　A　直前の「文脈をわざと切り離し，あえて問題の一文だけを読ませる」のは，人をだまそうとする悪い心を意味する「悪意」に満ちたものである。　B　身に覚えのない罪という意味の「濡れ衣」という表現がある。　C　前の「指呼すれば，国境はひとすじの白い流れ」の「国境」は，何読みをすると「リズム」が良いのか考える。直後の文「コッキョーは存在しないとも断言しがたく」の「コッキョー」は音読みであることもヒントになる。　D　「此岸」に対応するのは，悟りの境地を意味する「彼岸」。

問10　直後の「『さよなら』ということばを発しようとした」という意味になる助詞があてはまる。

やや難　問11　1　「仮に……子供がもし『バイバイ』と言ったとしても，親は別にとがめない」という前を，後で「『さよならを言う』というのは，別れの挨拶をするという意味」と説明しているので，説明の意味を表す語句があてはまる。　2　前の「そんなわかりきったところに，くどく『踊子は』などという主語を書くことを……美意識は許さなかった」という前に対して，後で「曖昧な表現とされた」と相反する内容が続いているので，逆接の意味を表す語句があてはまる。　3　前の「車中にある……人物の感覚でものをとらえているように読める」から，当然予想される内容が後に「それまで雪ひとつなかった上州から……一面の銀世界がひろがっているのに驚く」と続いているので，順接の意味を表す語句があてはまる。

問12　「上州」は「上野(こうずけの)国」で現在の群馬県。「越後」という新潟県と接することや，「英訳では」で始まる段落の「雪ひとつなかった上州」とあることからも推察できる。

問13　1　「察」を使った熟語には「察知」「洞察」などがある。　2　意識が向けられるもの。同音異義語の「対称」「対照」と区別する。　3　人生や社会の悲惨なできごと。　4　簡単で手軽なこと。「直」の他の音読みに「ジキ」がある。　5　音読みは「ム」。同訓異義語の「勤める」「努める」と区別する。　6　あちこちに散らばってあること。　7　かねてから主張している自分の意見。「時論」や「自論」としないよう注意する。　8　物事をくりひろげること。　9　はっきり示すこと。　10　何もせずにぶらぶら暮らすこと。「無為徒食」という語もある。

二　(小説一情景・心情，内容吟味，文脈把握，指示語の問題，漢字の読み書き，ことわざ・慣用句，要約・説明，書き抜き，文と文節，文学史)

問1　――①の「不思議」はSさんの言う「不思議」で，具体的には，Sさんが子供の頃に松林の中で見た大きな黒いもののことである。前の会話で「私大入道を見た事がありますよ」というSさんの会話に着目する。

問2　前の「そういう不思議はどうか知らないけど，夢のお告げとかそういう夢はあるように思いますわ」という妻の言葉を受けて，Sさんは「それはまた別ですね」と同意している。その後，「夢のお告げ」という言葉から，Sさんは，Kさんが去年「雪で困った時の話」を「憶い出し」，「そういう不思議」としていることから考える。

問3　直前に「自分の方を顧みた」とある。Sさんが，Kさんが去年「雪で困った時の話」をまだ聴いていないのかと「自分」に尋ねている。「いいえ」というのであるから，まだ聴いていませんという意味の返事になる。

問4　直前に「上を見ると」とあるので，上にあるのは何かを探す。同じ段落の冒頭に「月明りに鳥居峠は直ぐ上に見えている」とある。

問5　「そういう」とあるので，前の会話に着目する。「後で考えると本統は危なかったんですよ。雪で死ぬ人は大概そうなってそのまま眠ってしまうんです。眠ったまま，死んでしまうんです」から，「不安」に続くにふさわしい部分を抜き出す。

重要　問6　直後の会話から「慄っとした」理由を読み取る。「私がその日帰る事は知らしても何にもなかったんです。後で聴くと，お母さんが……不意にUさんを起して，Kが帰って来たから迎いに行って下さいといったんだそうです。Kが呼んでいるからっていうんだそうです」「それが丁度私が一番弱って，気持が少しぼんやりして来た時なんです」という話の内容を簡潔にまとめ，「～から。」で結ぶ。

問7　「四人」は，Kさんのお母さんがKさんを迎えに行かせるために「起した」人である。Kさんが山を下りて行ったとき，その「四人」と出会った場面に注目する。

やや難　問8　妻が「涙ぐんで」いたのは，Kさんが雪の山で死の危険にさらされたときに，お母さんがKさんの声を聞き迎えをよこしたという話を聞いて心を打たれたからである。最終段落に書かれているKさんとお母さんがお互いを想い合う様子をふまえてまとめる。

基本　問9　前の「この山には何にも可恐いものはいないのね」という妻の言葉には，重ねて確かめるという意味の「念を押す」がふさわしい。

問10　イは森鷗外，ウは芥川龍之介，オは有島武郎，カは樋口一葉，キは武者小路実篤，クは夏目漱石の作品。

問11　a　音読みは「ザン」で，「暫時」「暫定」などの熟語がある。　b　音読みは「コ」で，「一顧」「回顧」などの熟語がある。　c　音読みは「キン」で，「僅差」などの熟語がある。　d　音読みは「ゼン」で，「漸次」「漸増」などの熟語がある。　e　準備。「度」を「タク」と読む熟語には，他に「忖度」がある。

三　(ことわざ・慣用句)

❶　激しく怒ること。　❷　上のものを下にして下のものを上にするという意味から，混乱すること。　❸　そんな安値では問屋は売ってくれないという意味から，そうやすやすと相手の望みに応じられないこと。　❹　「取り付く島」は，頼りにしてすがろうとするところ。　❺　もとは家に代々伝わる大切な刀の意味。　❻　流れに乗った小舟に，さらに棹でこいで勢いをつけるという意

味からできた表現。 ❼ 物事がゆっくりである様子。 ❽ 実社会で苦労した結果，世間の裏の事情に通じる様子。 ❾ 遠慮したり気をつかったりする必要がない様子。 ❿ 俳優などが割り当てられた役に不満を抱くという意味からできた表現。

★ワンポイントアドバイス★

三だけでなく，言葉に関する正確な知識が試される問題が多い。ふだんから，知らない言葉の意味を調べることはもちろん，気になる言葉について積極的に意味を確認する姿勢が大切だ。

平成30年度

★★★★★★★★★★★★★★★★★★★★★★★★

入　試　問　題

平成30年度

慶應義塾高等学校入試問題

【数　学】（60分）〈満点：100点〉

【注意】 1. 考え方や途中経過をていねいに記入すること。
2. 答には近似値を使用しないこと。答の分母は有理化すること。円周率はπを用いること。
3. 図は必ずしも正確ではない。

1 次の空欄をうめよ。**【答えのみでよい】**

(1) $(\sqrt{2}+1)^4-(\sqrt{2}-1)^4$ を計算すると，□ となる。

(2) $x=121$，$y=131$ のとき，$x^2-xy-2x+2y$ の値は □ である。

(3) $2\sqrt{6}$ の整数部分を a，小数部分を b とする。b の値は □ であり，$\dfrac{-2a-3b+2}{2b+a}$ の値は □ である。

(4) 連立方程式 $\begin{cases} 3x+2y=6 \\ 6xy=5 \end{cases}$ の解は，$x=$□，$y=$□ と $x=$□，$y=$□ の2組である。

2 2つの容器A，Bがあり，容器Aには10％の食塩水100g，容器Bには5％の食塩水200gが入っている。この2つの容器からそれぞれ x gの食塩水を取り出した後に，容器Aから取り出した食塩水を容器Bに，容器Bから取り出した食塩水を容器Aに入れ，それぞれよくかき混ぜる作業をした。次の問いに答えよ。

(1) この作業後の容器Aの食塩水に含まれる食塩は何gか。x を用いた式で表せ。**【答えのみでよい】**

(答)＿＿＿＿＿＿＿＿ g

(2) この作業後，容器Aの食塩水の濃度が容器Bの食塩水の濃度の1.5倍になった。x の値を求めよ。

(答)＿＿＿＿＿＿＿＿

$\boxed{3}$　A 君は，4 枚のカード$\boxed{1}$，$\boxed{2}$，$\boxed{3}$，$\boxed{4}$が入った袋から 1 枚を取り出して数字を確認した後に袋に戻し，再度袋から 1 枚を取り出して数字を確認する。B 君は，6 枚のカード$\boxed{1}$，$\boxed{2}$，$\boxed{3}$，$\boxed{4}$，$\boxed{5}$，$\boxed{6}$が入った袋から 1 枚を取り出して数字を確認する。A 君は取り出したカードの数字の合計が，B 君は取り出したカードの数字が，それぞれ得点となる。次の問いに答えよ。

(1)　A 君の得点が 4 以上となる確率を求めよ。**【答えのみでよい】**

(答)

(2)　B 君の得点が A 君の得点を上回る確率を求めよ。

(答)

$\boxed{4}$　n を 1 から 8 までの自然数とする。自然数 a に対して，1 の位が n 以下であれば切り捨て，$n+1$ 以上であれば切り上げた数を $S_n(a)$ で表す。例えば，$S_4(75)=80$，$S_5(75)=70$ である。次の問いに答えよ。**【答えのみでよい】**

(1)　$S_6(a)=20$ を満たす自然数 a のうち，最小と最大のものを求めよ。

(答)　最小：　　　　，最大：

(2)　$S_4(a)+S_5(a)=30$ を満たす自然数 a を求めよ。

(答)

(3)　$S_4(a)+S_5(a)+S_6(a)=100$ を満たす自然数 a を求めよ。

(答)

$\boxed{5}$　1 辺の長さが 2 の正方形 ABCD に円が内接している。辺 AB，CD 上の接点をそれぞれ E，F として，線分 CE と円の交点を G とおく。次の問いに答えよ。

(1)　CG の長さを求めよ。

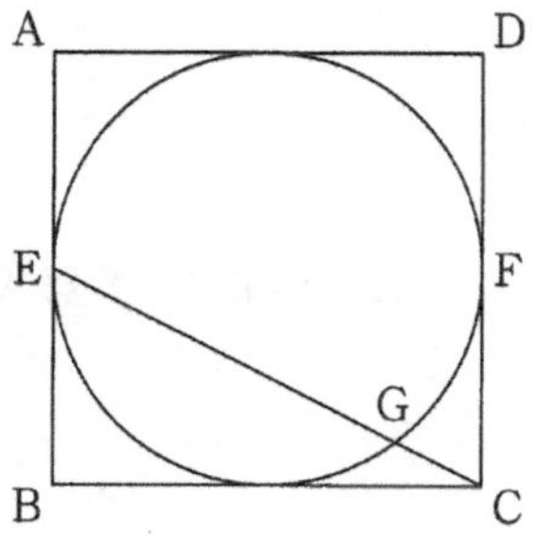

(答)

(2)　△BGF の面積を求めよ。

(答)＿＿＿＿＿＿＿＿

6　放物線 $y=ax^2$(ただし $a>0$ とする) 上に 2 点 A, B があり，x 座標をそれぞれ -1，3 とする。直線 AB の傾きが $\frac{1}{3}$ のとき，次の問いに答えよ。

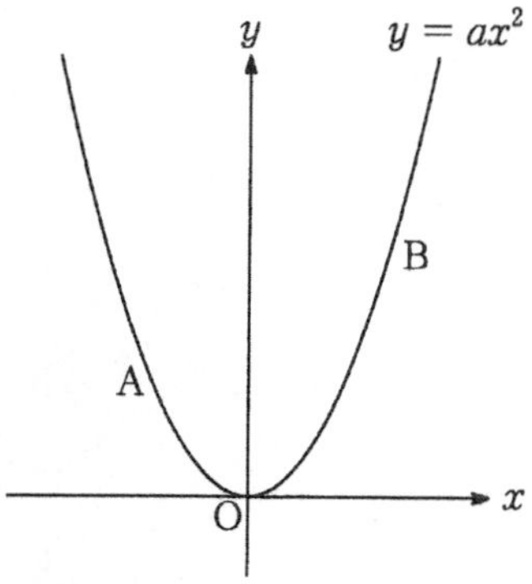

(1)　a の値と直線 AB の式を求めよ。

(答)　$a=$＿＿＿＿，直線 AB の式：$y=$＿＿＿＿

(2)　△ABO と△ABC の面積が等しくなる放物線上の点 C の x 座標をすべて求めよ。ただし，点 C は原点 O と異なるとする。

(答)　点 C の x 座標：＿＿＿＿＿＿＿＿

(3)　2 点 A, B および(2)で求めたすべての点 C について，これらすべての点を頂点とする多角形の面積を求めよ。

(答)＿＿＿＿＿＿＿＿

7 すべての辺の長さが2の正四角錐O－ABCDがある。この正四角錐を辺BA，BC，BOのそれぞれの中点L，M，Nを通る平面で頂点Bを切り落とし，同様に辺DA，DC，DOのそれぞれの中点P，Q，Rを通る平面で頂点Dを切り落とした。頂点Oを含む立体Vについて，次の問いに答えよ。

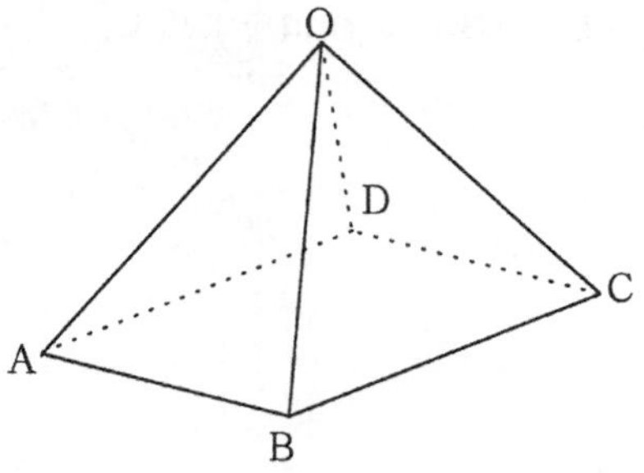

(1) 立体Vの体積を求めよ。

(答)

(2) 辺OCの中点をKとする。立体Vを3点K，L，Pを通る平面で切ったときの切り口の面積を求めよ。

(答)

【英　語】（60分）〈満点：100点〉

Ⅰ　次の各組の英文がほぼ同じ意味を表すように，各々の（　　）内に適切な１語を入れなさい。

1. (a) It was too cold for me to swim in the river.
   (b) It was so cold that I (　　　) (　　　) swim in the river.
2. (a) It's not just about the money and a car.
   (b) There are (　　　) (　　　) things than money and a car.
3. (a) The country could receive up to 30% of the company income under the new law.
   (b) Under the new law, the (　　　) might have to (　　　) 30% of its income to the country.
4. (a) It is good for your health to get up early in the morning.
   (b) (　　　) (　　　) early in the morning is good for your health.
5. (a) Although the popular orchestra came in town, there were no people in the concert hall.
   (b) The concert hall was (　　　), even (　　　) a popular orchestra came in town.
6. (a) I've never met a funny man like Steve.
   (b) Steve is the (　　　) man I've (　　　) met.
7. (a) He was told by the doctor to stop smoking.
   (b) The doctor told him to (　　　) (　　　) smoking.
8. (a) She was kind enough to show me the way.
   (b) She (　　　) (　　　) me the way.
9. (a) Which part of Australia were you raised?
   (b) Where in Australia (　　　) you grow (　　　)?

Ⅱ　例にならって，各英文の下線部 A～D の中から文法的・語法的に間違っているものを１つ選び，**選んだ箇所全体**を正しい形に直しなさい。

【例】$\underset{A}{\underline{\text{It}}}$ is kind $\underset{B}{\underline{\text{for you}}}$ $\underset{C}{\underline{\text{to tell}}}$ me $\underset{D}{\underline{\text{the way}}}$ to the station.【解答例】記号：B　正しい形：of you

1. I'd better $\underset{A}{\underline{\text{to go}}}$ $\underset{B}{\underline{\text{see}}}$ $\underset{C}{\underline{\text{a doctor}}}$ because my shoulder $\underset{D}{\underline{\text{hurts}}}$.
2. John thought he $\underset{A}{\underline{\text{will}}}$ have to wait until tomorrow to talk to his homeroom teacher $\underset{B}{\underline{\text{about}}}$ his grades, but he $\underset{C}{\underline{\text{was able to}}}$ talk to him because the teacher $\underset{D}{\underline{\text{was free}}}$ today.
3. $\underset{A}{\underline{\text{In order to}}}$ focus on $\underset{B}{\underline{\text{studying}}}$, I had to $\underset{C}{\underline{\text{give up}}}$ $\underset{D}{\underline{\text{to play}}}$ baseball.
4. Students $\underset{A}{\underline{\text{have to}}}$ finish $\underset{B}{\underline{\text{making}}}$ the art work $\underset{C}{\underline{\text{completely}}}$ $\underset{D}{\underline{\text{until}}}$ tomorrow.
5. $\underset{A}{\underline{\text{At the}}}$ end of a year, the $\underset{B}{\underline{\text{amount}}}$ of $\underset{C}{\underline{\text{accidents}}}$ on highways dramatically $\underset{D}{\underline{\text{increases}}}$.
6. $\underset{A}{\underline{\text{The}}}$ internet has helped us $\underset{B}{\underline{\text{have}}}$ close $\underset{C}{\underline{\text{communications}}}$ and share $\underset{D}{\underline{\text{informations}}}$ with others.

7. I use to (A) think (B) that I was nothing (C), but now I am very confident and feel that the society needs me (D).

8. I am really interesting (A) in the politics (B) of the U.S. after watching (C) the presidential election last year (D).

9. Since (A) I passed (B) the entrance exam, I am looking (C) forward to start (D) my high school life.

Ⅲ 次の英文を完成させるために空所 [1] ～ [10] に適切な 1 語を入れなさい。＊が付いている語(句)には【注】がある。

A method developed in France for providing care to people with dementia* is growing rapidly among nursing homes in Japan. The condition of [1] staff and the patients has been improved.

"Humanitude," which [2] on respecting each person's dignity* and independence*, seems to be effective in developing positive relationships between people working at nursing homes as [3] as improving patients' conditions.

"Humanitude" has its origin in "[4]" and "attitude". 30 years ago, it was designed as a useful [5] to help caregivers build [6] by looking into the eyes of patients and speaking to them kindly.

Humanitude was first developed for professional nurses to help patients keep [7] on their feet. Later, it was found out that the method also reduces nurses' psychological* stress.

In one study, a researcher held a two-hour training session for nurses to be able to understand the humanitude method. The nurses also received follow up advice every week for three months. Among these helpful advice were making [8] to knock on the door before [9] the room and approaching patients from the front not to scare them.

The research shows the patients who went through care under the new approach acted less violently and were more relaxed. One caregiver, after attending the training session, began to speak to his wife, who has dementia, as softly as possible. Recently, she has shown trust by allowing him to do things that are necessary for her care.

Care workers also experienced less stress after learning the humanitude method. They became more active in their jobs and it [10] their personal relations with their coworkers.

【注】 dementia：認知症　dignity：威厳　independence：自立　psychological：精神的な

IV　次の英文を読み，設問 A，B，C，D，E に答えなさい。＊の付いている語(句)には【注】がある。

Nani never explained to me why we were going on this foreign trip. ①1ヶ月も経たない内に，僕は砂浜に一人でいる。 She brought me here and left without saying anything.

When we started this trip around Asia, I thought it would be a fun plan like a guided tour of the Great Wall*. Instead, I haven't seen a single museum or palace or anything else we learned about in school. I am here sitting on a beautiful but boring beach in Okinawa.

Why can't I have a normal grandmother? Why does every second of this trip have to be a surprise?

Nani returns to the beach four hours later in a completely new dress and hairstyle and finds me hiding in a dark space, knees to my chest.

"Have you been in here the whole time?" She says sadly.

"This is pointless. All of this is pointless." I reply.

"You're right. If I knew you'd spend the whole day in the dark, you could have just stayed at the hotel instead."

I wanted to say more, but I didn't. We took a taxi to the hotel. I didn't say one word on our way back.

"Do you know why we are on this trip, Santosh?" She asks later at dinner.

"So you could get away from Grandpa?"

"No! ...well, yes. But no. We are on this trip because you win too many awards at school."

I look at her with a surprise. "What?"

"Best in math, best in English, best in history, science... How many awards can you win? Every year, I come to the ceremony and watch you go up and down the stage, picking up all the trophies and making me and your mother carry them, because there are too many for you to hold."

"Nani," I say, losing my calm, " [1] "

"Because when you're older, no one cares how many awards you win, Santosh. People care if you have something to talk about. And right now, all you have to talk about are things from books."

My face is hot. My sixty-nine-year-old nani is calling me a nerd*. Not just a nerd, but a book worm* who is not interesting at all. The cool boys at school make fun of me the same way. But it doesn't matter what they say, because every year at the last meeting, they have to sit there and watch me win every single award while they win nothing. For me this hurt more.

She sees it in my face.

"I used to love seeing you win all those awards, Santosh. I loved seeing you and your mother happy. But now when you win, you don't smile anymore. The more you win, the less happy you look."

Heat rips through* me, and I turn away. "I'll be happy when I get home from this trip."

A long silence stretches* between us.

Nani's hand gently touches mine. "Santosh, all I'm asking is that for the last two days of our trip, I want you to forget about books and trophies and school."

" [2] " I answer with anger, but my voice fades as I say it.

The next day, I ask if I could go to the beach again.

Nani seems to have known this because my swimsuit was washed and she's already made her own plans for the day.

We came to another beautiful beach. Nani buys me a vanilla ice cream and watches as I walk out to the sand, before she gives me a smile and goes away.

I sit on the sand and watch a crowd of people. I notice that I am the only one who is alone.

Suddenly, a ball hits me in the chest. (ア)**[and / ball / breathe / can't / cover / hits / I / me / my eyes / red / so hard and fast that / tears / the / .]**

I see a boy running toward me. As I have tears in my eyes, I can't see clearly. I can't make out more than his appearance* and a round wooden racket in his hand. For a second, I think he hit me on purpose and now he's going to hit me with the racket. But then I see his hand over his mouth. He seems worried.

"*Daijoubu?*" he says.

I don't answer because I'm still having difficulty breathing, I can't speak Japanese and most of all, and I'm still scared of him.

"*Daijoubu?*" he repeats.

The boy's eyes fall on my backpack. "*Ahhhh, Americajin jan!*," he says, touching the stars and stripes* tag.

"Yes, *Americajin* in pain," I say softly, touching my chest.

To my surprise, he laughs either because he knows some English or he's relieved I'm responsive*.

"*Yokattara isshoni asobanai?*" he asks, while pointing to his friends and holding out his racket.

(ｉ)**My stomach jumps**. He just asked me if I want to play with him. *Do you know the number of times I've imagined about being asked this exact question back home?*

My hands are sweating. *Take it! Take it now!* I feel myself reaching for the racket...

"*Taro! Hayaku!*"

[3] Taro. That's his name and his friends want him back. They don't want me to play. He's only asked me to be nice. I look up into his eyes and gently push the racket toward him.

"*Sayonara*," I say, expecting him to look relieved. But he doesn't. He looks hurt.

As he runs back to his friends, I have the disappointing feeling that Taro wasn't trying to stay away from me at all. He wanted to make a new friend, and I just turned him away the way I thought he was doing the same to me. That's what I do every time. That's why I'm always alone.

It doesn't matter. I tell myself, looking for a snack in my bag and trying to forget about Taro. This beach. This whole trip.

As I chew on the chocolate bar, I think about how much better my summer reading essay will be than everyone else's. I think about how this year I'll win more trophies than ever before. I think about...

But none of it makes me feel happy. It makes me feel worse. So I stop.

The next morning, Nani has some last minute shopping to do, so I tell her I'm going to read in the park until lunch.

But I don't go to the park. Instead, I slip my still-wet swimsuit under my shorts and ask the front desk to call me a taxi to the beach. (ii) **She looks a little worried about sending me on my own, but I smile and tell her Nani's sleeping,** and it seems to persuade* her.

An hour later, I'm in my usual spot, eating ice cream and watching Taro, lying in the sun next to the same girl, who was playing with him the day before.

Taro found me when I arrived. But he lay back down on his towel. He didn't look at me after that. The girl pushes him in the chest and says something that makes him laugh. I hate that girl.

Why?

Why am I even here? What did I think would happen if I came back? That Taro would hit me with a ball again and ask me to play? Or that he'd come over and say hi like we're best friends?

You're not just a loser, I think. You're delusional. You're sick...*

"Hello, darling," says a high tone voice. I look up to see Nani in a one-piece swimsuit. "Getting your reading done?"

"Nani? What are you doing here?"

"The front desk called and told me a taxi driver dropped you at the beach. [4] I hope your friend likes it."

"Nani, look, I just wanted to... Wait. What friend?"

I see Nani walking straight towards Taro.

"No-no-no-no," I try to stop her but she trips me with a sharp kick and I fall in the sand as she moves ahead.

I get up on my feet, following her quickly, but she's moving closer to Taro. He's raising his neck to look at her. He's looking at me right behind her, and just as he and Nani make eye contact... Nani faints. She falls to the ground and into Taro's lap. Taro holds Nani's head, while the girl moves around in panic.

Nani opens her eyes wide. “Santosh? Santosh, darling?” She says in a soft voice, her lips shaking. Her acting is so thick. “Santosh, where are you?”

“Right here,” I respond, looking down at her.

Taro looks up at me, confused. “*Konohito shitteruhito?*”

I'm about to say, NO! I've never seen this woman in my life! But Nani stops me by lifting herself carefully and holding on to Taro's arm.

“Come, Santosh, darling. Stay with your Nani and this kind boy who rescued me.”

Nani holds out her hand, grabs my arm, and with the strength of a sumo wrestler, pulls me down into the sand next to Taro.

“*Mizu*...” she whispers to the girl, as if on her last breaths. “*Mizu kudasai*...”

The girl runs off to get some water. Leaving the three of us behind.

Nani coughs. “Now let me rest, while you two boys get to know each other,” she says as she finds a place to lie down.

Taro looks at me wide-eyed.

(ⅲ)<u>**Yesterday, he hit me with a ball. Today, I hit him with Nani.**</u> I snicker* at the thought. Taro snorts* too.

“*Bokuha Taro. Yoroshikune,*” he says finally.

“Santosh,” I say.

“*Americajin-no* Santosh,” he smiles.

I nod, blushing hot pink. “Santosh.”

An hour later, I know a lot more about Taro.

He's thirteen. The girl is his sister, and they live in Naha. He wants to go to college in America, but he doesn't like American food, so he jokes that if he comes to America, he needs someone who can make him Japanese meals. ②<u>彼はもっと英語を勉強しなくてはいけないと思っている。</u>

I lie and tell Taro I'm thirteen, so he doesn't think I'm lame*, but that's the only lie I tell. He knows I like Taylor Swift and tennis.

I tell him stories about our trip and he says he wishes he had a grandmother as cool as mine.

We talk in our own chaotic* Japanglish: (イ)<u>**[a / and / body language / but / completely understand / each other / English / Japanese / makes / mixture / no sense / of / that / we / , / , / , / .]**</u>

I never mention school. I never even think about school.

His sister returns with a short fat old woman. As if to say the only way to remove my Nani is with hers. She looked exactly* like his sister in 50 years.

Taro's face clouds over. Her arrival can only mean one thing: it's time for him to go.

“*Ashitamo aeru?*” he asks, looking into my eyes as he slowly gets up.

I shake my head. As I was about to tell him I'm going home tomorrow...

“Yes,” Nani replies, patting Taro’s back.

He looks right at me with a smile so happy and hopeful. My heart is burnt. My eyes are on him until I see the last of his shadow disappear.

“Why did you lie to him?” I turn to Nani. “[5]”

“To give him something to look forward to.” she says quietly. “All of us need something to look forward to.”

This didn’t make sense. I’d never read it in a book. But quietly and surely, it sunk* into me.

I am next to her with her hands over mine as we watch the waves of the ocean. Her hands are so warm that I don’t want her to let go. (ウ)**[and / as / come / go / minutes / passed / ten / the / watched / waves / we /.]**

“Will you take me on another trip next year, Nani?” I ask.

“Oh, Santosh, don’t you see?” she whispers, eyes filled with tears. “You’re the one taking me.”

【注】 the Great Wall：万里の長城　nerd：おたく　book worm：本の虫
rip through ～：～を荒々しく通過する　stretch：伸びる　appearance：外見
stars and stripes：星条旗　responsive：反応がある　persuade：説得する　delusional：妄想的な
snicker：くすくす笑い　snort：鼻を鳴らす　lame：ださい　chaotic：めちゃくちゃな
exactly：全く　sink：染み込む

A：1 ～ 10 の書き出しに続くもの，もしくは質問に対する答えとして，本文の内容に最も適切なものを(a)～(e)の中から 1 つ選び，記号で答えなさい。

1. Santosh was disappointed with the trip because...
   (a) he wanted more time to read his books.
   (b) Nani didn’t take him to tourist spots like museums or palaces.
   (c) Nani was not with him all the time.
   (d) they were too busy shopping.
   (e) None of the above.

2. What does Nani say is important when Santosh becomes older?
   (a) To win as many awards as possible.
   (b) To become an interesting person.
   (c) To have as much knowledge from books as possible.
   (d) To make as many friends as possible.
   (e) None of the above.

3. Santosh says, “This hurt more.” What is “This”?
   (a) His grandmother making fun of him.
   (b) The boys in his class making fun of him.
   (c) His feet hurting from walking to and from the stage.
   (d) His grandmother not supporting him.
   (e) None of the above.

4. Nani knew that Santosh would want to go to the beach on the second day, so...
   (a) she asked the front desk to take him by taxi.
   (b) she bought him a new swimsuit.
   (c) she made plans for herself and washed his swimsuit.
   (d) she stayed with him the whole day.
   (e) None of the above.
5. What was NOT one of the reasons why Santosh didn't answer when he was first hit by the ball?
   (a) He couldn't hear him.
   (b) He was scared.
   (c) He couldn't catch a breath.
   (d) He couldn't speak Japanese.
   (e) None of the above.
6. Why was Santosh always alone?
   (a) Because he feels that he is smarter than others.
   (b) Because he prefers being alone.
   (c) Because his friends didn't like Nani.
   (d) Because it was difficult for him to accept other people.
   (e) None of the above.
7. Why does Santosh stop thinking about his summer reading and trophies?
   (a) Because he feels like it is an excuse.
   (b) Because he wants to have fun at the beach.
   (c) Because he wants to stop thinking about Taro.
   (d) Because he wants to go home.
   (e) None of the above.
8. What is one thing Taro wishes to bring when going to America for college?
   (a) A racket. (b) His sister. (c) The red ball.
   (d) A cook. (e) None of the above.
9. Who does Taro's sister bring to solve the situation?
   (a) Her mother. (b) Her grandmother. (c) Her aunt.
   (d) Her neighbor. (e) None of the above.
10. How many times did Santosh go to a beach in the story?
   (a) Once. (b) Twice. (c) Three times.
   (d) Four times. (e) None of the above.

B：[1]～[5]に入れるのに最も適切なものを(い)～(ほ)より1つずつ選び，記号で答えなさい。

(い) You don't know me, okay?
(ろ) I turn and see his friends calling him.
(は) What does winning awards have to do with anything?

(に) Luckily, I found a swimsuit at the hotel.

(ほ) Why did you tell him I'd see him tomorrow?

C：下線部(ア)～(ウ)の[　　]内の語(句)を，内容に合わせ正しい語順に並べ替えなさい。文頭に来るべき語も小文字になっているので注意すること。

D：下線部(ⅰ)，(ⅱ)，(ⅲ)を和訳しなさい。

E：下線部①，②を英訳しなさい。

いものを次の**ア**〜**オ**から一つ選び、記号で答えなさい。

ア　作者が彫刻を作り上げたとき
イ　彫刻が地中から発掘されたとき
ウ　売り手が彫刻を売りに出したとき
エ　古さを出すため破損を加えたとき
オ　積み荷がアメリカに到着したとき

問6　――②「暗示的なおもしろさ」とはどのようなものですか。次の説明の空欄に、それぞれ十字以内の自分の言葉を入れ、答えなさい。

［Ⅰ］を、［Ⅱ］できるおもしろさ。

問7　――③とはどのようなことですか。「〜するということ。」につながる形で本文中から十字以内で抜き出しなさい。

問8　――④「水源地」とは何の比喩ですか。これより前の部分から七字で抜き出しなさい。

問9　――⑤「他からの流入」の具体的な例として筆者が挙げているものを、これより前の部分から抜き出しなさい。

問10　――⑥について、テクストにおける「人間の営為」とは何のことですか。本文中から五字以内で抜き出しなさい。

問11　――⑦とは具体的にはどういうことですか。次の説明の空欄に、それぞれ本文からふさわしい語句を抜き出して入れ、答えなさい。ただし、［Ⅰ］は五〜十字、［Ⅱ］は十〜十五字で抜き出すこと。

［Ⅰ］とせず、［Ⅱ］ものとしてとらえるということ。

問12　――⑧について、筆者はこのあとどのように説明していると考えられますか。その要旨を、次の文章の空欄にそれぞれ自分の言葉を入れ、答えなさい。［Ⅰ］は十五〜二十字、［Ⅱ］は十〜十五字で答えること。

外国文学は国文学に比べて作者と読者の距離が離れているため、［Ⅰ］という点で国文学よりおもしろさを感じるが、［Ⅱ］ことを目標にすると、国文学より難しく感じてしまう。

て嫌われる。途中の景色には目もくれず、ひたすら上流へとさかのぼって行き、ついに流れの源に達することができれば、それで研究は完成するのである。

　これが不自然であることは一見して明らかである。時間の流れに逆行することによって、⑥人間の営為の実体が見失われる。作品を固定したものとして、これを振返って見ることにおいてのみ表現の存在を認めようとするのは、作品が感じさせる生成発展の力を抹殺してしまうことになる。

　作品が時間の流れに沿ってどのような運命にめぐり会い、どのように展開して行くか。それをたどって行く見方も必要なのではあるまいか。

　作品は読者に読まれることで変化する。

　そして、あとからあとから新しい読者があらわれる。⑦文学作品は物体ではない。現象である。読者が新しい読み方をすれば、作品そのものも新しく生《うま》れ変《かわ》る。後世、大多数の読者が、作者の夢想もしなかったような意味を読みとるようになれば、その新しい意味が肯定されてしまうのである。諷刺《ふうし》文学が子供の読みものとなることもある。歴史的記録が文学として読まれることもすくなくない。宗教の経典が芸術作品として読まれるかと思うと、文学のつもりで書かれたものが、たんなる歴史的雑資料とされるという例もある。

　古典と言われるものには、多かれ少なかれ、こうした読者の改変が加わっているものだ。作者の考えた通りの作品がそのまま古典になるということはまずあり得ない。

　古典を成立させるときに参加する読者の視点は、作品が生きて行く未来に向けられている。原稿至上主義の読者の視点が源流に向いているのに対して、こちらは、河口の方を向いている。

＊

⑧外国文学のおもしろさ、難しさは、どこかしら国文学とは違うように思われる。外国文学にひかれるのは、実は、対象のあまりはっきりしたことがわからないからであるかもしれない。

（外山《とやま》滋比古《しげひこ》『異本論』（みすず書房、一九七八年）より。

出題のために一部を省略・改変した。）

※復原＝復元と同じ。
※流布本＝さまざまな版のうちで、最も広く普及した本。
※〝ママ〟＝例えば次のような表記のこと。とうもころ《ママ》し
※遡行＝さかのぼること。
※スプリングヘッド＝水源、源泉。
※鬱然＝草木が生い茂っているさま、物事が勢いよく盛んなさま。
※片々＝切れ切れなさま、取るに足らないさま。

問1　本文中の、「な」が使われている＝＝ア～カの中で一つだけ文法的に他と異なるものを選び、記号で答えなさい。

ア　いい加減な　　イ　必然的な　　ウ　明らかな
エ　小さな　　オ　さかんな　　カ　有力な

問2　［A］に共通して入る漢字一字を答えなさい。

問3　［B］に入る漢字一字を答えなさい。

問4　［C］に入る言葉を、ア～カから一つ選び、記号で答えなさい。

ア　そそぐ　　イ　うかべる　　ウ　たたえる
エ　たゆたう　　オ　たぎらせる　　カ　ほとばしらせる

問5　――①「はじめから」とはいつからのことですか。最もふさわし

つきものである。何回校正をかさねても、なお誤植をまったく無くするのは容易ではない。その校正に当《あた》って心掛けられるのが原稿通りということである。これが原稿至上の考えになる。ひいては作者、筆者の意図を絶対視する風潮をつくり上げるのであろう。

これが徹底すると、原稿にあるウ明らかな誤記までも、あえて訂正しないで、原文のままであることを表示する小字の※"ママ"を付して再現することが行われるようになる。第三者の改変はすべて悪なりとするのは印刷文化によって育った思想であるとしてよい。

それが、印刷術普及以前の表現、作品にも拡大適用されて、ことごとに原稿通りを理想とすることになってしまった。すくなくとも、文学の研究においては、いまのところそれが鉄則である。

テクストだけではない。表現の意味に関しても作者の意図が最優先する。かりに作者の意図が明らかでないときも、それにすこしでも近づくことが求められる。読者の解釈は斥《しりぞ》けられて、"事実"が尊重されるのである。

作品を河にたとえると、原稿至上主義は、④水源地へ到達することを求めているようなものである。読者の立っているところは、⑤他からの流入があって純粋でない。支流を避け流れに逆らって河上へ河上へと※遡行《そこう》する。そしてついには※スプリングヘッドに至る。それではじめてこの河の正体は究められたとするのである。源泉主義である。流域には目をつむる。テクストの自然の変化を認めようとはしないで、読者の視点は作品発生の時点に向けられている。後向き、見返りの関心である。

＊

しかし、河は流れる。エ小さな渓流と思ったものが、いつしか、川となり、さらに下流になると満々と水を[C]大河になっていることもある。その大河の姿を源泉にあって想像するのは難しい。どこからともなく、水量が増す。支流、分流の水を集めて河は流れて行く。作品にも同じように、すこしずつだがふくらんでゆく生命を認めてやってよいのではあるまいか。いまは※鬱然《うつぜん》たる大古典である作品も、その昔、作者の手を離れるときは、ほかの作品とあまり変《かわ》るところのない※片々《へんぺん》たるものであったかもしれない。作者の手もとで古典になって世に送られる作品はひとつも存在しない。このことはつねに銘記すべきであろう。

ある作品が、時の流れに沿って幅を広げてゆくのに、それと同じように見える、あるいは、それ以上に有望に見える作品が、はじめはすこしオさかんなところを見せても、やがてすこしずつ涸《か》れて、ついには消えてしまうということはいくらでもある。

その差を生ずるのは、作品の内部にこめられているエネルギーであるが、それだけではない。作品には運、不運ということもあるからだ。内蔵するエネルギーに火をつけてくれる外部からの契機がないと、ひらくべき花がつぼみのままで終《おわ》るかもしれない。

カ有力な支流がいくつも流入してこないと大河にはならない。支流をまるで[A]のかたきのようにするのは古典成立の実際を無視するものである。

原稿至上主義は、すでに大河、つまり、古典であることがはっきりしている作品について、その大河となった所以《ゆえん》を問うよりも、その出生の源泉を究めることに関心を集中する。したがって、大河であることは問題にはならない。どういう支流が流れ込んでいようとおかまいなしである。とにかく、流域でおこることはすべて、泉の清純を濁らすものとし

エ　ただ西郷一人だけは許容する余地がないのか。
オ　なぜ西郷一人を容赦する余地がなかったのか。いや、あったはずだ。

C　間然すべきものなし。
ア　似ているところがない。　イ　大きな違いはない。
ウ　同情すべきところはない。　エ　非難すべきところはない
オ　理解できるところはない。

問6　――Dが指しているものを本文中から七字で抜き出しなさい。

問7　〰〰❶～❺の「ない」のうち、一つだけ文法的に他と異なるものを選び、番号で答えなさい。

問8　[X]にあてはまる総画数五の漢字と、[Y]にあてはまる総画数四の漢字を書きなさい。

問9　次のア～オから福澤諭吉の著作でないものを一つ選び、記号で答えなさい。
ア『西洋事情』　イ『西国立志編』　ウ『学問のすゝめ』
エ『世界国尽』　オ『福翁自伝』

問10　═══a～eの漢字の読みをひらがなで書きなさい。

問11　═══1～10のカタカナを漢字に改めなさい（楷書でていねいに書くこと）。

二　次の文章を読み、後の問いに答えなさい。

アメリカの富豪が外国から古い彫刻を買った。着いた荷をといて見ると、ところどころが破損している。実は、①はじめからそうなっていたのを買ったのだが、このお金持ちは途中で破損したものと勘違いして、もとの通りに※復原《ふくげん》せよと言い張って聞かなかった、という笑い話がある。

古美術品は自然に生じている損傷そのものが美しさをもっているのに、何と野暮なことを考えるものか。もと通りにできるわけがないが、仮にできたとしても、現状よりもその方がすぐれているかどうかは疑問である。ミロのヴィーナスは腕を欠いていても美しい。あるいは、腕がないからいっそう②暗示的なおもしろさがあるのかもしれない。

それなのに、このアメリカ人は新しい家具でも買うときのように、破損を[A]のかたきにする。それを笑った小話である。

しかし、本当にこのアメリカの成[B]を笑うことのできる人はそれほど多くはない。というのは、文学作品、昔の文献についても、③このアメリカ人と同じようなことを考えている人が多いからである。

手許《てもと》にある流布本※で読んで興味を覚えた作品があるとしよう。これについてものを言おうとすると、そんなアいい加減なテクストを基礎にしてはいけない、権威のある版によるべきだと言われる。どれがもっともしっかりしたテクストかと言うと、それは作者の原稿だときまっている。もし、不幸にして作者自筆の原稿が残っていないときは、すこしでもそれに近いテクストほど優れている、となる。

古美術品が時の加えた損傷をもっていても、それは美しいものとして肯定される。ところが、古典作品のテクストが受けている同じようにイ必然的な変容については、乱れとして否定されなくてはならない。ひとつには、彫刻の欠けた腕はどう努力してみても復原が不可能であるのに、言語表現では、相当程度まで原形へ復することができる。それで原稿があるならそれに従うのがもっとも正しいという考えが確立する。

原稿絶対視の思想は印刷と無関係ではないであろう。印刷には誤植が

局其精神に至《いたっ》てはC間然すべきものなし。」

福澤は当年の文明主義唱道の第一人者であったが、しかもその福澤は、②いわゆる「文明の虚説」が無力軟弱の日本人を造ることを最も憂えた一人であった。すでに明治八年5カンコウ『文明論之《の》概略』の結論の章において、彼れは日本の独立が目的であって、文明はそのための手段だ、といいきったのであった。その同じ章において福澤はまた、明治維新のヘンカクの後、古い君臣の道徳は廃せられて、新たにこれに代わるべきものはまだ立たず、人は「討死《うちじに》も損なり、敵討《あだうち》も空なり、師《いくさ》に出れば危《あやふ》し、腹を切れば痛《い》たし。学問も6シカンも唯《ただ》銭のためのみ、銭さえあれば何事を勉めざるも可なり」というダラケタ気分になっていることを憂えている。彼れはその実情を形容して人民は「D恰《あたか》も先祖伝来の重荷を卸し、未《いま》だ代りの荷物をば荷《にな》はずして休息する者の如《ごと》く」であるといった。それは右の、抵抗の精神の衰頽《すいたい》云々《うんぬん》と関連して読むべきものであろう。しかし、すべての議論の根本において、福澤が西郷の人物を信じ、これに好感を寄せていた事実は文面にも行間にも十分にサッしられる。後年はじめて福澤全集がカンコウされたとき（明治三十一年）福澤はその緒言中に西郷が福澤の『文明論之概略』を子弟にすすめたと伝えきいたことを満足をもって7シルしている。一方、西郷はまた西郷で、その人に与えた手紙の一節（明治七年大山彌《や》助あて）に福澤の書を読んで「実に目を覚まし」たといい、色々の人の国防論、いずれも8ケッコウではあるが、「福澤の X に出るものこれあるまじく」と思う、といったのである。この二人は遂《つい》に相あう機会を得ずに終わったのであるが、その間互いにおのずから相通ずるものを感じたのであったか、9イナか。

しかし、福澤は終始徹底した合法主義者であり、その立場からして、世論にさからって赤穂四十七士の仇討《あだうち》を難じ、また、強盗を捕えて Y ずから10セイサイすることさえ許し難いと論じたのであった。その福澤として、③叛乱の首領西郷隆盛をベンゴするのはもとより容易のことではない。

人はそこに福澤の矛盾を指摘するの易《やす》きを取るか。或《ある》いはさらに別に見るところがあったであろうことをサッすべきか。矮人《わいじん》矮人を解し、巨人巨人を知る。歴史の解釈、人物の評論の容易でないことを、私は今さらのごとくに感ずるのである。

（小泉信三エッセイ選2『私と福澤諭吉』（慶應義塾大学出版会、二〇一七年）より。）

問1 ——①はどういうことを言っているのですか。解答欄に入る形で説明しなさい。

問2 ——②はどういうことを言っているのですか。五十字以内で説明しなさい。

問3 ——③は、なぜそう言えるのですか。理由を四十字以内で説明しなさい。

問4 ——Aは何という歴史的事件のことを言っているのですか。本文中の語を抜き出して答えなさい。

問5 ——B・Cの意味として最もふさわしいものを後の**ア**～**オ**からそれぞれ選び、記号で答えなさい。

B 豈一人を容るゝに余地なからんや。

ア なぜ西郷は自分一人で我慢する余地がなかったのか。

イ なぜ西郷は一人で我慢できなかったのか。いや、できたはずだ。

ウ なぜ西郷だけを容認しなかったのか。

【国　語】（六〇分）〈満点：一〇〇点〉

【注意】字数制限のある設問については、句読点・記号等すべて1字に数えます。

一　次の文章を読み、後の問いに答えなさい。

　少しひまがあって九州に旅行し、南下して鹿児島まで行って見た。そこで多く今でもきくのは西郷隆盛談である。私も自然旅中しばしば考えさせられた。西郷隆盛とはいかなる人か。

　西郷の人物とその明治維新、西南戦争に果たした歴史的役割について、今どきの型通りの解釈をすることは何よりもたやすい。けれども、恐らく話はそれだけでは片づかないであろう。そこになお、歴史上に「人」が勤める役割の不思議と微妙について多くの問題がのこる。

　維新の1ヘンカク、官軍の東征において、西郷は明らかに江戸の敵であり、征服者であった。しかもこの征服者は、江戸（次いで東京）の市民にただに憎まれなかったのみならず、恐らく彼等《ら》の間において最も人気のある英雄となった。上野公園に立つ彼《か》れの巨像に対し、市民は何の反感を示さなかったばかりでなく、この一像は、多分東京市中に立つ他のいずれのものよりも市民に好感を抱かれているといえるであろう。歴史上の人物について虚実とりまぜた逸話が伝えられるのは何時《いつ》ものことであるが、西郷に関するそれには、悪意を感じさせるものがない点において、一つの例外をなしているように見える。

　この魅力は何処《どこ》から来るか。西郷は今のいわゆる知識人とはおよそちがったタイプの人物であった。自然、①知識人タイプの歴史家が持ち合わす物差しや衡《はか》りは、西郷を測量するのに適しないかも知れぬ。

　ここに一人の福澤諭吉がある。福澤が明治の革新指導に果たした役目と、明治十年、A叛《はん》乱士族の頭領となった西郷のそれとは、正面衝突すべきもののように見えるかも知れない。しかもその福澤は、叛乱の当時から、これを率いた西郷の心事に深い同情を寄せ、世を挙げて非難攻撃を浴びせたその当時において「明治十年丁丑《ていちゅう》公論」と題する一文を筆して、その思うところをいい、西郷を2ベンゴした。福澤は時の政治がa窮極西郷を死地にb陥らしめ、死なしめたことを非難し、文を結んでこういった。

　「西郷は天下の人物なり。日本狭しと雖《いへど》も、国法厳なりと雖も、B豈《あに》一人を容《い》るゝに余地なからんや。日本は一日の日本に非《あら》ず、国法は万代の国法に非ず、他日この人物を用《もちゐ》るの時ある可《べ》きなり。是亦惜《これまたをし》む可し。」

　福澤が西郷をベンゴする根本の論拠は何処にあるか。そこに有名な「抵抗の精神」という言葉が出て来る。抵抗の精神という言葉は、近頃もしばしば使われるが、私の知る限り、最初にこれを用いたのは福澤で、その場所は右記「丁丑公論」のc緒言の一節であった。

　福澤はいう。人としてわが思うところを行わんと3ホッしないものはない。ということは、専制をホッし❶ないものは❷ないということである。それは個人も政府も変《かわ》りは❸ない。だから政府の専制は咎《とが》むべきでは❹ないが、それを放置すれば際限が❺ないから、そこで抵抗の精神というものが大切となる。然《しか》るに近来日本の実情を4サッするに「文明の虚説」にd欺かれて、抵抗の精神は次第に衰えて行くようである。

　苟《いやしく》も国をe憂うるものは、これを救う手段を講じなくてはならぬ。抵抗の法は一でない。文をもってするものがあり、武をもってするものがあり、更に金をもってするものがある。「今、西郷氏は政府に抗するに武力を用ひたる者にて、余輩の考《かんがへ》とは少しく趣を殊にする所あれども、結

MEMO

大切なことはメモしておこうネ！

平成30年度

解答と解説

《平成30年度の配点は解答用紙に掲載してあります。》

＜数学解答＞《学校からの正答の発表はありません。》

[1] (1) $24\sqrt{2}$　(2) -1190　(3) (bの値) $2\sqrt{6}-4$　(式の値) $-\frac{3}{2}$

(4) $x=\frac{1}{3}$，$y=\frac{5}{2}$と$x=\frac{5}{3}$，$y=\frac{1}{2}$

[2] (1) $10-0.05x$g　(2) $\frac{200}{7}$　[3] (1) $\frac{13}{16}$　(2) $\frac{5}{24}$

[4] (1) (最小) 17　(最大) 26　(2) 15　(3) 35　[5] (1) $\frac{\sqrt{5}}{5}$　(2) $\frac{3}{5}$

[6] (1) $a=\frac{1}{6}$　(直線ABの式) $y=\frac{1}{3}x+\frac{1}{2}$

(2) (点Cのx座標) $1-\sqrt{7}$，2，$1+\sqrt{7}$　(3) $2+\frac{\sqrt{7}}{2}$

[7] (1) $\frac{7\sqrt{2}}{6}$　(2) $\frac{5\sqrt{5}}{6}$

＜数学解説＞

[1] (小問群―数・平方根の計算，式の値，連立方程式)

(1) $\sqrt{2}+1=A$，$\sqrt{2}-1=B$とすると，$(\sqrt{2}+1)^4-(\sqrt{2}-1)^4=A^4-B^4=(A^2)^2-(B^2)^2=(A^2+B^2)(A^2-B^2)$　$A^2=(\sqrt{2}+1)^2=2+2\sqrt{2}+1=3+2\sqrt{2}$，$B^2=(\sqrt{2}-1)^2=2-2\sqrt{2}+1=3-2\sqrt{2}$　よって，$A^2+B^2=(3+2\sqrt{2})+(3-2\sqrt{2})=6$　$A^2-B^2=(3+2\sqrt{2})-(3-2\sqrt{2})=4\sqrt{2}$　よって，$(\sqrt{2}+1)^4-(\sqrt{2}-1)^4=(A^2+B^2)(A^2-B^2)=6\times4\sqrt{2}=24\sqrt{2}$

(2) $x^2-xy-2x+2y=x(x-y)-2(x-y)=(x-y)(x-2)$　$x=121$，$y=131$を代入すると，$(121-131)\times(121-2)=-10\times119=-1190$

(3) $2\sqrt{6}=\sqrt{24}$　$\sqrt{16}<\sqrt{24}<\sqrt{25}$なので，$2\sqrt{6}$の整数部分aは4である。よって，$2\sqrt{6}=4+b$　$2\sqrt{6}$の小数部分bは$2\sqrt{6}-4$である。よって，$-2a-3b+2=-2\times4-3(2\sqrt{6}-4)+2=-8-6\sqrt{6}+12+2=6-6\sqrt{6}$　$2b+a=2(2\sqrt{6}-4)+4=4\sqrt{6}-4$　よって，$\frac{-2a-3b+2}{2b+a}=\frac{6-6\sqrt{6}}{4\sqrt{6}-4}=\frac{-6(\sqrt{6}-1)}{4(\sqrt{6}-1)}=-\frac{3}{2}$

(4) $3x+2y=6$から，$2y=6-3x$…①　$6xy=5$から，$3x\times2y=5$…②　①を②に代入する$3x(6-3x)=5$　$-(3x)^2+6\times(3x)-5=0$　$(3x)^2-6\times(3x)+5=0$　$(3x-1)(3x-5)=0$　よって，$x=\frac{1}{3}$，$\frac{5}{3}$　$x=\frac{1}{3}$のとき，$2y=6-3\times\frac{1}{3}=5$　$y=\frac{5}{2}$　$x=\frac{5}{3}$のとき，$2y=6-3\times\frac{5}{3}=1$　$y=\frac{1}{2}$

[2] (方程式の応用―食塩水)

(1) 容器Aからxg取り出した後に残っている食塩の量は$(100-x)$gの10%だから，$0.1(100-x)$g

容器Bから取り出して容器Aに入れた食塩水に含まれる食塩の量は$0.05x$g　よって，作業後に容器Aに含まれる食塩の量は，$0.1(100-x)+0.05x=10-0.05x$(g)

(2)　作業後の容器Bの食塩水に含まれる食塩の量は，$0.1x+0.05(200-x)=10+0.05x$(g)　作業後，容器Aの食塩水の濃度は，$\frac{10-0.05x}{100}\times100=10-0.05x$(%)　容器Bの食塩水の濃度は，$\frac{10+0.05x}{200}\times100=5+0.025x$(%)　よって，$10-0.05x=1.5(5+0.025x)$　$10-0.05x=7.5+0.0375x$　両辺を10000倍して整理すると，$25000=875x$　$x=\frac{25000}{875}=\frac{200}{7}$(g)

3 （確率ーカードの取り出し）

(1)　A君は4枚のカードから2回取り出すのだから，取り出し方の総数は$4\times4=16$(通り)　得点が4未満となる取り出し方は，(1回目，2回目)＝(1，1)，(1，2)，(2，1)の3通りあるから，4以上となる確率は，$\frac{16-3}{16}=\frac{13}{16}$

(2)　A君に16通りの取り出し方があり，そのそれぞれに対してB君に6通りずつの取り出し方があるから，取り出し方の総数は，$16\times6=96$(通り)　右図はA君の得点をまとめた表である。B君の得点がA君の得点を上回るのは，(B君の得点，場合の数)としてまとめると，(3，1)，(4，3)，(5，6)，(6，10)　$1+3+6+10=20$　よって，その確率は，$\frac{20}{96}=\frac{5}{24}$

＼	1	2	3	4
1	2	3	4	5
2	3	4	5	6
3	4	5	6	7
4	5	6	7	8

4 （その他の問題ー自然数，切り上げ・切り捨て）

(1)　$S_6(a)=20$となるのは，切り上げる場合が，$a=17$，18，19　切り捨てる場合が，$a=20$，21，22，23，24，25，26　よって，aの最小は17，最大は26

(2)　$S_4(a)+S_5(a)=30$となるのは$S_4(a)=20$，$S_5(a)=10$のときである。よって，aの十の位の数は1で，一の位の数は4より大きく5以下である。したがって，$a=15$

(3)　$S_4(a)+S_5(a)+S_6(a)=100$となるとき，$S_4(a)=40$，$S_5(a)=30$，$S_6(a)=30$であればよい。aの十の位の数が3で，一の位の数が4より大きく5以下であればよいので，$a=35$

5 （平面図形ー円，三平方の定理，相似，長さ，面積）

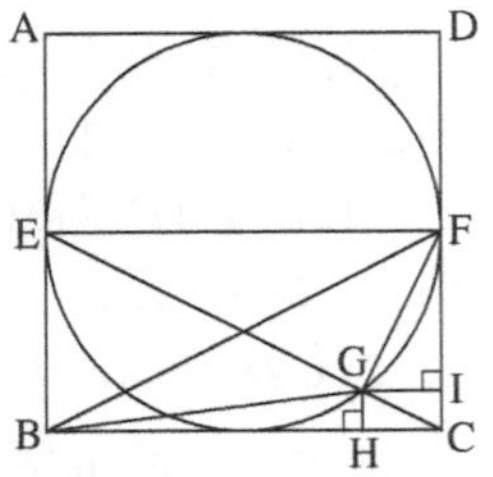

(1)　点E，点FはそれぞれAB，DCの中点であり，EFはAB，CDに垂直である。よって，$EC=\sqrt{EF^2+FC^2}=\sqrt{2^2+1^2}=\sqrt{5}$　EFは直径なので$\angle EGF=90°$　よって，△CGF∽△CFE　CG：CF＝CF：CE　CG：1＝1：$\sqrt{5}$　$CG=\frac{1}{\sqrt{5}}=\frac{\sqrt{5}}{5}$

(2)　CG：CE＝$\frac{\sqrt{5}}{5}$：$\sqrt{5}$＝1：5　点GからBC，CFに垂線GH，GIを引くと，GH：EB＝CG：CE＝1：5　△CGBと△CEBについて，BCを共通の底辺とみると面積の比は高さの比に等しい。よって，$\triangle CGB=\frac{1}{5}\triangle CEB=\frac{1}{5}\times\frac{1}{2}\times2\times1=\frac{1}{5}$　GI：EF＝CG：CE＝1：5　△CGF：△CEF＝GI：EF＝1：5　よって，$\triangle CGF=\frac{1}{5}\times\frac{1}{2}\times2\times1=\frac{1}{5}$　したがって，$\triangle BGF=\triangle BCF-\triangle CGB-\triangle CGF=\frac{1}{2}\times1\times2-\frac{1}{5}-\frac{1}{5}=\frac{3}{5}$

6 （関数・グラフと図形ー放物線，直線，グラフの式，平行線と三角形の面積）

基本　(1)　点A，Bの座標をaを用いて表すと，A$(-1,\ a)$，B$(3,\ 9a)$　直線ABの傾きが$\frac{1}{3}$であることから，$\frac{9a-a}{3-(-1)}=\frac{1}{3}$　$2a=\frac{1}{3}$　$a=\frac{1}{6}$　直線ABの式を$y=\frac{1}{3}x+b$とおいて$\Bigl(-1,$

$\frac{1}{6}\Big)$を代入すると，$\frac{1}{6}=-\frac{1}{3}x+b$　　$b=\frac{1}{2}$　　よって，直線ABの式は$y=\frac{1}{3}x+\frac{1}{2}$

重要　(2)　△ABOと△ABCの共通の底辺をABとみると，点CからABまでの距離が点OからABまでの距離と等しくなればよい。直線ABの式が$y=\frac{1}{3}x+\frac{1}{2}$なので，右図で示すように，直線$y=\frac{1}{3}x$，直線$y=\frac{1}{3}x+1$との交点を点Cとすると，△ABO＝△ABCとなる。放物線$y=\frac{1}{6}x^2$と直線$y=\frac{1}{3}x$との交点のx座標は，方程式$\frac{1}{6}x^2=\frac{1}{3}x$の解であり，$x^2-2x=0$　　$x(x-2)=0$　　$x=2$　　同様に，$\frac{1}{6}x^2=\frac{1}{3}x+1$から，$x^2-2x=6$　　$x^2-2x+1=7$　　$(x-1)^2=7$　　$x-1=\pm\sqrt{7}$　　$x=1-\sqrt{7}$，$x=1+\sqrt{7}$

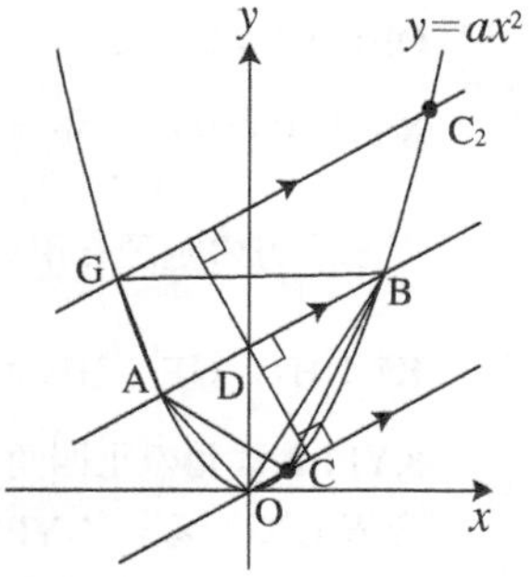

やや難　(3)　直線ABとy軸との交点をDとすると，$OD=\frac{1}{2}$　　△OADと△OBDの底辺をODとすると，それぞれの高さは点A，点Bからy軸までの距離なので，$△OAB=△OAD+△OBD=\frac{1}{2}\times\frac{1}{2}\times1+\frac{1}{2}\times\frac{1}{2}\times3=1$　　$△CAB=△C_1AB=△OAB=1$　　$△C_1C_2B$と△OABはC_1C_2，ABをそれぞれの三角形の底辺とみたときの高さが等しいから，$△C_1C_2B:△OAB=C_1C_2:AB$　　$C_1C_2:AB$は(C_1とC_2のx座標の差)と(AとBのx座標の差)の比で求められるので，$(1+\sqrt{7})-(1-\sqrt{7})=2\sqrt{7}$，$3-(-1)=4$だから，$△C_1C_2B:△OAB=2\sqrt{7}:4=\sqrt{7}:2$　　よって，$△C_1C_2B=\frac{\sqrt{7}}{2}$　　したがって，五角形$ACBC_2C_1$の面積は，$1+1+\frac{\sqrt{7}}{2}=2+\frac{\sqrt{7}}{2}$

7　(空間図形―正四角錐，切断，体積，切断面の面積，三平方の定理，相似)

重要　(1)　図1のように，ACとBDの交点をEとすると，OEが正四角錐O－ABCDの高さとなる。$AC=2\sqrt{2}$，$AE=\sqrt{2}$なので，△OAEで三平方の定理を用いて，$OE=\sqrt{AO^2-AE^2}=\sqrt{4-2}=\sqrt{2}$　　よって，正四角錐O－ABCDの体積は，$\frac{1}{3}\times2\times2\times\sqrt{2}=\frac{4\sqrt{2}}{3}$　　点Nから底面に垂線NFを引くと，NFはBDと交わる。NF//OEなので，NF：OE＝NB：OB＝1：2　　$NF=\frac{\sqrt{2}}{2}$　　よって，三角錐N－BLMの体積は，$\frac{1}{3}\times\left(\frac{1}{2}\times1\times1\right)\times\frac{\sqrt{2}}{2}=\frac{\sqrt{2}}{12}$　　三角錐R－DPQも同様に体積が$\frac{\sqrt{2}}{12}$となるので，立体Vの体積は，$\frac{4\sqrt{2}}{3}-\frac{\sqrt{2}}{12}\times2=\frac{7\sqrt{2}}{6}$

図1

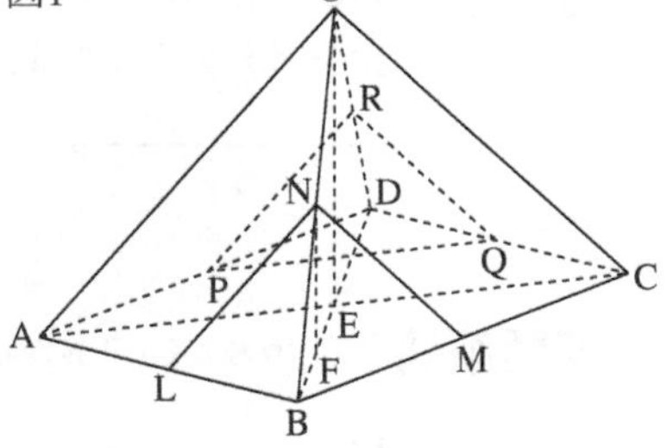

やや難　(2)　図2で示すように，点Kから底面に垂線KGを引くと，KGはACと交わる。また，PLとACの交点をHとすると，PL//DBなので，AH：AE＝AL：AB＝1：2　　KG//OE，KC：OC＝1：2から，KG：OE＝1：2　　$KG=\frac{\sqrt{2}}{2}$
OEとKHの交点をIとすると，HE：HG＝1：2なので，$IE=\frac{\sqrt{2}}{4}$　　よって，$IE:OE=\frac{\sqrt{2}}{4}:\sqrt{2}=1:4$

図2

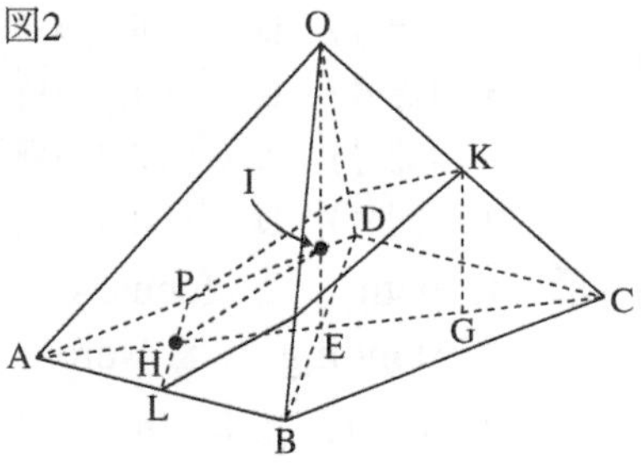

図3は面OBDで四角錐O－ABCDを切断したときの切断面を表している。なお，点X，Yは切断面と辺OB，ODとの交点である。XY//BDで，IE：OE＝1：4なので，

XY：BD＝OI：OE＝3：4　よって，XY＝$\frac{3}{4}$BD＝$\frac{3\sqrt{2}}{2}$　△KHGで三平方の定理を用いると，KH＝$\sqrt{HG^2+KG^2}=\sqrt{2+\frac{1}{2}}=\sqrt{\frac{5}{2}}=\frac{\sqrt{10}}{2}$

KI：HI＝GE：HE＝1：1だから，KI＝HI＝$\frac{\sqrt{10}}{4}$　図4で，五角形KYPLXは元の正四角錐を点K，L，Pを通る平面で切ったときの切り口を表している。△YPV，△XLWは，切り落とした立体に含まれる部分である。図5で示すように，点WはNMとKXとの交点であり，XW：KW＝NX：MK＝$\frac{1}{4}$BD：$\frac{1}{2}$BD＝1：2　よって，XW：XK＝1：3　図4において，XW＝$\frac{1}{3}$XKだから，点WからXYまでの距離は，$\frac{1}{3}$KI＝$\frac{\sqrt{10}}{12}$

また，点XからWLまでの距離は，$\frac{1}{3}$XI＝$\frac{1}{6}$XY＝$\frac{1}{6}\times\frac{3\sqrt{2}}{2}=\frac{\sqrt{2}}{4}$

図3

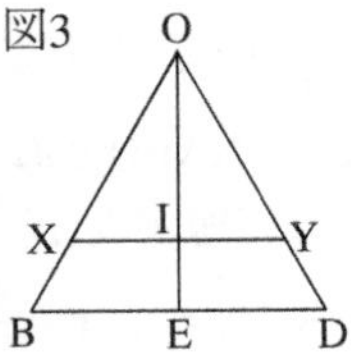

図4

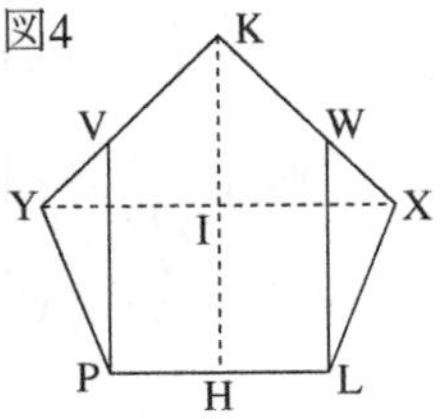

図5

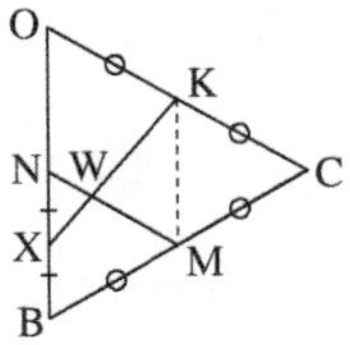

したがって，△KXY＋(台形XYPL)－△XWL×2＝$\frac{1}{2}\times\frac{3\sqrt{2}}{2}\times\frac{\sqrt{10}}{4}+\frac{1}{2}\times\left(\frac{3\sqrt{2}}{2}+\sqrt{2}\right)\times\frac{\sqrt{10}}{4}-\frac{1}{2}\times\left(\frac{\sqrt{10}}{4}+\frac{\sqrt{10}}{12}\right)\times\frac{\sqrt{2}}{4}\times2=\frac{3\sqrt{5}}{8}+\frac{5\sqrt{5}}{8}-\frac{\sqrt{5}}{12}\times2=\sqrt{5}-\frac{\sqrt{5}}{6}=\frac{5\sqrt{5}}{6}$

★ワンポイントアドバイス★

いずれも難しい問題で出題数も多いから，時間内完答を目指さずに手がけられるものから仕上げていくようにしよう。6の(3)は底辺や高さが等しい三角形の面積の比を考えよう。7は，自分で図を書いて，そこに切断面を書き込みながら考えよう。

＜英語解答＞《学校からの正答の発表はありません。》

Ⅰ　1　could not　2　more important　3　company, pay　4　Getting up
5　empty, though　6　funniest, ever　7　give up［refrain from］
8　kindly showed　9　did, up

Ⅱ　1　(記号)　A　(正しい形)　go　2　(記号)　A　(正しい形)　would
3　(記号)　D　(正しい形)　playing　4　(記号)　D　(正しい形)　by
5　(記号)　B　(正しい形)　number　6　(記号)　D　(正しい形)　information
7　(記号)　A　(正しい形)　used to　8　(記号)　A　(正しい形)　interested
9　(記号)　D　(正しい形)　starting

Ⅲ　1　both　2　focuses　3　well　4　human　5　method　6　relations
7　standing　8　sure　9　entering　10　built

Ⅳ　A　1　(b)　2　(b)　3　(a)　4　(c)　5　(a)　6　(d)　7　(e)　8　(d)

9 (b)　10 (c)

B 1 (は)　2 (い)　3 (ろ)　4 (に)　5 (ほ)

C (ア) The red ball hits me so hard and fast that I can’t breathe and tears cover my eyes.　(イ) That mixture of Japanese, English, and a body language makes no sense, but we completely understand each other.　(ウ) Ten minutes passed as we watched the waves come and go.

D (ⅰ) (例) 僕の心が躍る。　(ⅱ) (例) 彼女は僕を一人で送り出すことを少し心配しているように見えるが，僕はほほえんで，彼女にナニは眠っていると言う。
(ⅲ) (例) 昨日，彼は僕にボールをぶつけた。今日は僕が彼にナニをぶつけた。

E ① (例) In less than a[one] month, I am alone on a beach.　② (例) He thinks (that) he must[has to] study English more.

＜英語解説＞

基本 Ⅰ (同意文書き換え問題：接続詞，文型，動名詞，現在完了，比較，熟語，不定詞，受動態)

1 (a)は too ～ to …「あまりに～で…できない」を使った文で，「あまりに寒くて私は川で泳げなかった」という意味。so ～ that …「とても～なので…」の that 以下を「～できなかった」という内容にして書きかえる。

2 (a)は「お金と車だけの問題ではない」という意味で，それよりも大切なことがあるということを言っている。したがって，「お金と車よりも大切なことがある」と考えて，more important things than ～ として「お金と車よりも大切なことがある」という文に書きかえる。

3 (a)は「新しい法律の下では，国は企業の収入の30パーセントまで受け取ることができた」という意味。(b)では company を主語にして，「新しい法律の下では，企業は収入の30パーセントを国に支払わなくてはならないかもしれなかった」という文にする。

4 (a)は〈It is ～ for ― to ＋動詞の原形〉「…することは―にとって～だ」を使った文で，「朝早く起きることはあなたの健康にとってよい」という意味。(b)は，動名詞 getting を主語にした形。

5 (a)は「その人気のオーケストラが町に来たが，コンサートホールには人がいなかった」という意味。(b)では The concert hall が主語なので，「人がいない」を empty「空の」で表す。even though ～「～だけれども」

6 (a)は「私はスティーブのような愉快な人に会ったことがない」という意味。(b)では「これまで会った中でいちばん～」と考えて，〈最上級＋名詞〉の後に〈I’ve ever ＋過去分詞〉を続けた形で表す。the funniest man の後に関係代名詞 that が省略されている。

7 (a)は〈tell ＋人＋ to ＋動詞の原形〉「(人)に～するように言う」を受動態で使った文で，「彼は医者にタバコをやめるように言われた」という意味。(b)は The doctor が主語なので，能動態で表す。「～をやめる」は2語では give up または refrain from で表すことができる。

8 (a)は〈～ enough to ＋動詞の原形〉「…するほど～」を使った文で，「彼女は親切にも私に道を教えてくれた」という意味。(b)では「親切にも」の意味の副詞 kindly を使って書きかえる。

9 (a)は「あなたはオーストラリアのどの地域で育ったのですか」という意味の文。この場合の raise は「～を育てる」という意味で，受動態で使われている。(b)は grow up「育つ」を使って，「あなたはオーストラリアのどこで育ったのですか」という文にする。

重要 Ⅱ (正誤問題：助動詞，時制，動名詞，前置詞)

1 「肩が痛むので，私は医者に診てもらった方がよい」 had better「～した方がよい」は，後に動詞の原形が続く。〈go and ＋動詞〉「～しに行く」の and は省略されることがある。

2「ジョンは彼の成績について担任の先生と話すために明日まで待たなくてはならないと思ったが，先生は今日空いていたので彼と話すことができた」 文全体の動詞が thought で過去形なので，それに続く that節も合わせて過去時制にする。ここでは助動詞 will を過去形 would にする。

3「勉強に集中するために，私は野球をすることをやめなくてはならなかった」 give up「～をやめる，あきらめる」は目的語に不定詞を取らない。「～すること」の意味の目的語を続ける場合は動名詞を使う。

4「生徒たちは明日までに美術作品を完成させなければならない」 期限を表して「～までに」は by で表す。until[till] は「(ある時)まで(ずっと)」と，期間を表す。

5「年の終わりには，高速道路での事故の件数が劇的に増える」 amount「量」の後には，money，time などの数えられない名詞が続く。accident「事故」のように数えられる名詞の場合は number「数」を使う。

6「関心が，私たちが他人と親密にコミュニケーションを取ったり情報を共有したりする手助けとなってきた」 information「情報」は数えられない名詞なので，単数形が正しい。

7「私は以前は自分は何者でもないと思っていたが，今ではとても自信があり，社会が私を必要としていると感じている」〈used to ＋動詞の原形〉で「以前は～したものだ」と過去の習慣や状態を表す。

8「私は去年大統領選挙を見てから，合衆国の政治にとても興味がある」「～に興味がある」は be interested in ～。interesting は「(物事が人にとって)おもしろい[興味深い]」という意味。

9「入学試験に合格してから，私は高校生活を始めることを楽しみにしている」 look forward to ～「～を楽しみに待つ」の to は不定詞を作る to ではなく，普通の前置詞。したがって，後に「～すること」の意味の目的語が続くときは動名詞にする。

重要 Ⅲ 〔長文読解問題・説明文：語句補充〕

（全訳） 認知症の人々に介護を提供するためにフランスで開発された方法が，日本の介護施設の間で急速に広まっている。職員と患者$_1$両方の状態が改善されている。

「ユマニチュード」は，互いの威厳と自立を尊重すること$_2$に焦点を当てるもので，患者の状態を改善する$_3$だけでなく，介護施設で働く人々の間の前向きな関係を進めることにおいても効果がある。

「ユマニチュード」という語は「$_4$人間(human)」と「態度(attitude)」が語源である。30年前に，それは介護者が患者の目を見て優しく話しかけることによって$_6$関係を築く手助けをするための$_5$方法として計画された。

ユマニチュードは，最初は患者が自分の両足で$_7$立ち続ける手助けをする専門の看護師のために開発された。後に，その方法が看護師の精神的なストレスを軽減することもわかった。

ある調査で，調査員は，看護師がユマニチュードの方法を理解することができるために2時間の研修時間を設けた。看護師たちは毎週3時間，確認のための助言も受けた。こうした役立つ助言の中に，部屋$_9$に入る前に$_8$必ずドアをノックすることと，驚かせないように正面から患者に近づくことがあった。

調査の結果，新しい手法での介護を受けた患者は乱暴な振る舞いが減り，よりくつろいでいたことがわかった。ある看護者は，その研修時間に参加した後，自分の認知症の妻にできるだけ優しく話しかけるようにした。最近，彼女は自分の介護に必要なことを彼にさせることで，信頼感を示すようになった。

介護従事者もまた，ユマニチュード法を学んでからストレスが減った。彼らは仕事により積極的になり，それが同僚との個人的な関係$_{10}$を築いたのだ。

全訳を参照。　1　後に続く本文で，「ユマニチュード」が，患者にも介護施設で働く人々にも効果があることについて述べていることから，最初に本文の概要を述べる文として，空所に both を入れて「職員と患者両方の状態が改善されている」とすると論理的につながる。　2「ユマニチュード」が重視しているものが「互いの威厳と自立を尊重すること」である。後の on から，focus on「～を重点的に扱う，～に焦点を当てる」を入れるのが適切。先行詞が“Humanitude” なので，三単現の s をつける。　3　ユマニチュードは，「介護施設で働く人々の間の前向きな関係を進めること」，「患者の状態を改善すること」の両方で効果的だったという文意。～ as well as … で「…だけでなく～も，…と同様に～も」という意味。　4 “Humanitude” という言葉の由来を説明している箇所。attitude「態度」の後半に対し，前半は human「人間」である。　5　空所を含む文の主語 it はユマニチュードを指す。本文1文目にあるとおり，ユマニチュードは介護の方法である。　6　build の目的語になる語が入る。介護者が患者の目を見て優しく話しかけることによってどうすることができるのかを考える。第2段落で，「ユマニチュードは介護施設で働く人々の間の前向きな関係を進めることにおいて効果がある」と説明されており，患者についても同じことが言えると考えられることから，「関係を築く」とする。　7　on their feet「両足で[を使って]」に合うように「立ち続ける」とする。keep ～ing で「～し続ける」という意味を表す。　8，9　make ～ to … の形から，〈make sure to；動詞の原形〉「必ず～する」とすると文意が成り立つ。また，ドアをノックするのは部屋に入る前である。　10　最終段落では，ユマニチュードは介護者の負担も減らしたことが書かれている。their personal relations が目的語になること，第2段落に同様の内容があることから，「関係を築いた」とする。

Ⅳ　（長文読解問題・物語文：英問英答，内容吟味，文選択補充，語句整序，英文和訳，和文英訳）

（全訳）　ナニはなぜ僕たちがこの海外旅行に行こうとしているのか決して僕に説明しなかった。1ヶ月も経たない内に，僕は砂浜に一人でいる。彼女は僕をここに連れて来て，何も言わずに去ってしまった。

僕たちがこのアジア巡りの旅を始めたとき，僕は万里の長城のガイド付きツアーのような楽しい計画だろうと思っていた。それどころか，僕は学校で学んだただ一つの美術館も宮殿も他のどこもまだ見ていない。僕は沖縄の，きれいだけれども退屈な砂浜に座っている。

なぜ僕には普通の祖母がいないのだろう？　なぜこの旅の一瞬一瞬が驚くべきものでなくてはならないのだろうか？

ナニは4時間後に新品のドレスを着て髪型をすっかり変えて砂浜に戻り，暗い場所に隠れてひざを抱えている僕を見つけるのだ。

「お前はずっとここにいたのかい？」と彼女は悲しそうに言う。

「こんなの無意味だよ。何もかも無意味だよ」と僕は答える。

「お前の言う通りだよ。お前が暗いところで丸一日を過ごしていたのを知っていれば，代わりにホテルにいさせてやったのに」

僕はもっと言いたかったが，言わなかった。僕たちはタクシーでホテルに行った。僕は帰る途中，何も言わなかった。

「お前は私たちがどうしてこの旅をしているかわかるかい，サントシュ？」と彼女が夕食後に尋ねた。

「それでおじいちゃんから逃げることができるから？」

「違うわ！　ああ，そう。でも違うの。私たちはお前が学校であまりにたくさんの賞を獲得したからこの旅をしているんだよ」

僕は驚いて彼女を見た。「何だって？」

「数学は一番，英語も一番，歴史も一番，理科も…お前はいくつ賞を獲得できるんだい？　毎年，私はお前が舞台を上がったり降りたりするのを見に式に行って，お前はすべてのトロフィーを手に取って，たくさんありすぎてお前が持ちきれないからと言って，私と母親にそれらを運ばせるんだ」

「ナニ，1賞を獲得することが何かとどんな関係あるの？」と，僕は冷静さを失って言う。

「お前がもっと年をとったらお前がいくつ賞を獲得するかなんてだれも関心を持たないんだよ，サントシュ。人はお前が何か話すことがあるかどうかに関心があるんだ。そして今は，お前は書物から学んだことについて話しさえすればいいのよ」

僕の顔が熱くなった。僕の69歳のナニは僕をおたく呼ばわりしている。おたくだけではなく，ちっともおもしろみのない本の虫とも呼んでいる。学校の冷淡な少年たちも同じように僕をからかう。しかし，彼らが言うことは問題ではない。毎年最後の集まりのときに，彼らは何も獲得できないのに，彼らは僕があらゆる賞を獲得するのをそこに座って見ていなければならないのだから。僕にとってはこのことの方がこたえる。

彼女はそのことを僕の表情から読み取る。

「以前はお前が賞をすべて獲得するのを見るのが大好きだったわ，サントシュ。お前と母親が幸せでいるのを見るのが大好きだった。でも今は，賞を獲得してもお前はもうにこりともしない。お前が賞を獲得すればするほど，お前は不幸に見えるの」

熱が僕の体を荒々しく通過して，僕は顔を背ける。「この旅から家に帰れば幸せだよ」

長い沈黙が僕たちの間に伸びた。

ナニの手が僕の手に優しく触れる。「サントシュ，私がお願いしているのは，私たちの旅の最後の二日間はお前に本のこともトロフィーや学校のことも忘れてほしいということなのよ」

「2おばあちゃんは僕を知らないだろう？」と僕は怒って答えるが，そう言いながら僕の声は弱くなる。

翌日，僕はまた砂浜に行ってもいいか尋ねる。

ナニは，僕の水着が洗われていて，彼女はすでにその日の予定を立てていたので，このことがわかっていたようだ。

僕たちは別のきれいな砂浜に来た。ナニは僕にバニラアイスを買ってくれて，僕にほほえみかけて去って行く前に，僕が砂浜に歩いて行くのを見ている。

僕は砂の上に座って人々の群れを見る。僕は，一人でいるのは自分だけであることに気づく。

突然，ボールが僕の胸に当たる。(ア)その赤いボールはとても速くて激しく当たったので，僕は呼吸ができず，涙が目を覆う。

少年が僕の方に走ってくるのが見える。目に涙が浮かんでいるのではっきりと見えない。僕には彼の外見と手に持っている丸い木製のラケット以上のことはわからない。一瞬，僕は彼がわざと僕にぶつけ，彼が今度はラケットで僕を打とうとしているのだと思う。しかしそのとき，彼の手が彼の口を覆っているのが見える。彼は心配しているようだ。

「だいじょうぶ？」と彼は言う。

僕はまだ呼吸が苦しいので答えない。僕は日本語を話せないし，何よりも僕はまだ彼のことが怖い。

「だいじょうぶ？」と彼は繰り返して言う。

少年の視線が僕のバックパックに落ちる。「ああ～，アメリカ人じゃん！」と彼は言って，星条旗の札に触る。

「そうだよ，痛がっているアメリカ人だ」と僕は自分の胸に触れながらやさしく言う。

驚いたことに，彼は英語をいくらか知っているためか，あるいは僕が反応して安心したために笑う。

「よかった，一緒に遊ばない？」と，彼は彼の友人たちを指さし，ラケットを差し出して尋ねる。(i)僕の心が躍る。彼はただ，僕が彼と遊びたいかどうか尋ねただけだ。僕が母国でまさにこの通りの質問をされることを想像してきた回数がわかるだろうか？

僕の両手に汗が出ている。それを手に取れ！　さあ，それを手に取るんだ！　僕は自分がそのラケットに手を伸ばそうとしているのを感じる…

「タロウ，早く！」

3僕が振り返ると，彼の友人たちが彼を呼んでいるのが見える。タロウ。それが彼の名前で，彼の友人たちは彼に戻ってきてほしいと思っている。彼らは僕に遊んでほしくないのだ。

彼はただ，僕に親切にするように頼んだだけなのだ。僕は彼の目を見上げ，静かに彼の方にラケットを押し返す。

「さようなら」と，私は彼が安心する様子になるよう期待して言う。しかし彼はそう見えない。彼は傷ついているようだ。

彼が走って友人たちのところに戻るのを見ながら，僕はタロウは僕から離れようとしていたのではまったくないのだという失望感がある。彼は新しい友人がほしかったのであり，僕は彼が同じことを僕にしているのだと思ったように，彼を追い払ったのだ。僕は毎回そうしてしまうのだ。だから僕はいつも一人ぼっちなのだ。

大したことじゃあないさ，と僕はバッグの中のおやつを探し，タロウのことを忘れようとしながら自分に言う。この砂浜を。この旅行すべてを。

チョコレート・バーをかみながら，僕は自分の夏の読書感想文が他のみんなのものよりもどれほど優れているかということを考える。これまでよりもたくさんのトロフィーを獲得する様子について考える。僕は考える…

しかし，そのどれも僕をうれしい気持ちにしてはくれない。さらに気分が悪くなる。だからやめる。

翌日の午前中，ナニが最後のちょっとした買い物があるので，僕は彼女に昼食まで公園で読書をすると言う。

でも僕は公園には行かない。代わりに，僕はまだぬれている水着を短パンの下にはいてフロントに砂浜まで行くタクシーを呼んでくれるように頼む。(ii)彼女は僕を一人で送り出すことを少し心配しているように見えるが，僕はほほえんで，彼女にナニは眠っていると言うと，彼女を説得できたようだ。

1時間後，僕はアイスクリームを食べてタロウを見ながらいつもの場所にいるが，タロウは前日に彼と遊んでいた，同じ少女の隣に陽を浴びながら横になっている。

僕が着くと，タロウは僕をみつけた。しかし，彼はタオルの上にまた横になった。その後，彼は僕を見なかった。少女が彼の胸を押して何かを言うと，彼は笑う。僕はその少女が大嫌いだ。

なぜだろう？

なぜ僕はこんなところにいるんだろう？　戻ってきたら何が起こるだろうと考えたのだろうか？タロウがまた僕にボールをぶつけて遊ぼうと言うことを？　あるいは，彼がやって来て，親友であるかのように，やあと言うことを？

お前は単なる敗者ではない，と僕は考える。お前は妄想的なんだ。お前は病気なんだ…

「やあ，お前」と高い声が言う。見上げるとワンピースの水着を着たナニが見える。「読書は終わったのかい？」

「ナニ？　ここで何をしているの？」

フロントが電話をくれて，タクシーの運転手がお前を砂浜で降ろしたと言ったのよ。4運よくホテルで水着が見つかったわ。お前の友だちがそれを気に入るといいけれど」

「ナニ，僕はただ…　待って。友だちって？」

ナニがまっすぐタロウの方へ歩いて行くのが見える。

「だめだめだめ」 僕は彼女を止めようとするが，彼女は鋭く足を出して僕をつまずかせ，彼女は先に進み，僕は砂の中に転ぶ。

僕は立ち上がってすばやく彼女についていくが，彼女はタロウに近づいている。彼は頭を上げて彼女を見る。彼は彼女の後ろにいる僕を見ていて，彼とナニが目で合図すると同時に，ナニが卒倒する。彼女は地面に倒れタロウのひざにもたれ込む。タロウは，少女が取り乱して動き回る間，ナニの頭を抱えている。

ナニは目を大きく開く。「サントシュ？　ねえ，サントシュ？」と彼女は唇を震わせながら優しい声で言う。彼女の演技は度を超えている。「サントシュ，どこにいるの？」

「ここにいるよ」と僕は彼女を見下ろしながら答える。

タロウは困惑して僕を見上げる。「この人，知ってる人？」

僕は，いいや！　今までこの女の人に会ったことなんかない！　と言いそうだ。しかしナニがタロウの腕につかまりながら注意深く起き上がって僕を止める。

「さあ，サントシュ。お前のナニと私を助けてくれたこの親切な男の子と一緒にいなさい」

ナニは手を差し出し，私の腕をつかみ，力士のような力で砂へと引っ張ってタロウの隣に降ろす。

「水…」と，彼女はまるで最期でもあるかのように少女にささやく。「水ください…」

少女は水を取りに走って行く。僕たち3人を残して。

ナニは咳をして，「さあ，休ませてちょうだい，その間お前たちは知り合いになるんだよ」と横になる場所を見つけて言う。

タロウは目を見開いて僕を見る。

(iii)昨日，彼は僕にボールをぶつけた。今日は僕が彼にナニをぶつけた。僕はそう考えてくすくす笑う。タロウも鼻を鳴らす。

「ぼくはタロウ。よろしくね」とついに彼が言う。

「サントシュだよ」と僕は言う。

「アメリカ人のサントシュか」と彼がほほえむ。

僕は顔を紅潮させてうなずく。「サントシュだよ」

1時間後，僕はタロウについてとてもたくさんのことを知る。

彼は13歳だ。少女は彼の妹で，彼らは那覇に住んでいる。彼はアメリカの大学に行きたいと思っているが，彼はアメリカの食べ物が好きではないので，もし彼がアメリカに行ったら彼に日本の食事を作ることができる人が必要だと冗談を言う。彼はもっと英語を勉強しなくてはいけないと思っている。

僕はうそをついて，タロウに自分は13歳だと言うので，彼は僕がださいとは思っていないが，それが僕がつくただ1つのうそだ。彼は，僕がテイラー・スイフトとテニスが好きであることを知っている。

僕は彼に僕たちの旅の話をして，彼は僕の祖母と同じように格好良い祖母がいたらいいなと言う。

僕たちは自分たち自身のめちゃくちゃなジャパングリッシュで話す。(イ)その日本語と英語と身振りを混ぜ合わせたものはわけがわからないが，僕たちは互いに完ぺきに理解し合う。

僕は学校のことは話さない。僕は学校のことなど考えもしない。

彼の妹が背の低くて太った，高齢の女性を連れて戻ってくる。僕のナニをどかす唯一の方法は自分の祖母を使うことだとでも言わんばかりに。彼女は全く50年後の彼の妹のように見えた。

タロウの表情が曇る。彼女が着いたことは，ある1つのこと，彼が帰る時間だということでしかない。

「明日も会える？」と彼はゆっくり起き上がりながら僕の目をのぞき込んで尋ねる。

僕は頭を振る。僕が明日帰国する予定だと言おうとしたとき…

「ええ」とナニがタロウの背中を軽くたたいて答える。

彼はとても幸せで希望に満ちたほほえみを浮かべてまっすぐ僕を見る。僕の心が熱くなっている。彼の最後の影が消えるまで，僕は彼を見ている。

「どうして彼にうそをついたの？」僕はナニの方を向く。「5どうして僕が明日彼に会うなんて言ったの？」

「彼に楽しみにすることを与えるためよ」と彼女はすぐさま言う。「私たちはみな，楽しみにすることが必要なの」

これはわからなかった。僕はそれを本で読んだことがなかった。しかしそれは静かに，そして確実に僕の中に染み込んだ。

僕は海の波を見ながら，僕の両手を彼女の両手に覆われて彼女の隣にいる。彼女の手はとても温かいので，僕は彼女に行ってほしくない。(ウ)波が行ったり来たりするのを見ながら10分が過ぎた。

「来年また旅行に連れて行ってくれる，ナニ？」と僕は尋ねる。

「まあ，サントシュ，わからないの？」と，彼女は目を涙でいっぱいにしてささやいた。「あなたが私を連れて行くのよ」

A　1 「サントシュは，ナニが美術館や宮殿のような観光地に連れて行ってくれないので，旅に失望していた」 第2段落第1文から，サントシュがガイド付きのツアーを期待していたこと，第2文から，美術館や宮殿を見たいと思っていたことがわかるが，ナニは彼をそうした観光地には連れて行っていない。a)は「彼は本を読む時間がもっとほしかった」，c)は「ナニは常に彼と一緒にいなかった」，d)は「彼らは買い物で忙しすぎた」，e)は「上記のうちどれも当てはまらない」という意味。　2 「ナニは，サントシュがもっと年をとったら何が重要だと言っているか」という質問。空所2の直前で，ナニはサントシュに「お前に本のこともトロフィーや学校のことも忘れてほしい」と自分の希望を述べている。また，この前のサントシュの言葉から，ナニが日頃，周囲から孤立して本ばかり読んでいるサントシュを心配していることがわかる。こうしたことから，少なくとも，ナニはサントシュにこもって勉強ばかりするのは将来のために良くないことだと考えていることがわかるので，(a)「できるだけたくさんの賞を獲得すること」と(c)「書物からできるだけ多くの知識を得ること」は不適切。また，ナニはサントシュが偶然出会ったタロウとの仲を取り持つが，友人を持つことに限らず，勉強以外に広く世の中で経験を積むべきだというのがナニの希望であると考えるのが適切なので，(d)「できるだけ多くの友人を作ること」に限定すべきではない。空所1の後に続く2つの段落で，ナニがサントシュに「人はお前が何か話すことがあるかどうかに関心があるんだ」と言ったり，日頃彼のことを「ちっともおもしろみのない本の虫」と呼んだりしていることが書かれているが，これらのことからナニはサントシュが人の興味をひくような話のできる人物になってほしいという希望の表れと考えられる。したがって，(b)「おもしろい人物になること」が適切。　3 「サントシュは『このことの方がこたえる』と言っている。

『このこと』とは何か」という質問。空所1の2つ後の段落では，祖母と同級生が同じように自分をからかうことが書かれているが，同級生については問題ではないと言っている。つまり，同級生と祖母を比べて，祖母にからかわれることの方が自分にとってつらいことだと言っているのである。段落の最終文の this は「祖母が自分をからかうこと」ということ。したがって，(a)「彼の祖母が彼をからかうこと」が適切。(b)は「クラスの少年たちが彼をからかうこと」，(c)は「舞台を歩いて行ったり来たりすることで足が痛むこと」，(d)は「彼の祖母が彼を支援しないこと」という意味。　4 「ナニはサントシュが2日目に砂浜に行きたがるだろうとわかったので，…」 空所2の次の段落を参照。サントシュが一日中砂浜で一人ぼっちで過ごした次の日に，彼はまた砂浜に行ってもいいか尋ねている。それに続き，「ナニは，僕の水着が洗われていて，彼女はすでにその日の予定を立てていたので，このことがわかっていたようだ」とあるので，(c)「彼女は自分の計画を作って彼の水着を洗った」が適切。(a)は「彼女はフロントに彼をタクシーで連れて行くように頼んだ」という意味。さらに次の日に，サントシュが公園で本を読むと言いながら，砂浜に行ったとき，彼はタクシーで砂浜に行ったが，このときフロントにタクシーを呼んでもらったのはサントシュ自身である。(b)は「彼女は彼に新しい水着を買ってやった」という意味。(d)は「彼女は一日中彼と一緒にいた」という意味。　5 「サントシュが最初にボールをぶつけられたときに何も答えなかった理由でないものはどれか」という質問。サントシュが最初にボールをぶつけられて，タロウが心配して近寄って来たとき，サントシュは「まだ呼吸が苦しいので答えない」，「僕は日本語を話せない」，「何よりも僕はまだ彼のことが怖い」と言っている。これに合わないのは(a)「彼の言うことが聞こえなかった」。(b)は「彼は怖かった」，(c)は「彼は呼吸が正常に戻っていなかった」，(d)は「彼は日本語を話せなかった」という意味。　6 「なぜサントシュはいつも一人ぼっちなのか」という質問。タロウがサントシュを誘って一緒に遊ぼうと言った場面を参照。サントシュは，タロウは本心で遊ぼうと言ったのではないと考え，タロウを追い払ってしまう。それに続いて，「僕は毎回そうしてしまうのだ。だから僕はいつも一人ぼっちなのだ」と言っていることから，素直に他人を受け入れることができないことが，いつも一人ぼっちであることの理由と考えられる。したがって，(d)「彼にとって他の人々を受け入れることは難しかったので」が適切。(a)は「彼は自分が他人よりも賢いと感じているから」，(b)は「彼は一人でいる方が好きだから」，(c)は「彼の友人たちはナニが気に入らなかったから」という意味。　7 「サントシュはなぜ夏の読書やトロフィーのことを考えるのをやめたのか」という質問。サントシュがタロウの誘いを断って穏やかな気持ちでいられなくなっている場面で，彼は読書やトロフィーのことを考え始めるが，「そのどれも僕をうれしい気持ちにしてはくれない。さらに気分が悪くなる」と，そのようなことを考えるのをやめる理由を述べている。この内容に合う選択肢はないので，正解は(e)。(a)は「それは言い訳であるように感じたので」，(b)は「砂浜で楽しみたかったので」，(c)は「タロウのことを考えるのをやめたかったので」，(d)は「家に帰りたかったので」という意味。　8 「タロウが大学に通うためにアメリカに行くときに持って行きたいと思っているものの1つは何か」 サントシュとタロウが打ち解け合ってきて，互いについてわかったことが述べられている場面を参照。タロウはアメリカの食べ物が好きではないので，アメリカに行ったら日本の食事を作ってくれる人が必要だと冗談を言っていることから，(d)「料理人」が適切。　9 「タロウの妹は，問題を解決するためにだれを連れて来たか」という質問。タロウの妹が砂浜に戻って来たとき，彼女は「背の低くて太った，高齢の女性」を連れて来た。この後に続く As if to say the only way to remove my Nani is with hers. という文の hers は，my Nani「僕の(祖母である)ナニ」と対比して her grandmother「彼女の祖母」ということを表している。　10 「物語の中で，サントシュは何回砂浜に行ったか」という質問。物語冒頭で一人で砂浜にいる場面，翌日，砂浜でタロウに一緒に遊ぼうと声をかけられる場面，さらにその翌日，砂浜でナニの計らいでタロウと仲よくなる場面の3回。

B　全訳を参照。基本的には，後に続く発言の内容を参考に考える。1は，「賞を獲得すること」が話題になっていることに着目する。2は，サントシュがナニに反抗している場面であることから考える。3は，直前でタロウの友人が彼を呼んでいることに着目する。タロウの友人の声を聞いて，サントシュはその方向を向くのである。4は，空所の少し前で，ナニがワンピース型の水着を着て現れたことから考える。5は，ナニが，タロウに翌日もサントシュに会えるとうそをついたことを受けてのサントシュの発言。

やや難

C　(ア)　The red ball hits me so hard and fast that I can't breathe and tears cover my eyes.　so ～ that … の構文。ボールが胸にぶつかったという状況をヒントにする。　(イ)　That mixture of Japanese, English, and a body language makes no sense, but we completely understand each other.　mixture of ～ で「～を混ぜ合わせたもの，～の混合」，make no sense は「わけがわからない，理解できない」という意味。互いの言語をよく理解していない者同士でコミュニケーションを取り合っている状況から，「その日本語と英語と身振りを混ぜ合わせたもの」を主語にする。　(ウ)　Ten minutes passed as we watched the waves come and go.　as は接続詞で，「～しながら」と動作が同時に進行することを表す意味の接続詞。〈watch ＋目的語＋動詞の原形〉で「～が…するのを見る」という意味を表す。

D　全訳を参照。　(ⅰ)　タロウに一緒に遊ぼうと誘われた場面で，下線部の後で，それまでに何度も人に遊ぼうと誘われることを想像してきたことが書かれていりことから，このときサントシュが胸躍る気分だったことを考える。stomach は「胃」の意味だが，「やる気，意向」など，気持ちのあり方を意味する場合もあり，ここでは「心が躍る」，「胸が躍る」などと訳すとよい。

(ⅱ)　下線部の She，her はナニではなく，ホテルのフロントの人物(＝女性)を指している。on my own は「一人で」という意味。この場面でナニがいないことから推測できる。

(ⅲ)　hit は「～を打つ」という意味で，hit me with a ball はそのまま訳せば「ボールで僕を打った」となる。hit が過去形であることに注意。

E　①「1ヶ月も経たない内に」は「1ヶ月未満の内に」ということなので，in と less than ～「～未満」を使って in less than a[one] month と表す。「一人で」は，alone，by myself などで表す。　②　He thinks that ～ の形で表す。that の後に「彼はもっと英語を勉強しなくてはいけない」という文を続ける。

★ワンポイントアドバイス★

Ⅰの同意文書き換え問題は，too ～ to … と so ～ that … の書きかえなど，基本的なものが多い。中には難問もあるが，あまり難しく考えずに臨んだ方がよい。最後の長文に備えて，すぐに解答が出ないものは後に回そう。

＜国語解答＞《学校からの正答の発表はありません。》

一　問1　(例)　(知識人タイプの歴史家の)持ち合わせている常識(は，西郷)の人物像を正当に評価(するのに適しない。)　　問2　(例)　君臣の道徳が廃れ，ひたすら金銭だけを求める文明社会では，人々は抵抗の精神を持たず堕落するということ。(50字)　　問3　(例)　徹底

した合法主義者の福澤には，西郷の法を犯した叛乱を容認することはできないから。(40字)
問4　西南戦争　問5　B　オ　C　エ　問6　古い君臣の道徳　問7　①
問8　X　右　Y　手　問9　イ　問10　a　きゅうきょく　b　おちい(らしめ)
c　しょげん[ちょげん]　d　あざむ(かれて)　e　うれ(うる)　問11　1　変革
2　弁護　3　欲(し)　4　察(する)　5　刊行　6　仕官　7　記(して)
8　結構　9　否(か)　10　制裁

二　問1　エ　問2　目　問3　金　問4　ウ　問5　ウ　問6　(例)　Ⅰ　欠落している部分　Ⅱ　自分で想像　問7　もとの通りに復原(するということ。)　問8　作者自筆の原稿　問9　第三者の改変　問10　生成発展　問11　Ⅰ　原稿通りを理想　Ⅱ　読者に読まれることで変化する(14字)　問12　(例)　Ⅰ　自由な観点から読むことが許される(16字)　Ⅱ　あくまでも原稿至上主義に徹する(15字)

＜国語解説＞

一　(随筆文－内容吟味，脱語補充，漢字の読み書き，語句の意味，「ない」の識別，文学史)

重要　問1　「物差しや衡り」「測量する」はいずれも比喩的な語で，その人物を見極める自己の基準であり，その基準に相手をあてはめて評価することを表す。「知識人タイプの歴史家」の持つ常識では，それとは大きく異なったタイプの西郷の人物像を捉えることはできないことを表している。

やや難　問2　日本人が「無力軟弱」になってしまった原因が「文明の虚説」であると述べている。「無力軟弱」は，「銭さえあれば何事も勉めざるも可なりというダラケタ気分」になっていることである。それが「抵抗の精神」を欠いた「文明の虚説」によって引き起こされたという文脈をまとめるとよい。

問3　福澤は，「合法主義者」なので，西郷の法に合わない「叛乱」を表立って擁護することはできないことをまとめる。

問4　明治十年に西郷が中心になって起きた事件が「西郷の人物と」で始まる段落に書かれている。

問5　B「豈……」は「けっして……ない」という打消と「どうして……か，いやそうではない」という反語の意味がある。ここでは文末に「や」があり，反語。　C「間然」は，相手の欠点をつき，あれこれと批判・非難をすること。

問6　封建主義時代の思想を表す言葉を探す。

基本　問7　❶は「ぬ」と置きかえることができる打消の助動詞。それ以外は「ぬ」に置きかえると意味が通じなくなる形容詞。

問8　X「右に出る者がない」は，その人にまさる人がいないこと。　Y「手ずから」は，人任せにせず，自分自身ですること。

問9　イの「西国立志編」は，イギリスのスマイルズの著書「自助論」を中村正直が翻訳した書名で，明治4年に刊行された。それ以外はいずれも福澤諭吉の著作である。

問10　a「窮極」は，物事をつきつめてみて，最後にたどりつくところ。　b「陥」の音読みは「カン」，熟語は「欠陥」，「陥落」など。　c「緒言」は，書物などの前書きやはしがきなど。　d「欺」の音読みは「ギ」，熟語は「欺瞞」「詐欺」など。　e「憂」の音読みは「ユウ」，熟語は「憂慮」「杞憂」など。

問11　1「変革」は，社会や制度などを変え，改めること。　2「弁護」は，その人のために利益を主張したり，申し開きをしたりして，守り助けること。　3「欲」の音読みは「ヨク」，熟語は「欲望」「意欲」など。　4「察する」は現実はわからないが，事態の動きなどをもとに，推量すること。　5 「刊行」は，書物などを印刷して出版すること。　6 「仕官」は，官吏になること。また武士が大名などに召しかかえられて仕えること。　7 「記」の音読みは「キ」，熟語は「記録」「記憶」など。　8 「結構」は，申し分がなく満足できること。また，これ以上は必要ないこと。　9 「否」は，否定や拒絶の意志を表す語。　10 「制裁」は，規律や取り決めに背いたものをこらしめること。

二　**(論説文一内容吟味，文脈把握，脱語補充，品詞)**

基本　問1　エは「小さだ」と言い切ることができず，活用のない連体詞。それ以外はいずれも形容動詞の連体形。

基本　問2　「目のかたき」は，何かにつけてひどく憎むこと，またその相手。

問3　「成金」は，にわかに金持ちになること。

基本　問4　「たたえる」は，液体が満たされている状態を指す動詞。ここでは「満々と」「大河」と合わせて考える。

問5　富豪がこの彫刻を買った時点での彫刻の状態を指すので，売り手からみれば，彫刻を売りに出したときになる。

問6　「暗示的」は，ここではたとえばミロのヴィーナスの欠けている腕の部分を想像することを指す。

問7　アメリカ人は勘違いをして，もとの通りに復原するように要求した。「同じようなこと」は，文学作品や昔の文献についても，作者自身が書いた通りの原稿を要求することで，他の人が手を加えたり，別の解釈を交えたものを排除することである。

問8　原稿における「水源地」は，作者が執筆した原稿そのもののことである。

重要　問9　「これが徹底すると」で始まる段落に，明らかな誤字についてもあえて訂正せず，「ママ」などを付す作業が述べられている。これは，「第三者の改変」をあくまでも認めないという考え方によるものである。

重要　問10　ここでの「人間」は，作品にかかわる読者や研究者のこと。その人々が作品についてなした仕事を「営為」と表現している。筆者は，その営為に実体が存在し，作品が生成発展すると考えている。

やや難　問11　「物体」は，不変のもので，いつまでも動かずそのままの状態であるもの。「現象」は，物事が動くとき，ある特定の状態を捉えたもの。文学作品においては，次々と新しい読者があらわれ，それまでとは違った新しい読み方がなされる。そして，作者の思いとは異なった展開になる。こうした筆者の主張を踏まえてまとめる。

やや難　問12　Ⅰは，「国文学よりおもしろさを感じる」とあることから，筆者の主張である「原稿至上主義」ではなく，読者が自由な読み方が可能になることが考えられる。Ⅱは「国文学より難しく感じてしまう」とあり，読者と作者の距離があることから，原稿至上主義に関する内容を入れる。

★ワンポイントアドバイス★

本文中から語句を抜き出す設問が多い。文章全体を通読した後に改めて語句を探すのは能率的とはいえないので，あらかじめ設問に目を通し，意識しながら通読するとよい。

MEMO

大切なことはメモしておこうネ！

平成29年度

入　試　問　題

平成29年度

慶應義塾高等学校入試問題

【数　学】（60分）〈満点：100点〉

【注意】　1. 考え方や途中経過をわかりやすく記入すること。

2. 答には近似値を用いないこと。円周率はπを用いること。

3. 図は必ずしも正確ではない。

1　次の問いに答えよ。

(1)　次の計算をせよ。　$\dfrac{\dfrac{1}{3}-\dfrac{2}{5}}{\dfrac{1}{3}-\dfrac{2}{5}+\dfrac{3}{7}}$

(答)　(1) ＿＿＿＿＿＿

(2)　$x=\dfrac{5}{2}$ のとき，$(x-3)(x-4)(x-5)+(x+3)(x+4)(x-5)+(x+3)(x-4)(x+5)+(x-3)(x+4)(x+5)$ の値を求めよ。

(答)　(2) ＿＿＿＿＿＿

(3)　連立方程式 $\begin{cases} 3x+4y+5z=40 & \cdots① \\ x+y+z=10 & \cdots② \\ x^2+y^2+z^2=36 & \cdots③ \end{cases}$ について答えよ。

（ア）　①②より x，y をそれぞれ z で表せ。

(答)　(3)（ア）　$x=$　　　　，$y=$

（イ）　連立方程式を解け。

(答)　(3)（イ）　$\begin{cases} x= \\ y= \\ z= \end{cases}$ ，$\begin{cases} x= \\ y= \\ z= \end{cases}$

(4)　999975 を素因数分解せよ。

(答)　(4) ＿＿＿＿＿＿

(5)　1 から 99 までの番号札が 1 枚ずつあり，2 の倍数の番号札には赤，3 の倍数の番号札には青，5 の倍数の番号札には緑のシールが貼ってある。いま，これらの番号札から 1 枚の札を取り出したとき，以下の確率を求めよ。

（ア）　シールが 2 枚貼られた番号札が出る確率

(答)　(5)(ア) ＿＿＿＿＿＿

（イ）　シールが貼られていない番号札が出る確率

(答)　(5)(イ) ＿＿＿＿＿＿

2 自然数 N と a に対して，1 から N までの積 $1\times2\times3\times\cdots\times(N-1)\times N$ を a で繰り返し割り切ることができる回数を $[N,\ a]$ と表す。例えば，$N=5$，$a=2$ のとき，$1\times2\times3\times4\times5=120$ であり，120 は 2 で 3 回割り切ることができるので，$[5,\ 2]=3$ である。以下の問いに答えよ。

(1) $[10,\ 2]$，$[10,\ 5]$，$[10,\ 10]$ を求めよ。

(答) $[10,\ 2]=$ ，$[10,\ 5]=$ ，$[10,\ 10]=$

(2) $[100,\ 390]$ を求めよ。

(答) $[100,\ 390]=$

3 3 組(K 組，E 組，I 組)の生徒 120 人に対して数学の試験をおこなったところ，3 組全体の平均点は 51.8 点であった。各組の平均点は K 組 51 点，E 組 52 点，I 組 53 点であり，K 組と E 組の生徒人数比は 5：6 である。このとき，各組の生徒数を求めよ。

(答) 生徒数：K組 人，E組 人，I組 人

4 k を 2 より小さい正の数として，2 つの放物線 $y=2x^2\cdots$(ア)，$y=kx^2\cdots$(イ)を考える。放物線(ア)上の点 A$(-1,\ 2)$ に対して，原点 O と点 A を通る直線 OA と放物線(イ)が原点 O と異なる点 D で交わるとする。また，(ア)上に点 B を $\angle\mathrm{AOB}=90^\circ$ となるように定め，直線 OB が(イ)と原点 O と異なる点 C で交わるとする。以下の問いに答えよ。

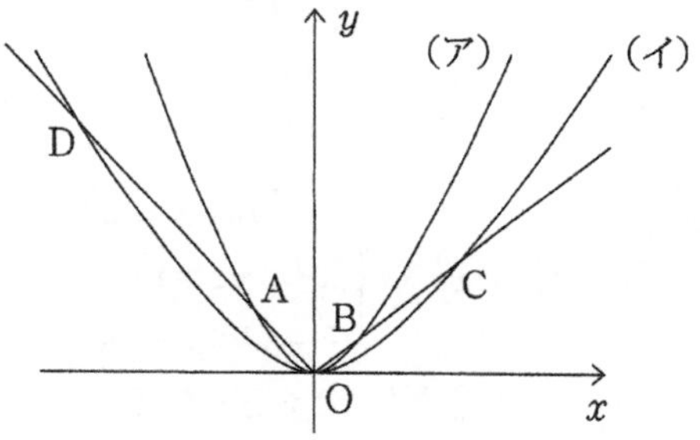

(1) 点 B の座標，直線 AB の方程式を求めよ。

(答) 点Bの座標： 直線ABの方程式：

(2) 点 C の座標を k で表せ。また，直線 CD の傾きを求めよ。

(答) 点Cの座標： 直線CDの傾き：

(3) 原点 O を通る直線 l によって四角形 ABCD の面積が 2 等分されるとき，直線 l と直線 AB の交点の座標を求めよ。

(答)

5 2つの合同な三角形ABCとA′B′C′（$\angle \mathrm{A} = \angle \mathrm{A'} = 90^\circ$，$\angle \mathrm{B} = \angle \mathrm{B'} = 15^\circ$，$\mathrm{AB} = \mathrm{A'B'} = \dfrac{\sqrt{6}+\sqrt{2}}{4}$，$\mathrm{BC} = \mathrm{B'C'} = 1$，$\mathrm{CA} = \mathrm{C'A'} = \dfrac{\sqrt{6}-\sqrt{2}}{4}$）を図のように重ねた。ただし，点Oは辺ABの中点，かつ辺A′B′の中点で，$\angle \mathrm{AOA'} = 60^\circ$ を満たす。以下の問いに答えよ。

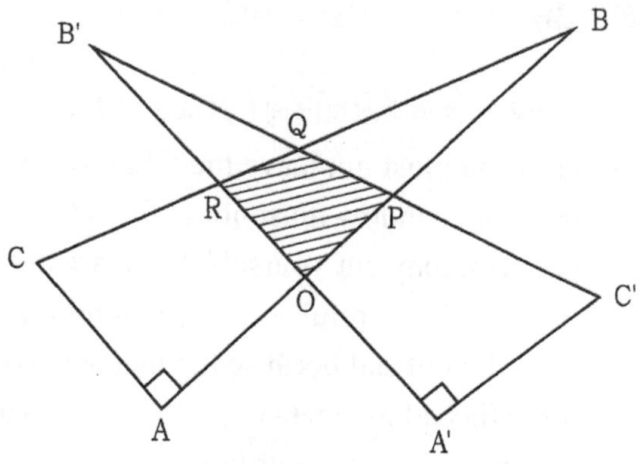

(1) 点Oから辺BCに垂線OHを引くとき，OHの長さを求めよ。

(答)

(2) 四角形OPQRの面積を求めよ。

(答)

6 一辺の長さ4の正四面体OPQRがある。以下の問いに答えよ。

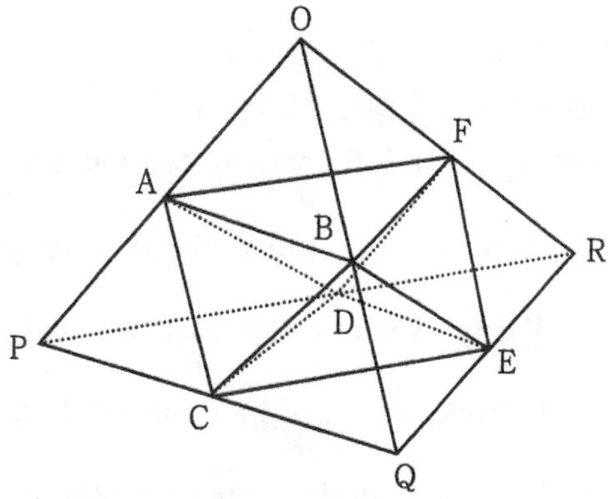

(1) 正四面体OPQRの各辺の中点A，B，C，D，E，Fを頂点とする多面体の体積を求めよ。ただし，一辺の長さ a の正四面体の体積は $\dfrac{\sqrt{2}}{12}a^3$ であることを用いてよい。

(答)

(2) 多面体ABCDEFの各辺の中点を頂点とする多面体の体積を求めよ。

(答)

【英　語】（60分）〈満点：100点〉

Ⅰ　次の各組の英文がほぼ同じ意味を表すように，各々の（　　）内に適当な 1 語を入れなさい。

1. (a) You must not leave the window open.
   (b) The window must not (　　　)(　　　) open.
2. (a) You may cut yourself if you are not careful.
   (b) (　　　) careful, (　　　) you may cut yourself.
3. (a) She felt sad because his manners were bad.
   (b) His bad manners (　　　)(　　　) sad.
4. (a) You must try your best.
   (b) You must try as (　　　) as you (　　　).
5. (a) I have never visited this town before.
   (b) This is (　　　)(　　　) visit to this town.
6. (a) My brother likes to listen to music.
   (b) My brother is (　　　) of (　　　) to music.
7. (a) I am free tomorrow.
   (b) I have (　　　)(　　　) do tomorrow.
8. (a) My music player is out of order.
   (b) There is something (　　　)(　　　) my music player.
9. (a) Tom decided to go abroad alone.
   (b) Tom (　　　) up his (　　　) to go abroad alone.

Ⅱ　例にならって，各英文の下線部 A～D の中から文法的・語法的に間違っているものを 1 つ選び，**選んだ箇所全体**を正しい形に直しなさい。

【例】It(A) is kind for you(B) to tell me the way(C) to the station.【解答例】記号：B　正しい形：of you

1. How(A) did(B) you think about(C) your exciting(D) game tonight?
2. Today(A) was unusual that(B) we had(C) so much snow in Yokohama in(D) November.
3. I think(A) we need to(B) come back another(C) day. The store is close(D) today.
4. Everyone(A) in the restaurant stopped to eat(B) when they(C) heard(D) a big noise outside.
5. Tim has lived(A) in(B) this old house with(C) his family since(D) 5 years.
6. That old chair by(A) the window is not(B) enough strong(C) for adults to sit on(D).
7. Did(A) you know that the Sky Tree is(B) much more tall(C) than the Tokyo tower is(D)?
8. I didn't(A) understand what(B) she is saying(C) in(D) her speech.
9. He is one of(A) the most popular(B) artist(C) among(D) teenagers in Asia now.

Ⅲ　次の英文を完成させるために空所 [1] ～ [10] に適切な 1 語を入れなさい。＊が付いている語(句)には【注】がある。

There is an etiquette for sitting, serving, and being [1], and eating. The two "code words" *itadakimasu*（いただきます）and *gochisoh sama*（ごちそうさま）are very important parts of the dining etiquette in Japan. *Itadakimasu*, said just [2] eating, means "to receive" or "to accept" but it is an regularized* expression that has a routine* action, almost [3] a prayer. *Gochisoh sama*, which has the meaning of "thank you for the meal or drinks," is said [4] the completion of a meal, when leaving the table or shortly after, to whomever has provided the meal, whether at a restaurant or at someone's [5].

The use of *gochisoh sama* has also been regularized over the generations and is expressed in a more-or-less routine way, along with *itadakimasu*. While [6] of these words have been a social manner in formal situations for generations and are still universally used in Japan, they are also used in informal and [7] situations, when they represent little more than thoughtful politeness. [8] the occasion is formal or informal, the words are very meaningful to the Japanese, and any failure to use them by a Japanese would be thought as impolite*or rude*.

In a similar way, the Japanese are pleased and appreciative* when non-Japanese use these expression, because using the two culturally important words is a very clear [9] that the foreigner has some knowledge of Japanese [10] and is thoughtful enough to show it.

【注】 regularize : 規則化する　　routine : 慣例　　impolite : 無作法な　　rude : 失礼な
appreciative : 感謝する

Ⅳ　次の英文を読み，設問 A，B，C，D，E に答えなさい。＊の付いている語(句)には【注】がある。

It was about eight o'clock on a Sunday evening when Ryan Bennett's mom, Halley, came into his bedroom and said, "We need to have a serious discussion. "

Ryan, eleven years old, was reading Harry Potter for the ninth time. He lowered the book and said, "About what?"

"Mostly about me. Where do you want to talk?"

"Is it that serious?"

"It's that serious."

He tried to read her thoughts. He couldn't.

"Okay, " he said, marking the place in his book.

Then, for a moment, they just sat there, looking at each other. She was thirty-four years old, a dental hygienist*, and liked to bike to keep fit. He could tell she was nervous from the way she bit her lip.

"You going to tell me?" he asked.

Ever since that time when his mother had informed him that his father had leukemia*

— the cause of his dad's death — he was edgy about surprises.

She said, "①あなたのお父さんが亡くなってから３年が経ちました。"

"I know."

"It was hard, very hard, but I think you and I handled it very well. And we love each other a lot. Maybe more, right?"

"Okay."

"We're more than okay. That's not a small thing. And we've moved on."

"But we haven't moved," said Ryan. "We've stayed right here."

Relaxing, she smiled. "You don't always have to be a wise guy. You know what I mean."

"Okay."

"I loved your dad. He loved me. And you. We had a good marriage. A really good family, but it... changed. We mourned*." For an instant, her face saddened, momentarily reliving that time. Then she took a deep breath, gave her professional smile, and said, "About a year ago, I felt good enough to, you know, start to ... see people. I guess I needed to get on with my own life."

She became silent.

Ryan waited. "But now, I bet you met someone you think is ... pretty good."

"Well, you're right."

"What's his name?"

"Ian Kipling."

"And?"

"He asked me to marry him."

"And?"

"[1]"

Ryan took a moment to consider*. Then he said, "How did you meet him?"

"I was cleaning his teeth."

"It must have been a great conversation."

She laughed.

"[2]"

"Seven months."

Ryan thought for a moment. Then he said, "Do I have any say about it?"

"Well... I certainly hope you like him."

"Wait a minute. If you married this guy, he would be my father, right?"

"Stepfather."

"I don't want step. He'd be my father. Period. (ⅰ)**And you just hope I'll like him?** That's not fair. He have kids?"

"No. He does have a niece and a nephew."

"Has he ever been married?"

"No."

Ryan considered. "You once told me, 'Being your mom is not just about loving you; it's a job."

"Well, true."

"So being a dad is sort of like a job, too, right?" When you got your new job with Dr. Von, you applied for it. You filled out an application. You even had to get references*, right? And an interview. You once told me that when you married Dad, he went to Grandpa and asked permission*. So, I think if this… what's his name?"

"Ian Kipling."

"If Ian Kipling wants the job of being my father, he has to apply. To me. To get my permission."

Ryan could not tell if his mother was going to laugh or cry. "Really?" she said.

"Really," said Ryan. "If I don't like him, would you still marry him?"

His mother said, "I'd have to think about that."

"So you have to admit*, it's important that I like him, too, right?"

"Right."

Ryan stood up. "Tell Ian Kipling to send me his application. To me. I'll go write a job description*."

"Ryan ..."

"I mean it."

(ア)[**a sheet / an hour / handed / his / later / mother / of / paper / Ryan**]. "Here's the job description."

His mother read it and said, "Come on, Ryan. What do you expect me to do with this?"

"Give it to Ian Kipling. If he's interested in applying for the position, tell him to call me. And tell him to make it soon."

Halley studied the words again, looked at Ryan, and then said, "Okay."

Two days later, in the evening, Ryan received a call on his cell phone.

"Hello. Is this Ryan Bennett? My name is Ian Kipling."

"Oh."

Silence.

"I guess I'm applying for the position you have available. You know, being your ... dad. I read the job description. I would like to make an appointment*."

"I first need to see two letters of reference."

"Sure."

"Just send the letters to me. Not to my mother."

"I'll see what I can do."

A week later, Ryan's mom asked Ryan, "Did you get any letters of reference?"

“One. From a kid.”

“Who was it?”

“Ian Kipling’s nephew.”

“May I see it?”

“Reference letters are confidential*. My English teacher said so.”

“I’d never question your English teacher.”

The day after Ryan received the second letter, he was eating dinner with his mom when he said, “I got the second letter of reference.”

“Who was it from?”

“Guy named Chuck Schusterman. He says he’s Ian Kipling’s best friend. Have you met him?”

“Yes. 3 ”

“Mostly.”

“Just mostly?”

“I told you. Letters of recommendation are private*.”

“Okay. What’s the next step?”

“I interview him. Tell him to call me and make an appointment.”

“Ryan, what happens if you don’t like him?”

“I told him lots of other people applied.”

“You didn’t!”

“Just tell him to call me,” Ryan said as he gathered up the dirty dinner plates and carried them to the sink. “Can’t get a job without an interview.”

Two days later, Ryan’s cell phone rang. It was Ian Kipling. And they agreed to have the interview at a library on Friday, at four o’clock. After hanging up the phone, he began to make a list of questions. By the time he was done, he had filled four pages.

Friday afternoon at three forty-five, Ryan (イ)[**a / in / had / he / library chair / questions /reviewing / sitting / the / was / written**] when the man approached him.

“Ryan Bennett? I’m Ian Kipling.” He held out a hairy hand.

Ryan looked up at a rather thin man wearing a dark suit, with blue shirt and striped tie. He looked rather clean and handsome. Ryan shook the hand. The grip* was strong.

Ian Kipling sat down across from Ryan. The two looked at each other. (ⅱ)**Ryan decided that Ian was nervous because he kept folding and unfolding his hands.**

“Thank you for seeing me,” said Ian Kipling.

“No problem.” Ryan took out a ballpoint pen and held up his pages of questions. “I’ll be writing down your answers so I can review them. Okay?”

“Okay.”

Ryan checked the first page. “Question one. Can you tell me why you want the position?”

“Being your dad?”

“Uh-huh.”

“Well, I really love your mom, crazy about her, and if you’re anything like her, I’m sure I’d love you a lot, too. I mean I like kids.”

Ryan wrote some of that on his paper.

“What’s your experience with kids?”

(iii)“**I was one, once.**”

“Anything more recent?”

“I have a nephew and a niece. We get along really well. I think you got a letter from my nephew.”

“(ウ)[**a / do / does / good time / have / like / my mom / she / to / to / wants / what / when**]?”

“Go to a restaurant. Bike.”

“What’s your favorite sport?”

“Baseball.”

“Who do you root for?”

“Cubs.”

“They never win.”

“Gotta be loyal*, right?”

Ryan checked his paper. “②あなたは子供は何時に寝るべきだと思う?”

“It depends. There are school days. Holidays. Weekends. Special days. I think there should be some flexibility*.”

“What about allowances*?”

“I don’t believe kids should get too much. There are jobs they can get. Babysitting. Dog walking. That kind of stuff.”

“[4]”

Ian thought for a moment, then said, “Negotiable*.”

“What’s your job?”

“I work for United American Health. I look into fraud*, people’s lies. Basically, catching the bad guys.”

“Is that dangerous?”

Ian Kipling shook his head.

Ryan wrote that down. Then he asked. “Are you rich?”

“No. But I have decent* pay.”

“[5]”

“I’d take really good care of her.”

“My mom and I both like to read. What about you?”

“Reading’s okay. When I read it’s mostly history.”

Ryan said, "What's your idea of a good time?"

"Hanging out. Playing sports. Cooking. Love movies."

"What do you like to cook?"

"Indian food."

Ryan made a face. "Spicy?"

"Can be."

"I don't like spicy."

"I'm flexible."

Ryan reviewed his paper. "What's the best thing about my mom?"

"She's full of life. Great sense of humor. I love being with her. Terrific."

"If you became my dad, could I keep a picture of my real dad in my room?"

"I hope so."

Ryan took another look at his paper. "Okay. What's the most important thing you can do for your son?"

Ian Kipling became thoughtful. "I can think of two things. The first thing is to love him. Second thing is, to keep telling him that you do love him."

Ryan took a while to write that down. "Got three more pages, but they're mostly about the same subject."

"Shoot."

"In Harry Potter, who's your favorite character?"

Ian Kipling said, "I'm sorry to admit it, but I haven't read the book."

Ryan frowned* and folded his papers. "Well, that's not negotiable. So I guess I don't have any more questions."

That night Ryan went into his mom's bedroom. She was sitting up in bed, reading something.

"Okay," said Ryan. "Ian Kipling. His letters of reference are okay. Interview, okay. I don't think he reads as much as we do. He likes spicy food. And, guess what? He's never read Harry Potter."

Halley said, "Do you think he can handle the job?"

"Yeah, I think so."

【注】 hygienist : 衛生士　leukemia : 白血病　mourned : 弔った　consider : 考える
reference : 推薦書　permission : 許し　admit : 認める　job description : 職務説明書
appointment : 会う約束　confidential : 秘密　private : 私的　grip : 握り　loyal : 忠誠
flexibility : 柔軟性　allowances : お小遣い　negotiable : 交渉の余地のある　fraud : 詐欺
decent : 十分な　frowned : 顔をしかめた

A：1 ～ 10 の書き出しに続くもの，もしくは質問に対する答えとして，本文の内容に最も一致するものを a)～d) の中から 1 つ選び，記号で答えなさい。

1. What did Ryan do with the book before he talked to his mom?
 a) He put it back in the bookshelf.

b) He wrote his name on the book.
c) He erased his notes on the book.
d) He left a sign to show where he had read up to.

2. What did mom mean by "we've moved on"?
a) They couldn't think about themselves.
b) They moved to a new house.
c) They carried on with their lives.
d) They decided not to talk about it.

3. What did mom mean by "see people"?
a) To work with many patients.
b) To watch people carefully.
c) To look for a new partner.
d) To understand her friends more.

4. "Do I have any say about it?" Ryan wanted to know if ...
a) mom would listen to his opinion.
b) Ryan can ask this man some questions.
c) Ryan needs to make the decision or not.
d) mom wanted Ryan to ask questions.

5. What is Ian Kipling's job?
a) He is a dentist at mom's work place.
b) He does researches for a company.
c) He is a police officer in the neighborhood.
d) He writes articles for a local newspaper.

6. What does Ian Kipling like about Halley?
a) Halley is very beautiful and smart.
b) Halley and Ian are both Cubs fans.
c) Halley is a great mother.
d) Halley is very active and funny.

7. Ryan's questions which he had prepared were mostly about ...
a) baseball. b) Harry Potter. c) mom. d) food.

8. Why did Ryan take notes of just some questions?
a) Because he wasn't really interested in this interview.
b) Because Ian Kipling was speaking too fast.
c) Because only some of the questions were important for him.
d) Because Ian Kipling was giving the wrong answers.

9. What did Ryan NOT like about Ian?
a) He had never read Harry Potter books.
b) His hairy hand.
c) He didn't have kids.
d) He wasn't rich.

B：[1]～[5]に入れるのに最も適切なものを(い)～(ほ)より1つずつ選び，記号で答えなさい。

(い) What if my mother got sick?
(ろ) I told him I'd think about it.
(は) Did the letter say nice things?
(に) How long have you known him?
(ほ) Yeah, but how much?

C：下線部(ア)～(ウ)の[　　]内の語(句)を，内容に合わせ正しい語順に並べ替えなさい。文頭に来るべき語も小文字になっているので注意すること。

D：下線部(ⅰ)，(ⅱ)，(ⅲ)を和訳しなさい。

E：下線部①，②を英訳しなさい。

オ　人住まず荒れたる宿を来てみれば今ぞ木の葉は錦《にしき》織りける

ii

ア　津の国の難波の春は＊夢なれや蘆《あし》の枯葉に風渡るなり

＊夢なれや…夢なのだろうか

イ　沢水に空なる星の映るかと見ゆるは夜半《よは》の蛍なりけり

ウ　入日さす夕 紅《ゆふくれなゐ》の色映えて山下《やました》照らす＊岩つつじかな

＊岩つつじ…山や岩場に生えるつつじ

エ　吉野山八重たつ峰の白雲に重ねて見ゆる花桜かな

オ　梅の花＊かばかり匂《にほ》ふ春の夜の闇は風こそうれしかりけれ

＊かばかり…こんなにも

iii

ア　来る人も無き我が宿の藤の花誰を待つとて咲きかかるらむ

イ　山桜咲きぬる時は常よりも峰の自雲立ちまさりけり

ウ　このタベ降りくる雨は彦星の早漕《こ》ぐ舟の＊櫂《かい》の＊ちりかも

＊櫂…舟を漕ぐ際に使うオール　ちり…飛び散ったしずく

エ　きりぎりす夜寒に秋のなるままに弱るか声の遠ざかりゆく

オ　奥山の岩垣《いはがき》紅葉散り果てて朽葉《くちば》が上に雪ぞ積もれる

「日本人は人に何か頼む時、アグラではいけないんですか。寅さん、ヒロシさんに頼む時、座り直したでしょ」とアン。

「よくそんな所まで気がついたわね。そうよ。アグラをかいたままでは失礼でしょ？」

「頼まれたヒロシさんが思わず座り直したのも面白かった」

「寅さんは、頼んだあとすぐにまたアグラをかいたね」

皆、実に注意深く見ている。言葉の分からない分だけ、動作を見たということだろうか。

留学生たちと映画を見ると、③普段と全く違った角度から見ることになる。平面の世界で判断していたことを、立体の世界で判断するようなもの。実際に勉強になったのは留学生たちより私の方かもしれない。

（佐々木瑞枝『留学生と見た日本語』（筑摩書房）より。

出題のために一部を省略し、表記を改めた箇所がある。）

＊注　「寅さん」…山田洋次監督、渥美清主演の映画「男はつらいよ」シリーズの主人公。「男はつらいよ」シリーズは、全48作中、ほぼ半分が年末に公開された

「お百度参り」…願い事がかなうように、神社などに行き、一定の場所を百回往復して拝むこと

問1　文中の【 a 】～【 e 】の中に入る語句を以下の語群から選び、記号で答えなさい。

ア　いちいち　**イ**　じっと　**ウ**　まして　**エ**　おめおめと

オ　ちょうど　**カ**　かなり　**キ**　すぐに　**ク**　きっぱりと

問2　文中の【 f 】と【 g 】の中に入る語句を、次の中から選びなさい。

f　**ア**　噛みつかんばかりに　**イ**　噛みしめるように

ウ　食いいるように　**エ**　食らいつくように

g　**ア**　きる　**イ**　つける　**ウ**　ともす　**エ**　点じる

問3　以下の文の（ア）～（オ）に、適当な語を入れて——①「先生おせんべ、いただきますか」における敬語の誤りを説明しなさい。

「いただく」は「（ ア ）」という語の（ イ ）語だが、（ イ ）語はへりくだった言い方なので、目上の人の動作を言う時には使うことができない。この状況であれば、「（ ア ）」の（ ウ ）語を使って、「おせんべいを（ エ ）」または「おせんべいを（ オ ）」と言わなくてはならない。

問4　——②「それが随分出ていましたね」とはどういうことか。解答欄に入る形で、二十五字以内で説明しなさい。

問5　——③「普段と全く違った角度から見ることになる」とはどういうことか。最後に「ということ」が来るような形で、三十字以内で答えなさい。

三　以下の和歌を、季節の進行順に並べ替えなさい。なお、和歌の世界では『古今和歌集』以来の伝統として、一年は立春から始まると考えられているので、ここでもそれに従うこと。

i　**ア**　石走《いはばし》る滝もとどろに鳴く蝉《せみ》の声をし聞けば都し思ほゆ

イ　このごろは花も紅葉も枝になししばし＊な消えそ松の白雪

＊な消えそ…消えないでください

ウ　梅の花匂《にほ》ひを道の標《しるべ》にて主《あるじ》も知らぬ宿に来にけり

エ　あしびきの山吹の花散りにけり井手の蛙《かはづ》は今や鳴くらむ

しきりである。言葉の問題だけじゃなかった、文化的背景の違いだってあったのに、この映画につれてきて皆に悪いことをしてしまった。それでも皆、【　f　】映画をみつめている。

　定時制高校入学試験、つきそいで来た寅さん、失敗ばかりしている。先生を用務員と間違えたり、定時制を夜間と言って叱られたりする。そしてついに、テストを監督中の先生を廊下に呼び出して、先生の胸元に千円札を押しこむ。「冗談じゃありませんよ」と先生。「まあ、帰りに一杯でも」と寅さん。押し問答のあげくピシャッとドアを閉められてしまった寅さん。そこでブライアンが笑い出す。びっくりするくらい大きな声で。「ワッハッハッハ」、つられて皆も「アッハッハッハ」。先生に堂々とワイロを渡すという常識から外れた寅さん的発想をブライアンは笑ったのだろうけれど、そこに日本人は、無教養だが親切のかたまりのような寅さんの原点を見て涙する。とても馬鹿にする気にはなれないのだ。山田洋次監督はこのへんの捉え方が実に巧みだ。下手をすればドタバタにしかならないものを、日本人の感情のひだをすくうように、情の世界に持っていく。ブライアンたちの高笑いと、日本人のテレ笑い、同じ画面を見ても、反応はこんなに違うものだろうか。

　それでも皆満足気な顔で映画館を出た。歩行者天国の新宿の大通りを人の波に押されるようにして歩きながらティールームに入る。

　話の口火はクリスが【　g　】。オクスフォード大学出身、東大で法律を専攻しているイギリス人だ。

「日本語は我々の話す英語（ブリティッシュ・イングリッシュのこと）ほど、階級の差はないと思っていたけれど、今日の映画では②それが随分出ていましたね」

　いかにもクリスらしい考え方だ。

「うーん、階級というのとはちょっと違うんじゃないかしら。イギリス人は初対面の人と会うと鼻をクンクンとして、一、二分で階級がわかるそうね。それに労働者階級出身の女性が中流家庭に嫁いでも、言葉だけは相変わらずで、苦労したという話を聞いたことがあるわ。でも今日見た寅さんは相手によって言葉を使いわけていたでしょう。例えばごぜん様には『はい、元気でやっております』なんてね」

「じゃ、日本では、教育程度とか、職業的地位によって言葉が違うということはないんですか」

「何だか難しくなってきたわね。日本語の文法とか、語彙という点ではほとんど違わないと思う。山の手ことばと下町ことば、女ことばに男ことば、それに日本は縦社会だから、上下の関係を意識した時には必ずことばの違いが出るけれど、それは表現の仕方が違うということで、クリスが言うように階級とは結びつかないと思うわ」

（中略）

「葉さんはどこが面白かったの」。いつも静かな中国からの留学生だ。まだ話をするのはあまり上手ではない。彼女はこの映画をどう見たのだろうか。

「新じく祝いにオガネをあげるところが、面白かったです」

「ああ、あそこ本当に面白かったね。お札にアイロンかけるところでしょ」とブライアン。

　寅さんは妹サクラの新築祝いと二万円を工面するのだが、くしゃくしゃの札をアイロンをかけて伸ばす場面が出てくるのだ。

3　野外教室で子どもたちを教育した成果が不明なので、追跡調査し、その必要性や有効性を検証すべきである。

4　自然保護も、人間が自分の快適さのため、人為的に自然環境に手を加えている点で、自然破壊と同じである。

5　里山のイメージは各人の都合や郷愁の産物であり、その保護を、万人に認められるものとするのはおかしい。

6　現在ある伝統は、共有経験や郷愁に基づかないものであり、伝統の意味を変更しない限り、すたれるだろう。

問10　＝＝＝1～10のカタカナを漢字に直しなさい。

二　次の文章は、日本語学校の教師である筆者が、外国人の生徒を連れて映画を見に行った時のことを書いたものである。この文章を読んで、以下の問題に答えなさい。

　お正月、日本語の上級クラスの学生たちをつれて映画を見に行った。もちろん日本の映画で、これは大切な課外授業なのだ。迷った末「*寅さん」にした。新宿の映画館に九人の外国人をひきつれてぞろぞろ入ると、さすがに目立つのか「おやおや、外人さんに寅さんがわかるのかい」なんて声がかかる。「私達日本語を勉強していますから、多分わかると思います」とブライアンが奇妙とも思える丁寧さで答える。別に皮肉を返した訳ではない。彼の日本語はいつだってこうなのだ。席につく。お正月という事情も手伝ってだろうが、観客席は家族連れが多く、何か雰囲気が暖かい。

　①「先生おせんべ、いただきますか」と、リサが私におせんべいをすすめる。彼女はまだ敬語の使い方を覚えていない。「ええ、いただくわ」といいながら苦笑する。こんなところで敬語の使い方を直すなんて野《や》暮《ぼ》ですもの。

　場内が暗くなる。皆神妙な顔をしている。外国人にとって日本の映画を見るということは、自分の語学力を試すような気持になるのだろう。【 a 】私達が字幕スーパーなしの洋画を見る時のように。しかしこの映画は他のものに比べて、肌あいがちょっと違う。毎年「一年のごぶさた」の後、共にめでたいお正月を過ごそうと映画館に集まる人たちには、寅さん一家に対する共通な認識がある。いわば映画館にいる観客全部が、意識するにしろ、しないにしろ、仲間意識で結ばれているとも言えるのだ。その中に私はアウトサイダーたちをつれて乗りこんだことになる。これは映画が始まって【 b 】我々が異質な存在だということに気づいた。周りの人たちが笑ったり、溜息《ためいき》をついたり、拍手をする場面で、ちらっと顔を見合わせることが多いからだ。

　もちろん言葉の問題もある。【 c 】テンポの早い下町ことばは私にだって聞きとりにくい。【 d 】留学生たちにとっては、授業中と違って【 e 】私にきく訳《わけ》にもいかず、腹立たしい思いだろう。北海道からつれてきた身よりのない少女を、定時制高校に入れてあげようと必死な思いの寅さん。場内はシーンとしている。

「サクラ、入学出来るように英語教えてやってくれよ」「ヒロシ、数学頼むよ」「あっ、オバチャンは*お百度参りちゃんとやってくれよ」

「俺は裏口入学、相談してくる」

　リサが私のひじをつき、「おひゃくどまいり、意味わからない」という。「あとで」とリサの耳に囁《ささや》きながら、心の中で後悔することは日常生活に何の支障も生じなかったことに気がついて驚くのだ。ここに郷愁というものの持つ性格がよく表われている。

　このことは里山に関しても同様にあてはまる。

（後略）

（高橋敬一『「自然との共生」というウソ』（祥伝社）より。出題のために一部を省略し、表記を改めた箇所がある。）

＊注　邁進…ひるまず突き進むこと

問1　文中の【　a　】に共通して入る言葉をひらがな四字で答えなさい。

問2　文中の【　b　】に入る言葉をひらがな二字で答えなさい。

問3　文中の【　c　】に共通して入る言葉を漢字二字で答えなさい。

問4　文中の【　d　】に共通して入る言葉を以下から選び記号で答えなさい。

ア　まるで　　**イ**　あくまでも　　**ウ**　かならずしも
エ　どうしても　　**オ**　いわゆる　　**カ**　いわば

問5　――①で筆者が説明している「自然の遷移」とはどのようなものか。最も適切な説明を以下から選び記号で答えなさい。

ア　人が手を加えなくても、自然は自律的に変化していくということ。
イ　自然は人手を離れては存在できなくなってしまったということ。
ウ　日本の里山の役割を、今は外国が果たすようになったということ。
エ　里山への移入種が、元来あった種を駆逐してしまったということ。

問6　――②「錦の御旗」の意味を説明した次の文について、【　A　】には適切な言葉を漢字二字で入れ、【　B　】には入るものとして最も適切なものを以下の**ア**～**エ**から選び、記号で答えなさい。

もともとは【　A　】から官軍の大将に与えられる旗のことを指し、そこから転じて【　B　】のことを指すようになった。

ア　絶対に守らなければいけないもの
イ　昔から途切れることなく続くもの
ウ　何かを正当化し、権威づけるもの
エ　人目を引き、親しまれているもの

問7　――③について、ここではどのように伝統の意味が変更されているか。次の文の【　A　】と【　B　】に、適切な語句を入れて答えなさい（【　A　】、【　B　】ともに五字以上十字以内で）。

郷愁のある伝統とは、本来人々が【　A　】ものをいうが、ここでは若い世代にとっては【　A　】ものではなくて【　B　】ものであっても、新たな「郷愁」を持った「伝統」として発信している点。

問8　――④について、里山に関して同様のことをあてはめると、どのようなことが言えるか。次の文の【　A　】と【　B　】に、本文中の言葉を利用した説明を入れて答えなさい（【　A　】、【　B　】ともに十五字以上二十字以内で）。

本当にかつての里山を復活させたいなら、里山が担っていた【　A　】を復活させ、【　B　】を手放さなくてはならないということ。

問9　次に示す各文のうち、筆者が本文で述べている内容と合致するものには○、そうでないものには×を付けなさい。

1　里山の自然は人間活動の影響によって本来の自然が破壊されたものであり、人が手を加えないと維持できない。

2　里山の保全運動では本当の自然保護にはならないので、人為的な管理をやめ、自然の遷移に任せるべきである。

ともに、人間の記憶と強く結びついたこれら一部の目立つ生物が守られるべきものとしての地位をいち早く獲得したのも不思議はない。

＊

郷愁の風景の復活を②錦の御旗《みはた》とするのは、何も里山運動だけではない。

テレビをつけ、あるいは新聞を開き、そこに伝統という言葉を目や耳にしない日はほとんどない。

伝統を守ることは一般的には6ウムをいわさずによいこととみなされており、また「伝統がすたれてきた」という表現は日常生活の中でもごく普通に耳にする。

伝統という言葉を聞いて大方の人は伝統芸能などを真っ先に思い浮かべるだろうが、伝統は単にそうしたもののみではない。伝統とは私たちが過去に体験し、今も続けようとしているものすべてであるといってよい。多くの祭りは地域レベルの伝統であり、毎朝必ず玄関の前を掃くなどというのは、7カテイあるいは個人レベルでの伝統である。

伝統の歴史など、古いものでもせいぜい数百年から一〇〇〇年程度のものでしかない。中には生まれて間もないものも多いが、人間は自分が若いころに存在していたものを学習しながらスタンダードを形成する。これは人間がまだ若いうちに、本能がいま置かれている環境を受け入れ（学習し）、そこでうまく8サドウするよう自分を調整（フォーマット）するからだ。

こうして人間は、大人になってからも若いころの経験を元に様々な判断を行なうようになる。いかなる過去であれ、それは自分の生存を保証していた。そのため伝統を守ることは自らの生存を守ることだと感じ、若い世代にもその伝統を9キョウヨウするようになる。

共有経験のない思い出話を聞かされることにうんざりするのは、郷愁というものがきわめて【　c　】的なもの、要するに他人にとっては何の価値もないものである証拠なのだが、語っている本人はそのことにまったく気がつかない（③ただし若い世代によって伝統が持つ意味が変更され、本来とは別の意味で活用される場合もある。地域おこしへの利用などはその典型だ）。

「昔はよかった」も似たようなものである。

昔はよかったという話は毎日毎日どこかで繰り返され、古きよき昔へ戻そうという計画は日々あちこちで10ムし返されている。昔の道徳を押しつけようというのもこうしたもののひとつだ。しかしながら道徳は時代とともに変化していく典型的なもののひとつである。④本当にかつての道徳を復活させたいなら、当時の社会背景の復活も同時に必要であり、それはいまある多くのものを手放さなくてはならないことを意味している。

いったん伝統ができあがると、それを完全に消し去ることはきわめて難しい。外部から見てどれほど時代遅れで不必要なものであっても、その伝統を【　c　】的体験として経験してきた人々から見れば、伝統の廃止は自らを生かしてきた世界を否定されるようなものだからだ。伝統を廃止するためには、その伝統を作り出したとき以上のエネルギーを必要とする。

しかしこの大事な伝統というものがなくなってしばらくたつと、そんなものがあったことすらすぐに忘れられてしまう。そしてあるとき、そんな伝統があったことを思い出した人が、それがなくなっても結局を持っているわけではない（同じ年齢層はよく似た原風景を共有しているが、だからといってそれが万人に通じるスタンダードではない）。それぞれが勝手に自分が理想とする自然を思い描いて、それを自然保護と結びつけて万人の義務であるかのように主張しているに【　a　】のだ。

野外教室などに子どもを集めるのもこの延長である。熱心なのは親ばかりで、集められた子どもたちがその後どうなったかの追跡調査など、少なくとも私は聞いたことがない（主体は【　d　】子どもたちだったはずだが）。

自然や子どもたちのためにやっているのではなく自分の郷愁のためにやっているのだが、当人たちはそのことにまったく気がつかず、自分はまさに人間と自然との共生を実現する正義の士であると思い込んでいる。

そこにあるのは自分（だけ）に都合のよいように環境を改変あるいはコントロールし、自分および自分の遺伝子の生き残りを図ろうとする人間本能以外の何ものでもない。結局は自然保護も、自然破壊と同様、利他的な自己犠牲とはほど遠い自分保護の別称に【　a　】。

けれども「自然との共生」という言葉の中に感じられるのは、【　d　】自然が主体であるかのような心地よい正義と自己犠牲の感覚ばかりである。

人為的圧力下の自然において生き残ってきた里山の生物、たとえばハデな色彩を持ち、春の女神とも呼ばれるギフチョウなどの保護に携わっている人たちは、自分たちは万人に認められるべき立派な自然保護を行なっていると思い込んでいる。けれども彼らが保護しようとしているのは人間の圧力下において繁栄してきた【　c　】的郷愁の生物なのだ。それを維持するということは自然の遷移を止めて、ある一瞬の風景をそのまま維持しようとすることでもある。

実際の地球の歴史、そして生命の歴史は常に変化の中にあり続けてきたのだが、彼らにとっては歴史の中のある一瞬の風景を切り取って「永遠に」保存することこそが「正当な自然保護」なのだ。彼らが行なっていることはこういうことだ。

「私たちが子どものころに親しかった自然（風景）が失われるのは身を切られるようにつらい。だから私たちはこの自然をこれから先も維持しようとしている」

けれども彼らの多くはこう考え、主張している。

「私たちはかけがえのない本物の自然を人類のために守ろうとしているのだ」と。

郷愁の宿る風景を失ったことを悲しみ、それを他人による自然破壊としてしか捉えることのできない彼らは、様々な理由を持ち出してきては自然の力を抑えつけ、人為的圧力下においてのみ存在する里山の風景の復活に*邁進《まいしん》する。

そして人々の不安を煽《あお》るかのように、あらゆる些細《ささい》な事柄まで何倍にも増幅して見せながら、いま事を起こさないとあたかも日本が滅び去るかのごとく主張する。

さらに注意すべきは、ギフチョウに代表されるように、彼らが守ろうとするものはほとんどの場合、常に目立つ種であるということだ。ホタルやトンボなども昆虫としては例外的に目立つ生物であるため、大昔から人間にとって親しみ深いものであり続けてきた。里山の荒廃

【国　語】（六〇分）〈満点：一〇〇点〉

【注意】字数制限のある設問については、句読点・記号等すべて一字に数えます。

一　次の文章を読み、後の問いに答えなさい。

里山という言葉が頻繁に使われ出したのは、ごく近年になってのことである。里山とはおおざっぱに言えば、「人家に[1]キンセツし、人間活動の影響を強く受けてきた山野」のことをいう。

里山という言葉が使われるようになる前に、こういう山野が存在していなかったわけではない。むしろ人間の定住開始以降、人間が住む場所の周囲は常に里山であり続けてきた。そんな当たり前のものが、いまなぜ里山という名称を与えられて注目を浴びるようになったのだろう（里山という言葉が初めて使われたのは江戸時代のことと言われているが、この言葉が[2]サカんに使われ始めたのはごく最近になってのことである）。

里山が注目を浴び始めたきっかけは里山の消失と荒廃が指摘され、その保全が叫ばれるようになったからだ。

里山の消失は分かりやすい。これは里山、特に都市部周辺の里山をつぶし、住宅地など人間のための施設を次々と建設し始めたためである。

もう一方の里山の荒廃とは、里山が人間の手を離れることによって①自然の遷移《せんい》が進み、個人の記憶の中に刻み込まれた「あの親しみ深かった、人の手で[3]セイビされた野山の光景」が失われてしまったことを意味している。

里山の消失も荒廃も、記憶の中にある懐かしい風景の喪失という点で意味はまったく同じだ。その背景には、人々が都市部に集中し、生活基盤としての里山を必要としなくなってきたことがあげられる。ただし日本人が里山を本当に必要としなくなったというわけではなく、かつての日本の里山の役割（燃料、食糧等の供給）を、いまは外国が肩代わりしているということに【　a　】。

里山はいまや「自然との共生」の主要舞台となっている。しかしそもそも里山とは、手つかずの自然が人間によって破壊され尽くした、【　b　】の果ての場所である。また、人間が[3]セイビし続けてきた里山には、元来そこには生息してはいなかったはずの外部からの移入種も数多く含まれている。そうした場所で繰り広げられる里山の保全運動および「自然との共生」が示しているのは、次のような事実だ。

つまり日本人は、一方で自分たちの生活のために都市部周辺の里山を躊躇《ちゅうちょ》なくつぶしておきながら、その一方で、人手を離れて勝手に自然の歩みを始めた里山を再び人間のコントロール下に置こうとあせり始めたのである。

そこにあるのは、自分が親しかった風景、そこで自分が育《はぐく》まれ、自分を支えてくれていたと感じる風景（自然）の喪失に伴う生存への不安だ。これを郷愁に基づく不安と呼んでもいいだろう。

この傾向は特に都市部の人間において著《いちじる》しい。自然と引き替えに快適な生活を手に入れた人間が、こんどはそれを得る[4]カテイで失った「【　c　】的な原風景」を取り戻そうとし始めたのだ。

「自然との共生」における原風景は【　d　】人によって異なるものであり、誰もがこれが本当の里山の風景であるという共通するモデル

MEMO

大切なことはメモしておこうネ！

平成29年度

解答と解説

《平成29年度の配点は解答用紙に掲載してあります。》

＜数学解答＞《学校からの正答の発表はありません。》

1 (1) $-\frac{7}{38}$　(2) $-\frac{355}{2}$　(3) (ア) $x=z$　$y=10-2z$

(イ) $x=\frac{8}{3}$　$y=\frac{14}{3}$　$z=\frac{8}{3}$, $x=4$　$y=2$　$z=4$

(4) $3\times5^2\times67\times199$　(5) (ア) $\frac{2}{9}$　(イ) $\frac{26}{99}$

2 (1) $[10,\ 2]=8$, $[10,\ 5]=2$, $[10,\ 10]=2$　(2) $[100,\ 390]=7$

3 (生徒数) K組　45人, E組　54人, I組　21人

4 (1) (点Bの座標) $\left(\frac{1}{4},\ \frac{1}{8}\right)$　(直線ABの方程式) $y=-\frac{3}{2}x+\frac{1}{2}$

(2) (点Cの座標) $\left(\frac{1}{2k},\ \frac{1}{4k}\right)$　(直線CDの傾き) $-\frac{3}{2}$　(3) $\left(-\frac{3}{8},\ \frac{17}{16}\right)$

5 (1) $\frac{1}{8}$　(2) $\frac{-1+\sqrt{3}}{64}$　6 (1) $\frac{8\sqrt{2}}{3}$　(2) $\frac{5\sqrt{2}}{3}$

＜数学解説＞

1 (小問群一数の計算, 式の値, 連立方程式, 素因数分解, 確率)

(1) 与えられた分数式の分子は, $\frac{1}{3}-\frac{2}{5}=\frac{5-6}{15}=-\frac{1}{15}$　分母は, $\frac{1}{3}-\frac{2}{5}+\frac{3}{7}=-\frac{1}{15}+\frac{3}{7}=\frac{-7+45}{105}=\frac{38}{105}$　よって, $-\frac{1}{15}\div\frac{38}{105}=-\frac{7}{38}$

(2) $(x-3)(x-4)(x-5)+(x+3)(x+4)(x-5)+(x+3)(x-4)(x+5)+(x-3)(x+4)(x+5)=(x-5)\{(x-3)(x-4)+(x+3)(x+4)\}+(x+5)\{(x+3)(x-4)+(x-3)(x+4)\}=(x-5)(2x^2+24)+(x+5)(2x^2-24)=2x^3-10x^2+24x-120+2x^3+10x^2-24x-120=4x^3-240$　$x=\frac{5}{2}$を代入すると, $4\times\left(\frac{5}{2}\right)^3-240=4\times\frac{125}{8}-240=\frac{125}{2}-\frac{480}{2}=-\frac{355}{2}$

(3) (ア) ①−②×4から, $-x+z=0$　$x=z$　①−②×3から, $y+2z=10$　$y=10-2z$

(イ) $x=z$, $y=10-2z$を③に代入すると, $z^2+(10-2z)^2+z^2=36$　$6z^2-40z+100=36$　$3z^2-20z+32=0$　$z=\frac{20\pm\sqrt{400-384}}{6}=\frac{20\pm4}{6}=\frac{8}{3}$, 4　$z=\frac{8}{3}$のとき, $x=\frac{8}{3}$　$y=10-\frac{16}{3}=\frac{14}{3}$　$z=4$のとき, $x=4$　$y=10-8=2$

やや難 (4) $999975=9999\times100+75=9999\times4\times25+3\times25=25\times(9999\times4+3)=25\times3\times(3333\times4+1)=3\times5^2\times13333$　13333が素因数分解できるかどうかを調べるために, 順に素数で割ってみると, $13333=67\times199$　199も素数だから, $999975=3\times5^2\times67\times199$

重要 (5) (ア) 図1は2の倍数，3の倍数，5の倍数の関係を表したものである。1から99までの自然数の中に，2の倍数は49個，3の倍数は33個，5の倍数は19個，2と3の公倍数である6の倍数は16個，2と5の公倍数である10の倍数は9個，3と5の公倍数である15の倍数は6個，2と3と5の公倍数である30の倍数は3個ある。よって，シールが2枚貼られた番号札となるものは，$(16-3)+(9-3)+(6-3)=22$　よって，それが出る確率は，$\frac{22}{99}=\frac{2}{9}$

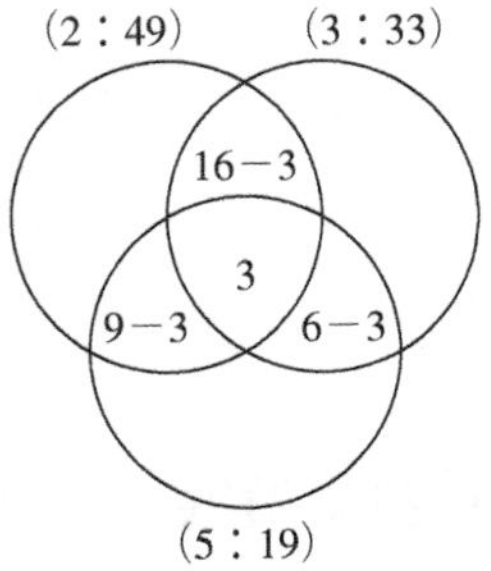

(イ) 1から99までの自然数の中で，2の倍数または3の倍数になるものの個数は，$49+33-16=66$　5の倍数であって，2の倍数でも3の倍数でもないものの個数は$19-(9+6-3)=7$　よって，シールが貼られていない番号札となるものは，$99-(66+7)=26$　したがって，それが出る確率は，$\frac{26}{99}$

2 (自然数の性質，素因数)

(1) [10, 2]については，1から10までの自然数の中に2の倍数は5個あり，その中の4は素因数2を2つ持ち，8は素因数2を3つ持つ。よって，$1\times2\times3\times\cdots\times10$は素因数2を$5+1+2=8$(個)持つから，2で8回割り切れる。よって，$[10,\ 2]=8$　[10, 5]については，1から10までの自然数の中に5の倍数が2個あるから，$1\times2\times3\times\cdots\times10$は5で2回割り切れる。よって，$[10,\ 5]=2$　[10, 10]については，$1\times2\times3\times\cdots\times10$は素因数2を8個，素因数5を2個持ち，$10=2\times5$なので，10で2回割るとそれ以上は10で割り切れない。よって，$[10,\ 10]=2$

(2) [100, 390]については，390を素因数分解すると$2\times3\times5\times13$　2，3，5，13の中で，倍数の個数が最も少ないのは13で，$13\times7=91$だから，$1\times2\times3\times\cdots\times100$の中に素因数13は7個ある。素因数2，3，5は7より多くあるが，390で7回割った後は素因数13が残っていないので390では割り切れない。よって，$[100,\ 390]=7$

3 (平均ー自然数の性質)

120人の生徒の合計点は，$51.8\times120=6216$　K組とE組の生徒人数を$5x$人，$6x$人，E組の生徒人数をy人とすると，それぞれの組の合計点は，$51\times5x=255x$，$52\times6x=312x$，$53y$となるので，$255x+312x+53y=6216$　$567x+53y=6216$　$y=\frac{6216-567x}{53}=\frac{3(2072-189x)}{53}=\frac{3\times7(296-27x)}{53}$

yは自然数なので，$296-27x$は53の倍数である。xに自然数を代入して$296-27x$が53で割り切れるかを確かめると，$x=9$のときに，$296-243=53$となり割り切れる。よって，K組は$5\times9=45$(人)　E組は$9\times6=54$(人)　I組は$3\times7=21$(人)となる。

重要 4 (関数・グラフと図形ー2次関数，一次関数，交点，直線の式，傾き，傾きの積，面積の等分)

(1) 直線OAの式は$y=-2x$である。垂直に交わる直線の傾きの積は-1だから，直線OBの式は，$y=\frac{1}{2}x$となる。よって，点Bのx座標は方程式$2x^2=\frac{1}{2}x$の解として求められるので，$4x^2=x$

$x(4x-1)=0$　$x>0$だから，$4x-1=0$　$x=\frac{1}{4}$　y座標は，$\frac{1}{2}\times\frac{1}{4}=\frac{1}{8}$　したがって，

$B\left(\frac{1}{4},\ \frac{1}{8}\right)$　また，直線ABの式については，$A(-1,\ 2)$，$B\left(\frac{1}{4},\ \frac{1}{8}\right)$だから，傾きは，$\left(\frac{1}{8}-2\right)\div\left\{\frac{1}{4}-(-1)\right\}=-\frac{15}{8}\div\frac{5}{4}=-\frac{3}{2}$　$y=-\frac{3}{2}x+b$とおいて$(-1,\ 2)$を代入すると，$2=\frac{3}{2}+b$　$b=\frac{1}{2}$　よって，$y=-\frac{3}{2}x+\frac{1}{2}$

(2)　点Cのx座標は方程式$kx^2=\frac{1}{2}x$の解として求められるから，$kx^2-\frac{1}{2}x=0$　$x(2kx-1)=0$　$x=\frac{1}{2k}$　点Cのy座標は$k\times\left(\frac{1}{2k}\right)^2=\frac{1}{4k}$　よって，$C\left(\frac{1}{2k},\ \frac{1}{4k}\right)$　点Dのx座標についても同様に$kx^2=-2x$から，$x(kx+2)=0$　$x=-\frac{2}{k}$　点Dのy座標は$k\times\left(-\frac{2}{k}\right)^2=\frac{4}{k}$　よって，直線CDの傾きは，$\left(\frac{4}{k}-\frac{1}{4k}\right)\div\left(-\frac{2}{k}-\frac{1}{2k}\right)=\frac{15}{4k}\div\left(-\frac{5}{2k}\right)=-\frac{3}{2}$

(3)　線分ABの中点をMとし，直線OMと線分CDの交点をNとする。直線ABと直線CDの傾きが等しいのでAB//CDである。よって，OM：ON＝BM：CN，OM：ON＝AM：DN　BM：CN＝AM：DNとなるので，NはCDの中点である。よって，△OCN＝△ODN，△OBM＝△OAM　したがって，△OCN－△OBM＝△ODN－△OAMとなるので，直線OMが四角形ABCDの面積を2等分する直線ℓであり，点Mが直線ℓと直線ABとの交点となる。点MはABの中点なので，x座標は，$\left(-1+\frac{1}{4}\right)\div2=-\frac{3}{8}$　y座標は，$\left(2+\frac{1}{8}\right)\div2=\frac{17}{16}$　よって，交点の座標は，$\left(-\frac{3}{8},\ \frac{17}{16}\right)$

5　**(平面図形－相似，角度，三平方の定理，長さ，面積)**

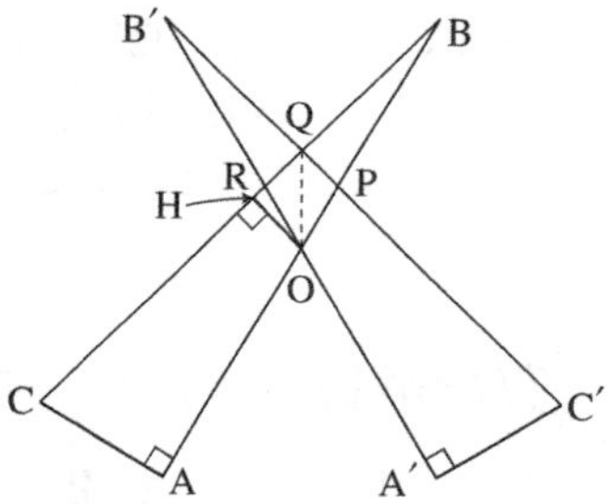

(1)　△OBHと△CBAは∠Bが共通な直角三角形なので相似である。よって，OH：CA＝BO：BC　点OはABの中点だから，$BO=\frac{1}{2}AB=\frac{\sqrt{6}+\sqrt{2}}{8}$　$OH:\frac{\sqrt{6}-\sqrt{2}}{4}=\frac{\sqrt{6}+\sqrt{2}}{8}:1$　$OH=\frac{\sqrt{6}-\sqrt{2}}{4}\times\frac{\sqrt{6}+\sqrt{2}}{8}=\frac{6-2}{32}=\frac{1}{8}$

(2)　∠POR＝∠AOA´＝60°　∠CRO, ∠C´POはそれぞれ△BOR, △B´OPの外角なので，∠CRO＝∠C´PO＝75°　よって，∠ORQ＝∠OPQ＝105°　四角形OPQRの内角の関係から，∠PQR＝90°　よって，△HOQは直角二等辺三角形になるので，$QH=OH=\frac{1}{8}$…①　また，△ORHと△BCAは2組の角がそれぞれ等しいので相似であり，RH：CA＝OH：BA　$RH:\frac{\sqrt{6}-\sqrt{2}}{4}=\frac{1}{8}:\frac{\sqrt{6}+\sqrt{2}}{4}$　$RH=\frac{\sqrt{6}-\sqrt{2}}{32}\div\frac{\sqrt{6}+\sqrt{2}}{4}=\frac{\sqrt{6}-\sqrt{2}}{8(\sqrt{6}+\sqrt{2})}=\frac{(\sqrt{6}-\sqrt{2})^2}{8(\sqrt{6}+\sqrt{2})(\sqrt{6}-\sqrt{2})}=\frac{8-4\sqrt{3}}{8\times4}=\frac{2-\sqrt{3}}{8}$…②　①－②から，$QR=\frac{1}{8}-\frac{2-\sqrt{3}}{8}=\frac{-1+\sqrt{3}}{8}$　よって，$\triangle OQR=\frac{1}{2}\times QR\times OH=\frac{1}{2}\times\frac{-1+\sqrt{3}}{8}\times\frac{1}{8}=\frac{-1+\sqrt{3}}{128}$　△OQP＝△OQRだから，四角形OPQRの面積は，$\frac{-1+\sqrt{3}}{64}$

重要　**6**　**(空間図形－正四面体，正八面体，正六面体，体積)**

(1)　多面体ABCDEFは，四面体OPQRから四面体OABF，PACD，QBCE，RDEFを切り取ったものと考えることができる。四面体OPQRの体積は$\frac{\sqrt{2}}{12}\times4^3=\frac{16\sqrt{2}}{3}$，切り取る4つの四面体の体積は，$\frac{\sqrt{2}}{12}\times2^3\times4=\frac{8\sqrt{2}}{3}$　したがって，多面体ABCDEFの体積は$\frac{16\sqrt{2}}{3}-\frac{8\sqrt{2}}{3}=\frac{8\sqrt{2}}{3}$　(多面体ABCDEFは正八面体となるので，そのことを使って求めることもできる。)

(2)　多面体ABCDEFの各辺の中点を頂点とする多面体は多面体ABCDEFから6個の正四角錐を切り取って作ることができる。BA，BC，BE，BFの中点をそれぞれG，H，I，Jとすると，正四角錐B－GHIJは正四角錐B－ACEFに相似であり，相似比は1：2である。相似な図形の体積比は相似比の3乗であり，正四角錐B－ACEFの体積は多面体ABCDEFの体積の$\frac{1}{2}$だから，正四角錐B－GHIJの体積は，$\frac{8\sqrt{2}}{3}\times\frac{1}{2}\times\frac{1}{8}=\frac{\sqrt{2}}{6}$　よって，求める多面体の体積は，$\frac{8\sqrt{2}}{3}-\frac{\sqrt{2}}{6}\times6=\frac{5\sqrt{2}}{3}$

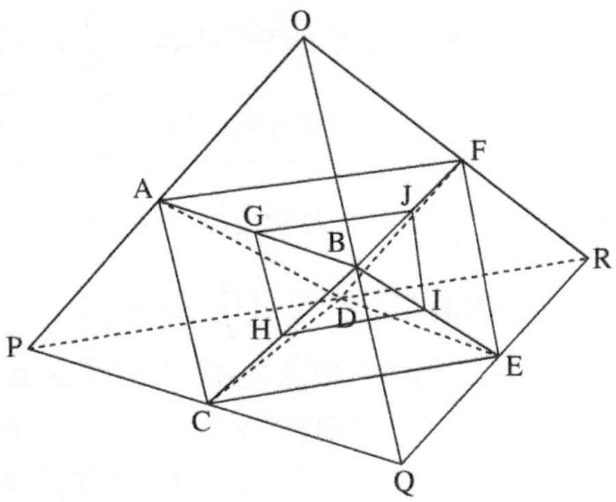

★ワンポイントアドバイス★

いずれも難しい問題で出題数も多いから，確実に仕上げていくようにしよう。1の(4)，3などは根気よく計算する。4はAB//DCとなることを確認する。5は正しい図に近いものを作って考える。6は切り取った部分の体積に着目する。

＜英語解答＞《学校からの正答の発表はありません。》

Ⅰ　1　be left　2　Be, or　3　made her　4　hard, can　5　my first
6　fond, listening　7　nothing to　8　wrong with　9　made, mind

Ⅱ　1　(記号)　A　(正しい形)　What　2　(記号)　A　(正しい形)　It
3　(記号)　D　(正しい形)　closed　4　(記号)　B　(正しい形)　eating
5　(記号)　D　(正しい形)　for　6　(記号)　C　(正しい形)　strong enough
7　(記号)　C　(正しい形)　taller　8　(記号)　C　(正しい形)　was saying
9　(記号)　C　(正しい形)　artists

Ⅲ　1　served　2　before　3　like　4　at　5　house　6　both　7　personal
8　Whether　9　sign[proof / evidence]　10　culture

Ⅳ　A　1　d)　2　c)　3　c)　4　a)　5　b)　6　d)　7　c)　8　c)　9　a)
B　1　(ろ)　2　(に)　3　(は)　4　(ほ)　5　(い)
C　(ア)　Ryan handed his mother a sheet of paper an hour later
(イ)　was sitting in a library chair reviewing the questions he had written
(ウ)　What does my mom like to do when she wants to have a good time
D　(i)　ぼくがただ彼を好きになればいいんだよね？　(ii)　ライアンは，イアンが手を握ったり開いたりし続けているので，彼は緊張しているのだと決めた。　(iii)　私はかつては子供でした。
E　①　It is three years since your father died. [Three years have passed since your father died. / Your father has been dead for three years.]　②　What time do you think a child[kid] should go to bed?

＜英語解説＞

Ⅰ （同意文書き換え問題：受動態，命令文，文型，比較，現在完了，不定詞，熟語）

1 (a)は「窓を開けっ放しにしておいてはいけない」という意味。(b)では(a)の文の目的語 the window が主語になっているので，受動態にする。助動詞 must の後に〈be動詞の原形＋過去分詞〉が続く。

2 (a)は「注意していないと切り傷を負うかもしれない」という意味。(b)は〈命令文, or ～〉「…しなさい，さもないと～」を使って，「注意しなさい，さもないと切り傷を負います」という文にする。

3 (a)は「彼女は彼の態度が悪かったので悲しく思った」という意味。(b)では「～を…にする」の意味の make を使って「彼の悪い態度は彼女を悲しませた」という文にする。

4 (a)は「あなたは全力を尽くさなければならない」という意味。(b)は，as ～ as one can「できるだけ～」を使って，「あなたはできるだけ一生懸命にやらなくてはならない」という意味の文にする。

5 (a)は「私はこの町を訪れたことはない」という意味。(b)では名詞の visit を使って，「これはこの町への私の最初の訪問だ」という文にする。

6 (a)は「私の兄[弟]は音楽を聞くことが好きだ」という意味。(b)は be fond of ～「～が好きだ」を使った文にする。前置詞 of の後なので，listen を動名詞にする。

7 (a)は「私は明日ひまだ」という意味。(b)では動詞が have なので，「することが何もない」という文にする。

8 「私の音楽プレーヤーは故障している」という意味の文。out of order で「故障している」という意味を表す。(b)では something is wrong with ～「～はどこか調子が悪い」という表現を使って，「私の音楽プレーヤーはどこか調子が悪い」という文にする。

9 (a)は「トムは1人で外国へ行く決心をした」という意味の文。(b)は decide to ～「～することを決心する」と同じ意味を表す make up one's mind to ～ を使った文にする。

重要 Ⅱ （正誤問題：代名詞，分詞，動名詞，前置詞，不定詞，比較，間接疑問文）

1 「あなたは，あなたの今夜のわくわくするような試合についてどう思いますか」「～についてどう思うか」と感想などを尋ねるときは how ではなく what を用いる。

2 「11月に横浜でこんなに雪が降るのは異常だった」 unusual「異常な，普通ではない」のは「11月に横浜でこんなに雪が降ったこと」なので，この内容を受ける形式的な主語 it で文を始める。

3 「私たちはまた別の日に戻ってくる必要があると思う。今日，その店は閉まっている」「(店などが)閉まっている」は過去分詞 closed で表す。

4 「レストランにいた人はみな，外で大きな音が聞こえたときに食べるのをやめた」 stop の後に不定詞を続けると「～するために立ち止まる」の意味になる。ここでは「～することをやめる」の意味が合うが，その場合は stop の目的語を動名詞にする。

5 「ティムはこの古い家に家族と一緒に5年間住んでいる」 後に具体的な時間の長さを表す語句が続いているので，since ではなく for が適切。

6 「窓のそばにある古いいすは大人が座れるほど丈夫ではない」「～するのに十分に…」は〈… enough to ＋動詞の原形〉で表す。

7 「あなたはスカイツリーが東京タワーよりもはるかに高いことを知っていましたか」 tall の比較級は taller。直前の much は比較級を強調して「はるかに，ずっと」の意味を表す。

8 「私は彼女がスピーチで何を言っているのかわからなかった」 文全体が didn't understand と過去形になっている。その後に接続詞 that や間接疑問が続くとき，その中の時制も合わせて過去形にする。

9 「彼は今，アジアの10代の若者たちの間で最も人気のある芸術家の1人だ」「最も～な中の1人[1つ]」は〈one of the ＋最上級＋名詞の複数形〉で表す。

重要 Ⅲ （長文読解問題・説明文：語句補充）

（全訳） 座ったり，食事を出したり，1食事を出してもらったり，そして食事をするにはエチケットがある。「いただきます」と「ごちそうさま」という2つの「慣例語」は，日本の食事の際のエチケットのとても重要な部分である。「いただきます」は食べるすぐ2前に言い，「受け取る」とか「受ける」という意味を表すが，それはほとんどお祈り3のような，慣例の行動を伴う規則化された表現である。「ごちそうさま」は「食事や飲み物をありがとう」という意味で，食事が終わった4ときに，食卓を離れるときやその直後に，レストランでもだれかの5家でも食事を出してくれた人に対して言う。

「ごちそうさま」の使用もまた，全世代に渡って規則化されていて，「いただきます」とともにだいたい慣例的に表現される。これらの言葉は6両方とも，何世代にも渡って公式の場での社会的な礼儀であり続け，日本では今もなお広く使われている一方，それらが思慮深い礼儀正しさとそう変わらないものを表すときには，非公式な7個人的な状況においても使われる。その場が公式の場8であれ，非公式の場であれ，その言葉は日本人にとってとても意味があり，日本人がそれらの言葉を使い損ねれば，必ず無作法だとか失礼だとかと思われるだろう。

同様に，日本人は，日本人でない人がこれらの言葉を使うと喜んだり感謝したりする。なぜなら，その2つの文化的に重要な言葉を使うことは，その外国人が日本の10文化をある程度知っていて，そのことを示す思慮深さがあるという明らかな9証拠だからである。

全訳を参照。 1 直前の serving と対応するように，being の後に過去分詞 served を入れて「食事を出される[出してもらう]こと」とする。 2 「いただきます」と言うタイミングを述べている。 3 「いただきます」と言うときにしばしば手を合わせる動きを「お祈りのような」と表している。 4 「ごちそうさま」と言うタイミングを述べている。completion は「完了」という意味。 5 食事を提供される場を言っている。 6 直後の these words は「いただきます」，「ごちそうさま」の2語を指している。 7 直前の informal と似た意味の語が入る。また，空所を含む文の前半が While「～の一方で」で始まっているので，後半は前半と対照的な内容になる。この2点から，前半の social に対応するように personal「私的な」を入れる。 8 後に formal or informal と対立する語を並列していることから，「～だろうと…だろうと」の意味の whether でつなぐと後半の内容とつながる。 9，10 日本人でない人が「いただきます」とか「ごちそうさま」と言うことは，彼らが日本の「文化」を理解している「証拠」と言える。空所の直後の that は「～という…」という意味で，同格を表す接続詞。

Ⅳ （長文読解問題・物語文：内容吟味，語句補充，語句整序，英文和訳，和文英訳）

（全訳） ライアン・ベネットの母，ハリーが彼の寝室に入ってきて「大事なことを話し合わなければなりません」と言ったのは，日曜日の晩の8時ころだった。

ライアンは11歳で，9回目の『ハリー・ポッター』を読んでいるところだった。彼は本を降ろして「何について？」と言った。

「ほとんど私のことよ。どこで話したい？」

「そんなに大事なことなの？」

「とても大事よ」

彼は彼女の考えを読み取ろうとしたが，できなかった。

「わかったよ」と彼は言って，本に印をつけた。

それから少しして，彼らはそこに座って見つめ合っていた。彼女は34歳，歯科衛生士で健康を維持するために自転車に乗ることが好きだった。彼は，彼女の唇のかみ方から，彼女が緊張しているのがわかった。

「ぼくに話があるんでしょう？」と彼は尋ねた。

母親が，彼の父親が，死因となった白血病であることを告げたときから，彼は驚くべきことにぴりぴりしていた。

彼女は，「あなたのお父さんが亡くなってから3年が経ちました」と言った。

「そうだね」

「それは辛い，とても辛いことだったけれど，あなたと私はとてもうまくやったわ。私たちはお互いに愛し合っているわね。たぶんそれ以上に，ね？」

「わかっているよ」

「わかっているどころではないわ。それはささいなことなどではありません。そして私たちは前に進んできたわ」

「でもぼくたちは動いていないよ。今ここにいるんだから」とライアンは言った。

彼女は気が楽になってほほえんだ。「いつも賢い少年でいる必要はないのよ。私の言っていることがわかるわね」

「わかっているよ」

「私はあなたのお父さんを愛していたわ。彼も私を愛していた。良い結婚をしたわ。本当に良い家族だけど—変わってしまったわ。私たちは弔ったわね」 一瞬，彼女の顔に悲しみの表情が浮かび，そのときを再び体験した。それから彼女は深く呼吸をして，職業的な笑みを浮かべて言った。「1年くらい前に，ねえ，私は人に会える気分になり始めたの。自分の人生をどうにかしていく必要があったのだと思うわ」

彼女は黙った。

ライアンは待った。「でも今，とても良い人だと思う人に会ったんだね」

「ええ，その通りよ」

「名前は？」

「イアン・キプリングよ」

「それで？」

「彼が私に結婚してくれと頼んだの」

「それで？」

「1考えてみると言ったわ」

ライアンは一瞬考えた。それから「どうやって出会ったの？」と言った。

「彼の歯をきれいにしていたの」

「それはすばらしい会話だったに違いないね」

彼女は笑った。

「2いつ知り合ったの？」

「7か月前よ」

ライアンは少しの間考えた。それから，「それについてぼくに発言権はある？」と言った。

「そうねえ，彼を気に入ってくれたらいいわ」

「ちょっと待って。その人と結婚したら，ぼくのお父さんになるんだよね？」

「義理の父親よ」

「義理は嫌だな。彼はぼくのお父さんになるんだ。以上。(1)ぼくがただ彼を好きになればいいんだよね？　それは公平ではないよ。彼に子供はいるの？」

「いいえ。彼にはおいとめいがいるわ」

「結婚はしたことないの？」

「ないわ」

ライアンは考えた。「前に，『あなたのお母さんであるということは，ただあなたを愛することについてだけではないの。それは仕事なの』って言ったよね」

「ええ，その通りよ」

「ならば，お父さんであることも一種の仕事だよね？　お母さんがフォン先生のところで新しい仕事をもらったときは申し込んだよね。申込用紙に記入したよね。推薦書ももらわなければならなかったよね？　それから面接。お父さんと結婚したとき，お父さんはおじいちゃんのところに行って認めてもらったって言ったよね。だから，もしこの人が…名前は何だっけ？」

「イアン・キプリング」

「もしイアン・キプリングがぼくのお父さんになるという仕事がほしいのなら，彼は申し込まなくちゃいけないよ。ぼくにね。ぼくの許可を得るために」

ライアンは母親が笑うか泣くかわからなかった。「本当に？」と彼女は言った。

ライアンは，「本当だよ。ぼくが彼を気に入らなかったら，それでも彼と結婚する？」

彼の母親は，「それについて考えなくてはならないわね」と言った。

「だからお母さんは認めなくてはいけないよ，ぼくが彼を気に入ることが重要だということをね？」

「わかったわ」

ライアンは立ち上がった。「キプリングにぼくに申込用紙を送るように言ってね。ぼくにだよ。ぼくは職務説明書を書くよ」

「ライアン…」

「そうするつもりだよ」

(ア)ライアンは1時間後，母親に1枚の紙を渡した。「はい，職務説明書だよ」

彼の母親はそれを読んで，「ねえ，ライアン。あなたは私にこれをどうしてほしいの？」と言った。

「それをイアン・キプリングに渡して。彼がその仕事に興味があるなら，ぼくに電話するように彼に伝えてね。それと，急ぐように言ってね」

ハリーは再びその言葉をよく検討し，ライアンを見て，「わかったわ」と言った。

2日後，晩にライアンは携帯電話に電話を受けた。

「もしもし。ライアン・ベネットさんですか？　私の名前はイアン・キプリングです」

「おや」

沈黙。

「あなたのところで用意されているお仕事に申し込もうと思っています。つまり，あなたの…お父さんになるという。職務説明書を読みました。お会いする約束をしたいのですが」

「最初に推薦状を2通見る必要があるよ」

「はい」

「その手紙をぼくに送ってね。母ではなく」

「わかっております」

1週間後，ライアンの母親はライアンに，「推薦状は受け取ったの？」と尋ねた。

「1通ね。子供から」

「だれだったの？」
「イアン・キプリングのおいだよ」
「見てもいい？」
「推薦状は機密だよ。英語の先生がそう言ってた」
「あなたの英語の先生には決して質問しないわ」
ライアンが2通目の手紙を受け取った次の日，彼は母親と夕食を食べていて，「2通目の推薦状をもらったよ」と言った。
「だれからだった？」
「チャック・シュースターマンという人だよ。イアン・キプリングの親友だと言っている。会ったことはある？」
「ええ。3その手紙にはいいこと書いてあった？」
「たいていはね」
「それだけ？」
「言ったでしょう。推薦状は私的なものなんだよ」
「わかったわ。次の段階は何？」
「彼と面接をするよ。ぼくに電話をして会う約束をするように言ってね」
「ライアン，彼を気に入らなかったらどうするつもり？」
「ぼくは彼に他に多くの人が申し込んだと言ったんだ」
「言ってないでしょう！」
「ぼくに電話するように彼に言ってね」 ライアンは汚れた皿を集め，流しに運びながら言った。「面接をしなければ仕事は得られないよ」
2日後，ライアンの携帯電話が鳴った。イアン・キプリングからだった。そして彼らは金曜日の4時に図書館で面接することで合意した。電話を切ってから，彼は質問の一覧を作り始めた。終わったときには4ページをうめていた。
金曜日の3時45分，(イ)男性が近づいてきたとき，ライアンは自分が書いた質問を見直しながら図書館のいすに座っていた。
「ライアン・ベネットさんですか？　イアン・キプリングです」 彼は毛深い手を差し出した。
ライアンは，青いシャツに縞のネクタイをして黒いスーツを着た，かなりやせた男を見上げた。彼はかなり清潔で見た目も良く見えた。ライアンはその手を握った。その握りは強かった。
イアン・キプリングはライアンの向かいに座った。2人は互いに顔を見合わせた。(ii)ライアンは，イアンが手を握ったり開いたりし続けているので，彼は緊張しているのだと決めた。
「会っていただいてありがとうございます」とイアン・キプリングは言った。
「どういたしまして」 ライアンは，ボールペンを取り出して質問を書いた紙を高く上げた。「後で見直せるようにあなたの回答を書き留めるよ。いいかな？」
「わかりました」
ライアンは最初のページを確認した。「質問1。なぜその仕事がほしいか教えてくれる？」
「あなたのお父さんになることですか？」
「うんうん」
「ええ，私はあなたのお母さんを本当に愛しているし，夢中なのですが，もしあなたが彼女にどこかしら似ていれば，私はきっとあなたのこともとても愛するでしょう，つまり，私は子供好きなんです」
ライアンは紙にそのことを一部書いた。

「子供との経験はどんなもの？」

「(iii)私はかつては子供でした」

「もっと最近では何かある？」

「私にはおいとめいがいます。私たちは本当に仲よくやっています。あなたはおいから手紙を受け取ったと思いますが」

「(ウ)ぼくのお母さんは楽しく過ごしたいときに何をするのが好き？」

「レストランへ行くこと。自転車に乗ることです」

「あなたのいちばん好きなスポーツは何？」

「野球です」

「どこを応援しているの？」

「カブスです」

「彼らは優勝できないよ」

「忠誠を誓わなければいけませんね」

ライアンは紙を確認した。「あなたは子供は何時に寝るべきだと思う？」

「場合によります。登校日があります。休日もあります。週末。特別な日。柔軟にやるべきだと思います」

「お小遣いについては？」

「子供はあまりたくさんもらうべきではないと思います。彼らでもできる仕事があります。子守。犬の散歩。そのようなものが」

「4うん，でもいくら？」

イアンは少しの間考えて，「交渉によります」と言った。

「あなたの仕事は？」

「ユナイテッド・アメリカン・ヘルスに勤めています。詐欺や人のうそを調査しています。基本的に，悪人を捕まえることです」

「それは危険なの？」

イアン・キプリングは頭を振った。

ライアンはそれを書きとめた。それから，「お金はたくさんあるの？」と尋ねた。

「いいえ。でも十分な給料はもらっています」

「5お母さんが病気になったらどうする？」

「しっかり看病します」

「お母さんとぼくは本を読むのが好きなんだ。あなたはどう？」

「読書はいいですね。読むのはほとんど歴史物です」

ライアンは「楽しい時とはどういうもの？」と言った。

「ぶらぶらすること。スポーツをすること。料理をすること。恋愛映画」

「何を料理するのが好き？」

「インド料理です」

ライアンは顔をしかめた。「辛いの？」

「そういうこともあります」

「辛いのは好きじゃないんだ」

「柔軟にやりますよ」

ライアンは紙を見直した。「お母さんのいちばん良いところは？」

「元気いっぱいのところです。ユーモアのセンスもすばらしい。私は彼女と一緒にいるのが大好きなのです。すばらしい」

「もしぼくのお父さんになったら自分の部屋に死んだ本当のお父さんの写真を置いておいてもいい？」

「そうしてほしいと思います」

ライアンは紙をもう1度見た。「よし。息子にしてあげられるいちばん重要なことは何？」

イアン・キプリングは考え込む様子になった。「2つのことが考えられます。1つ目は彼を愛することです。2つ目は，彼に本当に愛していると言い続けることです」

ライアンは少ししてから書きとめた。「あと3ページあるけど，ほとんど同じ題目についてのものだよ」

「やれやれ」

「『ハリー・ポッター』の中でいちばん好きな登場人物はだれ？」

イアン・キプリングは，「残念ながら認めますが，その本は読んでいません」と言った。

ライアンは顔をしかめて紙を閉じた。「ええと，それでは話にならないね。質問はもうないと思うよ」

その夜，ライアンは母親の寝室に入っていった。彼女はベッドで身を起こして何かを読んでいた。

「大丈夫だよ，」ライアンは言った。「イアン・キプリング。彼の推薦状は大丈夫。面接も大丈夫。彼はぼくたちほど本を読まないと思うよ。彼は辛い食べ物が好きだ。それから，いい？　彼は『ハリー・ポッター』を読んでいないんだ」

ハリーは「彼は仕事はできると思う？」と言った。

「うん，そう思うよ」

A　1「ライアンは母親と話をする前に本をどうしたか」という質問。2人が顔を見合わせながら話を始める直前に，ライアンは本に印をつけている(marked the place in the book)。mark は「～に印をつける」，place は，ここでは「それまでに読み終わった場所」という意味で用いられている。したがって，d)「彼はそれまでに読み終えたところに印を残した」が正解。a)は「彼はそれを本棚に戻した」，b)は「彼は本に自分の名前を書いた」，c)は「彼は本のメモ書きを消した」という意味。　2「母親は “we've moved on” と言うことで何を言いたかったのか」という質問。この場合の on は「前方へ」という意味の副詞で，ハリーとライアンが夫(父親)を亡くした悲しみを乗り越えて前向きに人生を歩んできたことを表している。直後でライアンが we haven't moved. と言っているのは，母親が使った move という語を冗談で「引っ越す」の意味で使ったからである。正解は c)「彼らは人生を進み続けた」。a)は「彼らは自分たち自身のことを考えることができなかった」，b)は「彼らは新しい家に引っ越した」，d)は「彼らはそのことについて話さないことにした」という意味。　3「母親は “see people” と言うことで何を言いたかったか」という質問。母親が，夫を亡くした後，悲しみを乗り越えて新たに人生をやり直す気持ちになったことを話している場面。この後でライアンが新しいパートナーを見つけたことを見抜いていることから，「人々に会う(see people)」とは，c)「新しいパートナーを探すこと」と考えられる。a)は「多くの患者とともに働くこと」，b)は「人々を注意深く見ること」，d)は「自分の友人をもっと理解すること」という意味。　4　この場合の say は「発言権」という意味。このライアンの発言の後，母親は「彼を気に入ってくれたらいいわ」と言っているが，ライアンはそれに納得せず，自分が母親と結婚するかもしれない男性を試すことを提案する。このことから，ライアンは母親に自分の意見を聞いてほしかったと考えられる。したがって，a)を入れて，「『それについてぼくに発言権はあるの？』と言ったとき，ライアンは母親が彼の意見を聞いてくれるかどうか知りたかった」という文にする。 b)は「ライアンはこの男性にいくつか質問することができる」，c)は「ライアンは決心する必要があるかどうか」，d)は「母親はライアンに質問してほしいと思っていた」という意味。 5 「イアン・キプリングの仕事は何か」という質問。ライアンとの面接の中で，キプリングは自分の仕事について，ユナイテッド・アメリカン・ヘルスという会社に勤めていること，会社のために詐欺などの調査をしていることを答えている。彼が勤める会社のために調査を行っているということなので，b)「彼は会社のために調査を行っている」が正解。a)は「彼は母親の職場の歯科医である」，c)は「彼は近所の警官である」，d)は「彼は地元の新聞に記事を書いている」という意味。 6 「イアン・キプリングはハリーのどこが好きか」という質問。ライアンに母親のいちばん良いところを尋ねられて，キプリングは「元気いっぱいのところです。ユーモアのセンスもすばらしい」と答えているので，これとほぼ同じ意味のd)「ハリーはとても活発でおもしろい」が正解。a)は「ハリーはとても美しくて賢い」，b)は「ハリーとイアンは2人ともカブスのファンだ」，c)は「ハリーは立派な母親だ」という意味。 7 ライアンがイアンに対してした質問は，「母親は楽しく過ごしたいときに何をするのが好きか」，「母が病気になったらどうするか」，「母のいちばん良いところはどこか」，など，母親に関するものが多い。また，他の選択肢 baseball，Harry Potter，food については1種類の質問しかしていない。このことから，c)を入れて，「ライアンが用意した質問はほとんど母親に関するものである」という文にする。 8 「ライアンはなぜいくつかの質問にしかメモを取らなかったのか」という質問。ライアンはメモを取る理由について，「後で見直せるようにあなたの回答を書き留める」と言っているので，メモを取らないものは重要性が高くないと考えられる。したがって，c)「質問のいくつかしか彼にとって重要ではなかったので」が適切。a)は「彼は実はこの面接に興味がなかったので」，b)は「イアン・キプリングがあまりに早口だったので」，d)は「イアン・キプリングが間違った答えを出していたので」という意味。 9 「ライアンがイアンについて気に入らなかったのは何ですか」という質問。ライアンは面接の最後の方で，イアンが『ハリー・ポッター』を読んでいないことを聞いて顔をしかめていることから，a)「彼はハリー・ポッターの本を読んだことがなかった」が適切。b)は「彼の毛深い手」，c)は「彼には子供がいなかった」，d)は「彼は裕福ではなかった」という意味。

B 全訳を参照。基本的には，後に続く発言の内容を参考に考える。1は，ハリーがイアンにプロポーズされたときのハリーの反応が入る。2は，ライアンがハリーとイアンが知り合った時期を尋ねている。3は，ハリーがライアン宛に来たイアンの推薦状の内容を尋ねている。4は，ライアンがイアンが出してくれる小遣いの額を尋ねている。5は，ライアンがハリーが病気になったときにイアンがどう対応するかを尋ねている。

C （ア） Ryan handed his mother a sheet of paper an hour later. 〈hand ＋目的語（人）＋目的語（もの）〉「（人）に（もの）を手渡す」の文型。 （イ） （Ryan） was sitting in a library chair reviewing the questions he had written （when the man approached him.） reviewing は「～しながら」の意味で，ライアンがどのような状態でいすに座っていたかを説明する分詞。
（ウ） What does my mom like to do when she wants to have a good time？ when を「～するとき」の意味の接続詞として使う。

D 全訳を参照。 （ｉ） hope の後に接続詞 that が省略された文。 （ii） that 以下が decided の目的語。keep ～ing は「～し続ける」という意味。 （iii） one は直前のライアンの発言にある kid を指す。イアンは，子供と一緒に過ごした経験があるか尋ねられて，「自分自身がかつては子供だった」と答えている。

やや難 E ① 「～が亡くなってから…になる」は次の3つの表現が可能。 A 〈It is ＋年月〉「～年［月］

になる[が経った]」の後に since を置いて，後に過去時制で「～が亡くなった」と続ける。→ It is three years since your father died.　B 〈年月＋ have[has] passed〉「～年[月]になる[が経った]」の後に since を置いて，後に過去時制で「～が亡くなった」と続ける。→ Three years have passed since your father died.　C 形容詞 dead「死んでいる(＝死んだ状態だ)」を現在完了で用いて Your father has been dead として，後に「死んでいる」状態が続いている年月を for を用いて表す。→ Your father has been dead for three years.　② 「子供は何時に寝るべきか」という疑問文が，「あなたは～と思うか」という文の一部になった間接疑問文。文の動詞が「思う，考える」という意味の動詞の場合は，〈疑問詞＋ do you think ＋主語＋動詞〉という語順になる。

★ワンポイントアドバイス★
Ⅳの長文読解は本文が長く，解答に時間がかかるが，英文は特に難しいわけではなく，状況と話の流れをある程度つかめれば比較的容易に正解できる問題もある。細かいところにこだわらず，読みながらどんどん解答していくのが効率的である。

＜国語解答＞ 《学校からの正答の発表はありません。》

一　問1　すぎない　　問2　なれ　　問3　個人　　問4　イ　　問5　ア　　問6　A　朝廷　B　ウ　　問7　(例)　A　若い時に経験した　　B　実際には経験のない
問8　(例)　A　燃料や食糧の供給源としての里山の役割(18字)　　B　人間が里山を壊して作った住宅地など(17字)　　問9　1　×　　2　×　　3　×　　4　○　　5　○　　6　×
問10　1　近接　　2　さか(ん)　　3　整備　　4　過程　　5　派手　　6　有無　　7　家庭　　8　作動　　9　強要　　10　蒸(し)

二　問1　a　オ　　b　キ　　c　カ　　d　ウ　　e　ア　　問2　f　ウ　　g　ア
問3　ア　食べる　　イ　謙譲　　ウ　尊敬　　エ　召し上がりますか　　オ　(例)　食べなさいますか[お食べになりますか]　　問4　(例)　(映画の登場人物が)予想外にも階級の違いを意識した言葉遣いをしていた(ということ。)(24字)　　問5　(例)　自国の文化や習慣について，他国の人の見方を交えて見直す(ということ。)(27字)

三　i　ウ→エ→ア→オ→イ　　ii　オ→エ→ウ→イ→ア　　iii　イ→ア→ウ→エ→オ

＜国語解説＞

一　**(論説文－内容吟味，文脈把握，脱語補充，漢字の書き取り，語句の意味)**

問1　直前に書かれた内容は「せいぜいその程度のことだ」という意味で，消極的に肯定されていることに着目する。

基本　問2　「なれの果て」は，一時は栄華を誇ったものが落ちぶれた結果の姿，という意味の慣用表現。ここでは，理想的な姿であった自然が人間の手によって無残なものに作り変えられた結果という意味で使われている。

問3　一つ目の空欄の直前の「都市部の人間において著しい」と，二つ目の空欄の「郷愁の生物」に着目する。いずれも一般に共通するものではなく，それぞれの人によって異なるものだといえる。

問4　直後の内容を強調するはたらきの語を入れる。

問5　「遷移」は，物事が移り変わること。また，ある一定の地域の植物群落が，それ自身の作り出す環境の推移によって，他の種類へと交代し，最終的には安定した状態になること。直前に「里山が人間の手を離れることによって」とあるので，自然が人間によって支配されたり管理されたりする状態であるか否かを問わず，自然そのものの力によって変化していくものであることを述べる。

問6　「錦の御旗」は，明治維新の動乱期において，朝廷に反逆するものを追討する軍の標章として用いられた故事による。

問7　A　「郷愁」とは，その人自身が過去において経験したり見聞したりしたことを，懐かしい気持ちを伴って思い出すことである。その本来的な意味を入れる。　B　Aに反して，自分自身が体験していない内容の語を入れる。

重要　問8　A　人間が里山に手を入れ，それを破壊する以前に，里山が担っていたことがらを具体的に入れる。　B　人間によって破壊された里山の現在の状態を表す語を入れる。

やや難　問9　1　選択肢の前半は「里山はいまや」で始まる段落の「そもそも里山とは，手つかずの自然が人間によって破壊され尽くした，なれの果ての場所」に合致する。後半の「人が手を加えないと維持できない」は直接述べていない。　2　「自然の遷移に任せるべきである」とは述べていない。　3　「その必要性や有効性を検証すべきである」も述べていない。　4　「そこにあるのは」で始まる段落の「自然保護も，自然破壊と同様に利他的な自己犠牲とはほど遠い自分保護の別称にすぎない」に合致する。　5　「『自然との共生』に」で始まる段落の「それぞれが勝手に……主張している」に合致する。　6　「現在ある伝統は……基づかない」が誤りで，すべての伝統が共有経験に基づかないとは断定できない。

問10　1　「近接」は，ごく近くにあること。またごく近くに寄ること。　2　「盛」の音読みは「セイ・ジョウ」，熟語は「盛大」「繁盛」など。　3　「整備」は，いつでも使えるようにととのえておくこと。　4　「過程」は，物事が進行する途中の段階。　5　「派手」は，彩り・行動・性格などがはなやかで，人目を引くこと。　6　「有無(をいわせず)」は，いやおうなしに，無理やりにでも，の意味。　7　「家庭」は，一つの家に生活する家族の集合。4と同音異義語なので混同に注意。　8　「作動」は，機械などが動き出すこと。　9　「強要」は，無理なことを要求すること。　10　「蒸し返す」は，一度決着したことや過ぎたことをもう一度問題にしたり復活させたりすること。

二　（随筆－内容吟味，脱語補充，敬語）

問1　a　「ように」と呼応して，「まるで。ちょうど」などの意味を表す語を入れる。　b　「映画が始まる」ことと「我々が他の観客たちと比べて異質な存在だと気づく」ことが短時間のうちに起きることを表す語を入れる。　c　直後の「早い」を修飾できる語を入れる。　d　テンポの早い下町ことばは「私」には聞きとりにくいが，留学生にはもっと聞きとりづらいだろうと想定している。　e　留学生たちは，映画館ではない学校では，授業中にわからないことがあると，そのたびに「私」に質問していると考えられる。

問2　f　留学生たちが，言葉の問題だけでなく文化の違いを感じながらも，映画を熱心に見ていることを表す語が入る。　g　「口火をきる」は，最初に発言することを表す慣用表現。

問3　アは，「いただく」は「食べる」「飲む」「もらう」などの謙譲語であり，ここでは「おせんべ」が話題なので「食べる」の謙譲語。イは，直後に「へりくだった言い方」とあるので謙譲語。ウは，「先生」(目上の人)の動作なので尊敬語を用いる。エ・オは，「食べる」の尊敬動詞は「召し上がる」。またこれ以外に尊敬動詞がないのでもう一つは「お食べになる」または「食べなさる」

にする。

やや難　問4　クリスは，映画を見る前は日本語には英語に存在するような階級の差が存在しないと考えていたが，実際には存在していたという感想を述べている。「それ」が階級の差を指すことにも着目する。

重要　問5　「平面の世界」は同じ文化の範囲で見ることであるのに対して，「立体の世界」は，ある文化を一つの基準として，別の文化を見て比較することと考えてまとめる。

三　（和歌）

〈口語訳〉　i　ア　岩の上をほとばしるように流れる滝にもまして激しく響くように鳴く蝉の声を聞くと，自然と都のことが思い出されることだ。　イ　この季節は(はなやかな)花も紅葉も枝には見えない。しばらくの間消えないでください，松の(木の枝に降り積もった)白雪よ。　ウ　梅の花の匂いを道しるべとして，誰が主人として住んでいるのかも知らない家に来てしまったことだ。エ　もう山吹の花は散ってしまったことだ。それにしても井手の蛙はいまごろ鳴いているだろうか。オ　あなたはもう住んでいないのに，荒れ果ててしまった家を訪れて見ると，今は木の葉がまるで錦を織るように色づいていたことだよ。　ii　ア　津の国の難波のあの美しい春(の情景)は夢なのだろうか。(その面影はなく)蘆の枯れ葉に風が吹き渡ってゆくだけだ。　イ　沢を流れる水に，空の星が映っているのかと見えるのは，夜中に飛び交う蛍だったのだ。　ウ　夕日の射す紅色が，いっそう鮮やかになって，山のふもとを照らしている。(そこに咲く)岩つつじよ。　エ　吉野山が幾重にも重なって立つ峰の白雲の上に，さらに重なって見える花桜よ。　オ　梅の花(の香りだけが)がこれほどまでに匂ってくる春の夜の闇には，(その梅の香りを乗せて)吹く風がうれしいものだ。　iii　ア　訪れる人もいない私の家の藤の花は，誰を待つからといって松の木に咲きかけているのだろうか。　イ　山桜が咲くときには，いつもよりも峰の白雲がたくさん立ちこめているように見えることだ。　ウ　この夕べに降る雨は，彦星が(織姫と会うために)急いで(天の川を)漕いでいる櫂のしずくだよ。　エ　きりぎりすよ，秋も夜寒になれば弱っていくのか，鳴き声もだんだん遠ざかっていくことだよ。　オ　奥山の険しい岩の上の紅葉はすっかり散り果てて，(今では)枯れた葉の上に雪が積もっていることだ。

和歌では，俳句のように「季語」は詠み込む必要はないが，ここではそれぞれの和歌の季節を表す語句に着目する。　i　アは「蝉」で夏。イは「白雪」で冬。ウは「梅の花」で春。エは「山吹」で春。オの「錦」は秋。「梅」と「山吹」はともに春だが，梅の方が早い時期に咲く。　ii　アは「蘆の枯葉」で冬。イは「蛍」で夏。ウは「岩つつじ」で春。エの「花桜」は春。オの「梅の花」は春。同じ季節を詠むものはそれぞれに詠まれているものの順を考える。　iii　アの「藤の花」は春。イは「山桜」で春。ウの「彦星」は秋。エは「秋」と詠まれている。オは「雪」で冬。

★ワンポイントアドバイス★

論説文の内容合致問題は，選択肢の各語句について，本文で話題とされているかどうか，されていれば合致しているかを検討する。選択肢の文章全体をイメージ的に把握することは禁物である。

MEMO

大切なことはメモしておこうネ！

平成28年度

★★★★★★★★★★★★★★★★★★★★★★★★

入　試　問　題

平成28年度

慶應義塾高等学校入試問題

【数　学】（60分）〈満点：100点〉

【注意】1.「**答えのみでよい**」という問題以外は，考え方や途中経過もわかりやすく記入すること。

2. 各解答には近似値を用いないこと。円周率はπを用いること。

3. 図は必ずしも正確ではない。

1 次の空欄を埋めよ。「**答えのみでよい**」

(1) $\left(1-\frac{1}{2^2}\right)\left(1-\frac{1}{3^2}\right)\left(1-\frac{1}{4^2}\right)\cdots\left(1-\frac{1}{999^2}\right)$ を計算すると，□ となる。

(2) 2次方程式 $4x^2-2\{(2-\sqrt{3})+(2\sqrt{3}-1)\}x+(\sqrt{3}-2)(1-2\sqrt{3})=0$ の解は，

$x=$ □，□ である。

(3) 7^{2016}の一の位の数は □ で，13^{2016}の一の位の数は □ である。

(4) 正十二面体の頂点の数は □ 個で，辺の数は □ 本である。

また，正二十面体の頂点の数は □ 個で，辺の数は □ 本である。

(5) 半径1の円にAB＝1，AC＝$\sqrt{2}$ の△ABCが内接しているとき，∠ACBの大きさは

□ 度であり，△ABCの面積は □ である。

(6) $(1+2x+3x^2+4x^3)^4$ を展開したときの定数項は □ であり，

xの係数は □，x^2の係数は □ である。

(7) 2016!＝2016×2015×2014×…×3×2×1 を計算すると，末尾には □ 個の0が並ぶ。

2 $y=\frac{1}{2}x^2$ のグラフ上に 4 点 $A(a,\ \frac{1}{2}a^2)$，$B(b,\ \frac{1}{2}b^2)$，$C(c,\ \frac{1}{2}c^2)$，$D(d,\ \frac{1}{2}d^2)$ をとる。$a<b<0<c<d$ かつ，直線 AD の方程式が $y=\frac{1}{12}x+\frac{1}{6}$ のとき，次の問いに答えよ。

(1) a，dを求めよ。

(答) $a=$ ＿＿＿＿，$d=$ ＿＿＿＿

(2) $b=-\frac{1}{3}$ かつ，三角形 ABD の面積と三角形 ACD の面積が等しいとき，c を求めよ。

(答) $c=$ ＿＿＿＿

(3) 線分 BC の長さを求めよ。

(答) BC＝ ＿＿＿＿

(4) 点 A から直線 BC に下した垂線の長さを求めよ。

(答) ＿＿＿＿

3 OA＝OB＝1 の直角二等辺三角形 OAB を底辺 AB と平行な線分 PQ で折り曲げて重なった部分の面積を S とする。

(1) OP＝x として，次の空欄を埋めよ。

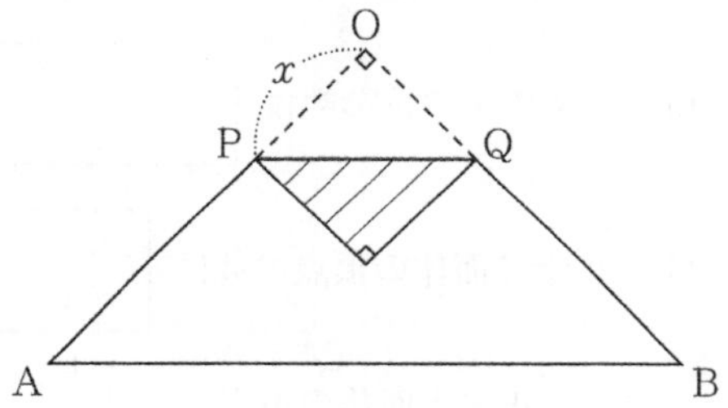

(答)

$0<x<$ ［　　］ のとき，S＝ ［　　　　］

［　　］ $\leqq x<$ ［　　］ のとき，S＝ ［　　　　］

(2) $\mathrm{S}=\frac{1}{6}$ のとき，x の値を求めよ。

(答) $x=$ ＿＿＿＿

4 2016 年 1 月〜2 月まで日吉の気温を観測したところ，最高気温 10℃以上の日(W 日と言うことにする。)と最高気温 10℃未満の日(C 日と言うことにする。)には次のような傾向があることがわかった。

“ある日が W 日ならば，次の日が W 日の確率は $\frac{4}{5}$，C 日の確率は $\frac{1}{5}$ である。また，ある日が C 日ならば，次の日が W 日の確率は $\frac{3}{10}$，C 日の確率は $\frac{7}{10}$ である。”あとの問いに答えよ。

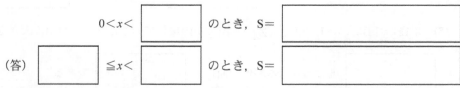

(1)　今日(2 月 12 日)が C 日であるとして，2 月 14 日が W 日となる確率を求めよ。

(答)

(2)　今日(2 月 12 日)が C 日であるとして，2 月 16 日が W 日となる確率を求めよ。

(答)

5　K 高校の生徒 100 人を対象に体重を調べて度数分布表にまとめた。この分布表から平均を求めると 60.1kg であった。このとき x，y を求めよ。

体重（kg）	45.5 ～ 50.5	50.5 ～ 55.5	55.5 ～ 60.5	60.5 ～ 65.5	65.5 ～ 70.5	70.5 ～ 75.5
人　数	8	16	x	23	15	y

(答)　x＝　　　　　，y＝

6　図のように座標平面上に 1 辺の長さ 2 の正方形を置く。このとき，$y=\sqrt{3}x$ を軸として正方形を 1 回転したときにできる回転体の体積を求めよ。

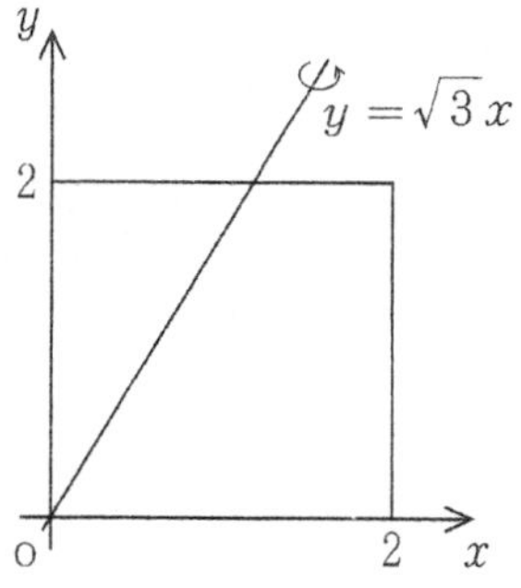

(答)

7　AB＝AC＝AD＝4，BC＝CD＝DB＝3 である三角すい ABCD において，辺 AB，辺 AC の中点をそれぞれ E，F とし，辺 CD 上の点で CG：GD＝2：1 となる点を G，辺 BD 上の点で BH：HD＝2：1 となる点を H とする。次の問いに答えよ。

(1)　三角すい ABCD の体積を求めよ。

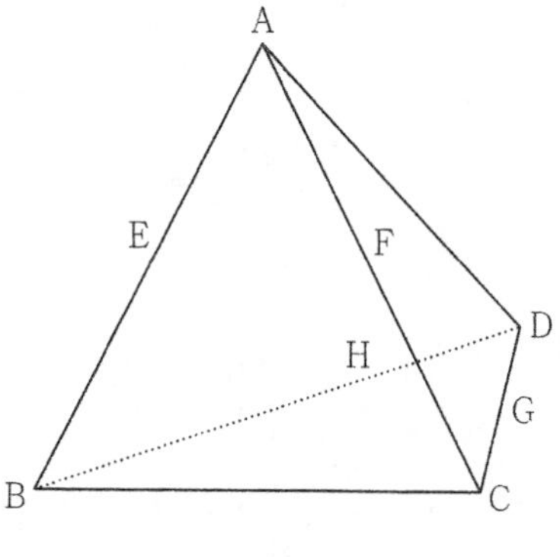

(答)

(2) 辺 FG の長さを求めよ。

(答) FG＝

(3) 三角すい ABCD を 4 点 E，F，G，H を通る平面で切断したとき，頂点 B を含む立体の体積を求めよ。

(答)

【英　語】（60分）〈満点：100点〉

Ⅰ　次の各組の英文がほぼ同じ意味を表すように，各々の(　)内に適当な１語を入れなさい。短縮形も１語とみなす。

1. (a) Mishima is a famous writer. His books are translated into many languages.
   (b) Mishima is a famous (　　　)(　　　) books are translated into many languages.
2. (a) Tim didn't invite Jimmy to the party.
   (b) Jimmy (　　　)(　　　) to the party by Tim.
3. (a) Team Red has more members than Team Blue.
   (b) Team Blue has (　　　)(　　　) than Team Red.
4. (a) Judy got an A for her science report. No other student got an A.
   (b) Judy was the (　　　) student (　　　) got an A on the science report.
5. (a) If you drink a cup of tea, you will feel better.
   (b) A cup of tea will (　　　)(　　　) feel better.
6. (a) You can do anything only if you stay in this building.
   (b) You can do anything as (　　　)(　　　) you stay in this building.
7. (a) How handsome Keith grew to be!
   (b) (　　　)(　　　) handsome man Keith grew to be!
8. (a) It is my job to walk our dog every day.
   (b) (　　　)(　　　) dog every day is my job.

Ⅱ　例にならって，各英文の下線部A～Dの中から文法的・語法的に間違っているものを１つ選び，**選んだ箇所全体**を正しい形に直しなさい。

【例】 It (A) is kind for you (B) to tell me the way (C) to the station.

【解答例】　記号：B　　正しい形：of you

1. Lucy has been working (A) very hard (B). All of us hope (C) that she will success (D) in the project.
2. My brother lives (A) in Paris for studying (B) modern art. This is (C) a great chance for (D) him to see the world.
3. This year's first snow on (A) Mt. Fuji fell (B) six days faster (C) than last (D) year.
4. Though I spend (A) most of (B) the day looking for this book in (C) my house, I couldn't find (D) it.
5. I've never eaten this blue vegetable before (A). How (B) do you call (C) it (D) in English?
6. I like (A) this city even (B) more every time something exciting (C) is happened (D).

7. The rugby game you were talking (A) about (B) yesterday will begin (C) from (D) 2 p.m.

8. We were suddenly said (A) to get out of (B) the building quickly (C), but we didn't know (D) why.

Ⅲ 次の会話文を読み，文章全体の意味が通るよう空所 [1] ～ [10] に入れるのに最も適切なものを次のページの（ア）～（コ）より 1 つずつ選び，記号で答えなさい。選択肢は各 1 回のみ使用すること。＊が付いている語（句）には【注】がある。

Marty: Hi, Mom! It's good to see you. [1] Watch your step.

Mom: Hi, Marty. I haven't seen you for ages. It's good to see you too.

Marty: [2]

Mom: Thank you. Do you want me to take my shoes off?

Marty: Yes, please, if you don't mind. [3] I've missed you.

Mom: I've missed you too. I'm sorry I'm late. I couldn't find your house.

Marty: No need to apologize*. You're here now. [4] How's your flight?

Mom: I got a little bit nervous before take-off. But I enjoyed it, watching some short films and taking a nap.

Marty: That's great.

Mom: Oh my, your house is very nice. These stained-glass windows are lovely. [5]

Marty: Thanks. Let me help you with your suitcase. [6] I'll show you your room. There it is.

Mom: Thank you. It looks very comfortable.

Marty: [7] Can I get you anything to drink? Would you like some tea or coffee?

Mom: Yes, I'd like a cup of coffee, please.

Marty: Alright. [8]

Mom: With two sugars and milk, please. Could I use your phone? I have to call George.

Marty: Of course. Dad must be expecting* you to call him. The phone is in the living room.

Mom: Thank you. [9]

Mom: Dad says hi to you. Hmm, something smells wonderful…

Marty: Are you ready to eat?

Mom: [10] Actually, I missed the in-flight meal.

Marty: Okay, let's go into the dining room.

【注】apologize：謝る　　expecting：期待している

（ア） Yes, I'm starving.
（イ） Please come on in.
（ウ） How do you take it?
（エ） You have very good taste.
（オ） That's all that matters.
（カ） Shall I take your coat?
（キ） Well, you look very good.
（ク） Make yourself at home.
（ケ） Follow me.
（コ） I'll be back in a minute.

Ⅳ 次の英文を完成させるために空所 [1] ～ [10] に適切な 1 語を入れなさい。＊が付いている語（句）には【注】がある。

To store and keep the body was a very important part of ancient Egyptian culture. In early mummification*, certain parts of the body [1] as the face and hands were wrapped. It has been thought that the [2] developed to reproduce* the natural drying effects of the hot dry sand on a body buried within it.

The best explanation of the mummification process is given by Herodotus, an ancient Greek historian. He records that the whole process [3] seventy days. The internal organs*, apart from the heart and kidneys*, were taken out [4] a cut in the left side. The organs were then dried and wrapped, and placed in jars, or later put [5] inside the body. Bags of salt were packed [6] inside and outside the body, and left [7] forty days until all the skin was completely [8]. The body was then cleaned with aromatic oils and wrapped with bandages*.

Around 3400 BC the body was buried directly in the desert sand, which fully covered the body, dried it out and kept its condition. These burials* may also contain grave goods* — objects buried near the body — such as bowls, jars, and jewelry. Later, around 3000 BC, the body was put in a coffin* [9] of wood which might be buried in the ground or placed in a cave*. Although the coffin was made to protect the body from wild animals, it actually kept the [10] (which would have dried the body out) away from the body. This made the skin and muscles rot away* and only the skeleton* was left.

【注】 mummification：ミイラ化　reproduce：再現する　internal organs：臓器　kidneys：腎臓
bandages：包帯　burials：埋葬　grave goods：副葬品　coffin：棺　cave：洞窟
rot away：腐敗する　skeleton：骨格

Ⅴ 次の英文を読み，設問A，B，Cに答えなさい。＊の付いている語（句）には【注】がある。

When I was quite young, my family had one of the first telephones in the neighborhood. I remember the beautiful oak* case hanging on the wall by the stairs. The shiny receiver hung on the side of the box. I even remember the number: 105. I was too little to reach the telephone, but I used to listen with fascination* when my mother talked to it. Once she lifted me up to speak to my father, who was away on business. Magic!

Then I discovered that somewhere inside that wonderful device* lived an amazing* person－her name was “Information Please,” and (ア) **[did / know / not / nothing / she / that / there / was]**. My mother could ask her for anybody’s number; when our clock ran down, Information Please immediately* told the correct time.

My first personal experience with this genie-in-the-receiver came one day while my mother was visiting a neighbor. Playing by myself at the tool bench in the basement, I whacked* my finger with a hammer. The pain was terrible, but there didn’t seem to be much use crying, because there was no one home to offer sympathy*. I walked around the house sucking* my finger, finally arriving at the stairs. The telephone! Quickly I brought the stool from the kitchen. Climbing up, (イ) **[and / ear / held it / I / my / picked up / receiver / the / to]**. “Information Please,” I said into the mouthpiece* just above my head.

A click or two, and a small, clear voice spoke into my ear. “Information.”

“I hurt my fingerrrr －” I said into the phone. The tears came running down, now that I had someone to speak to.

“Isn’t your mother home?” came the question.

“Nobody’s home but me,” I cried.

“Are you bleeding*?”

“No,” I replied. “I hit it with the hammer, and it hurts.”

“Can you open your icebox?” she asked. I said I could. “Then chip off* a little piece of ice, and hold it on your finger. That will stop the hurt. Be careful when you use the ice pick,” she said. “And don’t cry. You’ll be all right.”

After that, I called Information Please for everything. I asked her for help with my geography, and she told me where Philadelphia was, and the Orinoco, the beautiful river that I was going to visit when I grew up. She helped me with my math, and she told me that my pet squirrel － I had caught him in the park just the day before － would eat fruit and nuts.

And there was the time that my pet canary* passed away. I called Information Please and told her the sad story. She listened, then said the usual things that grown-ups say to cheer up a child. But I was not happier: Why was it that birds should sing so beautifully and bring joy to whole families, only to end as a ball of feathers, feet up, on the bottom of a cage?

Somehow she read my mind and said quietly, “Paul, always remember that there are other worlds to sing in.”

Somehow I felt better.

Another day I was at the telephone. “Information,” said the now familiar voice.

“How do you spell fix?” I asked.

“Fix something? F-i-x.”

At that moment, my sister, who tried to scare me, jumped off the stairs at me with a big yell — "Yaaaaaaaaa!" I fell off the stool, pulling the receiver out of the box. We were both shocked — Information Please was no longer there, and I was not at all sure that I hadn't hurt her when I pulled the receiver out.

Minutes later, there was a man on the porch. "I'm a telephone repairman," he said. "I was working down the street, and the operator said there might be some trouble at this number." He reached for the receiver in my hand. "What happened?"

I told him.

"Well, we can fix that in a minute or two." He opened the telephone box, spent some time working with the wires. He moved the hook up and down a few times, then spoke into the phone. "Hi, this is Pete. Everything's under control at 105. The kid's sister scared him, and he pulled the cord out of the box."

He hung up, smiled, gave me a pat on the head, and walked out the door.

All this took place in a small town in the Pacific Northwest. Then, when I was nine years old, we moved across the country to Boston — and I missed my friend deeply. Information Please belonged in that old wooden box back home, and I somehow never thought of trying the tall, skinny new phone that sat on a small table in the hall.

Yet, as I grew into my teens, the memories of those childhood conversations never really left me; often in moments of doubt and difficulty, I would remember feeling stronger when I knew that I could call Information Please and get the right answer. I was thankful for how very patient*, understanding, and kind she was to have wasted her time on a little boy.

A few years later, on my way west to college, my plane put down at Seattle. I had about half an hour between plane connections, and I spent 15 minutes or so on the phone with my sister, who lived there now, happy in her marriage and motherhood. Then, (ⅰ)**really without thinking what I was doing, I dialed my hometown operator** and said, "Information Please."

To my surprise, I heard again the small, clear voice I knew so well: "Information."

I hadn't planned this, but I heard myself saying, "Could you tell me, please, how to spell the word fix?"

There was a long pause. Then came the softly spoken answer. "I guess," said Information Please, "that your finger must be O.K. by now."

I laughed. "So it's really still you," I said. "I wonder if you have any idea how much you meant to me during all that time …"

"I wonder," she replied, "if you know how much you meant to me? I never had any children, and (ウ)[**answering / calls / forward / I / look / to / to / used / your**]. Funny, wasn't it?"

It didn't seem funny, but I didn't say so. Instead I told her how often I had thought of her over the years, and I asked if I could call her again when I came back to visit my sister after the first semester was over.

"Please do. Just ask for Sally."

"Goodbye, Sally." (ⅱ)**It sounded strange for Information Please to have a name**. "If I run into any squirrels, I'll tell them to eat fruit and nuts."

"Do that," she said. "And I expect one of these days, you'll be going to the Orinoco. Well, goodbye."

Just three months later, I was back again at the Seattle airport. A different voice answered, "Information," and I asked for Sally.

"Are you a friend?"

"Yes," I said. "An old friend."

"(ⅲ)**Then I'm sorry to have to tell you**. Sally had been working only part-time in the last few years because she was ill. She died five weeks ago." But before I could hang up, she said, "Wait a minute. Did you say your name was Paul?"

"Yes."

"Well, Sally left a message for you. She wrote it down."

"What was it?" I asked, almost knowing in advance* what it would be.

"Here it is; I'll read it － 'Tell him I still say there are other worlds to sing in. He'll know what I mean.' "

I thanked her and hung up. I did know what Sally meant.

【注】oak：かしの木の　fascination：ときめき　device：機器　amazing：素晴らしい
immediately：瞬時に　whacked：強く打った　sympathy：同情　sucking：吸う
mouthpiece：送話口　bleeding：流血している　chip off：砕く　canary：カナリア
patient：寛容　in advance：すでに

A：1～10の書き出しに続くもの，もしくは質問に対する答えとして，本文の内容に最も一致するものを(a)～(d)の中から１つ選び，記号で答えなさい。

1. 105 is the number for _______.
   (a) the operator　(b) Paul's house
   (c) the repairman　(d) Paul's father's office
2. What services are offered by the operators?
   (a) They give weather information.　(b) They supply the correct time.
   (c) They provide a news service.　(d) They offer a library service.
3. The genie-in-the-receiver is _______.
   (a) "Information Please"　(b) a neighbor
   (c) a first-aid service　(d) a clock
4. Which question did Paul NOT ask the operator?
   (a) Where the Orinoco is.　(b) Why his canary had to die.
   (c) How to treat his painful finger.　(d) Where squirrels like to live.
5. What did the man come to do?
   (a) To see Paul's mother.　(b) To sell and set a new phone.
   (c) To fix the phone.　(d) To use the phone.
6. Why didn't Paul call the operator for some years?

(a) Because his family moved to another town.
(b) Because he went to college.
(c) Because he had somebody else to talk to.
(d) Because the phone was still broken.

7. Why did Paul miss the operator?
(a) Because he forgot her voice.
(b) Because he no longer had any question.
(c) Because she always told him funny stories.
(d) Because she always guided him when he needed help.

8. Why did Paul ask how to spell "fix" for the second time?
(a) Because he wanted to know how to spell it.
(b) Because he wanted to see if she was "Information Please."
(c) Because that was the password for them to start a conversation.
(d) Because that was the question he often asked.

9. Where could you reach Sally?
(a) In Seattle. (b) In Oregon.
(c) In Orinoco. (d) In Boston.

10. What does Sally's last message mean?
(a) She will turn into a bird after she dies.
(b) She will sing in a different language.
(c) She will continue to live in people's heart.
(d) She would like to sing with a bird.

B：下線部(ア)～(ウ)の［　］内の語（句）を，内容に合わせ正しい語順に並べ替えなさい。

C：下線部(ⅰ)，(ⅱ)，(ⅲ)を和訳しなさい。

問5　――①について、問題文の論旨によればこれはどういう人たちだと考えられるか。その説明とするために、解答用紙の空欄にあてはまる最も適切な問題文中の語句を、二十字以内でそのまま抜き出して書きなさい。

問6　――②について、問題文の論旨によれば、ニュートンの方則の理解に必要な知識とはどういうものかを二つ、それぞれ十字以内で説明しなさい。

問7　――③について、それはなぜか。問題文の論旨をふまえ、自分の言葉を使いながら五十字以内で説明しなさい。

問8　――④について、これはどのような「完全」のことか。「ということ」につながる形で、十五字以内で説明しなさい。

問9　――⑤に関連して、問題文の論旨から考えると科学者として学説を示していく際のあるべき態度とはどういうものだと考えられるか。問題文中の言葉を使いながら五十字以内で説明しなさい。

いう人がないとは限らないようである。しかしそれはいわゆる「揚げ足取り」の態度であって、⑤まじめな学者の態度とは受け取られない。「完全」でない事をもって学説の創設者を責めるのは、完全でない事をもって人間に生まれた事を人間に責めるに等しい。

人間を理解し人間を向上させるためには、盲目的に嘆美してはならないし、*没分暁に非難してもならないと同様に、一つの学説を理解するためには、その短所を認める事が必要であると同時に、そのためにせっかくの長所を見のがしてはならない。これはあまりに自明的な事であるにかかわらず、最も冷静なるべき科学者自身すらC往々にして忘れがちな事である。

少なくも相対性原理はたとえいかなる不備の点が今後発見され、またたとえいかなる実験的事実がこの説に不利なように見えても、それがために〔 c 〕に否定されうべき性質のものではないと私は信じている。（後略）

（問題文は『寺田寅彦随筆集　第二巻』（小宮豊隆編、岩波文庫）によった。作問のため一部を省略している。）

*注　相対性原理…特殊相対性理論と一般相対性理論の総称である相対性理論のこと

方則…法則に同じ　　始めて…初めてに同じ

形而上学…物事の根本原理についての学問　　逢着…行き着く

後裔…子孫　　尋常…普通、通常　　リアライズ…理解する

期図…企図に同じ　　煩悶…悩み苦しむ　　没分暁…わからずやである

問1　A～Cの語の問題文中における意味として最も適切なものを、次の選択肢のうちからそれぞれ選び記号で書きなさい。

A　相場　　ア　取引　　イ　市価　　ウ　値打　　エ　通念

B　パラドックス　　ア　矛盾　　イ　後悔　　ウ　事実　　エ　諦念

C　往々にして　　ア　まれに　　イ　たまに　　ウ　しばしば　　エ　いつでも

問2　〔a〕～〔c〕に入れるのに最も適切な語を次の選択肢のうちからそれぞれ選び記号で書きなさい。同じ符号の箇所には、同じものが入る。

ア　間接的　　イ　伝統的　　ウ　批評的　　エ　根本的

オ　専門的　　カ　表面的　　キ　圧倒的　　ク　本質的

問3　問題文の[2]の節において、次の一文が入っていた箇所を探し、直前の五字をそのまま抜き出して答えなさい。

私の見るところでニュートンやアインシュタインは明らかにこの後の部類に属する学者である。

問4　次に示す各文のうち、問題文の論旨と合致するものには○を、合致しないものには×を書きなさい。

ア　アインシュタインは、相対性原理を自分と同じ程度に理解できる人は少ないと考えているはずだ。

イ　まだ幼い中学生に対して、ニュートンの運動方則を理解させようとするのは間違ったことである。

ウ　アインシュタインは、ニュートンよりもよくニュートンの運動方則を理解していたと考えられる。

エ　もしある学説が完全ではないとしても、その学説を創設した人の努力までも否定する必要はない。

的よく理解しているほうの側に属していたのかもしれない。アインシュタインに至って始めてこの難点が明らかにされたとすれば、彼は少なくもニュートンの方則を理解する事において第一人者であると言わなければならない。これと同じ論法で押して行くと③結局アインシュタイン自身もまだ徹底的には相対性原理を理解し得ないのかもしれないという事になる。

こういうふうに考えて来ると私には冒頭に掲げたアインシュタインの言詞がなんとなく一種風刺的な意味のニュアンスを帯びて耳に響く。

思うに一般相対性原理の長所と同時にまたいくらかの短所があるとすれば、いちばん痛切にそれを感じているのはアインシュタイン自身ではあるまいか。おそらく聡明《そうめい》な彼の目には、なお飽き足らない点、補充を要する点がいくらもありはしないかという事は浅学な後輩のわれわれにも想像されない事はない。

自己批評の鋭いこの人自身に不満足と感ぜらるる点があると仮定する。そしてそれらの点までもなんらの批評なしに一般多数に承認され賛美される事があると仮定した時に、それにことごとく満足して少しもくすぐったさを感じないほどに冷静を欠いた人とはどうしても私には思われない。

それゆえに私は彼の言葉から一種の風刺的な意味のニュアンスを感じる。私にはそれが自負の言葉だとはどうしても思われなくて、かえってくすぐったさに悩む余りの愚痴のようにも聞きなされる。これはあまりの曲解かもしれない。しかしそういう解釈も可能ではある。

2　科学上の学説、ことに一人の生きているアダムとイヴの*後裔《こうえい》たる学者の仕事としての学説に、絶対的「完全」という事が厳密な意味で望まれうる事であるかどうか。これもほとんど問題にならないほど明白に不可能な事である。ただ学者自身の自己批評能力の程度に応じて、自ら認めて完全と「思う」事はもちろん可能で、そして*尋常一般に行なわれている事である。そう思いうる幸運な学者は、その仕事が自分で見て完全になるのを待って安心してこれを発表する事ができる。しかし厳密な意味の完全が不可能事である事を痛切に*リアライズし得た不幸なる学者は④相対的完全以上の完全を*期図する事の不可能で無意義な事を知っていると同時に、自分の仕事の「完全の程度」に対してやや判然たる自覚を持つ事が可能である。

私は、ボルツマンやドルーデの自殺の原因が何であるかを知らない。しかし彼らの死を思うたびに真摯《しんし》な学者の*煩悶《はんもん》という事を考えない事はない。

学説を学ぶものにとってもそれの完全の程度を批判し不完全な点を認識するは、その学説を理解するためにまさに努むべき必要条件の一つである。

しかしここに誤解してならない事で、そしてややもすれば誤解されやすい事がある。すなわちそういう「不完全」があるという事は、すべての人間の構成した学説に共通なほとんど（　b　）な事であって、しかもそれがあるために直ちにその学説が全滅するというような簡単なものとは限らないし、むしろそういう点を認める事がその学説の補《ほ》塡《てん》に対する階段と見なすべき場合の多い事である。そういう場合に、若干の欠点を指摘して残る大部分の長所までも葬り去らんとするがごとき態度を取る人もない事はない。アインシュタインの場合にもそう探し、最初と最後の三字をそのまま抜き出して答えなさい。

問9　問題文に掲げた文章には続きがある。この後、筆者は、室町時代になると、一人の歌人によって詠まれる和歌が力を失い、連歌（ある人が五七五を詠むと別の人が七七を詠むなどして、複数の人が五七五　七七　五七五　七七…と続けていく文芸）が盛んになっていくと述べる。なぜ、和歌は力を失うことになったのか。解答欄に続く形で、空欄ＡＢに適当な語句をそれぞれ十五字以内で入れなさい。

問10　＝＝＝①～⑩のカタカナを漢字に直しなさい。

二　次の文章は寺田寅彦「相対性原理側面観」（大正十一年）からの抜粋である。これを読み、後の問いに答えなさい。

[1]世間ではもちろん、専門の学生の間でもまたどうかするとA理学者の間ですら「*相対性原理は理解しにくいものだ」という事に相場がきまっているようである。理解しにくいと聞いてそのためにかえって興味を刺激される人ももとよりたくさんあるだろうし、また謙遜《けんそん》ないしは聞きおじしてあえて近寄らない人もあるだろうし、自分の仕事に忙しくて実際暇のない人もあるだろうし、また徹底的専門主義の門戸に閉じこもって純潔を保つ人もあるだろうし、世はさまざまである。アインシュタイン自身も①「自分の一般原理を理解しうる人は世界に一ダースとはいないだろう」というような意味の事を公言したと伝えられている。そしてこの言葉もまた人さまざまにいろいろに解釈されもてはやされている。

　しかしこの「理解」という文字の意味がはっきりしない以上は「理解しにくい」という言詞の意味もきわめて漠然《ばくぜん》としたものである。とりようによっては、どうにでも取られる。（中略）

　科学上の、一見簡単明瞭《めいりょう》なように見える命題でもやはりほんとうの理解は存外困難である。たとえばニュートンの運動の方則*というものがある。これは中学校の教科書にでも載せられていて、年のゆかない中学生はともかくもすでにこれを「理解」する事を要求されている。高等学校ではさらに詳しく繰り返して第二段の「理解」を授けられる。大学にはいって物理学を専攻する人はさらに深き第三段第四段の「理解」に進むべき手はずになっている。マッハの「力学《メヒャニーク》*」一巻でも読破して多少自分の（　ａ　）な目を働かせてみて始めていくらか「理解」らしい理解が芽を吹いて来る。しかしよくよく考えてみると②それではまだ充分だろうとは思われない。

　科学上の知識の真価を知るには科学だけを知ったのでは不充分である事はもちろんである。外国へ出てみなければ祖国の事がわからないように、あらゆる非科学ことに*形而上学《けいじじょうがく》のようなものと対照し、また認識論というような鏡に照らして（　ａ　）に見た上でなければ科学はほんとうには「理解」されるはずがない。しかしそういう一般的な問題は別として、ここで例にとったニュートンの方則の場合について物理学の範囲内だけで考えてみても、結局ニュートン自身が彼自身の方則を理解していなかったというBパラドックスに*逢着《ほうちゃく》する。なんとなれば彼の方則がいかなるものかを了解する事は、相対性理論というものの出現によって始めて可能になったからである。こういう意味で言えば、ニュートン以来彼の方則を理解し得たと自信していた人はことごとく「理解していなかった」人であって、かえってこの方則に不満を感じ理解の困難に悩んでいたきわめて少数の人たちが実は比較

＊注　勅撰和歌集…天皇または上皇の命令で編纂された和歌集

問1　一、二段落の【a】～【f】に入る語句を、以下から選んで記号で答えなさい。

ア　ずっと　イ　たとえば　ウ　もっと
エ　それから　オ　たぶん　カ　あるいは

問2　文中の【g】、【h】に入る漢字二字を、以下の意味を参考にして答えなさい。

g　一度疑いだすと、何もかも疑わしくなり、信じられなくなること。
h　文章や物事の組み立てのこと。もともとは漢詩の構成法。

問3　文中の【i】に入る都市名を漢字で答えなさい。

問4　〰〰①「その」、②「こう」、③「それ」と、傍線部の品詞が同じ短文を、それぞれ記号で答えなさい。

①　ア　真っ赤な花が咲いた。　イ　大きな犬を飼っている。
　　ウ　早く大きくなれ。　エ　重さを調べてみよう。
②　ア　こんなことはやめなさい。　イ　答えがまったく分からない。
　　ウ　今日も暑くなりそうだ。　エ　大きな声で騒ぐ。
③　ア　どうすればいいのか。　イ　そんなことも知らないのか。
　　ウ　果物がおいしくなる。　エ　みんなにお別れを言う。

問5　――①『古今和歌集』について、以下の問題に答えなさい。

一　『古今和歌集』が成立した年に最も近いのは、以下のどれか。記号で答えなさい。

ア　700年　イ　800年　ウ　900年
エ　1000年

二　以下の歌を、『古今和歌集』に載っている順に並べ替え、記号で答えなさい。

i　ア　桜花咲きにけらし＊なあしひきの山の峡《かひ》より見ゆる白雲
　　　＊けらしな＝～らしいなぁ
　イ　わが宿の池の藤波咲きにけり山ほととぎすいつか来鳴かむ
　ウ　みよしのの山の白雪積もるらし古里寒くなりまさるなり
　エ　君ならで誰にか見せむ梅の花色をも香をも知る人ぞ知る

ii　ア　紅葉葉の流れてとまる水門《みなと》には紅深き波や立つらむ
　イ　折り取らば惜しげに＊もあるか桜花いざ宿借りて散るまでは見む
　　　＊惜しげにもあるか＝もったいないだろうなぁ
　ウ　大空の月の光し清ければ影＊見し水ぞまづ凍《こほ》りける
　　　＊影＝姿
　エ　蛙《かはづ》鳴く井手の山吹咲きにけり花の盛りにあはましものを＊
　　　＊あはましものを＝出会いたかったなぁ

iii　ア　忘らるる身を宇治橋のなか絶えて人も通はぬ年ぞ経にける
　イ　世の中はかくこそありけれ＊吹く風の目に見ぬ人も恋しかりけり
　　　＊かくこそありけれ＝こんなものだなぁ
　ウ　来ぬ人を待つ夕暮れの秋風はいかに吹けばか侘《わび》しかるらむ
　エ　天の原踏みとどろかし鳴る神も思ふ仲をば裂くるものかは＊
　　　＊ものかは＝～できようか

問6　――②「立春」は、現在われわれが使っている暦では何月か。算用数字で答えなさい。

問7　――③「そう」の指す内容を十五字以内で答えなさい。

問8　――④「歌は本質的には無名のものになる。」とはどういうことか。これを別の語で言い換えた部分を文中から三十～三十五字以内で

ならば」と思って、色よい返事を歌で書いて送る。ただ、自分の気持ちを⑨ソッチョクには言わないんです。『古今和歌集』やその他の勅撰集に出ている歌を踏まえて返事をするようなことがある。ところが、古歌を踏まえた場合には、ほんの一文句、つまり、五七五七七という歌の中のある一部分だけを取って自分の歌にはめこむ。相手の男がくだんの歌を知ってれば、すぐに「あ、しめた」と思えるのに、それがわからなかった場合には、首をひねって「自分はどうもふられたらしい」と思ってやめてしまうことにもなる。実際これに類した話があるのです。

それくらいに『古今和歌集』の伝統というのは生活の中にしみこんでいるところがありました。そうなると、この歌はもともとだれの作か、なんてこともあまり問題でなくなってしまうはずです。さっき百科辞典みたいなところがあると申し上げたけど、百科辞典のいろんな項目があります。ああいう項目の一つ一つをだれが書いたか、なんていうことは知らずにわれわれはふだん百科辞典を利用しております。『古今和歌集』そのものがそれと同じようになっちゃったんですね。これが、『古今和歌集』の伝統というものがはっきりそれと名指すことができない所にまでしみ入ってしまった一因でしょう。

そういう意味で、その先鞭《せんべん》をつけた『古今和歌集』の編集の仕方というのはすごいものだったという気がいたします。つまり、それは個性なんてものを重視していない思想であります。『古今和歌集』全体として、春、夏、秋、冬というものについての日本人の考え方はこうあるのが正しかろうとか、恋についても、恋の始まりではこういうことがあり、もつれてきたときはこういう歌があるよ、ということを教えている。それで、歌のへたくそな連中が恋の歌を書いて女に送らなきゃならないようなときには『古今和歌集』の恋の歌をちょっと引用すれば、「私はあなたに恋い焦がれて、一日たりとも心安らかな日がありません」というような歌もつくれるわけです。そういう意味で『古今和歌集』の歌というのはお手本にもなるわけです。そういう実用性において生活の中に入っていってる。

個性尊重という面よりは、生活の中での規範的なものの尊重といいますか、そういう面が強い。こういうものを手本にして⑩クらしていたのが、平安朝貴族、すなわち知識人の生活でありまして、これは考えてみると、不健康そのものみたいなもんですけど、とにかくそういうところから紫式部も生まれてきちゃったんですね。これはどうにも動かしようのない事実です。紫式部、清少納言、赤染衛門《あかぞめえもん》など、みなそういうところからしか生まれなかった才能なんですね。あの人たちは『古今和歌集』をすみからすみまで暗誦《あんしょう》していたはずです。

つまり、そういうところに、日本の歌というものの享受のされ方、それに関連して、つくられ方の特徴もあるんですね。それは、ある一つの精神共同体、あるいは趣味の共同体、そういうものの中でつくられ、かつ享受されていて、だれがつくったんでもいい、とにかくこういうよく知られた歌があるからこれを使いましょう、という具合になっていくわけです。その結果、④歌は本質的には無名のものになる。無名のものになることによって逆に人々の血肉と化してしまう、そういう状態になっていきます。（後略）

（大岡信『古典のこころ』（ゆまにて）より。出題のために一部を省略し、表記を改めた箇所がある。）

『古今集』の恋の部は、いわば【　ｈ　】転結の枠組に合わせて、それぞれ別の作者が作った歌を一堂に集め、編纂しているんです。ですから、『古今和歌集』では、『万葉集』と違って、編纂者たちの役割の意味が大きいのです。編者は四人おりました。その中心人物が紀貫之です。「古今集」の名のとおり、古《いにし》えの名歌と現代の名歌を集めた和歌集という自負をもって編んだものですが、その編み方が独特でした。作者の個性なんていうものははじめからあまり問題にしない。極端に言えば作者の名前ははずしてしまって、春夏秋冬でも恋でも、また旅でも哀しみの歌でも、まず大きな枠組というか図柄というかがあって、それに適した名歌をその位置にはめこんでゆくという形をとったわけです。

　作者がその歌をどんな特別な気持ちで歌ったかとか、どんな状況で歌ったか、ということは無視してしまう。歌われている内容が春たけなわの歌ならば、春の部の真ん中辺に置くとか、恋の歌でも、ある歌をつくった男や女の個人的な事情や状況はむしろ無視してしまい、一篇の歌としての独立した美しさ、また当時における恋愛の理想に適《かな》っているかどうかといった③カンテンから、それを評価して並べていったわけです。端的に言えば、いろんな人の歌を並べていって、このへんでは恋の苦しみを歌った歌を並べたい、ちょうどここにこういう歌がある、なかなかいい歌だ、これを持ってきてこの位置へはめよう、というんではめこんでいくわけです。

（中略）

　作者の個性はいわば一様に塗りつぶしてしまうけれども、①そのかわりに、『古今和歌集』は、自然界を細かく分類していって、この時期にはこういう自然④ゲンショウが起きますよ、鳥は②こう鳴き、花はこう咲きますよ、ということを教えていったんです。『古今和歌集』の編者たちは、いまで言う百科辞典の作者たちみたいなことをやってる。その百科辞典は時間の流れに⑤ソってつくられているから、③それを開いて見ていくと、いわば【　ｉ　】を中心にした日本の中央部の季節感の索引《さくいん》集にもなっているわけです。しかも、季節だけでなく、恋愛や哀傷、別離その他の人事に関しても、みごとな索引集ができていると考えてもいい。それらの索引を引くことで、人々は一年間の生活の、情的な面についてのある種のものの見方の⑥キジュンを知ることができた。

　春の初めのころには、雪が解けて梅の花が咲き、その花にウグイスが来て鳴き、ぽちぽちと青い芽が土から生え出てくる、柳も緑になってくる、やがて桜の花が咲いて、満開のあとはパッと散る、そしてやがて夏になります。空にはホトトギスが鳴いて過ぎ、山吹の花のほとりで蛙が鳴く、こういう歌を時間の経過の順序に従って並べてある。ですから、『古今和歌集』は、ある程度以上の教養を持たなきゃならない立場の人にとっては必読書だったんです。

　大ぜいの人があの歌集の歌を暗記してたと思いますが、その結果会話するときでも、『古今和歌集』あるいはそれ以後⑦レキダイの勅撰*和歌集の歌から、ある部分だけをさらっと引用して、会話が成立してしまうわけです。一種の隠語の役割をも果たす。それを知らない人は「あの人だめ」ということになってしまう。これが恋愛の⑧セイヒにまで影響を及ぼしたから、恐るべきことになったわけです。

　たとえばある男が教養ある女に恋をしたとします。その場合、歌をつくって女に送るわけです。その歌を見て、女が「まあまあ、この人

【国　語】（六〇分）〈満点：一〇〇点〉

【注意】字数制限のある設問については、句読点・記号等すべて一字に数えます。

一　次の文章は、日本の韻文について述べられた講演を文章化したものの中の、『古今和歌集』について説明した部分である。これを読み、後の問いに答えなさい。

（前略）

①『古今和歌集』をお読みになって、【　a　】たいていの方は最初に退屈なさるでしょう。退屈する理由ははっきりしています。『古今和歌集』では、【　b　】紀貫之という人、凡河内躬恒《おおしこうちのみつね》という人、【　c　】小野小町という人がどういう個性を持っており、生涯にどんな事件に出あったか、そういうことは一切わからないようになっているからです。歌集そのものをそう編集してあるんです。これは『万葉集』と『古今和歌集』の最大の違いであって、『古今和歌集』の伝統がそれ以後【　d　】支配的だったということは、そういう意味で非常に重要なことです。

いま言ったことを【　e　】具体的に言いますと、『古今和歌集』の編纂《へんさん》の仕方というのは、これは『古今和歌集』をごらんになればわかるけれども、巻一から巻二十までありますが、初めのほうは、春、夏、秋、冬の歌で占められております。【　f　】、別れの歌とか、祝いの歌とかいろいろあり、さらに恋の歌の大きな集団があります。

四季の歌と、恋の歌、この二種類が『古今和歌集』の重要な部分なんですけれども、では四季の歌をどう編成してあるかというと、これは春の初めからずっと一首、一首並べていきまして、最後は冬の果てで終わるようになっている。しかも春の歌は、元日から始まるのではない。暦の都合で元日より数日前に②立春が来てしまう場合がある。そこでこの歌集では、十二月二十七、八日ごろに立春になった場合の歌から「春」の巻を始めてある。まったく用意周到です。こうして春を待ち望み寿《ことほ》ぐ心から始まって、夏、秋と過ぎていって、最後に雪にとざされたさみしい冬の歌で終わる。こういうふうになっています。つまり一つの円環をなして一年の季節を歌っているんです。

恋の歌も③そうです。全部で五巻にわたっておりますけれども、恋五巻の最初のほうは、男や女がまだ会うことのできない男や女に対するあこがれを歌っている歌から始まります。恋に恋するといいますか、そういう歌をまず並べてある。やがて恋人ができる。その当時の求愛、結婚の①ケイタイは、男が女のもとへ通っていって、翌朝になると帰ってしまうというのがふつうの形です。男からすれば、自分が相手に会っていない間にほかのだれかが来て、女に手を出すんじゃないか、女も色よい返事をしているんじゃないか、というようなことが心配です。女からすれば、自分のところへ来ない日には、別の女のところに行っているのではないかと。そういう心配があるんで、当時の恋はそういう疑【　g　】鬼の男女心理を②ゼンテイにしないとよくわからないところがあります。

そういう心の状態をうたった歌がまず並べられている。巻を追うに従って、男女二人の仲が熟してきて、あげくには飽き、男が去ってしまったり、あるいは女に別の男ができてしまったり、やがてはまた孤独な一人の生活に戻る、そういう形で恋が終わるというわけです。

MEMO

大切なことはメモしておこうネ！

平 成 28 年 度

解 答 と 解 説

《平成28年度の配点は解答用紙に掲載してあります。》

＜数学解答＞ 《学校からの正答の発表はありません。》

[1] (1) $\dfrac{500}{999}$ (2) $\dfrac{2-\sqrt{3}}{2}$, $\dfrac{2\sqrt{3}-1}{2}$ (3) (7^{2016}) 1 (13^{2016}) 1

(4) (正十二面体) 頂点 20, 辺 30 (正二十面体) 頂点 12, 辺 30

(5) $\angle$ACB 30° $\triangle$ABC $\dfrac{\sqrt{3}\pm1}{4}$ (6) 定数項 1, xの係数 8, x^2の係数 36

(7) 502

[2] (1) $a=-\dfrac{1}{2}$, $d=\dfrac{2}{3}$ (2) $c=\dfrac{1}{2}$ (3) $\mathrm{BC}=\dfrac{5\sqrt{145}}{72}$ (4) $\dfrac{\sqrt{145}}{145}$

[3] (1) $0<x<\dfrac{1}{2}$のとき, $\mathrm{S}=\dfrac{1}{2}x^2$ $\dfrac{1}{2}\leqq x<1$のとき, $\mathrm{S}=-\dfrac{3}{2}x^2+2x-\dfrac{1}{2}$

(2) $x=\dfrac{2}{3}$

[4] (1) $\dfrac{9}{20}$ (2) $\dfrac{9}{16}$ [5] $x=31$, $y=7$ [6] $-4\pi+\dfrac{40\sqrt{3}}{9}\pi$

[7] (1) $\dfrac{3\sqrt{39}}{4}$ (2) $\mathrm{FG}=\sqrt{5}$ (3) $\dfrac{11\sqrt{39}}{24}$

＜数学解説＞

[1] (小問群一数の計算，規則性，因数分解，位の数，正多面体，三平方の定理，角度，面積，式の計算と文字の係数，自然数の性質)

やや難 (1) $\left(1-\dfrac{1}{2^2}\right)\left(1-\dfrac{1}{3^2}\right)=\dfrac{2}{3}$ $\left(1-\dfrac{1}{2^2}\right)\left(1-\dfrac{1}{3^2}\right)\left(1-\dfrac{1}{4^2}\right)\left(1-\dfrac{1}{5^2}\right)=\dfrac{3}{5}$ $\left(1-\dfrac{1}{2^2}\right)\left(1-\dfrac{1}{3^2}\right)\left(1-\dfrac{1}{4^2}\right)\left(1-\dfrac{1}{5^2}\right)\left(1-\dfrac{1}{6^2}\right)\left(1-\dfrac{1}{7^2}\right)=\dfrac{4}{7}$…となることに着目すると，998番目までの積の分母は，3，5，7…の499番目の数，分子は，2，3，4，…の499番目の数になるといえる。よって，分母は，$2\times499+1=999$ 分子は，$499+1=500$ よって，$\dfrac{500}{999}$

重要 (2) $2x=\mathrm{A}$とおくと，$4x^2-2\{(2-\sqrt{3})+(2\sqrt{3}-1)\}x+(\sqrt{3}-2)(1-2\sqrt{3})=\mathrm{A}^2-\{(2-\sqrt{3})+(2\sqrt{3}-1)\}\mathrm{A}+(\sqrt{3}-2)(1-2\sqrt{3})=\mathrm{A}^2+\{(\sqrt{3}-2)+(1-2\sqrt{3})\}\mathrm{A}+(\sqrt{3}-2)(1-2\sqrt{3})$ 和が$\{(\sqrt{3}-2)+(1-2\sqrt{3})\}$，積が$(\sqrt{3}-2)(1-2\sqrt{3})$となるので，$\{\mathrm{A}+(\sqrt{3}-2)\}\{\mathrm{A}+(1-2\sqrt{3})\}=(2\mathrm{x}+\sqrt{3}-2)(2\mathrm{x}+1-2\sqrt{3})$ よって，$(2x+\sqrt{3}-2)(2x+1-2\sqrt{3})=0$ $x=\dfrac{2-\sqrt{3}}{2}$，$\dfrac{2\sqrt{3}-1}{2}$

(3) 7^1，7^2，7^3，7^4，7^5，7^6…の一の位の数は，7，9，3，1，7，9，… 4乗ごとに同じ数が繰り返す。2016は4で割り切れるので，7^{2016}の一の位の数は1である。13^1，13^2，13^3，13^4，13^5，13^6…の一の位の数は，3，9，7，1，3，… やはり4乗ごとに同じ数が繰り返すので，13^{2016}をの一の位の数も1である。

(4)　正十二面体は正五角形の面が12面集まったものである。1つの頂点に3つの正五角形の頂点が重なるので，頂点の数は$5\times12\div3=20$(個)　それぞれの辺は隣り合う正五角形の辺を共有しているので，辺の数は$5\times12\div2=30$(個)　正二十面体は正三角形が20面集まったものであり，1つの頂点に5つの正三角形の頂点が重なっている。よって，頂点の数は$3\times20\div5=12$(個)　辺の数は$3\times20\div2=30$(個)

重要　(5)　半径1の円の中心をOとし，長さ1の弦ABを引く。点Aを中心として半径$\sqrt{2}$の円を書き，円Oとの交点を右図のようにC_1，C_2とすると，$\triangle ABC_1$，$\triangle ABC_2$がそれぞれ条件に示された半径1の円に内接する三角形となる。$\angle AC_1B$，$\angle AC_2B$はどちらも弧ABに対する円周角であり，また，$\triangle AOB$が正三角形であることから弧ABに対する中心角$\angle AOB$は60°なので，$\angle ACB=30°$　点C_1，C_2から直線ABに垂線C_1H，C_2Iをひくと，C_1H，C_2Iは，それぞれABを底辺とみたときの$\triangle ABC_1$，$\triangle ABC_2$の高さである。$\triangle OAC_1$，$\triangle OAC_2$は，3辺の長さの比が$1:1:\sqrt{2}$なので直角二等辺三角形である。よって，$\angle OAC_1=45°$，$\angle BAC_1=105°$，$\angle ABC_1=45°$　したがって，$\triangle HBC_1$は直角二等辺三角形となる。よって，$C_1H=x$とすると，$BH=x$，$AH=x-1$　$\triangle AC_1H$で三平方の定理を用いると，$x^2+(x-1)^2=(\sqrt{2})^2$　$2x^2-2x-1=0$　$x=\dfrac{2\pm\sqrt{12}}{4}=\dfrac{1\pm\sqrt{3}}{2}$　$x>0$なので，$x=\dfrac{1+\sqrt{3}}{2}$　したがって，$\triangle ABC_1=\dfrac{1}{2}\times1\times\dfrac{1+\sqrt{3}}{2}=\dfrac{1+\sqrt{3}}{4}$　また，C_2Iについては，$\angle ABC_1=\angle AC_2C_1=45°$，$\angle C_1BC_2=90°$から，$\angle C_2BI=45°$　$\triangle BC_2I$は直角二等辺三角形なので，$C_2I=y$とくと，$BI=y$，$AI=y+1$　$\triangle AC_2I$で三平方の定理を用いて，$y^2+(y+1)^2=(\sqrt{2})^2$　$2y^2+2y-1=0$　$y=\dfrac{-2\pm\sqrt{12}}{4}=\dfrac{-1\pm\sqrt{3}}{2}$　$y>0$なので，$y=\dfrac{-1+\sqrt{3}}{2}$　よって，$\triangle ABC_2=\dfrac{1}{2}\times1\times\dfrac{-1+\sqrt{3}}{2}=\dfrac{-1+\sqrt{3}}{4}$　したがって，$\triangle ABC$の面積は，$\dfrac{\sqrt{3}\pm1}{4}$　なお，C_1HまたはC_2Iのどちらかを求めた後，他方を求めるのに$\triangle AC_1H\equiv\triangle C_2AI$を利用するのもよい。

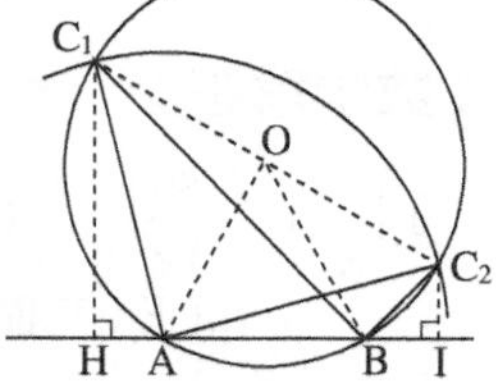

(6)　$(1+2x+3x^2+4x^3)^4$の定数項は$1^4=1$である。$(1+2x+3x^2+4x^2)^2$の1次の項は，$2x+2x=4x$　$(1+2x+3x^2+4x^3)^4$の1次の項は，$4x+4x=8x$　よって，xの係数は8　$(1+2x+3x^2+4x^3)^2$の2次の項は，$2x\times2x+1\times3x^2+3x^2\times1=10x^2$　$(1+2x+3x^2+4x^3)^4=(1+4x+10x^2+\cdots)^2$と考えられるので，2次の項は，$4x\times4x+1\times10x^2+10x^2\times1=36x^2$　よって，x^2の係数は36

重要　(7)　$5\times2=10$，$5^2\times2^2=10^2$，$5^3\times2^3=10^3$，$5^4\times2^4=10^4$　2016までの自然数の中に5の倍数は403個，5^2の倍数は80個，5^3の倍数は16個，5^4の倍数は3個ある。また，2の倍数は1008個と多い。よって，2016！を計算すると，末尾には$(403+80+16+3)$個$=502$個の0が並ぶ。

2　(関数・グラフと図形－座標を求める，方程式，因数分解，平行な直線，面積，長さ)

重要　(1)　a，dは方程式$\dfrac{1}{2}x^2=\dfrac{1}{12}x+\dfrac{1}{6}$の解である。$x^2-\dfrac{1}{6}x-\dfrac{2}{6}=0$　$x^2+\left(-\dfrac{2}{3}+\dfrac{1}{2}\right)x+\left(-\dfrac{2}{3}\right)\times\dfrac{1}{2}=0$　$\left(x+\dfrac{1}{2}\right)\left(x-\dfrac{2}{3}\right)=0$　よって，$a=-\dfrac{1}{2}$，$d=\dfrac{2}{3}$

(2)　$b=-\dfrac{1}{3}$のとき，$B\left(-\dfrac{1}{3},\ \dfrac{1}{18}\right)$　$\triangle ABD=\triangle ACD$のとき2点B，CはADまでの距離が等しい。よって，BC//ADであり，BCの傾きはADの傾きに等しく$\dfrac{1}{12}$である。BCの式を$y=\dfrac{1}{12}x+m$とおいて，$\left(-\dfrac{1}{3},\ \dfrac{1}{18}\right)$を代入すると，$\dfrac{1}{18}=-\dfrac{1}{36}+m$，$m=\dfrac{1}{12}$　方程式$\dfrac{1}{2}x^2=\dfrac{1}{12}x+\dfrac{1}{12}$を解

くと，$x^2-\frac{1}{6}x-\frac{1}{6}=0$　$\left(x+\frac{1}{3}\right)\left(x-\frac{1}{2}\right)=0$　よって，$c=\frac{1}{2}$

(3)　$C\left(\frac{1}{2},\ \frac{1}{8}\right)$　点Bを通るx軸に平行な直線と点Cを通るy軸に平行な直線との交点をEとすると，$BC^2=BE^2+CE^2=\left\{\frac{1}{2}-\left(-\frac{1}{3}\right)\right\}^2+\left(\frac{1}{8}-\frac{1}{18}\right)^2=\frac{5^2}{6^2}+\frac{5^2}{72^2}=\frac{5^2\times12^2+5^2}{12^2\times6^2}=\frac{5^2\times145}{12^2\times6^2}$　よって，$BC=\frac{5\sqrt{145}}{72}$

(4)　点AからBCに下ろした垂線の長さをhとすると，$\triangle ABC=\frac{1}{2}\times BC\times h$　ところで，AD，BCとy軸との交点をそれぞれF，Gとすると，$\triangle ABC=\triangle FBC=\triangle BFG+\triangle CFG=\frac{1}{2}\times FG\times$（$b$と$c$の$x$座標の差）　$FG=\frac{1}{6}-\frac{1}{12}=\frac{1}{12}$　よって，$\frac{5\sqrt{145}}{72}\times h=\frac{1}{12}\times\left\{\frac{1}{2}-\left(-\frac{1}{3}\right)\right\}$　$h=\frac{1}{12}\times\frac{5}{6}\times\frac{72}{5\sqrt{145}}=\frac{1}{\sqrt{145}}=\frac{\sqrt{145}}{145}$

3　**（関数と平面図形－折り返し，移動距離と面積の関数，変域，方程式）**

(1)　折り曲げることで点Oが点O´に移るものとする。xを増加させて点O´がAB上に移るまでは，Sは△O´PQの面積である。点O´がAB上に移るときのxは$\frac{1}{2}$だから，$0<x<\frac{1}{2}$のとき，$S=\frac{1}{2}\times O'P\times O'Q=\frac{1}{2}x^2$　点O´がABを越えてからは，O´P´，O´QとABとの交点をそれぞれD，Eとすると，Sは△O´PQの面積から△O´DEの面積を引いたものになる。$O'P'=O'Q=x$，$PA=QB=PD=QE=1-x$，$O'D=O'E=x-(1-x)=2x-1$　したがって，$S=\frac{1}{2}x^2-\frac{1}{2}(2x-1)^2=-\frac{3}{2}x^2+2x-\frac{1}{2}$　なお，そのときのxの変域は，$\frac{1}{2}\leqq x<1$

(2)　$0<x<\frac{1}{2}$のとき，$S=\frac{1}{2}x^2=\frac{1}{6}$　$x^2=\frac{1}{3}$　$x=\sqrt{\frac{1}{3}}=\frac{\sqrt{3}}{3}$　ところが，$\left(\frac{1}{2}\right)^2<\left(\frac{\sqrt{3}}{3}\right)^2$だから，この解は不適当である。$\frac{1}{2}\leqq x<1$のとき，$S=-\frac{3}{2}x^2+2x-\frac{1}{2}=\frac{1}{6}$　両辺を-6倍して整理すると，$9x^2-12x+4=0$　$(3x-2)^2=0$　$x=\frac{2}{3}$

4　**（確率）**

(1)　2月13日，14日のW日とC日については，W日⇒W日，W日⇒C日，C日⇒W日，C日⇒C日の4通りある。ところで，事柄a，b，c，…の起きる確率がp，q，r，…のとき，a，b，c，…が続けて起きるときの確率は$a\times b\times c\times\cdots$で求められるので，2月12日がC日の後のW日⇒W日の確率は，$\frac{3}{10}\times\frac{4}{5}=\frac{6}{25}$　C日⇒W日の確率は，$\frac{7}{10}\times\frac{3}{10}=\frac{21}{100}$　よって，14日がW日となる確率は，$\frac{6}{25}+\frac{21}{100}=\frac{45}{100}=\frac{9}{20}$

やや難

(2)　14日がW日となる確率が$\frac{9}{20}$であり，その後で，W日⇒W日となる確率は，$\frac{4}{5}\times\frac{4}{5}=\frac{16}{25}$　C日⇒W日となる確率は，$\frac{1}{5}\times\frac{3}{10}=\frac{3}{50}$　よって，14日がW日，16日もW日となる確率は，$\frac{9}{20}\times\left(\frac{6}{25}+\frac{3}{50}\right)=\frac{9}{20}\times\frac{7}{10}=\frac{63}{200}$　14日がC日となる確率は$1-\frac{9}{20}=\frac{11}{20}$その後で，W日⇒W日となる確率は，$\frac{3}{10}\times\frac{4}{5}=\frac{6}{25}$　C日⇒W日となる確率は，$\frac{7}{10}\times\frac{3}{10}=\frac{21}{100}$　14日がC日，16日がW

日となる確率は，$\frac{11}{20}\times\left(\frac{6}{25}+\frac{21}{100}\right)=\frac{11}{20}\times\frac{9}{20}=\frac{99}{400}$　したがって，16日がW日となる確率は，$\frac{63}{200}+\frac{99}{400}=\frac{225}{400}=\frac{9}{16}$

重要 5 （資料の整理－度数分布表，平均，連立方程式）

全体の人数が100人なので，$8+16+x+23+15+y=100$　$x+y=38$…①　仮の平均を63kgとして，平均との差の平均を求めると，$-120-160-5x+75+10y$である。これが実際の平均との差-2.9の100人分だから，$-120-160-5x+75+10y=-290$　$-5x+10y=-85$　$x-2y=-17$…②　①，②を解くと，$x=31$，$y=7$

階級を代表する値	仮平均を63としたときの差	人数（度数）	階級値×度数
48	-15	8	-120
53	-10	16	-160
58	-5	x	$-5x$
63	0	23	0
68	$+5$	15	$+75$
73	$+10$	y	$+10y$

6 （関数・グラフと図形－動点，三平方の定理，相似，辺の比，回転体の体積）

直線$y=\sqrt{3}x$上にx座標がaである点Pをとると，点Pのy座標は$\sqrt{3}a$である。点Pからx軸に垂線PQを引き，△POQで三平方の定理を用いると，$PO=2a$　よって，3辺の比が$2:1:\sqrt{3}$となるので，△POQは内角の大きさが30°，60°，90°の直角三角形となる。図1のように正方形OABCとし，直線$y=\sqrt{3}x$とBCとの交点をD，直線ABとの交点をE，点A，B，からOEに引いた垂線をそれぞれAH，BI，とすると，△EOA，△AOH，△EDB，△EBI，△ODCはいずれも内角の大きさが30°，60°，90°の直角三角形となり，3辺の比は$2:1:\sqrt{3}$である。よって，$AH=\sqrt{3}$，$AE=2\sqrt{3}$，$BE=2\sqrt{3}-2$，$BI=\sqrt{3}-1$，$OE=4$，$CD=\frac{2}{\sqrt{3}}=\frac{2\sqrt{3}}{3}$，$OD=\frac{4\sqrt{3}}{3}$，$DE=4-\frac{4\sqrt{3}}{3}$，$CJ=\frac{1}{2}$　ここで，DEを軸として回転したときに，△OCDを回転してできる立体が四角形OABDを回転してできる立体に含まれるかどうかを検討してみよう。図2のように，△OCDを折り返した三角形を△ORDとし，点RからBCに垂線RSをひくと，$RD=CD=\frac{2\sqrt{3}}{3}=\frac{\sqrt{3}}{3}$　$CS=\sqrt{3}<2$だから，点Rは正方形OABCの内部にある。よって，△OAEを回転した立体から△DBEを回転した立体を除いた立体の体積を求めればよい。$\frac{1}{3}\times\pi\times(\sqrt{3})^2\times4-\frac{1}{3}\times\pi\times(\sqrt{3}-1)^2\times\left(4-\frac{4\sqrt{3}}{3}\right)=-4\pi+\frac{40\sqrt{3}}{9}\pi$

図1

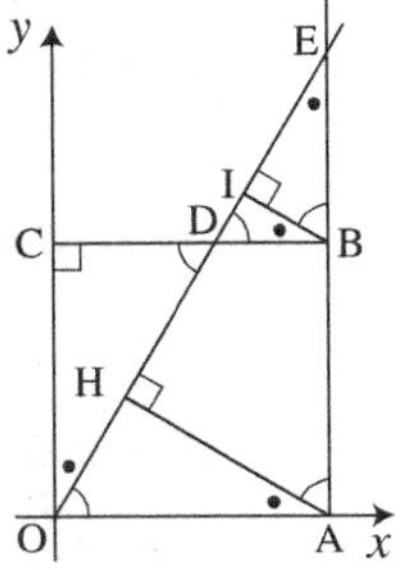

図2

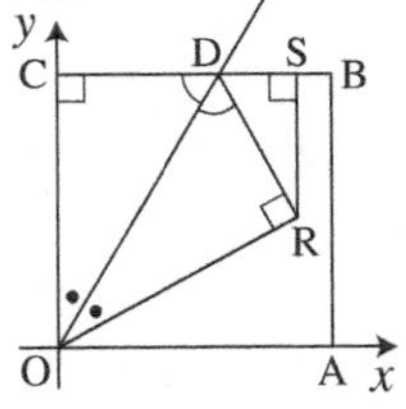

7 （空間図形－三角すいの体積，三平方の定理，長さ，切断）

重要 (1)　正三角すいの頂点から底面に引いた垂線は底面の正三角形の重心を通る。BCの中点をMとする。DMを2：1に分ける点が正三角形BCDの重心であり，その点をPとすると，APは面BCDに垂直である。$DM=\frac{3\sqrt{3}}{2}$であり，重心GはDMを2：1に分ける点だから，$DP=\frac{3\sqrt{3}}{2}\times\frac{2}{3}=\sqrt{3}$　△ABPで三平方の定理を用いると，$AP=\sqrt{16-3}=\sqrt{13}$　よって，三角すいABCDの体積は，$\frac{1}{3}\times\left(\frac{1}{2}\times3\times\frac{3\sqrt{3}}{2}\right)\times\sqrt{13}=\frac{3\sqrt{39}}{4}$

やや難 (2)　△ACDについて，点Aを通りFGに平行な直線と直線CDとの交点をIとすると，$AI=2FG$，$GI=CG=2$　点AからCDに垂線AJを引き，△ACJで三平方の定理を用いると，$AJ^2=4^2-\left(\frac{3}{2}\right)^2=\frac{55}{4}$　$JI=4-\frac{3}{2}=\frac{5}{2}$だから，△AJIで三平方の定理を用いて，$AI=\sqrt{\frac{55}{4}+\frac{25}{4}}=\sqrt{20}=2\sqrt{5}$

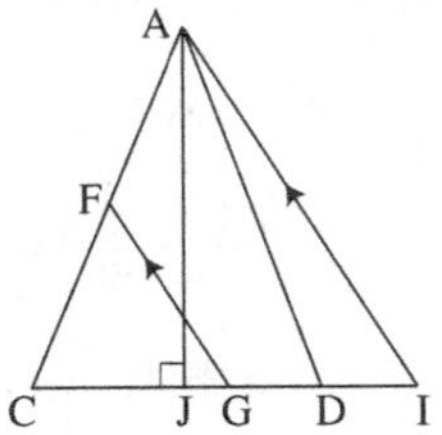

したがって，$FG=\frac{1}{2}AI=\sqrt{5}$

やや難 (3)　底面を△DGH，頂点をAとする三角すいと，底面を台形EFGH，頂点をAとする四角すいの体積を求め，三角すいABCDから除くと考える。△DGHは1辺が1の正三角形だから，面積は$\frac{\sqrt{3}}{4}$ 点Aから面BCDまでの距離は$\sqrt{13}$なので，三角すいADGHの体積は，$\frac{1}{3}\times\frac{\sqrt{3}}{4}\times\sqrt{13}=\frac{\sqrt{39}}{12}$…① 台形EFGHについては，$FG=EH=\sqrt{5}$，$HG=1$，$EF=\frac{3}{2}$　HGとEFの距離は，$\sqrt{(\sqrt{5})^2-\left(\frac{1}{4}\right)^2}=\frac{\sqrt{79}}{4}$　面積は，$\frac{1}{2}\times\left(1+\frac{3}{2}\right)\times\frac{\sqrt{79}}{4}=\frac{5\sqrt{79}}{16}$　高さについては，GH，HEの中点をそれぞれQ，Rとして△AQRで考えると，BP＝QP，AP⊥BQなので，$AQ=AM=\sqrt{4^2-\left(\frac{3}{2}\right)^2}=\frac{\sqrt{55}}{2}$ $AR=\frac{1}{2}AM=\frac{\sqrt{55}}{4}$　また，$QR=\frac{\sqrt{79}}{4}$　点Aから直線QRに垂線ASを引いて$RS=x$とし，△AQSと△ARSで三平方の定理を用いると，$AS^2=AQ^2-QS^2=AR^2-RS^2$　$\frac{55}{4}-\left(\frac{79}{16}+\frac{\sqrt{79}}{2}x+x^2\right)=\frac{55}{16}-x^2$　$\frac{\sqrt{79}}{2}x=\frac{43}{8}$　$x=\frac{43}{4\sqrt{79}}$　$AS^2=\frac{55}{16}-\left(\frac{43}{4\sqrt{79}}\right)^2=\frac{55\times79-43^2}{16\times79}=\frac{2496}{16\times79}=\frac{64\times39}{16\times79}=\frac{4\times39}{79}$　$AS=\frac{2\sqrt{39}}{\sqrt{79}}$　よって，四角すいAEFGHの体積は，$\frac{1}{3}\times\frac{5\sqrt{79}}{16}\times\frac{2\sqrt{39}}{\sqrt{79}}=\frac{5\sqrt{39}}{24}$　したがって，頂点Bを含む立体の体積は，$\frac{3\sqrt{39}}{4}-\frac{\sqrt{39}}{12}-\frac{5\sqrt{39}}{24}=\frac{11\sqrt{39}}{24}$

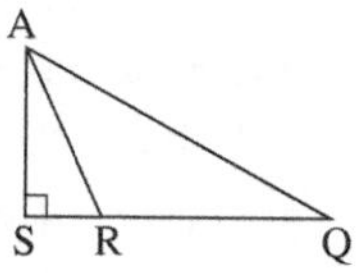

★ワンポイントアドバイス★

いずれも難しい問題で出題数も多いから，時間内完答を目指さず確実に仕上げていくようにしよう。1の(6)はすべてを展開する必要はない。4の(2)は(1)の結果を利用する。5は仮の平均を用いるとよい。6は回転して重なる部分に注意する。

<英語解答>《学校からの正答の発表はありません。》

Ⅰ　1 writer whose　2 wasn't invited　3 fewer members　4 only that　5 make you　6 long as　7 What a　8 Walking our

Ⅱ　1 (記号) D (正しい形) succeed　2 (記号) B (正しい形) to study
3 (記号) C (正しい形) earlier　4 (記号) A (正しい形) had spent
5 (記号) B (正しい形) What　6 (記号) D (正しい形) happens
7 (記号) D (正しい形) at　8 (記号) A (正しい形) told

Ⅲ　1 イ　2 カ　3 キ　4 オ　5 エ　6 ケ　7 ク　8 ウ　9 コ　10 ア

Ⅳ　1 such　2 process　3 took　4 from　5 back　6 both　7 for　8 dried　9 made　10 sand

Ⅴ　設問A　1 (a)　2 (b)　3 (a)　4 (d)　5 (c)　6 (a)　7 (d)　8 (b)　9 (a)　10 (c)

設問B（ア） there was nothing that she did not know
（イ） I picked up the receiver and held it to my ear
（ウ） I used to look forward to answering your calls
設問C（ｉ） 自分が何をしているのかなどまったく考えずに，私は故郷の交換手の番号をかけた。（ii） インフォメーション・プリーズに名前があるとは不思議なことのように思われた。（iii） それでは残念ながらお伝えしなくてはなりません。

＜英語解説＞

Ⅰ （同意文書き換え問題：関係代名詞，受動態，比較，文型，接続詞，感嘆文，動名詞）

1 (a)は「三島は有名な作家だ。彼の本は多くの言語に翻訳されている」という意味。(b)では writer を先行詞として，His books の His を所有格の関係代名詞 whose にして1文にする。

2 (a)は「ティムはジミーをパーティーに招待しなかった」という意味。(b)では目的語の Jimmy が主語になっているので受け身の文にする。

3 (a)は「赤組には青組よりも多くのメンバーがいる」という意味。(b)では Team Blue が主語なので，few「(数が)少ない」の比較級を使って「青組は赤組よりもメンバーが少ない」という文にする。

4 (a)は「ジュディーは理科のレポートでAをとった。他のどの生徒もAをとらなかった」という意味。(b)は，名詞 student の後に動詞があることから主格の関係代名詞を使って「ジュディーは理科のレポートでAをとったただ一人の生徒だった」という意味の文にする。先行詞に the only がつく場合は that を使うの普通。

5 (a)は「お茶を1杯飲めば気分がよくなりますよ」という意味。(b)では A cup of tea を主語にして〈make ＋目的語＋動詞の原形〉「～に…させる」を使って，「1杯のお茶があなたを気分よくさせるでしょう」という文にする。

6 (a)は「あなたはこの建物の中にいさえすれば何をしてもよい」という意味。if only ～「～しさえすれば」を使った表現を，(b)では as long as ～「～する限りは」を使って「あなたはこの建物の中にいる限りは何をしてもよい」という文にする。

7 (a)は「キースはなんてすてきになったのだろう」という意味の感嘆文。(b)では handsome man「すてきな男性」と〈形容詞＋名詞〉の形が前に出ているので what を使った感嘆文にする。grow to be ～ は「(成長して)～になる」という意味。

8 「毎日イヌを散歩させることは私の仕事だ」という内容の文。It は形式的な主語で to 以下が意味のうえでの主語。(b)では動詞が is で「～は私の仕事だ」という英文なので，「イヌを散歩させることは」という主語を動名詞で表す。

重要 **Ⅱ （正誤問題：不定詞，時制，代名詞，前置詞）**

1 「ルーシーはずっと熱心に働いている。私たち全員が彼女が企画に成功すればよいと思っている」 that は接続詞で後に〈主語＋動詞〉を含む形が続く。success は「成功」という意味の名詞なので，動詞 succeed にするのが正しい。

2 「私の兄[弟]は現代美術を勉強するためにパリに住んでいる。これは彼が世界を見るのに大きなチャンスだ」「～するために」という目的の意味で動詞(ここでは lives)を修飾する場合は不定詞で表すので，for studying を to study とするのが正しい。

3 「富士山の今年の初雪は去年よりも6日早く降った」 時期が「早い」という内容なので，動きの速さを表す fast ではなく early を使うのが正しい。比較級は earlier。fell は fall の過去形で，ここでは「(雨や雪が)降る」の意味で使われている。

4 「私はこの本を探すのに1日のほとんどを家で過ごしたが，それを見つけることができなかった」 couldn't find it「その本を見つけることができなかった」という過去の時点まで探していたという内容にするのが自然。ある過去の時点より前のことを言っているので，spend は過去完了で表すのが適切。

5 「私はこの青い野菜を食べたことがありません。英語ではそれをなんと呼ぶのですか」 後半は〈call＋目的語＋補語〉「～を…と呼ぶ」の文。補語に当たる語がわからないので疑問詞に置き換えて文頭に置くが，この場合，補語になるのは野菜の名前を表す名詞のはずなので，疑問詞は代名詞 What が適切。How は副詞なので不適切。

6 「私は何かわくわくすることが起こるたびにますますこの都市が好きになる」 happen は自動詞で「(出来事などが)起こる」という意味なので，something exciting「何かわくわくすること」という主語に対して受け身形にするのは誤り。something exciting は3人称単数なので，happens が正しい。like ～ even more は「～がますます好きになる」，every time ～ は接続詞の働きをして「～するたびに」という意味を表す。

7 「あなたが昨日話していたラグビーの試合は午後2時に始まる」 始まるのは「2時」という時点なので，from ではなく at が正しい。The rugby game の後に関係代名詞が省略されている。

8 「私たちはすぐに建物から出るように言われたが，なぜなのかはわからなかった」「(人)に～するように言う」は say ではなく tell を使って〈tell＋目的語(人)＋ to ＋動詞の原形〉で表す。これを受け身にすると〈be動詞＋ told ＋ to ＋動詞の原形〉の形になる。

基本 Ⅲ **(長文読解問題・会話文：文補充)**

(全訳) マーティー：やあ，母さん！　会えてうれしいよ。1中に入ってください。足元に気をつけて。

母親　　：まあ，マーティー。久しぶりね。私も会えてうれしいわ。

マーティー：2コートを持とうか。

母親　　：ありがとう。くつを脱いだほうがいいかしら。

マーティー：よければ頼むよ。3うん，とても元気そうだね。会いたかったよ。

母親：　　私もよ。遅くなってごめんなさい。あなたの家が見つからなかったの。

マーティー：謝ることはないよ。もう着いたんだからね。4それが大事だよ。空の旅はどうだった？

母親　　：離陸する前は少し緊張したわ。でも，短い映画を見たりうたた寝したりして楽しんだわ。

マーティー：それはよかった。

母親　　：おやまあ，あなたの家はとてもすてきね。このステンドグラスの窓はすばらしいわ。5とてもいい趣味をしているわね。

マーティー：ありがとう。スーツケースを運ぶよ。6ついてきて。母さんの部屋を案内するよ。あそこだよ。

母親　　：ありがとう。快適そうね。

マーティー：7のんびりしてね。何か飲むものを持ってこようか？　紅茶とコーヒーのどちらがいい？

母親　　：ええ，コーヒーをお願いするわ。

マーティー：わかった。8どうやって飲む？

母親　　：砂糖を2つとミルクをお願い。電話を借りてもいいかしら？　ジョージに電話しなく

　　　　　　ては。

マーティー：もちろん。父さんは母さんが電話するのを期待しているよ。電話は居間にあるよ。

母親　　　：ありがとう。9すぐに戻るわね。

母親　　　：お父さんがおまえによろしくって。ふーん，とてもいいにおいがするわ。

マーティー：もう食べられる？

母親　　　：10ええ，おなかぺこぺこよ。実は，機内食を食べ損ねちゃったの。

マーティー：わかった。食堂に行こう。

全訳を参照。　1　直後の Watch your step. は「足元に気をつけて」という意味。このあとの流れと合わせ，母親が玄関口にいることを読み取る。　4　matter は「大事である」という意味の動詞。that は関係代名詞で，直訳すると「それが大事であるすべてだ」となる。　5　この場合の taste は「趣味，審美眼」という意味。母親が，部屋の美しいステンドグラスの窓を見て，マーティンの趣味のよさをほめている。　7　make oneself at home =「のんびりする，くつろぐ」

8　砂糖の数，ミルクが必要か，など，コーヒーの飲み方を尋ねている。　10　starving は「とても空腹だ，飢えている」という意味の形容詞。

Ⅳ　**〔長文読解問題・説明文：語句補充〕**

（全訳）　死体を保存して残しておくことは，古代エジプト文化のとても重要な一部だった。初期のミイラ化においては，顔や手など1のような死体のある部分は包まれていた。2工程は，暑くて乾燥した砂に埋められた死体に，砂の自然の乾燥効果を再現するために発達したと考えられてきた。

ミイラ化の過程は古代ギリシアの歴史家ヘロドトスがもっともうまく説明している。彼は70日間3かかった全過程を記録している。心臓と腎臓を除いて，臓器は左側の切れ目4から取り出された。それから臓器は乾燥されて包まれ，つぼの中に入れられ，後に体の中に5戻されることもあった。塩の袋が死体の外部と内部の6両方に詰められて，すべての皮膚が完全に8乾かされるまで40日7の間放置された。それから死体はよい香りのする油できれいにされて包帯で包まれた。

紀元前3,400年頃，死体は直接砂漠の砂に埋められ，砂が死体を覆い，すっかり渇かしてその状態を保った。こうした埋葬にはまた，わんやつぼ，宝石のような埋葬品―死体の近くに埋められるものが含まれているかもしれない。後に，紀元前3,000年頃には，死体は地中に埋められたり洞窟に置かれたりするかもしれない，木で9できた棺に入れられた。棺は野生動物から死体を守るために作られたが，実際には死体から（死体をすっかり乾かしたであろう）10砂を遠ざけてしまった。このことが，皮膚と筋肉を腐敗させて骨格だけを残すこととなったのだ。

全訳を参照。　1　such as ～「（例えば）～のような」　あとに certain parts of the body の具体例として the face and hands が挙げられている。　2　空所2に対する動詞は developed「発達した」，to reproduce は副詞的用法の不定詞で「～するために」の意味。「熱くて乾いた砂の（死体への）乾燥効果を再現するために発達したもの」として適切なのは process「（ミイラ化の）工程」である。　3　the whole process「（ミイラ化の）全工程」と seventy days のつながりを考える。全工程に要する期間が70日と考えるのが適切なので，「全工程は70日間かかった」という意味になるように take「（時間が）～かかる」の過去形を入れる。　4　空所の直後の cut は「切れ目」の意味。「その切れ目から」とすると文意が通るので from が適切。　5　The organs were ～ put とつながる受け身の文。最初は死体の内部にあった臓器が「死体の中に（inside the body）戻される」というつながりが適切。「戻して」の意味の back を入れる。　6　both ～ and …「～も…も両方とも」　7　「期間」を表す for。　8　「皮膚が～されるまで放置される」という受け身の文。ミイラ化の作業で行われることなので，「皮膚が乾かされる」とするのが適切。　9　直前の a coffin を修飾するように，過去分詞 made を入れる。made of ～ で「（材料）でできている」という意味になる。 10 keep ~ away で「~を遠ざける，~を寄せつけない」という意味。死体を乾燥っせるのに必要で，棺によって死体から遠ざけられてしまうものはsand「砂」である。

V **（長文読解問題・物語文：内容吟味，英問英答，語句整序，英文和訳）**

（全訳） 私がとても幼かった頃，私の家族は近所では初めての電話機の1台を持っていた。私は階段のわきの壁にかかっている美しいかしの木の箱を思い出すことができる。輝く受話器がその箱の横にかかっている。番号まで覚えている。105だ。私はあまりに小さくて電話に手が届かなかったが，母がそれに向かって話すときにはときめいた気持ちで聞いたものだった。彼女は父と話すために私を抱き上げてくれたことがあったが，そのとき父は仕事で出かけていたのだ。魔法だ！

それから私は，そのすばらしい機器の内部のどこかに素晴らしい人―彼女の名前は「インフォメーション・プリーズ」といった―が住んでいることを知ったのだが，(ア)彼女が知らないことは何もなかった。母は彼女に誰の電話番号でも尋ねることができたし，うちの時計が故障したときにはインフォメーション・プリーズが瞬時に正しい時間を教えてくれた。

私はある日，母が隣人を訪ねているときに初めてこの受話器の中の妖精と話す経験をした。地下室で一人で道具台のところで遊んでいて，私はハンマーで自分の指を強く打った。痛みはひどかったが，家に同情してくれる人がいなかったので，泣いてもあまり役に立つようには思われなかった。私は指を吸いながら家中を歩き回り，最後に階段に着いた。電話だ！ 私はすぐに台所から腰かけを持ってきた。よじ登って，(イ)私は受話器を取り上げて，それを耳にあてた。「インフォメーション・プリーズ」と私は頭のすぐ上にある送話口に向かって言った。

カチッという音が1，2度して，小さなはっきりとした声が，「インフォメーションです」と私の耳に話してきた。

「指をけがしたんですー」と私は電話に言った。話しかける相手ができて，涙が流れ出してきた。

「お母さんは家にいないの？」と質問された。

「ぼく以外だれもいません」と私は泣いて言った。

「血は出ていますか？」

「いいえ」と私は答えた。「ハンマーで打ってしまって痛いんです」

「冷蔵庫を開けることはできますか？」と彼女が尋ねた。私はできると言った。「それでは小さく氷を砕いて，指に置きなさい。そうすれば痛みが止まりますよ。アイスピックを使うときは気をつけなさい」と彼女は言った。「泣かないでね。大丈夫ですよ」

その後，私はあらゆることでインフォメーション・プリーズに電話をかけた。私は自分の地理のことで助けを求め，彼女はフィラデルフィアがどこにあるのか，大人になったら訪れるつもりでいる美しい川，オリノコ川がどこにあるのかを教えてくれた。彼女は数学のことで手伝ってくれたし，ちょうど前の日に公園で捕まえたペットのリスが果物や木の実を食べることを教えてくれた。

そして，ペットのカナリアが死んだときのことがあった。私はインフォメーション・プリーズに電話をかけて彼女に悲しい話をした。彼女は聞いてくれて，大人が子どもを励ますために言う決まり文句を言った。しかし私はあまりうれしくなかった。鳥がとても美しくさえずって家族全体に喜びをもたらしてくれたあげく，かごの底で足をあげて羽毛のかたまりになって死んでしまうのはなぜだったのか。

彼女はどうにかして私の心を読んで，静かに「ポール，他にさえずる世界があることをいつも忘れないでね」と言ってくれた。

私はなんとなく気分がよくなった。

また別の日に，私は電話のところにいた。「インフォメーション」と，今ではおなじみの声で言った。

「fix ってどうつづるんですか？」と私は尋ねた。

「何を直すの？　F-i-x ですよ」

その瞬間，姉が私を驚かそうとして，「やー！」と大声で叫びながら階段から飛び降りてきた。私は箱から受話器を引っ張りながら腰かけから落ちた。私たちは2人とも衝撃を受けた―インフォメーション・プリーズはもはやそこにはなく，受話器を引っ張り出したときに彼女を傷つけたりしていないなどとはまったく思っていなかった。

数分後，玄関に男性がいた。「電話修理の者です」と彼は言った。「私はこの先で働いていて，交換手がこちらの番号で困っていることがあるかもしれないと言いました」 彼は私の手の中にある受話器の方に手を伸ばした。「どうしたんですか？」

私は彼に話した。

「ええと，1，2分で直せますよ」彼は電話の箱を開けて電話線をいじりながらしばらく過ごした。彼は受話器かけを2，3回上下させて，電話に向かって話した。「もしもし，こちらピートです。105番はすべて正常です。子どものお姉さんが彼を驚かせて，彼が箱からコードを引っ張ったんです」

彼は電話を切って，ほほえんで私の頭を軽くたたいてドアから歩いて出ていった。

こうしたことすべてが太平洋岸北西部の小さな町で起こった。それから，私が9歳のときに，私たちは国を横断してボストンに引っ越した―私は友達がとても恋しかった。インフォメーション・プリーズは実家のあの古い木の箱の中にあり，どういうわけか，玄関の小さなテーブルの上に乗っている，高さのある細い新しい電話でかけてみようとは決して思わなかった。

しかし，10代になってあの幼少の頃の会話の記憶はほんとうに私から離れることはなかった。疑ったり困難に直面したりする瞬間に，たびたびインフォメーション・プリーズに電話をして正しい答えを得ることができることを知ったときに自分が強くなったように感じたことをよく思い出したものだった。私は彼女が幼い少年に時間を浪費してくれて，とても寛容で，思いやりがあり，親切であったことに感謝した。

数年後，大学へ行くのに西に向かっている途中で私が乗った飛行機がシアトルに着陸した。飛行機の乗り継ぎに1時間半くらいあって，姉と15分ほど電話で話した。姉は当時そこに住んでいて，結婚して母親として幸せに暮らしていた。(i)それから，自分が何をしているのかなどまったく考えずに，私は故郷の交換手の番号をかけて「インフォメーション・プリーズ」と言ったのだ。

驚いたことに，私はよく知っている小さなはっきりとした声で「インフォメーション」と言うのを再び聞いたのだ。これは計画していたことではなかったが，自分が「fix という言葉のつづり方を教えてくれませんか」と言っているのが聞こえた。

長い間があった。それから，おだやかな話し方で「あの，今はもうきっと指は大丈夫ですよね」とインフォメーション・プリーズは言った。

私は笑って「それでは，今もほんとうにあなたなのですね」と言った。「当時ずっとあなたが私にとってどれほど大切であったかおわかりでしょうか…」

彼女は「あなたは私にとってどれほど大切であったかおわかりかしら？　私には子どもがいなかったから，(ウ)あなたの電話に答えることを楽しみにしていたものですよ。おかしかったわね？」

おかしいようには思われなかったが，そうは言わなかった。代わりに私は何年にもわたって何度彼女のことを考えたかを伝え，1学期が終わって姉を訪問しに戻ってきたらまた電話をかけてもよいかどうか尋ねた。

「ぜひそうしてください。サリーに代わるように言えばいいですよ」

「さようなら，サリー」 (ii)インフォメーション・プリーズに名前があるとは不思議なことのように思われた。「もしリスに出くわしたら，果物や実を食べるように言いますね」

「そうしてね」と彼女は言った。「それと，そのうちにあなたがオリノコ川へ行くだろうと思っているわ。さて，さようなら」

ちょうど3か月後，私はシアトル空港に戻ってきた。違う声で「インフォメーション」と返事がきて，サリーを出してくれるように頼んだ。

「お友達ですか？」

「ええ，古くからの友人です」と私は言った。

「(iii)それでは残念ながらお伝えしなくてはなりません。サリーは最後の数年間は具合が悪くてパートだけで働いていました。5週間前に亡くなったのです」 しかし，私が電話を切る前に，彼女は「少々お待ちください。ポールさんとおっしゃいましたか？」

「はい」

「ええと，サリーがあなたに伝言を残しています。彼女が書き留めたのです」

「どのようなものでしょうか？」と私は尋ねたが，すでにどのようなものか知っていたようだった。

「こうです。読みますね―私はまだ他にさえずる世界があると言っていると伝えて。彼は私が言いたいことがわかるわ」

「私はお礼を言って電話を切った。私には，サリーが言いたいことがよくわかっていた」

設問A　1 「105は交換手の番号である」 105という番号が出てくるのは第1段落第4文，ポールの家に男性が電話の修理に来た場面，ポールが大学生になってシアトルの空港から電話をかけた場面である。105という番号を未だに覚えていて，空港からその番号に電話をかけたことから，交換手を表す番号と考えられる。(b)は「ポールの家」，(c)は「修理工」，(d)は「ポールの父親の会社」という意味。　2 質問は「交換手によってそのようなサービスが提供されているか」という意味。ポールが電話で知ったこととして本文中に具体的に書かれているのは，「指をけがしたときの対処法」，「正確な時刻」，「リスは何を食べるか」，「フィラデルフィアの位置」，「オリノコ川の位置」，「数学の答え」，「カナリアが死んだ理由」，「fix のつづり」で，これに該当する(b)「交換手は正確な時間を知らせてくれる」が適切。supply は「～を供給する」という意味の動詞。(a)は「天気の情報を知らせる」，(c)は「ニュースを配信する」，(d)は「図書館のサービスを提供する」という意味。　3 「受話器の中の妖精とは『インフォメーション・プリーズ』のことである」 第2段落第1文を参照。幼かったポールは，電話交換手に情報を求めるときに言う「インフォメーション・プリーズ(案内をお願いします)」というセリフから，電話の向こうにいる交換手の名前を「インフォメーション・プリーズ」と理解していたのである。(b)は「隣人」，(c)は「応急処置の実施」，(d)は「時計」という意味。　4 質問は「ポールは次のどの質問をしなかったか」という意味。2の解説で挙げた，ポールの質問のうち，(d)「リスはそこに住むことを好むか」がポールがした質問と合わない。(a)は「オリノコ川がどこにあるか」，(b)は「彼のカナリアがなぜ死ななくてはならなかったか」，(c)は「痛む指をどう処置すればよいか」という意味。

5 質問は「男性は何をしに来たのか」という意味。話に直接登場する男性は，ポールが受話器を落としたときに交換手が呼んだ電話修理の男性だけである。したがって，彼がポールの家に来た目的は(c)「電話を修理するため」である。(a)は「ポールの母親に会うために」，(b)は「新しい電話を売って取り付けるために」，(d)は「電話を使うために」という意味。　6 質問は「ポールはなぜ何年間か交換手に電話をかけなかったのか」という意味。電話修理の男性の話が書かれている段落の次の段落で，ポールが9歳のときに一家が太平洋岸北西部から国を横断してボストンに引っ越し，そのため「友達(＝インフォメーション・プリーズ)がとても恋しかった」とあることから，別の場所に引っ越したことで，それまでの地域を担当していた交換手に電話をすることができなくなったためと考えられる。したがって，(a)「彼の家族が別の町に引っ越したから」

が適切。(b)は「彼が大学に行ったから」，(c)は「彼に他に話す相手ができたから」，(d)は「電話がまだ壊れていたから」という意味。　7　質問は「ポールはなぜ交換手が恋しかったのか」という意味。ポールたちがボストンに引っ越したことが書かれている段落の次の段落を参照。後半に，疑問が生じたり困ったときにインフォメーション・プリーズに電話をすれば正しい答えを得ることができると思って自分が強くなったように感じたこと，交換手が幼い自分に親切に対応してくれたことへの感謝が書かれている。この記述に合うのは(d)「彼女はいつも助けが必要なときに彼を導いてくれたから」である。(a)は「彼は彼女の声を忘れたから」，(b)は「彼にはもはや質問がなかったから」，(c)は「彼女がいつもおかしな話をしてくれたから」という意味。

8　質問は「ポールはなぜ fix のつづり方を2回尋ねたのか」という意味。ポールがシアトルから数年ぶりにインフォメーションに電話をかけた場面で，交換手の声が昔と変わらない声だったので，思いがけず fix のつづり方を尋ねたと書かれていることから，その交換手が昔の「インフォメーション・プリーズ」であるかどうかを確かめたくて，自分と彼女しか知らない fix のつづり方を質問した話をしたと考えられる。したがって，(b)「彼は彼女が『インフォメーション・プリーズ』なのかどうか確かめたかったから」が適切。(a)は「彼はそのつづり方を知りたかったから」，(c)は「それは彼らが会話を始めるパスワードだったから」，(d)は「それは彼がしばしばした質問だったから」という意味。　9　質問は「どこでサリーに連絡ができたか」という意味。ポールがサリーと電話で話したのは，最初に住んでいた家，学生になってからかけた空港。逆に，担当地域の関係でサリーに電話できなかったのは，引っ越した先のボストンである。サリーに電話をかけることができた空港はシアトルなので，(a)が正しい。(b)のオレゴンは話に出てこない。

10　質問は「サリーの最後の伝言は何を意味しているか」という意味。サリーが残した伝言は，ポールが幼い頃にペットのカナリアが死んだわけを知りたくてサリーに尋ねたときの答えと同じもので，「他にさえずる世界がある」というもので，そもそもはペットが死んで悲しむ子どもをなぐさめる内容のものである。この世にはいないが，別の世界でこれまでと同じようにさえずっているということから，(c)「彼女は人々の心の中に生き続けるだろう」が適切。(a)は「彼女は死後，鳥になるだろう」，(b)は「彼女は違う言語で歌うだろう」，(d)は「彼女は鳥といっしょに歌いたいと思っている」という意味。

重要　設問B　(ア)　there was nothing that she did not know.　There is[are] ～. の構文。nothing を先行詞にして後に関係代名詞 that を置き，she did not know と続けると「彼女が知らないことは何もなかった」という意味の文になり，直後に書かれている，電話番号や時刻を教えてもらった例とも内容的に合う。　(イ)　(Climbing up,) I picked up the receiver and held it to my ear(.)　Climbing up は「よじ登って」という意味で，それに続く動作を表す文にする。ポールが初めて自分で電話をかける場面なので，and で picked up と held という2つの動詞を結び，「受話器を取り上げて，それを耳にあてた」という文にする。　(ウ)　I used to look forward to answering your calls(.)　used to ～「よく～したものだ」と過去の習慣を表す文にする。to の後には動詞の原形がくる。また，look forward to ～ で「～を楽しみしている」という意味を表すので，その後に動名詞 answering を続けて「あなたの電話に答えることを楽しみにしていたものだ」という文にする。

やや難　設問C　全訳を参照。　(i)　without ～ing で「～しないで」という意味。thinking の後に疑問詞節が続いている。　(ii)　〈It is ～ ＋ for ＋人＋ to ＋動詞の原形〉の is が sound になった文。(iii)　sorry to ～ で「残念ながら～する」という意味を表す。to のあとに have to ～「～しなければならない」が続いている。

★ワンポイントアドバイス★

Ⅲの会話文問題は比較的短く，英文も決して難しくないので，ここでは満点を目指したい。どのような場面かをつかむことが重要だが，まずは読み進めながら自然な会話の流れになると思われる選択肢を迷わずに入れてみよう。

＜国語解答＞ 《学校からの正答の発表はありません。》

一　問1　a　オ　　b　イ　　c　カ　　d　ア　　e　ウ　　f　エ　　問2　g　心暗　　h　起承
問3　京都　　問4　①　イ　　②　イ　　③　エ　　問5　一　ウ
二　i　エ→ア→イ→ウ　　ii　イ→エ→ア→ウ　　iii　イ→エ→ウ→ア　　問6　2(月)
問7　(例)　恋が進む順に並んでいる。　　問8　この歌～しまう　　問9　(例)　A　生活にしみこんだ実用的なもの　　B　個性的な歌は生まれてこない　　問10　①　形態
②　前提　　③　観点　　④　現象　　⑤　沿(って)　　⑥　基準　　⑦　歴代
⑧　成否　　⑨　率直　　⑩　暮(らして)

二　問1　A　エ　　B　ア　　C　ウ　　問2　a　ウ　　b　ク　　c　エ　　問3　能である。
問4　ア　×　　イ　×　　ウ　○　　エ　○　　問5　不満を感じ理解の困難に悩んでいた　　問6　(例)　形而上学や認識論　　相対性原理の知識　　問7　(例)　相対性原理を発表した後に発表されるであろう理論を踏まえていないのは，ニュートンの場合と同じだから。　　問8　(例)　その時点では最大限に正確である(ということ)　　問9　(例)　自分の学説が完全なものであるとは思い込まず，後世の学者によって補填される可能性を受け入れること。

＜国語解説＞

一　(論説文－内容吟味，文脈把握，指示語，接続語，言い換え，脱語補充，漢字の書き取り，品詞，文学史)

問1　a　以下の内容が推測であることを表す語を入れる。　b　具体的な歌人の例が挙げられている。　c　前に挙げた例に，さらに別の例を加えることを示す語を入れる。　d　直前の「それ以後」の期間が長いものであることを表す語が入る。　e　具体化の程度を高める文が続いている。　f　「……とか……とか」に着目する。

重要　問2　g　男も女も自分の恋の相手について「心配」を重ねているので「疑心暗鬼」が適切。　h　直前の段落では，恋について，その始まりから終わりまでを順に説明していることから考える。

問3　『古今和歌集』が作られた当時の日本の中心都市は京都である。

問4　①　「その」とイは連体詞。アは形容動詞，ウは形容詞，エは名詞。　②　「こう」とイは副詞，アは連体詞，ウは形容詞，エは連体詞。　③　「それ」とエは名詞，アは副詞，イは連体詞，ウは形容詞。

やや難　問5　一　『古今和歌集』は九〇五年に成立した最初の勅撰和歌集である。　二　i　アとエはともに春の歌だが，花の咲く順は梅→桜である。イの「山ほととぎす」は夏，ウの「白雪」は冬の歌である。　ii　春の歌のイとエでは，花の咲く順は桜→山吹である。アは「紅葉」で秋，ウは「凍りける」で冬の歌である。　iii　恋が進む順に並べる。「見ぬ人」とあるイが初めになる。続

いて恋愛の最盛期の心情を詠むエ，しだいに疎遠になるかなしみの気持ちを詠むウが続く。やがて恋が終わり，忘れる仲を詠むアが最後になる。

基本 問6　立春(節分の翌日)は現在の暦では二月三日前後である。

やや難 問7「そうです」は，これより前に説明されていることがらと「恋の歌」との状況が似ていることを表す。これより前には『古今和歌集』における季節の歌の編成について述べられていて，そこでは季節の歌は「春の初めから……果てで終わる」とあり時間の進行順に配列されている。恋愛も，初期の会うことのできないあこがれのころから，成熟期を迎え，やがて飽きてしまったり，別の恋人を作ることがこれ以降に述べられる。したがって，進行順に編成されているという内容をまとめるとよい。

問8　歌が「ある一つの……趣味の共同体」の中でつくられると「だれがつくったんでもいい，……よく知られた歌がある」という感覚になるとある。この「だれがつくったんでもいい」という内容の部分を探す。

やや難 問9『古今和歌集』などの平安時代の歌は，現在の百科辞典のような役割を果たしていることが本文の主な話題である。そこでは，それぞれの歌人の個人に固有の心情は重視されず，そのために和歌としての世界の広がりを持つことは少ないと考えられる。これが「和歌は力を失うことになった」理由であり，この内容を中心にまとめるとよい。

問10　①「形態」は形やありさまのこと。　②「前提」は，ある事が成り立つために前もって示される条件。　③「観点」は，物事を観察したり考えたりする場合の立場。　④「現象」は，人間の感覚によってとらえられるすべての物事。また形をとってあらわれた物事。　⑤「沿」の音読みは「エン」，熟語は「沿革」「沿岸」など。　⑥「基準」は，物事を比べるときによりどころとなる標準。　⑦「歴代」は，古くから何代も続いていることや，そのすべての代々。　⑧「成否」は，成功するか失敗するかということ。　⑨「率直」は，飾りけがなくありのままのこと。　⑩「暮」の音読みは「ボ」，熟語は「暮色」「歳暮」など。

二　**(論説文ー主題，内容吟味，文章構成，脱語補充，語句の意味)**

基本 問1　A「相場」には，①商品のその時々の値段。②現物を扱わず，市価の変動を利用した投機的な取引。③世間一般の評価や通年。などの意味があるが，ここでは③。　B　一見成り立ちそうだが，矛盾が含まれていて論理的には成り立たない説。　C「よくある」という意味。

やや難 問2　a　あるがままではなく，自分の考えを加味するという意味の語を入れる。　b　ある程度の不完全さが学説に存在するのは当然のことだと説明していることに着目する。　c　相対性原理を根本的に否定するという意味の文である。

問3　挿入文に「後の部類に属する学者」とあるので，学者のタイプを二つの部類に分けて述べる部分を探し，その直後に入ると考える。「科学上の学説」で始まる段落では，自らの学説が完全だと「思いうる幸運な学者」と「厳密な意味の……不幸なる学者」に分類しているので，この段落末に入れる。

問4　アは「世界に一ダースとはいないだろう」とあるので「少ないと考えている」とはいえるが，それが「自分と同じ程度」だとは述べていない。イは「『理解』する事を要求されている」ことを「間違ったことである」とは述べていない。ウは「アインシュタインに至って……言わなければならない」の一文より考える。エは，「しかしここに」で始まる段落以降の内容に合致する。

重要 問5　ニュートンの運動方則は相対性理論が出現したことによって理解が可能になったのであり，それ以前は完全には理解できなかったといえる。同様のことはアインシュタインの場合にもいえる。現在の時点では相対性理論をより完全にする理論が出現していないので，理解が困難としている人が「原理を理解しうる人」だといえる。

問6　一般的な科学の理解には，科学を非科学である形而上学や認識論と対照してみることが必要とされている。また，ニュートンの方則が理解できるようになったのは，相対性理論が出現したからだと述べられている。

問7　アインシュタインの相対性原理によってニュートンの方則の難点が明らかになったのと同じような図式で，アインシュタインの相対性原理も，他の何らかの科学的学説によってその難点が克服されるかもしれない。だがアインシュタインは，まだその「他の科学的学説」に出会っていないので，結局は自身の原理を理解していないという論法を正確に読み取ってまとめる。

問8 「絶対的完全」に対する「相対的完全」の意味を理解してまとめる。「相対的完全」は，他の学説よりは完全だとはいえるが，まだ不十分な点が含まれることを示唆するものである。

やや難　問9　科学の学説に絶対的完全などはむやみに存在しないことを読み取り，他者の学説に対して，その一部に欠点があるからといって，すべてを否定することの誤りを述べている部分であることに着目する。そのうえで，設問は科学者が学説を示す際の態度を問うているので，「他者の揚げ足を取らない」という観点からだけではなく，自身がどんなことを心得て学説発表をするべきかという内容でまとめる。

★ワンポイントアドバイス★

二のように，書かれてからかなり年数が経過した文章も読み慣れておかなければならない。この場合，内容はもちろん，使われる用語や表記のしかたなど表現の面にも注意すること。

MEMO

大切なことはメモしておこうネ！

解答用紙集

○月×日 △曜日　天気（合格日和）

◆ご利用のみなさまへ

＊解答用紙の公表を行っていない学校につきましては、弊社の責任において、解答用紙を制作いたしました。

＊編集上の理由により一部縮小掲載した解答用紙がございます。

＊編集上の理由により一部実物と異なる形式の解答用紙がございます。

人間の最も偉大な力とは、その一番の弱点を克服したところから生まれてくるものである。　――カール・ヒルティ――

東京学参株式会社

慶應義塾高等学校　2024年度

◇英語◇

※ 163%に拡大していただくと，解答欄は実物大になります。

Ⅰ

1		2		3		4		5	
6		7		8		9		10	

Ⅱ

	Letter	Correct Form		Letter	Correct Form
1			2		
3			4		
5			6		
7			8		
9			10		

Ⅲ

1		2		3		4	
5		6		7		8	
9		10					

Ⅳ

A

1		2		3		4		5	
6		7		8		9		10	

B

①	
②	
③	

C

1	
2	1)
	2)

◇国語◇

慶應義塾高等学校　２０２４年度

※　１８２％に拡大していただくと，解答欄は実物大になります。

一

問一　x　y

問二

問三

問四

問五　E　F　G　H

問六

問七　という行為。

問八

問九

問十

問十一

問十二　楷書でていねいに書くこと。

① ザヒョウ　② タイケイ　③ ジタイ　④ ソウデ　⑤ シグサ

二

問一　楷書でていねいに書くこと。

① カイキュウ　② シュウロク　③ フウチョウ　④ ハイケイ　⑤ ソウコウ

問二　年

問三　【1】　【2】　【3】　【4】　【5】

問四

問五　C　D

問六　a　b

問七

問八

問九　描いた時雨の姿勢と、

鷗外の姿勢が重なるということ。

問十　はじめ　終わり

問十一

問十二

慶應義塾高等学校　2023年度

◇英語◇

※ 163％に拡大していただくと，解答欄は実物大になります。

Ⅰ

1		2		3		4		5	
6		7		8		9		10	

Ⅱ

	Letter	Correct Form		Letter	Correct Form
1			2		
3			4		
5			6		
7			8		
9			10		

Ⅲ

1	w	2	h	3	c	4	m
5	e	6	t	7	f	8	d
9	n	10	d	11	R		

Ⅳ

A

1		2		3		4		5		6	
7		8		9		10		11		12	

B

③	
⑤	
⑦	

C

1	Reason1： Reason2：
2	(i)： (ii)：
3	

◇国語◇

慶應義塾高等学校　２０２３年度

※１８２％に拡大していただくと，解答欄は実物大になります。

一

問一　A　B　C

問二

問三

問四　明治後の人々は　から

問五

問六

問七

問八

問九　楷書でていねいに書くこと。

①シヨリ	②キョウヨウ	③グドウ	④タモ　たれ	⑤セッキン

二

問一　楷書でていねいに書くこと。

①シカイ	②インショウ	③ハイユウ	④クスリユビ	⑤ケイケン

問二　A　B　C

問三　【1】　【2】　【3】　【4】

問四

問五　1　2　3　4　5　6　7　8　9　10

問六

問七　X　Y　Z

問八　Ⅰ　Ⅱ　Ⅲ　Ⅳ

問九

問十

慶應義塾高等学校　2022年度　◇英語◇

※189%に拡大していただくと，解答欄は実物大になります。

I

1				2			
3				4			
5				6			
7				8			
9				10			

II

	Letter	Correct Form		Letter	Correct Form
1			2		
3			4		
5			6		
7			8		
9			10		

III

1		2		3		4	
5		6		7		8	
9		10					

IV

A

1		2		3		4		5		6		7	
8		9		10		11		12		13			

B

1	(i)：
2	(ii)：
3	(iii)：

C

1	(A の説明)：	
2	(B1・B2 の和訳)：	
3	(C の説明)：	
4	(B1)：	(B2)：

◇国語◇　慶應義塾高等学校　2022年度

※193%に拡大していただくと、解答欄は実物大になります。

一

問一 【1】　【2】　【6】　【11】　【12】

問二

問三　問四

問五（20字・40字）

問六 【8】　【9】

問七

問八

問九

A 幾□切れ	B 汁□物	C 定□か	D 気□泡	E 歯□触り

楷書でていねいに書くこと。

問十

① サンミ	② ボケイ	③ タイショウ	④ ナタネ	⑤ キカン

二

楷書でていねいに書くこと。

問一

① フウコウ	② ソウキ	③ ト□か	④ ドウギョウ	⑤ ヘイゼイ

問二　問三 【1】　【5】

問四 【2】　【3】　【4】

問五

問六 3　4　5

問七（20字・25字）

問八　問九

問十

問十一 □年　問十二　問十三

問十四（20字・40字・50字）

慶應義塾高等学校　2021年度

◇英語◇

※181％に拡大していただくと，解答欄は実物大になります。

I

1				2			
3				4			
5				6			
7				8			
9				10			

II

	記号	正しい形		記号	正しい形
1			2		
3			4		
5			6		
7			8		
9			10		

III

1		2		3		4		5	
6		7		8		9		10	

IV

A

1		2		3		4		5		6		7		8	
9		10		11		12		13		14		15		16	

B

(ア)

(イ)

(ウ)

C

(i)

(ii)

(iii)

◇国語◇

慶應義塾高等学校　２０２１年度

※１８６％に拡大していただくと，解答欄は実物大になります。

一

問一　一点目　こと。
二点目　こと。

問二

問三

問四

問五

問六

問七

問八

問九　こと。

問十

問十一　【5】　【7】

問十二

楷書でていねいに書くこと。

問十三

1 ギュウジ	2 リュウセイグン	3 ミンセイ	4 ヒハン	5 ドリョウ

二

楷書でていねいに書くこと。

問一

1 アンチョク	2 シャクヤ	5 エン	6 テヂカ	8 シタバラ

問二

3 唐草	4 床板	7 加持	9 数珠	10 霧

問三

問四　②　③　④　⑧　⑨

問五

問六

問七　（行）　（活用）

問八

問九

問十

問十一

問十二

問十三

慶應義塾高等学校　2020年度

◇英語◇

※196％に拡大していただくと，解答欄は実物大になります。

I

1			2		
3			4		
5			6		
7			8		
9					

II

	記号	正しい形		記号	正しい形		記号	正しい形
1			2			3		
4			5			6		
7			8			9		

III

1		2		3		4		5	
6		7		8		9		10	

IV

A

1		2		3		4		5	
6		7		8		9		10	

B

1		2		3		4		5	

C (ア)

(イ)

(ウ)

D (ⅰ)

(ⅱ)

(ⅲ)

E ③

④

◇国語◇

慶應義塾高等学校　２０２０年度

※１７２％に拡大していただくと、解答欄は実物大になります。

一

問一　方向。

問二

問三

問四

問五　①　②　③

問六

問七

問八

問九

問十　楷書でていねいに書くこと。

1 トジョウ	2 コウコウ	3 サイシュ	4 モサク	5 チクセキ

二

問一

問二　誰かの　存在。

問三　姿。

問四

問五

問六　他者は　という偏見。

問七

問八

問九　1　2　3　4　5

問十　A　B

問十一　a　b

問十二　楷書でていねいに書くこと。

1 ソウワ	2 シコウ	3 バイ	4 ユダ	5 ケイセイ
			ねた	

慶應義塾高等学校　2019年度

◇英語◇

※この解答用紙は175%に拡大していただくと，実物大になります。

Ⅰ

1			2		
3			4		
5			6		
7			8		
9					

Ⅱ

	記号	正しい形		記号	正しい形		記号	正しい形
1			2			3		
4			5			6		
7			8			9		

Ⅲ

1		2		3		4		5	
6		7		8		9		10	

Ⅳ

A

1		2		3		4		5	
6		7		8		9		10	

B

1		2		3		4		5	

C (ア)

(イ)

(ウ)

D (i)

(ii)

(iii)

E ②

③

◇国語◇

慶應義塾高等学校　２０１９年度

※この解答用紙は１６７％に拡大していただくと、実物大になります。

一

問1

問2　ということ。

問3

問4　〜　書いたから。

問5

問6

問7

問8

問9　A　B　C　D

問10

問11　1　2　3

問12　県

問13　楷書でていねいに書くこと。

1 サッ　し

2 タイショウ

3 ヒゲキ

4 アンチョク

5 ツト　めた

6 サンザイ

7 ジロン

8 テンカイ

9 メイジ

10 ム　イ

二

問1

問2

問3　誰の　意味

問4

問5　不安

問6

問7　初め　〜終わり

問8　50

問9

問10

問11　a く　b みた　c か　d く　e

三

❶　❷　❸　❹　❺

❻　❼　❽　❾　❿

慶應義塾高等学校　平成30年度

◇英語◇

※この解答用紙は196％に拡大していただくと，実物大になります。

I

1			2		
3			4		
5			6		
7			8		
9					

II

	記号	正しい形		記号	正しい形		記号	正しい形
1			2			3		
4			5			6		
7			8			9		

III

1		2		3		4		5	
6		7		8		9		10	

IV

A

1		2		3		4		5	
6		7		8		9		10	

B

1		2		3		4		5	

C (ア)

(イ)

(ウ)

D (i)

(ii)

(iii)

E ①

②

○推定配点○　I　各1点×9　II　各1点×9　III　各2点×10
IV　A・B　各2点×15　C～E　各4点×8　計100点

／100

◇国語◇

慶應義塾高等学校　平成30年度

※この解答用紙は182%に拡大していただくと、実物大になります。

一

問1　知識人タイプの歴史家の［　　］は、

西郷［　　］するのに適しない。

問2

問3

問4　　問5　B　C

問6　　問7

問8　X　Y　　問9

問10　a　b　らしめ　c　d　かれて　e　うる

問11
1　ヘンカク
2　ベンゴ
3　ホッ　し
4　サッ　する
5　カンコウ
6　シカン
7　シル　して
8　ケッコウ
9　イナ　か
10　セイサイ

二

問1　問2　問3　問4　問5

問6　I　II

問7　［　　］するということ。

問8

問9　問10

問11　I　II

問12　I　II

○推定配点○　一　問2・問3　各4点×2　問10・問11　各2点×15　他　各2点×10
二　問1・問2・問4　各2点×3　他　各3点×12　計100点

/100

慶應義塾高等学校　平成29年度

◇英語◇

※この解答用紙は196％に拡大していただくと，実物大になります。

Ⅰ

1			2		
3			4		
5			6		
7			8		
9					

Ⅱ

	記号	正しい形		記号	正しい形		記号	正しい形
1			2			3		
4			5			6		
7			8			9		

Ⅲ

1		2		3		4		5	
6		7		8		9		10	

Ⅳ

A

1		2		3		4		5	
6		7		8		9			

B

1		2		3		4		5	

C (ア)

(イ)

(ウ)

D (i)

(ii)

(iii)

E ①

②

○推定配点○　各2点×50　　計100点

/100

◇国語◇

慶應義塾高等学校　平成29年度

※この解答用紙は170％に拡大していただくと、実物大になります。

一

問1

問2

問3

問4

問5

問6　A　B

問7　A　B

問8　A　B

問9　1　2　3　4　5　6

問10

1. キンセツ	2. サカ　ん	3. セイビ	4. カテイ	5. ハ　デ
6. ウ　ム	7. カテイ	8. サドウ	9. キョウヨウ	10. ム　し

二

問1　a　b　c　d　e

問2　f　g

問3　ア　イ　ウ　エ　オ

問4　映画の登場人物が　ということ。

問5　ということ。

三

i　↓　↓　↓　↓

ii　↓　↓　↓　↓

iii　↓　↓　↓　↓

○推定配点○

一　問8　各3点×2　他　各2点×25

二　問4・問5　各4点×2　他　各2点×12

三　各4点×3（完答）　計100点

/100

慶應義塾高等学校　平成28年度　◇英語◇

※この解答用紙は193％に拡大していただくと，実物大になります。

Ⅰ

1			2		
3			4		
5			6		
7			8		

Ⅱ

	記号	正しい形		記号	正しい形
1			2		
3			4		
5			6		
7			8		

Ⅲ

1		2		3		4		5	
6		7		8		9		10	

Ⅳ

1		2		3		4	
5		6		7		8	
9		10					

Ⅴ A

1		2		3		4		5	
6		7		8		9		10	

B (ア)

(イ)

(ウ)

C (ⅰ)

(ⅱ)

(ⅲ)

○推定配点○　Ⅰ・Ⅱ　各1点×16　Ⅲ・Ⅳ　各2点×20
Ⅴ　A　各2点×10　B・C　各4点×6　計100点

/100

◇国語◇

慶應義塾高等学校　平成28年度

※この解答用紙は186％に拡大していただくと、実物大になります。

一

問1　a　b　c　d　e　f

問2　g　h

問3

問4　①　②　③

問5　一　二　i ↓ ↓ ↓　ii ↓ ↓ ↓　iii ↓ ↓ ↓

問6　月

問7

問8　〜

問9　『古今和歌集』以後の和歌は　A　でしかなく、それでは　B　から。

問10　①ケイタイ　②ゼンテイ　③カンテン　④ゲンショウ　⑤ソ　って　⑥キジュン　⑦レキダイ　⑧セイヒ　⑨ソッチョク　⑩ク　らして

二

問1　A　B　C

問2　a　b　c

問3

問4　ア　イ　ウ　エ

問5　アインシュタインの「一般原理」に対して　人たち。

問6　一つめ　二つめ

問7

問8　ということ。

問9

○推定配点○　一　各2点×31　二　問7・問9　各4点×2　他　各2点×15　計100点

/100

〈ダウンロードコンテンツについて〉

本問題集のダウンロードコンテンツ、弊社ホームページで配信しております。現在ご利用いただけるのは「2025年度受験用」に対応したもので、**2025年3月末日**までダウンロード可能です。弊社ホームページにアクセスの上、ご利用ください。

※配信期間が終了いたしますと、ご利用いただけませんのでご了承ください。

高校別入試過去問題シリーズ

慶應義塾高等学校　2025年度

ISBN978-4-8141-2907-2

[発行所] 東京学参株式会社
〒153-0043　東京都目黒区東山2-6-4

書籍の内容についてのお問い合わせは右のQRコードから ⇒

※書籍の内容についてのお電話でのお問い合わせ、本書の内容を超えたご質問には対応できませんのでご了承ください。

2024年4月23日　初版